한중일의 유교문화 담론

한중일의 유교문화담론

초판 1쇄 인쇄 2015년 2월 17일
초판 1쇄 발행 2015년 2월 27일

지은이 김예호
펴낸이 정규상
펴낸곳 성균관대학교 출판부
출판부장 안대회
편 집 신철호 · 현상철 · 구남희
외주디자인 아베끄
마케팅 박인봉 · 박정수
관 리 박종상 · 김지현

등록 1975년 5월 21일 제1975-9호
주소 110-745 서울특별시 종로구 성균관로 25-2
대표전화 02)760-1252~4
팩시밀리 02)762-7452
홈페이지 press.skku.edu

ISBN   979-11-5550-101-6 94150

한중일의 유교 문화 담론

김예호 지음

성균관대학교
출판부

　어느 날 축구응원단 '붉은 악마'가 일본을 향해 내건 "역사를 잊은 민족에게 미래는 없다"는 항일독립운동가의 문구를 접하면서, 이는 일본만이 아니라 현재 한국 사회에 더욱 절실한 사안이라는 생각이 든다. 현재 발달된 미디어와 정보매체는 우리에게 손쉽게 민주주의의 가치와 그 가치에 부응해가는 선진 복지국가의 면모를 확인시켜준다.

　전통문화는 있던 과거의 그대로의 것이 아닌 현재에도 현대 자본주의 사회의 불건전한 문제들을 잉태하면서 미래 사회에 태어날 준비를 하고 있는 것이다. 그동안 서구 문화의 일부 배타적 성격에 맞서기 위해 대항 논리 차원에서, 있는 그대로가 아닌 동아시아 전통사회의 전근대적 가치를 교조적으로 미화하는 일은, 서구와는 다름을 확인하기 위해 또 다른 배타적 문화를 잉태시키는 작업이었는지도 모른다. 만약 앞으로도 동아시아 유교문화담론이 지금까지 해왔던 동·서 문화의 이항 대립적 구도에 의거한 오리엔탈리즘의 시각에서 벗어나지 못한다면, 이는 어쩌면 서구문명이 제시한 틀 속에 스스로를 제한한 것으로써 오히려 동아시아 학술 발전의 장애가 될 수 있다.

　IMF 직후 한국 사회에서는 '유교자본주의' 담론이 한동안 학술대회의 주요 주제로 등장했는데, 이 주제가 동양학계의 뜨거운 감자로 부각된 데에는 여타 분야에 비해 주목할 만한 논쟁이나 화제 거리를 생산해내지 못하던 당시 한국 유교문화의 실정이 어느 정도 반영된 것이다. 그러나 이 열기는 얼마 가지 못하고 한국 유교문화에 대한 성찰의 기회를 제공했다는 위안만을 남긴 채 담론이 지닌 '철학의 부재'로 인해 차갑게 식어버린다. 이는 과거의 누렸던 문화와 현재 누리는 문화의 한 영역, 그리고 앞으로 지향해야 할 미래가치 사이에 존재하는 차이에 대한 인식의 부재에서 비롯한 것이다.

과거 개발독재 시기를 향수하는 한국의 일부 유교담론을 접할 때면 항상 한국 유교가 반드시 이 시점에서, 유교에 비해 역사가 턱없이 짧은 서구의 천주교가 한국 사회에 안착하는 과정이나 고려 불교가 조선시대의 시련을 극복하고 현재 한국 사회에 미치는 영향력 등에 대해서, 한번쯤은 심도 있게 고려해야 할 시점이 아닌가 하는 생각이 든다. 즉, 천주교나 불교를 비롯한 여타 종교가 그 종교적 특성상 현대 민주주의의 사회정치적 이념에 대적할 만한 새로운 무기를 창출할 수 없는 제한된 틀 속에서도, 현재까지 한국적 자본주의에서 비롯한 제반적 불균형성의 문제들에 대처해 사회문화적 조절 기능과 보완 기능을 충실하게 담당하고 있는 점은, 한국 유교의 방향성에 시사하는 바가 크다.

한국 유교는 현재의 지점에서 미래지향적 가치라는 포괄적인 의미를 확보할 때 비로소 과거 몇 십 년간의 아름답지 못한 기억에서 벗어날 수 있다. 바야흐로 현재의 지점이 미래의 또 다른 전통문화를 생산하는 시공간적 흐름 속에 놓인 하나의 장이고, 과거를 성찰하는 현재의 지적 문화적 수준이 미래사회의 또 다른 전통문화의 수준을 결정한다는 점에 비추어볼 때, 현재의 지점은 유교문화가 그동안 한국 사회에 기능한 역할과 의미에 대한 성찰은 물론 미래사회에 부응할 수 있는 가치를 정립했는가에 대해 묻는다.

이 책의 기획 의도는, 근현대 동북아시아 사회의 전환기적 성격과 이에 대응하는 유교문화담론의 사유지평을 고찰하는 가운데, 현재 유교담론과 유교문화의 정체성 연구에 필요한 자료를 제공하는 데 있다. 글의 내용은 동북아시아 3국의 사회구성체 논의에 초점을 맞추지 않고 동양과 서양의 문화가 무력으로 충돌한 시기를 논의의 출발점으로 삼는다. 이는 전쟁이 타 집단에게 자신의 경제적 목적을 달성하기 위해 조직적인 폭력을 가하는 최고의 정치 행위임을 고려한 데서 비롯한다. 실제로 근대 전환기 동·서 간 최초의 무력충돌은 두 세계의 첨예한 대립과 갈등 상황을 연출하는 서막이었다. 동·서 두 문화의 무력충돌 이후로 동북아시아 각국의 서구 문화에 대한 긴장감은 더욱 팽배해지고, 이러한 긴장감은 비단 근대뿐만 아니라 현재 유교담론에서도 지속적으로 확인된다.

이 책의 구성은 동아시아 국가 중 한·중·일 3국의 전통사회 유교문화에 대한 특징을 서술한 후, 근대 이후 각 국가의 사회·정치·경제의 흐름과 이에 대응하는 유교문화담론의 특징을 고찰한다. 글의 구성 방법은 주요 유교 지식인들의 주장이나 각 시기에 유행한 유교담론의 요지를 소개해 빠른 시간 안에 근대 이래의 한·중·일 유교담론의 흐름을 파악하는 데 초점을 두었고, 글의 성격은 중국과 일본보다 한국 분야의 유교문화담론에 더욱 엄격한 평가기준을 적용한다.

이 책은 성균관대학교의 교과목개발 사업에서 선정된 '유교문화와 자본주의' 과목의 강의안을 토대로 구성한 것이다. 오래전 일이지만 교과목개발 사업 선정 당시 교안 작성을 위해 많은 동료들이 도움을 주었는데 그 중 송인재 박사, 김덕수, 김효겸 동학 등이 적극적으로 나

서주었다. 자료 정리에 도움을 준 동료들에게 늦은 감은 있지만 이번 지면을 빌려 감사의 마음을 전한다. 또한 연말에서 연초로 넘어가는 해를 넘기는 복잡한 일정 속에서도 원고에 대한 관심의 끈을 놓지 않고 새 학기가 시작되는 일정에 맞추어 책이 출간될 수 있도록 애써주신 신철호 편집장님을 비롯한 성균관대학교 출판부 여러분들께도 감사의 인사를 드린다.

2015년 봄으로 들어서는 길목에서
저자 김예호

| 차례 |

제II부
일본 사회와 유교문화담론의 사유지평

제Ⅲ부
한국 사회와 유교문화담론의 사유지평

동북아시아 국가는 서구의 문화적 충격을 계기로 비자발적 근대화의 과정을 겪게 됨으로써 현재에도 제반 분야에서 과거와의 연속성을 확인하기 위한 끊임없는 정체성 담론을 쏟아낸다. 예컨대 동북아시아 한·중·일 각 나라의 문화담론에서는 최근까지 중국적인 것과 중국 정체성, 일본적인 것과 일본 정체성, 한국적인 것과 한국 정체성 등의 주제가 지속적으로 다루어지는데 이 중심에는 항상 유교가 위치한다. 또한 각 나라의 사회정치적 상황 등과 관련한 다양한 문화담론을 통해서 유교가 아직도 동아시아 사회의 상부 정치권이나 학자들에게 뿌리칠 수 없는 매력적인 것으로 인식되고 있음을 확인할 수 있다.

중국 유교는 아편전쟁을 통해 서구 문화와 대면한 이래로 부침을 거듭하다가 최근 중국 사회에서 새롭게 재조명된다. 중국의 근대 전환기에 유교는 한때 중국의 서구화론자들에게 중국 사회의 근대화를 방해하는 가장 중요한 요인으로 지목되어 반드시 타도되어야 할 전통의 유산으로 여겨졌다. 그러나 또 한편으로 당시 서구 문명사회에서 발생한 전쟁은 그들이 지향한 서구적 가치에 대한 회의를 불러옴으로써 중국 유교는 일부 중국 지식인들에게 더욱더 확고한 가치로 신뢰를 받는다. 거듭된 신뢰 속에서 중국 유교는 서구 문화를 흡수하며 또 한 번의 생명력을 부여받고 새로운 유학 곧 현대 신유학으로 거듭난다. 이는 확실히 불교와 도교의 도움을 받아서 새롭게 생명력을 얻은 과거 유교의 경험을 근대 전환기에 이르러 다시 한 번 그대로 재현한 것이라고 할 수 있다. 중국 대륙에서 사회주의 사회가 수립된 이후 유교 지식인들은 자신들의 활동무대를 타이완과 화교문화권으로 옮기고 중국 대륙과 대립각을 세우는 가운데 유교를 재생시키는 작업에 몰두한다.

　중국 대륙에서 벌어진 사회주의 발전을 가로막는 과거의 전근대적 의식과 전통문화를 척결하자는 문화대혁명은 유교로 하여금 또 한 번의 시련을 겪게 한다. 문화대혁명 10년간의 철저한 의식개혁운동을 통해 대륙의 중국 인민들은 서구의 사회주의 의식으로 무장하지만, 문화대혁명이 종료된 지 얼마 되지 않아 덩샤오핑(鄧小平) 체제의 등장으로 중국 사회주의는 정상적인 서구화의 과정을 이탈한다. 반면 대륙 밖에서 활동한 대만과 화교 학자들은 유학이 적극적으로 서구 자본주의 질서에 기능할 수 있는 방법을 모색하고, 그러던 와중에 서구 학자들에 의해 유교문화와 자본주의의 상관성에 대한 유교 가설이 제기되자 이를 반색하며 적극 수용한다. 그렇지만 이는 얼마 가지 못해서 담론으로써 갖추어야 할 철학적 사고의 한계를 노출함으로써 유교문화에 대한 관심을 다시 불러일으켰다는 위안만을 남기고 더 이상 진화하지 못한다. 그러나 중국 대륙에서 유교자본주의 논쟁에서 논의된 주제들은 생산력 발전에 모든 것을 집중한 덩샤오핑 체제의 중국 공산당의 관심을 끌기에 충분했다. 덩샤오핑 체제 이후로 실용주의로 무장한 중국 공산당의 입장에서도 자신들의 전통문화이기도 한 유교는 하등 버릴 것이 없는 매우 유용한 것이었다.

이에 중국 공산당은 1980년대 문화열(文化熱)을 조성하며 유교담론을 수용하고, 90년대에 80년대의 열기를 식히지 않은 채 중국 사회에 국학열(國學熱)을 조성한다. 그리고 21세기에 들어서는 이 열기에 불을 더 지펴 본격적으로 유학열(儒學熱)을 조장한다. 그 결과 현재 중국에서의 유교문화 연구는 중국 공산당의 전폭적인 지원을 받으면서 여타 국가 유교단체와의 긴밀한 협조 속에 진행되고 있다. 중국 사회에서 이러한 현상이 발생할 것이라는 것은 이미 문화대혁명이 끝난 후 얼마 되지 않아 덩샤오핑 체제가 등장하면서 예견된 일이다. 덩샤오핑 체제에 의해 '서구 사회주의 이념'에 충실한 문화대혁명이 '동란'으로 규정되는 순간부터 예견은 사실이 된다. 마오쩌둥(毛澤東)이 전통과의 단절을 통해 철저히 공산주의를 실현하고자 한 서구화론자였던 반면, 덩샤오핑은 평균이념보다는 국가 경제의 양적인 선(先)성장을 주장하고 중국의 전통문화와 비교적 친밀감을 보인 중국화한 사회주의자였기 때문이다. 이는 덩샤오핑이 정치 전면에 나서는 것과 동시에 실사구시(實事求是)와 해방사상(解放思想)을 토대로 서구 사회주의와 차별화된 '중국 특색'의 사회주의를 제창한 것을 통해서도 확인된다. 현재 덩샤오핑의 실용적인 노선을 견지하는 중국 공산당은 본래 중국 사회주의의 완성을 위해 제기한 '중국 특색'의 내용과는 거리가 있는, '중국적인 것'으로 중국 사회주의의 내용을 채워나가고 있는데 이 과정에서 전통문화 곧 국학과 더불어 유학은 다시 중국 사회에서 주목을 받으며 활발하게 연구된다.

일본의 근대화 과정은 유교전통과의 단절을 꾀하며 근대화를 진행한 중국과는 달리 오히려 유교의 전통적 가치를 더욱 확대시키는 가운데 진행된다. 일본 메이지 시기 근대화 과정에서 보여준 유교의 활용 방법은 한참의 시간이 흐른 한국 사회의 개발독재 시기에 재생시켜 그대로 차용할 정도로 많은 관심을 불러일으켰는데, 이는 동양은 물론 서구 학자들이 펼치는 유교문화와 자본주의 상관성 담론에서도 빠지지 않고 등장하는 주제이기도 하다.

중국이나 한국의 경우와는 달리 과거 일본 사회에서 유교는 절대적인 무게감을 지니지 못했기에 일본의 전통문화는 곧 유교문화라는 등식이 성립하지 않는다. 일본의 사회문화는 역사적으로 '화혼(和魂)'의 가치에 기초한 전통문화와 새롭게 유입되는 문화가 긍정과 부정의 작용과 반작용을 통해 중첩되는 습합(褶合)의 과정을 거치며 형성된다. 일본 사회에 유학이 수용된 경우에도 이 법칙은 예외 없이 적용되었고, 이 과정을 거치며 중국의 유학은 실리적인 일본식 유교로 변모한다. 일본 문화를 구성하는 일부의 요소로 기능하던 일본의 유교는 메이지 시기에 이르러 천황제를 정점으로 근대화를 추동하는 대표적인 이데올로기의 기능을 담당한다. 즉 전제성에 입각한 전통적 천황제를 부각시키며 개방성의 근대화를 이룩한 일본의 근대 경험은 근대화를 경험한 여타의 서구 국가들과 대별되는 매우 특출한 사례를 낳는다. 또한 전통문화로서 일본 유교는 근대화를 위해 극복되어야 할 대상이 아닌 근대화를 위해 적극 장려되어야 할 문화로 인식되었다는 점에서, 일본 유교의 근대 경험은 매우 특수한 사례로 일컬어진다.

일본 역사에서 1930년대 산업화로 피폐해진 인간관계의 소외된 정서를 치료함과 더불어 전후 일본 경제의 재건을 위해서 상부 권력층이나 대자본가들은 자신들의 전통적인 가족문화와 결합된 유교문화의 가족주의를 적극 활용한다. 서구의 일부 학자들은 전후 일본 경제의 고도성장에 기능한 일본식 유교문화에 주목함으로써 일본의 공동체적 자본주의에 내재한 유교적 가치는 메이지유신 이후로 다시 주목을 받는다. 메이지 시기에 일본 고유의 전통문화와 결합한 유교문화의 가족주의 원리는 서구의 자본주의 경영원리를 습합하는 과정에서도 그 색채가 더욱 강화된다. 그리고 이것은 전후 일본 사회에서는 '연공서열제도'(seniority system)와 '종신고용제도'(life-time employment system)라는 일본형 자본주의 경영원리의 형식을 통해 발현됨으로써 전후 일본 사회를 복구하고 급속한 경제성장을 달성시키는 데 매우 중요한 역할을 한다.

또한 일본의 '습합'과 '정신적 잡거성(雜居性)'의 문화는 일본 경영에도 그대로 반영되어 서양지향적인 '진보성'과 전통주의적인 '보수성'이 혼재된 일본 자본주의 경영문화를 낳는다. 천황이 곧 기업의 사주로 대체되었을 뿐 메이지 시기에 나타난 일본 사회의 '개방성'과 '전제성'의 성격은 시대 상황의 변화에 따라 그 중심축만을 옮겨가는 형식으로 재현된다. 이러한 특징은 전후 일본 자본주의에도 반영되어 혼합주의적인 성격을 지닌 일본 자본주의정신을 낳는데, 이러한 성격은 현재 경제난관에 봉착한 일본 정치사회가 여타의 국가에 비해 특히 더 극우 내지 보수 세력의 결집을 통해 이를 해결하려는 모습 속에서도 확인된다. 즉, 현재 일본 자본주의 사회의 극우화 경향은 그 혼합주의적인 성격을 형성하는 큰 중심축이 전통적인 보수로 옮겨가는 과정에서 발생하는 현상 중의 하나라고 할 수 있다.

한국의 유교문화는 중국과 일본에 비해 극도로 사변적이고 개인주의적인 도덕실천의 성격을 지닌다. 예컨대 한국에서 사림문화의 주요 특징으로 거론되는 당파 문화는 1930년대 일본이 서구(독일)로부터 도입한 공동체 문화와는 전혀 성격을 달리하는 것이다. 그러나 최근까지 일본식 '와(和)'와 '공동체 정신'은 어느 순간부터 한국의 전통문화를 구성하는 중요한 요소의 하나로 인식됨으로써 한국의 유교담론에서 빈번하게 등장하는 주요 단골 메뉴가 된다.

이와 같은 현상의 배후에는 일제강점기의 황도유학자들이 일본의 유교문화를 한국 사회에 전파한 공이 매우 크고, 더불어 메이지유신을 차용한 군사개발독재 시기의 충효 이데올로기 문화가 그것에 버금가는 큰 역할을 한다. 한국은 일본에 유교를 전해준 입장에서 오히려 일본의 유교를 다시 차용하는 위치로 전락하고, 이러한 과정에서 일본의 천황제를 떠받치던 유교문화가 한국 전통사회로부터 계승해야 할 조상의 빛난 얼로 선전되기에 이른다. 게다가 1980년대 중반부터 한동안 한국 사회에서는 기업들 사이에서 1960년대의 일본형 경영에 내재한 유교문화의 가족주의를 수용하자는 기업문화운동이 유행하면서, 한국 전통유교문화와 일본 전통유교문화의 오인 현상을 더욱 부채질한다. 즉, 1980년대 한국의 기업들은 1960년대 일본형 경영원리를 과대평가하고 이를 무비판적으로 수용하며 '기업문화운동'의 차원에서 장려하면서 한국적 자본주의의 경영원리의 모델로 삼는다.

즉, 이와 같이 다양한 경로를 통해 한국에 유입된 일본식 유교문화는 일본 유교문화를 한국 유교문화의 연장선상에서 이해하려는 왜곡된 관점을 양산하는데, 그 결과 현재 일본의 유교문화를 한국 사회 구성원 일반이 자신들의 전통문화라고 오인하는 현상을 낳는다. 대표적인 예가 개발독재기에 선전된 일본식 충효 일본(一本)의 유교문화가 과거 한국의 전통유교문화로 선전된 것인데, 이는 보편적 원리(理)의 실현을 위해 그에 부응하는 특수 개체의 의미와 역할을 중시한 한국 유교문화의 전통을 비롯한, 과거 전통사회의 유교 지식인들이 크게 집착한 수양과 도덕의 의미를 완전히 퇴색시키고 집단만을 중시하는 유교문화를 한국 사회에 정착시킨다.

이러한 한국 유교문화의 왜곡 현상을 가장 적나라하게 보여준 것은 다름 아닌 IMF 뒤끝에 본격적으로 제기되어 한동안 한국 동양학계에 유행한 '유교자본주의' 논쟁이다. 유교자본주의 담론은 개발독재 시대의 이데올로기를 떠받치는 기능에서 한 걸음 더 나아가 대자본의 이데올로기를 떠받치는 기능을 아울러 자임하며 논의를 진행한다. 논쟁의 초기 성격은 개발독재에서 오는 정치적, 경제적 문제를 아예 생략한 채 경제성과에 빗대어 한국 유교문화의 가치를 평가하는 방식으로 진행된다. 그러나 논의 진행 과정에서, 공동체적 자본주의와 발전주의 국가의 특징, 고도성장과 국가 경제력의 팽창 측면뿐만 아니라 이 체제를 떠받드는 유교적 문화, 집단주의 논리, 위계질서의 사회규범 등에서, 일본과 한국의 경우가 매우 이상하리만큼 유사하다고 지적된다. 그리고 논쟁이 진행되는 과정에서 일본과 유사한 한국 유교문화와 유교자본주의의 문제점이 확인되자, 아예 한편에서는 과거 개발독재기의 한국 사회가 진정한 유교문화를 실현한 사회가 아니라는 입장을 피력하면서 유교자본주의 논쟁에서 퇴장한다. 그러나 이에 대한 미련을 버리지 못한 또 한편에서는 과거 유교문화의 가치가 서구의 민주주의 가치에도 부합한다는 식의 절충식 결론을 제출하는가 하면, 또 다른 한편에서는 경제의 범주에 한정된 유교자본주의를 가치의 범주로 확장시키는 가운데 아시아적 가치 논쟁을 통해 이 논의를 이어간다.

즉, 경제의 문제를 가치의 문제로까지 확장시키는 가운데 전개된 아시아 가치를 둘러싼 논쟁은, 서구 문화에 대비된 아시아 문화의 보수적 측면만을 확인하고 유교자본주의 논쟁보다 더 이상 진전된 입장을 제기하지 못함으로써 결국 막을 내린다. 그러나 확실한 것은 이 논쟁

이후로 한국 유교는 현재 현상적으로 잠잠해 보일지라도 내적으로 한국 유교의 자기성찰과 위상에 대해 깊이 생각하는 후폭풍 속의 시간을 보내고 있다는 점이다. 즉, 한국 사회에 한동안 유행한 유교자본주의 논쟁은 그 자체가 철학의 부재로 지속되지 못하지만, 결과적으로 이것은 한국 유교 지식인들에게 한국 유교의 현재 지점을 전반적으로 성찰하는 시간을 해방 이후 최초로 갖게 했다. 결과론적인 측면에서 볼 때 한국 사회에서 '철학의 부재'로 막을 내린 유교자본주의 논쟁은 역설적으로 한국 유교학계에 자기성찰의 시간을 갖게 했다는 점에서 한국 유교 발전에 긍정적인 역할을 수행했다는 평가를 내릴 수 있다.

제I부

─── ❀ ───

중국 사회와
유교문화담론의
사유지평

동아시아 한·중·일 3국의 근대화 과정에 서구의 문화적 자극이 일정한 역할을 수행했다는 점은 부인할 수 없는 사실이다.[1] 이 점은 서구의 자본주의 내지 사회주의 질서를 수용한 동아시아 3국의 문화담론이 근대 이래부터 현재에 이르기까지 끊임없이 자신들의 정체성 담론을 분출해내고 있는 것을 통해서도 확인된다.[2]

즉, 중국 사상계나 문화계에서 지속적으로 논의되는 것은 '중국적인 것이 과연 무엇인가'라는 중국의 정체성에 대한 문제인데, 특히 타이완의 학술계에서는 19세기 중반 이래로 이 문제를 다루어왔고, 대륙의 경우에도 덩샤오핑 체제의 중국 공산당이 들어선 이후에 이 문제에 부쩍 더 관심을 기울인다. 특히 국학 논의의 중심에 있는 전통 유교문화는 중국 문화 부흥론자들은 물론이고 중국 공산당의 입장에서도 현재 뿌리칠 수 없는 매력적인 것으로 인식되고 있다.

유교는 중국 전통사회의 대표적인 지배이데올로기로서 중국 역사

---

1) 근대 중국에서의 서양의 역할에 대해 학계에서는 '충격'이라는 용어를 곧잘 사용한다. 서양의 충격에 의한 중국의 대응을 강조하는 전통적 중국사 이해, 특히 서구 학계의 중국사 이해에 대해서는 중국을 역사 발전의 주체적 능동자로 보지 않음을 비판한다. 중국이 서양과 만나는 과정에서 적극적이고 창조적으로 대응해 근대화를 수행했을지라도, 서양의 충격과 영향을 전면 부인하거나 중국은 서양의 자극이 없었더라도 근대화의 내재적 맹아를 지니고 있었기 때문에 독자적으로 근대를 형성할 수 있었을 것이라는 내재적 맹아론(萌芽論)의 입장 또한 비판의 대상이 된다. 서구의 충격과 중국의 대응 논리에 대해서는 폴 코헨 저, 장의식 옮김, 『미국의 중국근대사 연구』, 고려원, 1994.

2) 서구의 경우에는 자신들의 의지에 의해 신학의 비이성적 문화를 극복하고 근대 이성주의 문화를 건설했다는 점에서 자신들의 정체성 문제에 자유로운 반면, 서구의 개입에 영향을 받아서 근대화를 진행한 동아시아 3국의 경우에는 이 문제에서 필연적으로 자유로울 수 없다. 이는 근대화 과정에서 진행된 동·서, 전통과 현대에 대한 문제가 현재의 동아시아 문화담론에 영향을 미치는 것을 통해서도 확인할 수 있다.

에 지속적으로 지대한 영향력을 행사한다. 그러나 중국 사회는 19세기 중반에 이르러 이성, 계약, 제도 등으로 힘과 경쟁의 논리를 제어하게 된 서구의 근대문화와 충돌하는데 이를 계기로 중국 전통사회를 떠받치던 유교적 세계관은 일대 도전을 받는다. 1840년과 1860년에 벌어진 제1·2차 아편전쟁에서 서구 문화와 무력대결에서 패배한 직후에도 중국 지식인들은 여전히 자신들이 세계의 중심이라고 믿어 의심치 않았던 중화주의(中華主義)에 대한 신뢰의 시선을 완전히 거두지 못한다. 그러나 시간이 점차 흐를수록 이러한 신뢰 또한 회의로 바뀌어가게 되고 이윽고 중국 사회 내부에서는 자신들의 전통사회의 골간인 유교문화에 대한 성찰 작업이 시작되는데, 이후 중국 사회에서 유교문화의 위상은 부침을 거듭한다. 그리고 유교는 현재에 이르러서도 '전통과 현대', '중국적 가치와 서구 민주주의'를 논하는 중국 지식인의 담론에서 핵심적 위치를 차지한다.

1장 중국 전통사회 유교문화의 특징

1. 개인윤리와 사회정치의 합일관념

유교의 시조는 춘추(春秋)시대 노(魯)나라 사상가인 공자(孔丘, 기원전 551~479)로서 그는 형이상학적 문제에는 별로 관심을 두지 않고[3] 주로 현실사회에서 인간관계 사이에서 인(仁)의 실천을 강조한다. 그가 강조한 인(仁)의 실천은 『논어(論語)』 전반을 관통하는 주제이며, 그 실천 방법에 대한 대강은 바로 "자신의 생물학적 욕구를 극복하고 예제를 회복하는 것(克己復禮)"[4]이다. 이는 줄곧 중국 유교의 핵심명제로써 기능하며 중국 전통사회를 지배하는 사유체계의 골간이 된다.[5]

---

3) 『論語』「先進」: 季路問事鬼神, 子曰, 未能事人, 焉能事鬼? 敢問死. 曰, 未知生, 焉知死?

4) 『論語』「顏淵」: 顏淵問仁, 子曰, 克己復禮爲仁. 一日克己復禮. 天下歸仁焉. 爲仁由己, 而由人乎哉! 顏淵曰, 請問其目. 子曰, 非禮勿視, 非禮勿聽, 非禮勿言, 非禮勿動.

5) '극기복례(克己復禮)'를 비롯한 '명명덕(明明德)·신민(新民)', '수신(修身)·제가(齊家)·치국(治國)·평천하(平天下)', '수기(修己)·치인(治人)'과 '내성(內聖)·외왕(外王)' 등은 모두 같은 의미로 '자신의 도덕적 수양을 도야해 궁극적으로 성인을 본받은 왕도정치를 행하는 것'이다. 즉, 유교사상의 기본 골격은 '도덕(윤리)과 정치'를 결합한 사유체계에 토대한다.

'극기복례(克己復禮)'에서 '극기(克己)'란 수기(修己)·내성(內聖)·명명덕(明明德)·수신(修身) 등과 같은 의미를 지니는 자기수양을 말하며, 그것의 궁극적 지향점은 예치(禮治)의 회복(復禮)을 의미하는 '복례(復禮)'에 있다. 여기서 '복례'란 치인(治人)·외왕(外王)·신민(新民)·평천하(平天下) 등과 같은 의미로 주례(周禮)에 입각한 사회질서의 회복을 말한다. 공자는 주(周)나라 종법(宗法)질서에 기초한 국가정치제도가 가장 이상적인 사회조직의 원칙이라고 생각했는데 그가 강조한 예(禮)는 바로 중국 서주(西周)시대의 예제(禮制)를 말한다. 서주시대의 '예치(禮治)'는 '친친(親親)', '존존(尊尊)', '장장(長長)', '남녀유별(男女有別)' 등을 정치의 기본 원리로 삼고 이 중 '친친'과 '존존'은 사회정치질서를 구성하는 가장 근본적인 뼈대 역할을 한다. 다시 말해 '친친'은 종법의 원칙을 '존존'은 계급의 원칙을 말하는데, '친친'은 '부(父)'를 으뜸으로 하는 가부장제(家父長制)를 의미하고, '존존'은 군주를 으뜸으로 하는 군주제(君主制)의 유지를 의미한다. 두 가지는 모두가 서주시대 종법을 준수해야 한다는 사회정치적 이데올로기에서 비롯한 것이다.[6]

중국 종법제의 질서에 기초한 전통사회에서 가정과 국가는 항상 동일 구조에서 파악된다. 즉, 가족 내부의 상호관계를 조정하는 도덕규범이 사회정치적 영역으로 확장되면 바로 사회의 통치 질서를 경영하는 정치원리가 된다.[7] 이와 같이 공자가 주장한 인(仁)의 실천 방식에 나타난, 덕은 정치를 위하고 정치는 반드시 도덕을 순결하게 해야 한다는 원칙, 곧 도덕은 정치를 체현하고 정치에는 도덕이 깃들여야 한

---

6) 김예호, 『고대중국의 사상문화와 법치철학』, 한국학술정보, 2007. p. 374.
7) 李宗桂 지음, 李宰碩 옮김, 『중국 문화개론』, 동문선, 1991. p. 402.

다는 원칙은 역사적으로 중국 사회정치문화의 보편적 원리로써[8] 작용한다. 이와 같이 개인의 도덕실천을 의미하는 수신(修身)이 평천하(平天下)를 위한 정치기본이 된다는 유교의 사유 방식은, 역사적으로 중국 전통사회에서 확고하게 견지되었고 보편적 사고로 자리매김한다. 즉, 도덕과 정치를 합일시켜 파악하는 유교문화의 사유 전통은 근대 전환기를 맞이하기까지 중국인의 의식과 중국의 사회문화 전반을 지배하는 보편적 원리로 작용한다.[9]

공자사상은 그의 사후 전국(戰國)시대에 이르러 맹자(孟軻, 기원전 371?~289?)와 순자(荀況, 기원전 300?~230?)에 의해 계승 발전되는데, 맹자(孟子)는 개인의 도덕철학적 맥락에서 내면의 '극기(克己)'를 강조하며 의(義)와 인(仁)을 상통시키는 공자의 철학을 발전시키고, 순자(荀子)는 사회정치적 맥락에서 '복례(復禮)'를 강조하며 의(義)와 예(禮)를 상통시키는 공자의 사상을 발전시킨다. 그러나 두 철학이 모두 "자기의 행위가 정당하면 명령하지 않아도 행해지고, 자기의 행위가 정당하지 못하면 명령해도 따르지 않는다."[10]는 공자의 관점을 근본적으로 견지함으로써 개인의 도덕수양과 사회적 정치 행위를 일체화된 것으로 파악한다.

즉, 맹자는 '안으로 성인이 되는 것(內聖)'을 강조하고 순자는 '밖으

---

8) 李宗桂의 같은 책, p. 402.

9) 이것은 공자 이전부터 전해져 내려온 관습이었는데, 공자 자신도 받아들였고, 그 이후 중국과 한국에서 계속 이어져왔다. 도덕과 정치의 분리를 명확하게 제창한 사람은 일본의 오규 소라이(荻生徂徠)가 처음이었다. 이택후은 오늘날 유학의 중대한 과제 중의 하나가 바로 이 도덕과 정치의 고리를 끊는 것이라고 말한다. 그 둘을 분리해서 각각 제 갈 길을 가도록 해야만 유학의 현대화를 이룰 수 있다는 것이다. 이택후, 임옥균 옮김, 『논어금독』, 북로드, 2006, pp. 14~15.

10) 『論語』「子路」: 子曰, 其身正, 不令而行, 其身不正, 雖令不從.

로 왕도를 실천하는 것(外王)'을 강조하는 측면에서 공자사상을 발전시켰다고 할 수 있지만, 두 사람은 모두가 근본적으로 공자의 '내성(內聖)'과 '외왕(外王)'의 합일 관점을 계승한다. 예컨대 선천적으로 부여받은 인·의·예·지의 선한 가치를 잘 보존하고 발현시켜 나아감으로써 어진 정치(仁政)가 가능하다고 역설한 맹자의 성선(性善)의 주장이나, 성인이 제정한 예에 의거해 개인의 욕망을 규제함으로써 어진 정치가 가능하다고 역설한 순자의 성악(性惡)의 주장은, 모두 도덕과 정치의 일체관념에서 비롯한 것이다.[11)]

유교는 남송(南宋)시대 주희(朱熹, 1130~1200)에 이르러 새로운 전환기를 맞는데 그에 의해 맹자철학은 유교사상사에서 절대적인 위상을 확보한다.[12)] 주희에 의해 『맹자』는 사서(四書)의 반열에 오르고 사서에

---

11) 캉유웨이(康有爲)의 경우, 공자가 '안으로 성인이 되는 것'과 '밖으로 왕도를 실천하는 것'의 비중을 동일하게 두고 합일을 말했는데, 다만 현재의 『논어』가 '안으로 성인이 되는 것' 중심으로 비치는 것은 '안으로 성인이 되는 것'을 강조했던 제자들인 증삼(曾參) 계통의 제자들이 『논어』를 편찬했기 때문이라고 본다. 따라서 '밖으로 왕도를 실천하는 것'을 강조했던 자하(子夏), 자유(子游) 계통의 제자들의 역할이 축소되어 기록되고 '밖으로 왕도를 실천하는' 부분에 대한 언급도 적어지게 되었다. 이상 이택후의 같은 책, pp. 378~379.

12) 초기 중국 유학(儒學)은 도덕심을 발양해 예(禮)를 회복함으로써 선진(先秦) 시대의 혼란한 사회질서를 바로 세운다는 도덕실천의 학문 성격을 지닌다. 중국 고대의 전적인 육경(시·서·예·악·역·춘추)을 정리 편찬한 공자는 인(仁)의 실현을 통해 당시 사회정치적 혼란 상황을 종식시킬 것을 주장하며 천하를 주유하는 가운데 유교의 역사는 시작된다. 전국시대를 통일한 진(秦)나라 시황제(始皇帝) 때 분서갱유(焚書坑儒)로 인해 공자가 정리한 문헌들이 거의 소멸되는 상황에 놓였으나 한(漢)나라에 이르러 소실된 경전(經典)을 수집하고 복구하는 일련의 작업이 펼쳐지는데 이 과정에서 금문(今文)경서와 고문(古文)경서가 나타나고 경전의 자구(字句)에 대한 주석(注釋)을 덧붙이는 훈고학풍, 곧 유학의 경전에 있는 어려운 문자나 어구를 정확하게 해석하고자 하는 학풍이 사상계를 풍미한다. 이 당시 유학의 특색은 정치적으로 통치이념을 재생산하는 가운데 사상통일을 도모하거나 문화적으로 지식인의 학문적 욕구를 충족시키는 학문적 기능을 담당하는 성격을 지닌다. 유학이 중국 사상계의 주류가 되는 데에는 기원전 136년 동중서(董仲舒)의 건의로 한(漢)나라 무제(武帝)가 유학을 국교화한 것에서 그 계기를 찾을 수 있다. 훈고학풍은 한나라로부터 삼국과 위·진·남북조·수나라를 경유해 당나라 시대까지 이어진다. 이후 유학은 중국 사회에서 유행한 위·진 시대의 현학과 수·당 시대의 불교의 영향을 받음으로써 형이상학적(形而上學的)이고 내성적(內省的)인 색채를 띠게 된

부여된 절대적인 위상과 가치는 한(漢)·당(唐) 시대의 경학(經學)과 성격을 달리하는 새로운 중국 유교문화의 기풍을 조성한다.

즉, 주희는 자신이 주장한 '성즉리(性卽理)', '천리를 보존하고 인욕을 제거한다(存天理去人欲)'라는 대명제를 불교 화엄종의 '이사무애(理事無碍)'의 논리를 통해 설명하는 가운데 맹자의 성선(性善)의 주장을 우주론적 차원으로 확장시킨다. 주희는 사회정치윤리의 기초로써 인간의 심성을 중시하고 사회의 인륜과 질서에 대한 객관 타당한 '소이연(所以然)'의 근거를 바로 인간의 '성(性)'에서 찾는다. 주희가 말한 '성(性)'이란 다름 아닌 인간의 마음속에서 우주의 원리가 체현되는 곳이다.

송대(宋代)를 기점으로 중국 유교는 개인의 심성 회복을 위한 내면적 성찰을 우주론적 차원의 문제로 고양시킴으로써[13] 바야흐로 원시

다. 송나라 시대의 신유학의 성립은 불교와 도교의 우주론에 대한 유학의 논리적 도전에서 비롯한 것으로 염계 주돈이의 태극도설이 그 단초를 마련하고, 남송(南宋)시대 주희(朱熹)는 북송(北宋)의 정호(程顥), 정이(程頤), 주돈이(周敦頤), 장재(張載), 소옹(邵雍) 등의 이론을 토대로 기존에 유행한 도가와 불가의 이론 등을 수용해 치세(治世), 양생(養生), 치심(治心)의 내용을 종합적으로 결합한 철학체계를 세운다. 이것이 곧 신유학, 도학(道學), 성명학(性命學), 정주학(程朱學), 주자학, 송학, 이학 등으로 불리는 성명의리지학(性命義理之學)의 성리학이다. 성리학은 원나라 시대에 관학(官學)으로 채택되고 과거(科擧)의 교재로 사용될 정도로 크게 번성하고 명나라 이후에는 침체하지만 청나라 시대에 이르기까지 여전히 관료선발 시험의 교과과목으로서의 지위를 누린다.

13) 송대 이후 중국의 유학사는 성리학의 계승과 발전, 비판과 극복의 형식으로 전개되는데, 성리학의 주요 주제는 태극(太極), 이기(理氣), 심성(心性), 성경(誠敬) 등의 문제로 집약할 수 있다. 우선, 태극 개념의 경우, 『주역(周易)』「계사전(繫辭傳)」에서는 "태극은 양의(兩儀:음양)를 낳고, 양의는 사상(四象)을 낳고, 사상은 팔괘(八卦)를 낳고 팔괘에서 만물이 생긴다"라고 하며 태극을 우주만물의 근원이자 본체로 보고 있다. 이 우주관은 북송(北宋)의 유학자 주돈이에 의해 계승되는데 그는 『태극도설(太極圖說)』에서 우주만물의 생성 과정을 '태극-음양-오행-만물' 순서로 파악하고 있으며, 여기서 태극의 본체를 '무극이태극(無極而太極)'이란 용어로 표현하면서 우주만물의 본체란 무성무취(無聲無臭)한 것이므로 무극인 동시에 우주만물이 조화(造化)하는 근원이므로 태극이라고 말한다. 주희는 주돈이의 『태극도설』을 해석해 무극(無極)과 태극(太極)은 떼어 생각할 수 없는 것으로 절대 무(無)와 절대 유(有)와 동일하다는 논리를 펴면서 태극 외에 무극이란 따로 있는 것이 아니라고 주장한다. 그에 의하면 만일 무극을 빼놓고 태극만을 논한다면 태극이 마치 한 물체처럼 되어서 조화의 근원이 될 수 없으며,

유교문화 본래에 내재된 가정과 국가, 윤리와 정치의 일체관념은 더욱 형이상학적 색채를 띠며 설명되기에 이른다.

이뿐만 아니라 주희는 『주자가례(朱子家禮)』를 지어 사회규범과 인륜질서에 대한 규범과 명분에 관련한 예학(禮學)을 발전시킨다. 주희의 성리학이 한(漢)·당(唐) 시대의 경학(經學)과는 성격을 달리하더라도

이와는 반대로 태극을 빼놓고 무극만을 논한다면 무극이 공허(空虛)가 되어 역시 조화의 근원이 될 수 없는 것이다. 즉, 주희는 우주만물 하나하나가 모두 태극에서 기인했으며 우주만물은 근원적으로 태극의 동정(動靜)에 의하여 생성(生成)하고 전개된다고 본다. 또한 이(理)·기(氣)에 대해 『역(易)』에서 "일음일양(一陰一陽)을 도(道)라 말한다"고 하고 천지만물은 음(陰)과 양(陽) 2기(氣)의 활동에 의해 성립된 것이라 본다. 우주의 본체에 대하여 주돈이는 태극(太極)을, 장재는 태허(太虛)를, 정호는 건원(乾元)이라 정의한다. 그러나 정이는 '음양의 원인이 되는 것이 도'라고 해석하며 형이상(形而上)의 도(道)와 형이하(形而下)의 기(氣)를 구별하고 도, 즉 이를 기의 현상 속에 존재하는 원리로 규정한다. 즉, 기와는 별도인 이의 세계를 상정하고 이와 기를 확실히 구별함으로써 이기이원론(理氣二元論) 세계관의 단서를 열었다. 그러나 이와 기는 그 질(質)을 달리할 뿐 동시에 존재하며 항상 변화하는 기와 달리 이는 법칙성을 지니며 움직이지 않는 것이다. '하늘이 곧 이치이다', '마음은 곧 이치이다', '성품이 곧 이치이다'라는 입장에 볼 때 또 다른 한편에서 그와 대비되는 기(氣)는 항상 이의 발현(發現)을 방해하는 물적(物的)인 내용으로 규정될 가능성을 내재하고 있다. 이러한 정이의 이기이원론은 주희에게로 계승되면서 더욱 분명하게 이·기(理·氣)의 성격을 구별하는 방향으로 나아간다. 즉, 주희는 '소이연(所以然)'과 '소당연(所當然)'이라는 두 가지 성격을 지닌 이는 항상 기에 존재하는 것으로 보면서, 기가 형질(形質)을 지니고 운동하는 것임에 반해 이(理)는 형질도 없고 운동도 하지 않지만 이가 존재하지 않는다면 기의 여러 작용은 전혀 불가능할 뿐만 아니라 기가 존재하는 자체도 불가능한 것이라 본다. 이러한 우주관이 윤리론으로 적용될 때 항상 선한 이(理)와는 달리 기(氣)의 청탁(淸濁)은 선악의 결과를 발생하는 원인을 제공한다. 성리학의 윤리론은 이기설과 상호 밀접한 관련성을 지닌다. 즉, 정이는 이(理)가 인간에 들어와 성(性)이 되고 기는 인간에 들어와 재(才)가 된다고 하는데, 이는 만물의 본체이므로 순선(純善)하기 때문에 사람의 성(性)은 모두 선하여 악한 것이 없고, 기에는 청탁(淸·濁)과 정편(正·偏)이 있기 때문에 사람의 재(才)에는 지혜(智慧)·우둔(愚鈍)과 현명(賢明)·불초(不肖)가 있는 것이라 한다. 선진시대의 맹자에 의해 사상계에 본격적으로 제기된 인성(人性)에 대한 선(善)과 악(惡)의 판단 여부는 송나라 시대의 성리학자들에 이르러 다시 의리(義理)와 기질(氣質)의 성으로 나누어지면서 의리지성은 본래의 완전한 선을, 기질지성은 그 양·부(良·否)에 따라 선악으로 나뉜다는 윤리학설로 정립된다. 주희는 인간의 심성을 본연지성(本然之性)과 기질지성(氣質之性)으로 나누고, 본연지성이란 이(理)요 선(善)이며, 기질지성이란 청탁과 정편이 있어 반드시 선한 것만이 아니며 때로 악하게도 된다고 말한다. 따라서 타고난 기질의 차이에 따라서 사람은 여러 차별이 있게 된다. 그러나 기질의 청탁(淸·濁)과 정편(正·偏), 지혜(智慧)·우둔(愚鈍)과 현명(賢明)·불초(不肖)는 불변하는 것이 아니므로 주돈이는 정(靜)을, 정호는 성(誠)을, 정이와 주희는 경(敬)의 수양 윤리를 강조한다.

그가 주장한 심성(心性) 회복의 궁극적 지향점이 사회정치질서의 윤리성을 회복하는 데 있다는 점에서, 전통적으로 유지되어온 유교문화의 사회정치적 기풍은 과거와 별반 큰 차이를 보이지 않는다. 이 점은 유교문화의 도덕과 정치의 일체관념이 주자학에 의해서도 지속적으로 견지되고 있음을 보여준다. 또한 주희의 이러한 사유 태도가 현대 신유가 그룹에게 그대로 전승된다는 점에서, 공자 이래로 인(仁)에 내재한 도덕과 정치의 일체관념이 중국 유교문화를 대표하는 사유 양식임을 알 수 있다.

2. 전통문화를 숭상하는 상고주의(尙古主義)

중국 유교문화의 핵심은 전통문화의 가치를 소중히 여기고 숭상하는 상고주의(尙古主義)에 있다. 이는 공자사상의 핵심인 인(仁)의 실천이 지향한 궁극적인 목적(復禮)을[14] 통해서도 확인된다. 상고주의는 사회역사의 변화에 따라서 과거의 소중하고 가치 있는 것이 모두 퇴색되어 간다는 관점에 의거해 과거의 이상적 가치의 복원을 주장한다. 상고주의는 역사의 변천과 발전원리를 탐구하는 데 관심을 보이지 않는다는 점에서, 필연적으로 현재보다는 과거의 문물제도에 이상적 의미를 부여하고 과거 회귀적인 복고주의(復古主義)의 관점을 견지한다. 공자의 상고주의에서 비롯한 복고주의 사회역사관은 맹자에게 그대로 계승되어 "천하에 사람이 살아온 지가 오래되었으니, 한 번 다스려

---

14) 『論語』「顏淵」: 顏淵問仁, 子曰, 克己復禮爲仁. ;「八佾」: 子曰, 周監於二代, 郁郁乎文哉! 吾從周. ;「季氏」: 孔子曰, 天下有道, 則禮樂征伐自天子出, 天下無道, 則禮樂征伐自諸侯出.

지고 한 번 혼란해진다."[15]라는 일치일란(一治一亂)의 순환론의 역사관을 낳는데, 이러한 그의 순환적인 역사인식은 오랫동안 중국인의 의식과 문화에 영향을 미친다. 상고주의에서 비롯한 유교문화의 복고주의 사회역사관은 근대 전환기에 이르러 중국 사회에 서구의 직선적인 역사관이 도입되기 전까지[16] 중국인의 의식은 물론 중국 문화 전반에 광범위하게 영향을 미친다.

이와 더불어 과거 전통사회의 문물제도에 이상적 가치를 부여한 유교의 상고주의 문화는 중국 사회에 과거 성인(聖人)의 정치를 동경하는 정치문화 기풍을 낳는다. 중국 유교의 성인의 도(道)를 계승하자는 선왕(先王)의 정치관과 도통관(道統觀) 등은 역사적으로 중국의 정치문화와 학술문화의 범주에서 중대한 영향력을 행사하며 다양한 형태로 표출된다.

예컨대 『논어』에 나오는 "옛것을 익혀 새로운 것을 알면 다른 사람의 스승이 된다.",[17] "옛것을 서술할 뿐 새롭게 창작하지 않으며 옛것을 믿고 좋아하길 가만히 나의 (과거 은나라의 현자로 알려진) 노팽(老彭)에 견주고자 한다."[18]라는 공자의 언표를 통해서도 유교의 상고주의 가치관은 확인되는데, 유교가 지향한 최고의 정치적 이상사회는 중국 고대 국가 형성 전의 당우지세(唐虞之世), 곧 도당씨(陶唐氏)인 요(堯)와 그에

---

15) 『孟子』「滕文公下」: 天下之生, 久矣, 一治一亂.

16) 1898년 옌푸(嚴復, 1853~1921)는 토마스 헉슬리(Thomas H. Huxley, 1825~1895)의 『진화와 윤리(Evolution and Ethics)』를 번역한 『천연론(天演論)』을 출판하는데 이는 중국 사회에서 '천불변(天不變), 지불변(地不變), 도역불변(道亦不變)'이라는 유교의 전통적 가치관을 흔드는 계기가 된다.

17) 『論語』「爲政」: 子曰, 溫故而知新, 可以爲師矣.

18) 『論語』「述而」: 子曰, 述而不作, 信而好古, 竊比於我老彭.

게서 왕위를 선양받은 유우씨(有虞氏)인 순(舜)이 다스리던 요·순 시대이다. 공자는 선왕들의 도(道)를 회복하고 계승하기 위해서 당시의 위정자들에게 자신의 지위에 걸맞게 도덕성을 회복할 것을 역설하며, 이것이 곧 주례(周禮)의 회복으로 나아가는 길임을 밝힌다.[19] 공자의 사회정치적 주요 목표는 그가 본받자고 강조한 요·순·우·탕·문·무·주공으로 계승되는 고대 성인들의 정치인데, 그는 당시 사회정치 상황의 혼란에 대한 원인을 진단하며 이들 성인의 정치가 제대로 계승되지 못해 실행되지 않는 데서 말미암은 것이라고 말한다. 즉, "군주는 군주답고 신하는 신하답고 아버지는 아버지답고 자식은 자식다워야 한다."[20]는 그의 정명(正名)사상은[21] 또한 실제가 명분에 부합해야 한다는 인식의 사회정치적 연장선상에서 주례(周禮)의 회복을 역설한 것에 다름 아니다.

공자의 선왕관념을 계승한 전국(戰國)시대의 맹자 또한 선왕(先王)의 정치를 계승한다면 천하의 정사(政事)를 손바닥 위에 놓고 좌지우지할 수 있다고[22] 말한다. 그의 한탄은 후세의 사람들이 선왕의 도(道)를 행하지 않는다는 데에[23] 있다. 맹자는 "선왕의 법(法)을 지키면서 잘못된 자는 있지 않다."[24]고 하고 그 자신은 요순의 도만을 말할

---

19) 『論語』「八佾」: 子曰, 周監於二代, 郁郁乎文哉! 吾從周.

20) 『論語』「顏淵」: 齊景公問政於孔子. 孔子對曰, 君君, 臣臣, 父父, 子子.

21) 『論語』「子路」: 子路曰, 衛君待子而爲政, 子將奚先? 子曰, 必也正名乎! ;「子路」: 子曰, 其身正, 不令而行, 其身不正, 雖令不從.

22) 『孟子』「公孫丑上」: 孟子曰, 人皆有不忍人之心. 先王有不忍人之心, 斯有不忍人之政矣. 以不忍人之心, 行不忍人之政, 治天下可運於掌上.

23) 『孟子』「滕文公上」: 今也南蠻鴃舌之人, 非先王之道, 子倍子之師而學之, 亦異於曾子矣.

24) 『孟子』「離婁上」: 遵先王之法而過者, 未之有也.

뿐이며[25] "정치를 하면서 선왕의 도에 말미암지 않는다면 지혜롭다고 할 수 있겠는가?"[26]라고 반문한다. 그 또한 공자와 마찬가지로 옛 성인의 정치를 본받는 선왕지도(先王之道)를 계승하는 것이 정치실천의 가장 중요한 덕목임을 강조한다.

또한 상고주의에 말미암으며 중국의 전통사회에 오랜 기간 영향을 미친 유교문화는 도통(道通)관념이다. 유교의 도통관념은 자신이 성인의 뜻을 이어받았다고 주장한 공자와 맹자에서 기원해[27] 당(唐)나라 후기의 유학자인 한유(韓愈)와 이고(李翱)를 경유한 후 송대(宋代) 주희의 신유학에 이르러 마침내 완성된다.

거유(巨儒)로 평가받는 당나라의 한유는, "이 도(道)란 무엇을 말함인가? 이는 내가 말하는 도라고 하는 것이지 도교나 불교가 말하는 도가 아니다. 요(堯)는 이것을 순(舜)에게 전하고, 순은 이것을 우(禹)에게 전하고, 우는 이것을 탕(湯)에게 전하고, 탕은 이것을 문(文)·무(武)·주공(周公)에게 전하고, 문·무·주공은 공자에게 전하고, 공자는 맹가(孟軻)에게 전했는데, 맹자가 죽고 나자 전해지지 못했다. 순자(荀子)와 양웅(揚雄)이 그 도를 택했지만 정밀하지 못하고, 그 도를 말했지만 상세하지 못했다."[28]라고 말하면서 요·순·우·탕·문·무·주공·공자·맹자

---

25) 『孟子』「公孫丑下」: 我非堯舜之道, 不敢以陳於王前, 故齊人莫如我敬王也.

26) 『孟子』「離婁上」: 爲政不因先王之道, 可謂智乎?

27) 『孟子』「滕文公上」: 孔子曰, 大哉堯之爲君! 惟天爲大, 惟堯則之, 蕩蕩乎民無能名焉! 君哉舜也! 巍巍乎有天下而不與焉! ;「滕文公下」: 我亦欲正人心, 息邪說, 距詖行, 放淫辭, 以承三聖者, 豈好辯哉! 予不得已也.『孟子』「盡心下」: 孟子曰 由堯舜至於湯 五百有餘歲 . ……由孔子而來 至於今, 百有餘歲, 去聖人之世, 若此其未遠也, 近聖人之居, 若此其甚也, 然而無有乎爾, 則亦無有乎爾.

28) 『韓昌黎集』「原道」: 曰斯道何謂也? 曰斯吾所謂道也, 非向所謂老與佛之道也. 堯以是傳之舜, 舜以是傳之禹, 禹以是傳之湯, 湯以是傳之文武周公, 文武周公傳之孔子, 孔子傳之孟軻 軻之死不得其傳焉. 荀與揚也, 擇焉而不精, 語焉而不詳.

로 계승되는 유학의 도통을 밝힌다. 당나라 때 한유와 더불어 유교의 부흥을 이끈 이고 또한 "옛날에 성인(聖人, 孔子)은 그것을 안자(顔子)에게 전하고, 안자는 그것을 얻어서 항상 정성껏 지켜서 잃어버리거나 멀리하지 않았다. ……자사(子思)는 공자의 손자인데 그 조부의 도(道)를 얻고 『중용(中庸)』 47편을 지어 맹자에게 전했다. ……진(秦)나라의 분서갱유(焚書坑儒)를 만나 『중용』의 한 편만이 불타지 않고 남게 되므로 이 도(道)는 폐하게 되었다."[29]라고 말하면서 공자에서 자사, 그리고 맹자로 계승되는 유학의 도통 관계를 밝힌다.

이러한 유교문화의 정통(正統)과 이단(異端)을 명확하게 구분하는 도통관념은 송(宋)대 성리학(性理學)에 이르러 확고하게 정식화된다. 즉, 주희와 그의 문인들은 노장(老莊)과 불교 등의 이단사설(異端邪說)에 대한 배척을 주장하며[30] 성현(聖賢)의 도(道)를 확고하게 옹호해야 한다는 도통론(道統論)을 견지한다.[31] 맹자의 도통관념을 중시한 주희는 유교의 주요 경전으로 『맹자』를 포함한 『사서집주(四書集註)』를 편찬하는데, 『사서집주』가 원(元)대에 이르러 과거시험의 정식 과목으로 채택됨으로써 맹자는 공자와 더불어 성인의 지위를 부여받는다. 이를 계기

---

29) 李翱, 『復性書上』: 昔者聖人以之傳于顔子, 顔子得之拳拳不失不遠. ……子思, 仲尼之孫, 得其祖之道 述中庸四十七篇 以傳於孟軻. ……遭秦滅書 中庸之不焚者一篇存焉 於是此道廢闕.

30) 그러나 사실상 성리학 자체가 도교와 불교를 수용하여 형성된 신유학이라는 점에서 성리학자들이 노장과 불교를 이단사설(異端邪說)로 배척하고 도통(道統)을 강조한 것은 하나의 아이러니한 현상이라 할 수 있다.

31) "송대(宋代) 유학자들이 건립한 도통론(道統論)은 다양한 내용들을 담고 있지만, 그 공통적인 체계는 대부분 수직적 계보인 직접적인 전도의 계승관계를 말하고 있다. 정주(程朱)의 도학파는 당시 학문의 정통이 되었으며, 주자 사후 주자문인(朱子門人)들은 주자가 세워놓은 도학파의 도통론 체계를 기초로 주자가 이정(二程)의 학문을 전수받은 도통의 전수자임을 자신들의 도통론을 통해 명확하게 보여주었다. 주자문인들은 주자의 도통 전수를 역설함으로써 그들 역시 주자의 도를 전수받은 적통자(嫡統者)임을 은연중에 드러내고 있다." 지준호, 「朱子門人의 道統意識」, 『東洋哲學研究』 제35집, 동양철학연구회, 2003. p. 368.

로 중국 유학자들은 사서(四書) 연구에 더욱 집중하고 중국 사회에서 성리학이 점차 보편화됨으로써 유교문화의 사변적 경향은 더욱 가속화된다. 즉, 송대 성리학은 맹자의 성선(性善)의 인성론(人性論)과 명분과 의리를 중시한 의리학(義理學)의 사변적 성격(道問學)이 더욱 강조된 학문인데, 이러한 점을 고려할 때 주희에 의해 맹자가 유교 성현의 반열로 격상된 것은 당연한 일이었다. 주희와 그의 문인들은 맹자의 도통관념과 벽이단(闢異端) 관념을 한층 강화시키는 가운데[32] 성현의 도(道)를 굳게 옹호하고 도교와 불교를 비롯한 육구연(陸九淵)과 왕양명(王陽明)의 심학(心學) 등을 이단사설(異端邪說)로 규정하고 배척할 것을 강력하게 주장한다.

상고주의에 입각한 도통관념을 기초로 유학의 사변적 성격을 극대화한 성리학은 중국 송(宋)대에 널리 유행하고 원(元)대 유학자들에 의해 명맥을 유지하다가 고려(高麗) 말기에 한국으로 전해지는데, 한국

---

32) "요순(堯舜) 이후 공자에까지 이어진 성인의 도를 자신이 잇겠다는 사명감을 피력하는 맹자의 도통론을 한유는 그대로 이어받고 있으며, 양묵(楊墨)을 막아 공자의 인의(仁義)를 드러내겠다는 맹자의 벽이단론은 불교와 도교를 막아 유학의 인의도덕을 떨치겠다는 한유의 벽이단론과 그 배척의 대상이 다를 뿐이다. ……한유에게서 도통론과 벽이단론이 제기되면서 맹자의 지위 또한 높아졌던 것이다. 이고(李翶)에 이르면 여기에서 한 걸음 더 나아가서 맹자의 성선론을 이끌어다가 자신의 복성론(復性論)을 펼친다. 이고의 맹자 인용은 유학에서 인간의 심성에 대한 관심이 증가하면서 맹자의 인성론이 주목받게 되는 것을 나타내주는 것이다. 그후 송대 도학(道學)에 이르러 인성론이 도학의 중요한 이론으로 탐구되면서 맹자의 지위는 확고부동하게 된다. '성인(聖人)은 배워서 될 수 있다'는 송대 지식인들의 자신감에는 인간의 성(性)은 본래 선(善)하므로 정(情), 혹은 인욕(人欲)을 제거하면 본래의 선한 성이 드러난다는 생각이 전제되어 있기 때문이다. ……성선론이 도학의 기본 전제가 되면서 맹자는 유학에서 성인이라고 일컬어지는 공자와 더불어 공맹(孔孟)이라고 칭해지게 되어 공자의 뒤를 잇는 아성(亞聖)의 자리를 차지하게 되었다." 이상 정성희, 「道와 道統」, 『儒敎文化硏究』 제7집, 성균관대 유교문화연구소, 2004. pp. 211~212. 맹자가 주로 공자의 가르침을 어지럽힌다고 양주(楊朱)와 묵적(墨翟)을 대상으로 벽이단의 관점을 견지했다면 송대 성리학에 이르러 도교, 불교, 육・왕(陸・王) 심학(心學)으로 그 비판의 대상이 바뀌었을 뿐이다. 『송원학안(宋元學案)』을 비롯한 주희 문인들의 다양한 저술에 나타난 도통론과 벽이단 관념을 확인하는 것은 그리 어렵지 않은 일이다.

사회에 수입된 이후에 성리학의 도통관념과 벽이단 관념은 한층 더 강화된다.

3. 가족주의의 공동체 원리에 의거한 조화와 중용의식

중국의 상고주의 전통과 유교의 선왕(先王)관념에서 비롯한 중국 전통문화의 특징 중 하나는 바로 조상을 숭배하는 효제(孝悌)사상이다.[33] 유교문화의 효제관념은 가족과 국가의 경계를 모호하게 하고 다른 한편으로 가족과 국가의 연대관계를 밀접하게 하는 관건이다. 즉 중국 유교문화의 종법(宗法)윤리사상은,[34] 집안과 나라를 일체적으로 사고하는 전통을 낳고 사회 구조적 측면에서 가족 구조의 확장된 형태로 국가를 이해하게 하는 문화적 기풍을 중국 전통사회에 조성한다.

중국 대륙에서 사회주의가 들어설 때까지도 중국 경제는 가족공동체에 근거한 노동집약적 농업이 주류였다. 즉, 중국 전통사회 구조의 기본단위는 일반적으로 부계(父系)의 혈연관계를 중심으로 한 2대 내지 3대 이상 규모의 가족이고, 그리고 이 가족관계는 가족적 위계질서 관념과 종족보전을 위한 가족적 유대관념을 통해 유지된다. 예컨대 『논어』에 나오는 자신의 마을에 아버지가 양을 훔치자 그 아들이 관에 고발했다는 섭공(葉公)이 제시한 사례에 대해, 아버지는 아들을 위해

---

33) 『孟子』「告子下」: 堯舜之道, 孝弟而已矣.

34) 여러 가족이 부계 혈연관계를 매개로 묶여 유대를 갖는 종족은 주(周)나라 때에 종법제도가 성립하면서 대종(大宗) – 소종(小宗)의 체제를 갖추는데 송대에 이르면 다시 종법제도를 부활하려는 시도에 의해 다시 부활한다. 미소구치 유조(溝口雄三) 외, 김석근 외 옮김, 『중국사상문화사전』, 민족문화문고, 2003. pp. 359~370.

숨겨주고 아들은 아버지를 위해 숨겨주는 가운데 정직함이 있는 것이라고 한 공자의 대답은[35] 유교문화의 가족적 유대관념을 중시한 친친(親親)관념의 특징을 상징적으로 보여준다.

또한 가족적 위계질서를 띠받치는 구체적인 내용인 효제(孝悌)관념이 점차 국가적 차원으로 확장되는 과정에서 유교문화의 군주에 대한 충성(忠)관념이 추출된다. 다시 말해 효제는 가족과 종족을 지탱하는 도덕인 동시에 사회정치적 측면에서 군주의 통치를 강화시켜주는 충(忠)의 이데올로기로 작용한다. 가산제(家産制) 국가인 중국에서 가족주의 원리는 곧 국가의 질서원리이자 국가질서의 원리는 또한 가족주의가 된다는 점에서, 이러한 가정과 국가를 하나로 합치시켜 파악하는 중국 유교의 문화적 기풍은 국가는 곧 가족의 확장된 형태라는 사유전통을 낳는다. 이러한 사유 전통은 한(漢)나라 무제 이후 유술독존(儒術獨尊)의 시대가 열림으로써 중국 전통사회에 점차 정형화된 형태로 정착되고, 이후 정치와 윤리뿐만 아니라 교육과 문화 방면에서도 강한 영향력을 행사한다. 이후 유교의 효(孝)와 충(忠) 관념은 점차 중국 전통사회의 제도와 의식의 주된 핵심으로 작용하게 됨으로써 "정치경제와 교육 등 사회제도의 사람에 대한 외재적인 통제로부터 삼강오상(三綱五常) 등 윤리규범의 사람에 대한 내재적인 통제에 이르기까지의 강화된 의식은 각각의 각색을 맡은 사람을 제도화하게"[36] 하는 데 이른다. 이른바 효(孝)는 "아버지를 섬기는 데서 시작해 임금을 섬기는 것

---

35) 『論語』「子路」: 葉公語孔子曰, 吾黨有直躬者, 其父攘羊, 而子證之. 孔子曰, 吾黨之直者, 異於是. 父爲子隱, 子爲父隱, 直在其中矣.

36) 李宗桂의 같은 책, p. 335.

을 거쳐 마침내 입신하는 데서 끝을 맺는 것이다."[37]라는 말을 통해서 확인할 수 있듯이, 중국 전통사회에서 효는 개인의 덕행뿐만 아니라 사회정치의 근본으로[38] 인식되고 가족공동체와 국가의 사회정치 범주에 두루 통관하는 골간이 된다.

우선, 중국 전통사회에서 효(孝)는 순종과 복종의 미덕으로 간주되고 가산제(家産制) 국가의 가정과 사회를 지탱하는 가장 중요한 덕목인데, 이는 현실의 국가질서에 대해 합리적으로 순응하는 중국인의 실천양식(ethos)을 통해 발현된다. 이로써 가족공동체란 개혁이나 투쟁의 대상이 아닌 자신이 봉사하고 헌신하는 가운데 유지될 수 있는 것이라는 생각이 중국 지식인의 문화를 강하게 지배한다. 따라서 국가가 곧 가족공동체의 확장판이라는 중국 유교문화의 전통은, 관료를 비롯한 유교 지식인 계급에게 가족공동체의 정점에 위치한 군주를 존중하고 그 통치 질서를 보존시켜야 하는 천부의 사명을 부여한다. 이윽고 중국 지식인의 의식 속에서 국가가 확대된 가족공동체란 점에서 자신이 마주하는 현실의 사회정치 질서는 개조와 통제의 대상이 아닌 순응하고 적응해야 될 대상으로 파악된다. 이와 같이 효와 충의 관념에서 비롯한 중국 유교문화의 현실 순응적 성격은, 가족적 위계질서를 파괴하지 않는 조화(調和)와 일상에서 도를 넘지 않는 중용(中庸)의 가치를[39] 강조하는 길로 나아간다.

효의 가족주의적 공동체 원리에서 비롯한 조화의 가치는 가족적 위

---

37) 『孝經』「開宗明義」: 夫孝, 始於事親, 中於事君, 終於立身.

38) 『孟子』「離婁上」: 舜盡事親之道而瞽瞍底豫, 瞽瞍底豫而天下化, 瞽瞍底豫而天下之爲父子者定, 此之謂大孝.;『孝經』「五刑」: 子曰, 五刑之屬, 三千, 而辜莫大於不孝.

39) 『論語』「爲政」: 七十而從心所欲不踰矩.;『孟子』「離婁下」: 孟子曰, 仲尼不爲已甚者.

계질서인 예(禮)를 통해 발현된다.[40] 공자는 효(孝)의 근본인 예로써[41] 군신, 남녀, 부자, 형제의 위계질서를 세우고 이러한 인격적 관계의 질서유지를 위해 의무를 다하는 예의 실천을 강조하는데[42] 이것이 바로 공자가 생각한 인(仁)의 모습이다.[43] 더불어 예의 내용은 조화(和)의 작용을 통해 발현되고 이러한 조화로부터 세상의 크고 작은 모든 일이 말미암는다는[44] 점에서, 조화의 개념은 인간의 실천 행위에 작용하는 가장 근본적인 지도이념으로 기능한다. 유교문화에서 강조된 조화의 가치는 중국의 유교 지식인들에게 자신이 하는 모든 일이 전통적인 예의 규범에 어긋나지 않도록 극도로 자신을 자제할 것을[45] 요구한다. 이러한 조화의 가치를 추구하는 현상이 중국 전통사회 문화에 일반화되어감으로써, 후대의 삶의 방식이 전대의 예법을 답습하는 유교의 상고주의 전통은 더욱 공고하게 중국 문화 전반에 뿌리를 내린다.

또한 유교문화의 조화 지향성과 더불어 도를 넘지 않는 중용의 미덕은 일상에서 어디 한 쪽에 치우치지 않는 과불급(過不及)이 없는 꾸준함의 가치를 강조하는데,[46] 이는 기존의 정형화된 사회질서에 순응

---

40) 『孔子家語』「問禮」: 民之所以生者, 禮爲大. 非禮則無以節事天地之神焉, 非禮則無以辨君臣上下長幼之位焉, 非禮則無以別男女父子兄弟婚姻親族, 疎數之交焉, 是故君子此之爲尊敬, 然後以其所能敎順百姓.

41) 『禮記』「問喪」: 此孝子之志也, 人情之實也, 禮義之經也. 非從天降也, 非從地出也, 人情而已矣.

42) 『論語』「雍也」: 子曰, 君子博學於文, 約之以禮, 亦可以弗畔矣夫. ;「爲政」: 生, 事之以禮, 死, 葬之以禮, 祭之以禮.

43) 『孔子家語』「儒行」: 禮節者仁之貌也, 歌樂者仁之和也.

44) 『論語』「學而」: 有子曰, 禮之用和爲貴, 先王之道斯爲美, 小大由之.

45) 『論語』「衛靈公」: 子曰, 君子求諸己, 小人求諸人.

46) 『中庸集註』「第1章」: 中, 不偏不倚, 無過不及之名, 庸, 平常也. ;『中庸集註』「第一章」「小註」: 中庸之中, 却是含二義, 有在心之中, 有在事物之中, 所以文公, 必內外而言, 謂不偏不倚, 無過不及, 可謂確而盡矣.

하는 유교 지식인의 태도를 더욱 공고화시킴으로써 중국 지식인 문화를 지배하는 보편적 기풍으로 정착한다. 이로써 조화나 중용의 가치는 모두 현실사회의 모순을 드러내어 실천적으로 개혁하기보다는 기존에 주어진 사회정치 질서에 합리적이고도 꾸준하게 대처하게 하는 유교문화의 기풍을 중국 사회에 진작시키기에 이른다. 그리고 이러한 기풍은 유교의 상고주의 전통을 더욱 강화시키는 가운데 기존 질서체계에 순응하는 유교의 실천적 합리주의 문화를 생산함과 아울러 그것에 부합하는 지식인의 창출을 요구한다. 즉, 중국 전통사회에 깊이 뿌리내리게 된 조화와 중용에 입각한 유교적 합리주의가 점차 사회정치적 측면에서 정형화되고, 이러한 중국의 사회정치적 정형성은 과거제도 등의 제도적 차원에서 유교경전에 대한 지식뿐만 아니라 윤리적 소양을 갖춘 독서인을 요구하는 문화를 낳는다.

4. 문사계급의 군자(君子)를 향한 소명의식

효(孝)와 충(忠)의 가족주의적 공동체 원리와 이것에서 비롯한 조화와 중용 등의 내용은 모두 중국 종법(宗法)문화를 이상적으로 추구한 유교문화의 상고주의 전통에서 말미암은 것이다. 유교문화의 상고주의는, 사회정치의 변화를 비롯한 역사 발전의 추이를 야기하는 사회 내지 국가의 발전원리에 대한 문제를 탐구하기보다는, 중국의 전통문화를 훼손하지 않고 이를 보존하고 계승시킬 수 있는 지식인을 양성하는 데 집중한다. 즉, 공자 스스로가 전통문화의 계승자임을 자처하면서 전통의 시대적 정당성 문제에 관심을 보이기보다는, 이를 옹호하고 보존시킬 수 있는 인물인 군자(君子)의 역할, 곧 군자의 시대적 소명의식을 역설하는 데 주력한다.

공자는 당시의 위정자 계급이 그 지위에 합당한 덕을 갖추지 못했기 때문에[47] 전통적 가치와 질서가 훼손되고 사회가 혼란하게 된 것이라고 주장한다. 그가 추구한 이상적 인간상은 군자로 표현되는데, 군자는 모름지기 사회질서에 대한 조화와 중용의 균형 능력을 배양하기 위해[48] 고전문헌을 학습해 문학적 소양을 쌓고 더불어 자기 발전을 위한 극기(克己)의 수양을 통해 예(禮)를 실천하는 인물이다. 예컨대 공자는 제자인 자하(子夏)에게 군자유(君子儒)가 될 것을 강조하는데[49] 여기서 그가 말한 군자유란, 그의 교육의 대략이 고전문헌을 학습하는 문(文), 그리고 예의 실천에 필요한 덕(德行)을 쌓기 위한 행(行)·충(忠)·신(信)의 3교(敎)임을 고려할 때,[50] 고전문헌에 대한 지식과 아울러 도덕적 품성을 갖춘 인물임을 알 수 있다.

우선 공자가 중점을 두어 가르친 4교(敎)의 하나인 문(文)의 의미를 볼 때, 군자란 고전문헌과 전통문화에 대한 지식을 갖춘 교양인이 되는 것이다. 고전문화의 교양을 쌓는 문(文)을 학습하는 실상은, 덕성을 길러 예를 굳건히 견지하는 행(行)·충(忠)·신(信)의 3교(敎)의 품위와 우아함을 위한 것이다. 즉, 군자란 학문에 뜻을 두고 학문의 연마를 게을리 하지 않는 사람이지만 다른 한편으로 궁극적으로는 예(禮)를 굳건히 지키는 도덕적 인품을 갖춘 인물이다. 후대 주희가 군자란

---

47) 『論語』「憲問」: 子曰, 君子而不仁者, 有矣夫.

48) 『論語』「子路」: 子曰, 君子和而不同, 小人同而不和.

49) 『論語』「雍也」: 女爲君子儒, 無爲小人儒.

50) 『論語』「述而」: 子以四敎, 文行忠信.

'덕(德)을 갖춘 선비(成德之士)'라고[51] 말한 것에서도 알 수 있듯이, 군자의 학문하는 목적은 덕을 이루는 것을 중하게 여기고 재주(藝)를 이루는 것을 중요시하지 않는 데 있다. 즉, 이는 "안자(顔子)의 보고 듣고 말하고 움직이는 것(視聽言動), 그리고 증자(曾子)의 행동거지와 말하는 모습, 용모(容貌)"[52]와 같아지길 추구하는 유교문화의 인간상을 통해, 곧 유교문화의 기풍이 인격의 품위와 행동의 우아함을 중시했음을 보여준다. 이와 같이 중국의 유교문화가 지향한 학문의 이상은 예를 실천할 수 있는 인격의 품위와 행동의 우아함을 갖추는 데 있다.

부연하면 유교가 추구한 이상적 인간상인 군자의 면모를 볼 때, 이는 직업적인 전문 지식에 해박하다거나 직업정신이 투철한 실용주의적인 인재라기보다는, 고전문헌 전반에 대한 폭넓은 지식을 쌓고 전통 예법을 파괴하지 않는 덕(德)이 있는 교양인 내지 문화인을 의미한다. 고전문헌에 대한 학습을 중시하는 유교문화의 기풍 또한 상고주의 전통의 일면을 보여주는데 이는 중국 역사를 전반적으로 관통하는 하나의 문화현상으로 이후 제도적인 차원에서 과거제도로 정식화된다.

관료계급으로 진입하는 시험인 과거제도에는 주로 유교경전을 쓰고 암송하는 학습 방법이 동원되는데, 이러한 과거제도 준비를 위한 학습 방법은 고전과 독서인을 중시하는 중국 지식인 문화를 낳는다. 고전문헌을 암송하고 쓰기를 끊임없이 반복하는 교육문화는, 현실의 사회정치적 문제에 대한 합리적 논증보다는 전통문화의 권위에 의지하고 순응하려는 지식인 계급의 독서인적 면모를 더욱 강화함과 아울

---

51) 朱熹,『四書章句集注』, 中華書局, 1986. p. 57.

52) 程樹德,『論語集釋』第1冊, 中華書局, 1997. p. 97.

러, 중국 전통사회에 상고주의 문화 기풍을 더욱 진작시킨다. 이러한 정치제도 및 문화적 영향력은 고전과 전통문화에 대한 식견이 탁월한 독서인과 교양인의 성격을 아우르는 인재를 중국 지식인의 전형으로 인식하는 중국 사회의 문화적 분위기를 조성한다. 이에 의해 중국 지식인 계급은, 대체로 자신의 도덕적 절제 훈련을 통해 기존 사회정치 질서와의 조화로운 공존관계를 모색하는 것이 자신의 임무임을 스스로 설정하는 기풍을 낳음으로써 중국의 문사계급에게서 사회정치 질서에 대한 창조적이고 열정적인 개혁정신을 찾아보기란 결코 쉽지 않은 현상이 된다. 더 나아가 유교의 교육문화는 어떤 한 방면의 특수한 분야에 정통한 전문적인 기술 능력을 지닌 전문가를 양성하는 데 중국 전통사회가 전반적으로 소홀히 하는 결과를 낳는데,[53] 이 현상은 중국 사회가 서구 문화와 직접적으로 대면하는 근대 전환기까지 지속된다.

5. 이익의 재창출에 대한 인식의 결여

품위와 우아함을 갖춘 문학적 교육과 소양을 쌓으면서 전통 예법에 따르는 것이 자기완성의 궁극적인 길이라고 인식한 유교 지식인의 면모에서 정열적이고 혁신적인 모습을 발견하기란 쉽지 않은 일이다. 그들은 자신과 가족의 명예를 위해 보다 안정적이고 조화로운 균형감각을 익히도록 상부로부터 철저하게 요구받음으로써, 결과적으로 중국

---

53) 『論語』「爲政」: 子曰, 君子不器. "器라는 것은 각기 그 쓰임에만 적합하지 서로 통용될 수 없다. 덕(德)을 이룬 선비는 본체(體)가 갖추어지지 않음이 없으므로 그 쓰임(用)이 두루 하지 않음이 없고 단지 한 재주, 한 기예(技藝)일 뿐이 아니다(器者, 各適其用而不能相通. 成德之士, 體無不具, 故用無不周, 非特爲一才一藝而已)." 朱熹, 『四書章句集注』, 中華書局, 1986. p. 57.

지식인들에게 기존 사회정치 질서에 대한 적응 능력을 향상시키는 것이 자신들의 교육과 학습의 주된 목표임을 스스로 각인시키는 풍조를 낳는다. 따라서 이들 유교 지식인들은 자기완성이라는 최고의 수양 목표를 지니지만, 이것이 곧 열정적으로 사회의 부조리한 모습을 개혁하는 실천정신이나 자신의 창조적인 경영 능력을 펼침으로써 사회적 이익을 증대시킨다는 의미로 그들에게 해석되지 않는다.

즉, 앞서 살펴본 극기복례(克己復禮)의 인(仁)의 실천방법이 보여주듯이, 중국의 유교문화는 욕구에 대한 절제 능력을 배양해 공동체의 위계질서에 순응하는 것을 가장 근본적인 수양의 목적으로 삼는다. 공자의 극기(克己)관념 이래로 맹자의 성선설(性善說)이나 순자의 성악설(性惡說)이 모두 이익의 추구나 인간의 물질적 욕구에 대한 부정적 관점을 토대로 형성된 것이라는 점을 고려할 때 중국의 문사계급에게서 경영상 이윤을 추구하는 동기의식을 찾기란 쉽지 않은 일이다. 역대 중국의 유교 지식인이 이상적 목표로 삼은 것은 물질적 재부의 축적이 아닌 사회정치적 지위에 부합하는 도덕적 명예로, 이것은 정치를 잘한 관료의 경우 송덕비(頌德碑)를 세워 그의 덕(德)을 찬양하는 중국 사회의 전통 사례를 통해서도 확인된다.

공자는 위정자란 모름지기 토지와 백성의 많고 적음보다는 정치가 공평하지 못한 것을, 경제적 궁핍보다는 편안하지 못한 것을 걱정해야 하며, 대개 재물이 공평하고 조화롭게 재분배되면 백성의 불평이나 국가의 쇠망을 염려할 필요가 없다고 주장한다.[54] 이는 "군자는 의에 밝

---

54) 『論語』「季氏」: 丘也, 聞有國有家者, 不患寡而患不均, 不患貧而患不安, 蓋均無貧, 和無寡, 安無傾.

고 소인은 이익에 밝다"[55])는 의(義)와 이(利)를 대치시켜 파악하는 유교문화의 전형적인 가치관을 그대로 보여준다. 후대의 맹자 또한 국가를 이롭게 할 방책을 묻는 양(梁)나라 혜왕(惠王)의 질문을 받고 이로움보다는 인의(仁義)를 추구하는 것이 정치의 더욱 중요한 명제임을 환기시킨다.[56] 즉 유교의 의리관념은 물질적 욕망이나 재화에 대한 추구보다는 전통적인 의리규범에 대한 준수를 더욱 강조한다.

또한 이러한 유교의 인식은 인간관계에서 정신노동과 육체노동의 역할을 분담하는 유교의 사회분업 원리로 이어진다. 공자와 맹자는 모두 인간의 유형을, 사회적 재화나 물질적 욕망을 추구하는 부류를 육체노동에 종사하는 소인(小人)[57] 내지 야인(野人)으로,[58] 이들을 관리하는 정신노동자 곧 관리자로서 사회정치적 문제를 담당하는 군자(君子)로 분류한다. 공자가 생각한 군자(君子)의 면모는, 물질적 이익보다 "이(利)를 보면 의(義)를 생각하고, 위험에 이르면 목숨을 바친다"[59] 결연한 태도를 견지하는 인물로, 자신이 그러했듯이 부국(富國)의 경제적 측면이나 강병(强兵)의 군사적 측면보다도 전통적 규범에 의거하는 도

---

55) 『論語』「里仁」: 君子喩於義, 小人喩於利.

56) 『孟子』「梁惠王上」: 孟子見梁惠王. 王曰, 叟不遠千里而來, 亦將有以利吾國乎. 孟子對曰, 王何必曰利? 亦有仁義而已矣. 王曰, 何以利吾國, 大夫曰, 何以利吾家, 士庶人曰, 何以利吾身. 上下交征利而國危矣. 萬乘之國弑其君者, 必千乘之家; 千乘之國弑其君者, 必百乘之家. 萬取千焉, 千取百焉, 不爲不多矣. 苟爲後義而先利, 不奪不饜.

57) 『論語』「子路」: 上好禮, 則民莫敢不敬. 上好義, 則民莫敢不服. 上好信, 則民莫敢不用情. 夫如是, 則四方之民襁負其子而至矣, 焉用稼.

58) 『孟子』「滕文公上」: "無君子莫治野人, 無野人莫養君子."; "有大人之事, 有小人之事. 且一人之身, 而百工之所爲備. 如必自爲而後用之, 是率天下而路也. 故曰, 或勞心, 或勞力; 勞心者治人, 勞力者治於人. 治於人者食人, 治人者食於人, 天下之通義也."

59) 『論語』「憲問」: 見利思義, 見危授命.

덕적 가치를 더욱 중시한다.[60] 이러한 공자의 견리사의(見利思義)의 입장은 후대의 맹자에 이르러 더욱 강조되어 사생취의(捨生取義)의 정신으로 나타난다. 맹자는 "삶도 내가 원하는 바이고 의로움도 내가 원하는 바이지만, 두 가지를 함께 얻을 수 없다면 삶을 버리고 의로움을 택할 것이다."[61]라고 말하면서, 물질적 욕망과 도덕적 가치 사이에 어쩔수 없는 선택의 갈림길에 서면 단연코 사생취의의 자세로 도덕적 가치를 선택해야 한다는 자신의 입장을 확고하게 밝힌다. 이와 같이 맹자의 의(義)를 중시하는 의리주의 관점은, 이후 주로 맹자의 성선(性善)과 천리(天理)의 인성(人性)을 논하는 후대 성리학에 이르러 유교의 도덕관념을 사변화한 과정 속에서 더욱 강화된다.

또한 고전문헌과 문화에 정통한 문화적 교양인이자 지적 독서인이되는 유교의 교육문화가 낳은 일반적인 현상이 중국 전통사회에 관철되어 후대 제도화되어 나타난 것이 바로 과거제도이다. 과거제도는 학문의 연마를 통해 사회정치적 권력과 명예를 획득하면 경제적 부(富)는 자연히 축적되기 마련이라는 유교적 인식을[62] 중국 사회에 일반화시킨다. 즉 중국 유교 지식인에게 경제적 부는 군자가 되기 위한 자기연마의 과정에서 자연스럽게 동반되는 결과물일 뿐이며 경제적인 부의 축적 그 자체가 목적이 될 수 없다. 경제적 부의 축적을 위해 의리의 기준에 위반되는 불의(不義)의 부(富)를 위한 행위는 군자의 방법이

---

60) 『論語』「顔淵」: 子貢問政. 子曰, 足食. 足兵. 民信之矣. 子貢曰, 必不得已而去, 於斯三者何先. 曰, 去兵. 子貢曰, 必不得已而去, 於斯二者何先. 曰, 去食. 自古皆有死, 民無信不立.

61) 『孟子』「告子上」: 生亦我所欲也, 義亦我所欲也. 二者不可得兼, 舍生而取義者也.

62) 『論語』「衛靈公」: 子曰, 君子謀道不謀食. 耕也, 餒在其中矣. 學也, 祿在其中矣. 君子憂道不憂貧. ;「爲政」: 子曰, 多聞闕疑, 愼言其餘, 則寡尤. 多見闕殆, 愼行其餘, 則寡悔. 言寡尤, 行寡悔, 祿在其中矣.

아니며, 군자에게는 반드시 도덕적인 의로운 방법을 통해 획득할 수 있는 경제적 부만이 정당화된다.[63]

공자는, "부와 귀는 사람들이 원하는 것이지만 정당한 방법으로 얻은 것이 아니면 갖지 않으며, 가난과 천함은 사람들이 싫어하는 것이지만 정당한 방법으로 그렇게 얻은 것이 아니라도 그것으로부터 벗어나지 않는다."[64]라고 하며, 자신에게 빈천(貧賤)이 부당하게 주어졌다고 하더라도 정당하지 않은 방법으로는 벗어나지 말아야 하며, 오히려 더 나아가 그 상황을 즐길 수 있는 안빈낙도(安貧樂道)의 경지에[65] 이를 수 있는 정신수양을 강조한다. 따라서 공자는 도(道)에 뜻을 둔 선비라면 허름한 옷과 형편없는 음식을 부끄러워하지 말아야 한다고 강조하며,[66] 임용이 되면 자신의 정치적 이상을 실현하지만 물러나게 된다고 하더라도 그 상황에 순응해 즐길 것이라고[67] 말한다. 이러한 그의 사고를 통해 이익의 재창출 방식에 대한 경영원리 차원의 유교문화의 인식의 한계를 엿볼 수 있다. 즉, 공자의 안빈낙도의 입장이나 맹자의 사생취의의 관념은, 모두 전통의 도덕가치를 준수하는 데 따르는 빈곤의 환경을 즐거움 내지 정의로움으로 승화시키는 역설적 면모를 보여준다. 이 점에서 중국 전통 유교문화는 그 자체에 내재한 도덕적 가치를 전제한 물질적 이익(利)에 대한 에토스와 더불어 이익의 재창출 방

---

63) 『論語』「述而」: 富而可求也, 雖執鞭之士, 吾亦爲之, 如不可求, 從吾所好.

64) 『論語』「里仁」: 富與貴是人之所欲也, 不以其道得之, 不處也, 貧與賤是人之所惡也, 不以其道得之, 不去也.

65) 『論語』「述而」: 子曰, 飯疏食飮水, 曲肱而枕之, 樂亦在其中矣. 不義而富且貴, 於我如浮雲. ;「里仁」: 不仁者, 不可以久處約, 不可以長處樂. ;「衛靈公」: 子曰, 君子困窮, 小人窮, 斯濫矣.

66) 『論語』「里仁」: 子曰, 士志於道, 而恥惡衣惡食者, 未足與議也.

67) 『論語』「述而」: 用之則行, 舍之則藏, 惟我與爾有是夫.

식에 대한 인식의 결여라는 특징을 동시에 확인시켜준다.

유교의 사회정치학의 매뉴얼인 『대학』에서는 "도덕은 근본이고 경제는 말단인데, 근본을 경시하고 말단을 중히 여기면 백성들을 다투게 해 빼앗게 하는 정책을 베푸는 것이다."[68]라고 말한다. 즉, 중국 전통 사회의 유교문화는 일관되게 경제적인 부나 육체적인 욕구보다는 전통적인 도덕가치와 의리의 준수를 삶의 중요한 가치로 이해한다.[69] 공자는 백성들의 경제적 이로움을 주는[70] 정치 행위를 도덕정치(德治)를 실현하기 위한 경제적 토대의 확보 차원에서 이해하고,[71] 근본적으로 물질적 욕구에 대해서는 경계의 시선을 거두지 않는다.[72] 맹자철학을 계승한 후대의 성리학 또한 이를 '천리를 보존하고 인욕을 제거한다(存天理去人欲)'라는 명제에 입각해 우주론적 차원으로 더욱 확장시킴으로써 이익과 욕구에 대한 부정적인 원시 유교문화의 관념을 더욱 확고하게 견지한다.

---

68) 『大學』「傳10」: 德者本也, 財者末也, 外本內末, 爭民施奪. 맹자는 "진실로 의로움을 뒤로 하고 이익을 앞세운다면 다 빼앗지 않고는 만족하지 않을 것이다(『孟子』「梁惠王上」: 苟爲後義而先利 不奪不饜)."라고 말한다.

69) 『論語』「憲問」: 子曰, 士而懷居, 不足以爲士矣.

70) 『論語』「堯曰」: 因民之所利而利之.

71) 『論語』「陽貨」: 惠則足以使人.

72) 『論語』「憲問」: 貧而無怨難, 富而無驕易.

2장 중국의 근대화와 유교담론

중국 사회는 18세기 말부터 나타나기 시작한 크고 작은 농민전쟁을 통해서 봉건전제군주 체제가 대내적으로 심각한 도전을 받기 시작하지만, '근대'를 향한 중국의 본격적인 몸부림은 사실상 1840년과 1860년에 벌어진 제1·2차 아편전쟁을 통해 표면화된다. 중국은 영국과 프랑스, 미국, 독일 등 서구 제국주의의 '충격'[73]으로부터 잇따른 참패를 경험함으로써 전통사회를 지탱해오던 유교의 전통적 가족주의와, 자신들이 세계의 중심이라는 유교적 가치의 화이사상(華夷思想)은 심각한 위기에 직면한다. 중국에 대한 대내외적 도전은 중국 사회에 변화의 소용돌이를 불러일으키고, 그 소용돌이 중심에는 언제나 사회

---

73) 학계에서는 근대 중국에서의 서양의 역할에 대해 '충격'이라는 용어를 곧잘 사용한다. 서양의 충격에 의한 중국의 대응을 강조하는 전통적 중국사 이해, 특히 서구 학계의 중국사 이해에 대해서는 중국을 역사 발전의 주체적 능동자로 보지 못한다는 비판을 받아왔다. 중국이 서양과의 만남에 대해 적극적이고 창조적으로 대응해 근대화를 수행한 것은 분명하지만, 서양의 충격과 영향을 전면 부인하거나 서양의 자극이 없었더라도 중국이 근대화의 내재적 맹아를 가지고 있었기 때문에, 독자적으로 근대를 형성할 수 있었을 것이라고 보는 내재적 맹아론 역시 비판의 대상이 되고 있다. 충격-대응의 논리에 대한 비판으로는 폴 코헨 저, 장의식 옮김, 『미국의 중국근대사 연구』, 고려원, 1994.

정치적 유교관념이 자리한다.

당시 중국의 진보적 지식인들에게도 아편전쟁 이후 근대의 시공간은 위기의 시대이자 봉건사회에서 근대사회로 나아가는 이행기로 인식된다. 제국주의에 의해 침탈당하는 중국의 현실과 봉건에서 근대로 나아가는 중국 사회의 격변 상황은, 중국 지식인들 스스로에게 "중국은 변해야 하는가? 변한다면 또한 어떠한 방법으로 변해야 할 것인가"라는 문제의식을 불러일으킨다. 즉, 서구로부터의 '충격'은 중국인들에게 '전통과 반전통', '봉건과 반봉건', '전근대와 근대', '중국과 서양' 사이에서 갈등하게 하고, 둘 간의 관계 모색에 필요한 깊은 고민의 수렁 속으로 빠져들게 한다.

서구와 무력충돌 이후 본격화된 중국 사회의 지식담론은 '근대'를 향한 그리고 '근대성'을 획득하기 위한 지난한 논쟁을 유발하고, 이는 현대에 이르러서도 그 내용이 바뀌었을지라도 중국 사회주의의 '현대'를 향한 그리고 '현대성'을 획득하기 위한 논쟁의 형식으로 이어진다. 즉, 근대 전환기로부터 시작된 중국 지식인 사회의 '중국적 전통과 반전통(근대)' 내지 '중국과 서양'과 관련된 고민은 현재 중국적 전통과 반전통의 사회주의(현대)에 대한 문화담론으로 계승되며, 이 과정에서 중국의 사회문화 담론 속에서 유교는 항상 '전통문화'와 '중외문화(中外文化)'의 계승과 수용 그리고 창조의 문제의 중심에 놓이면서 지난 한 세기 반 동안 부침을 거듭한다.

서구의 충격으로 인해 촉발된 '중체서용(中體西用)'의 양무운동과 '탁고개제(托古改制)'의 변법유신이 모두 실패로 막을 내리면서 유교는 급기야 신해혁명과 5·4신문화운동을 통해 부정해야 할 구시대의 유물로 치부된다. 중국 전통사회에서 2천 년 이상 지배문화로 군림한 유교적 관념은 근대 전환기 중국 사회에 불어닥친 서구화 운동으로 인해 서서히 붕괴되어 가는 국면에 도달한다. 이윽고 사회, 정치, 문화를 비롯한 중국 사회 전반에서 우상파괴 운동이 전개된 신문화운동을 계기로 중국의 서구화론자들은 마침내 중국 사회의 탈유교화를 선언한다. 이 과정에서 19세기 중반 이후로 본격적으로 진입해 중국 사회를 끊임없이 침탈하며 병들게 한 서구 자본주의의 폐해는 중국의 서구화론자들 대부분을 사회주의의 길로 인도하는 계기가 됨으로써 중국 대륙에는 마침내 1949년 사회주의 국가가 설립된다. 이후 중국의 사회주의자들은 서구의 사회주의 이념의 중국 사회 안착을 위해 또 한번의 문화대혁명운동을 전개하게 되고 이 과정에서 유교문화는 다시 한 번 타도의 대상이 되기에 이른다.

그러나 또 다른 한편에서는, 중국의 서구화 운동에 신중한 태도를 견지한 유교 지식인들에게 1914년에 발발해서 4년간 지속된 서구문명의 제1차 세계대전은 그들의 의식 속에 깊게 침잠된 중체(中體)관념을 새롭게 부활시키는데, 이로써 중국 유교는 송대(宋代) 이후로 또다시 새롭게 탄생한다. 이로 말미암아 탄생된 현대 신유가 그룹은 자신들이 믿어 의심치 않은 유교문화의 전통적 사상과 이념을 모태로 삼아 서양의 근대사상과 서양철학을 흡수, 개조하는 가운데, 당대 중국 사회를 휩쓸고 있는 사회주의 서구화론자들에게 대항할 수 있는 중체관념을 재생시킨다. 이를 계승한 유교 지식인들은 1949년 대륙의 사회주의 건설 이후에도 그 활동 영역을 대만을 비롯한 화교 자본주의 권역과 서구사회로 확장시키는 가운데 자신들이 그렇게 믿고 견지한 중국 전통의 유교사상의 생명력을 지속시켜 나간다. 이러한 와중에 1980년대 초반에 들어서 유교문화권에서 공자 재평가 운동이 일어나기 시작하고, 대륙과 대만 문화계의 '공자사상을 비판적으로 계승하자'라는 공통된 인식에 도달함으로써 바야흐로 현대 중국 사회에서 유교는 다시 한 번 재평가의 대상이 된다. 다시 말해 1984년 10월에는 "중국 문화의 우수한 전통을 계승 발양하고, 외국 문화의 소개를 통한 중국 문화의 현대화를 촉진한다."는 취지 아래 민간 연구단체로서 중국 문화서원이 설립되고, 이를 계기로 중국 사회에서는 유교를 둘러싼 논쟁이 다시 재개된다.

1. 중체서용(中體西用)의 양무운동

　중국 사회가 근대로 이행하는 과정은, 반봉건과 반제의 중층적인 사회적 모순이 격화되는 시기로서,[74] 대내적으로는 봉건 지주와 소작인의 모순이 심각한 상황에 이르고 대외적으로는 외부 제국주의 세력의 압도적인 위력이 중국 사회를 충격과 공포 속으로 밀어넣는다.

　과거에도 중국 사회에는 침략으로 전파된 북방의 유목문화, 서역을 통해 들어온 불교문화, 이슬람 문화, 가톨릭 문화 등으로 인한 여러 차례에 걸친 외부 세력의 문화적 도발과 충격이 있었지만, 이들 문화의 충격은 대부분 중국 사회에 일시적 내지 부분적인 영향을 미친 것으로써, 중국 사회가 충분히 주체적으로 수용 가능한 수준의 것이었

---

74) 근대 중국의 위기는 민족의 생존권 문제라는 외적인 위기에 국한되지 않는다. 이 위기는 중국과 서구 사이의 민족적 갈등에서 시작되지만, 그 파장은 전통 중국을 지탱하던 정치, 경제, 역사, 문학 등의 내부 문제로 확산된다. 다시 말하면 제국주의의 침략이라는 민족 외부에서 밀려온 위기가 그러한 위기를 초래하게 된 중국 문화 전반에 대한 내적인 반성으로 이어진다. 이러한 '이중적인' 위기는 서구 제국주의에 대한 저항의식(反帝)을 형성할 뿐 아니라 낙후된 현재의 중국을 만든 내적 요인에 대한 저항의식(半封建)을 성숙케 한다. 그래서 근대 중국의 위기의식 속에는 반제의 문제와 반봉건의 문제가 통합되어 있다. 이종민, 「중국 근대 지식인의 정체성 위기와 문학사유에 관한 연구」, 『中國現代文學』 제14호, 1998. p. 82.

을 뿐만 아니라 이들 외부 문화들은 오히려 중국 문화에 의해 동화되어 중국 문화의 수준을 고양시키는 역할을 하곤 했다. 그러나 근대 이행기에 들어서 근대 자본주의의 축적 과정을 통해 형성된 엄청난 생산력을 바탕으로 한 서구 자본주의 문화의 중국 진출은 이전과는 전혀 양상이 달랐고 시간이 지날수록 중국에 미치는 위력 또한 점차 강화되었다.

중국은 대외적으로 1840년 영국과의 아편전쟁에서 패배해[75] 1842년 불평등한 난징(南京)조약을[76] 체결하고, 재차 1856년 제2차 아편전쟁(애로호 사건)에서 패해[77] 1860년 베이징(北京)조약을[78] 체결함으로써 서양의 압도적인 우세를 확인한다. 이 과정에서 중국인의 중화주의는 처참할 정도로 상처를 받게 되고,[79] 아울러 상처를 받은 중

---

75) 영국이 중국과의 무역적자를 해소하기 위해 인도 동인도회사에서 재배한 아편을 몰래 들여와 중국에 팔자 청나라 왕조는 임칙서를 파견해 아편 거래를 막게 하고, 임칙서는 영국의 아편을 몰수해 불태운다. 이에 1840년 6월 영국은 군대를 중국에 파견해 1842년 6월 상해를 점령하고 남경으로 진격하자 같은 해 8월 청왕조는 영국과 굴욕적인 '난징조약'을 체결한다.

76) 난징조약의 내용은, 홍콩의 영국 할양, 상해를 비롯한 5개 항구 개항, 개항장 영사의 주재, 중국의 전쟁 배상금과 몰수된 아편 배상금 지불, 공행의 독점무역을 폐지, 수출입의 관세를 정하며, 동등한 지위에 있는 양국 간의 문서 교환은 동등한 형식을 사용한다는 것이다.

77) 1856년 10월 중국 관원이 홍콩에 선적을 둔 영국 선장의 범선 애로호에 근무하던 중국인 승무원 12명을 해적 혐의로 연행하자 광주의 영국 영사는 승무원의 즉각 송환과, 배에 걸려 있던 영국 국기를 함부로 내린 것에 대한 공개 사과를 요구하면서 전쟁이 발발한다. 이후 영국은 프랑스를 끌어들이고 1857년 말 제2차 아편전쟁이 발발한다. 이에 1858년 '톈진조약'을 맺고 1859년 전쟁이 재발되어 영국과 프랑스의 연합군이 북경을 점령하자 청왕조는 1860년 굴욕적인 '베이징조약'을 체결하게 된다.

78) 베이징조약의 내용은 서양 외교사절의 북경 상주, 난징조약 때 5개 항 외 10여 개 항구의 추가 개항, 외국인의 중국 내륙지역 여행 권리 인정, 기독교 선교의 자유 인정, 구룡반도의 영국 할양, 배상금 800만 냥을 지불하는 것이다.

79) 중국의 '근대'는 1840년 제1차 아편전쟁을 그 시발점으로 삼지만, 실제로 중국인들이 서구의 중국 진출을 '중대한 사건'으로 더욱 심각하게 인식하기 시작한 것은 1856년에 발발해 60년에 끝나는 제2차 아편전쟁을 겪으면서부터라고 할 수 있다.

국인은 잇단 패전을 겪게 한 만주족의 청(淸)왕조를 불신하기에 이른다.

중국 지식인은 제1, 2차 아편전쟁을 비롯해 근대 이행기 외세와의 각종 무력대결의 패배를 목도하면서, 한편으로 서양의 엄청난 군사력에 주목하고, 다른 한편으로 전통적인 유교질서로는 더 이상 서양문화의 충격을 감당할 수 없다는 인식에 이른다. 이러한 인식으로부터 말미암아 중국 사회에서는 서구문물을 배우자는 양무운동(洋務運動)이 일어나는데, 양무운동의 핵심은 중체서용(中體西用)을 통해 중국의 근대화를 달성하는 데 있었다. 청왕조도 양무(洋務)는 서양과의 불평등한 교섭 과정에서 실무적으로 필요하다고 인식하고 양무운동을 적극 전개시키는데, 이를 본격적으로 주도한 인물들은 바로 태평천국운동을[80] 좌절시킨 유교 지식인들이다. 멸만흥한(滅滿興漢) 및 향촌사회의 유교적 질서를 파괴하는 것에 반대한 쩡구워판(曾國藩), 쭈워쫑탕(左宗堂), 리홍짱(李鴻章) 등은 각각 상군(湘軍)과 회군(淮軍)을 이끌고 태평천국을 멸망시킨 유교적 지식인이자 양무파이다. 청왕조는 리홍짱에게는 북양해군을, 쩡구워판에게는 양강총독의 직책을 주어 양무운동을 관장하게 하는데, 이들은 청왕조를 보존할 수 있는 강력한 군사력을 보유하기 위해 주로 해군조선소나 군사무기 공장을 건립하는 등 군사

---

80) 청(淸)나라 말기 홍쉬치엔(洪秀全)이 광동성(廣東省)에서 창시한 배상제회(拜上帝會)에서 비롯된 것으로 이들은 하늘의 주재자인 상제(上帝)와 여호와를 숭배하고 '멸만흥한(滅滿興漢)'을 외치며 유교와 공자를 배척하자는 운동을 전개한다. 그와 농민군과 합세해 1851년 태평천국(太平天國, 1851~1864)을 세운 후 1853년 3월 난징(南京)을 수도로 정한다. 쩡구워판(曾國藩, 1811~1872), 쭈워쫑탕(左宗堂, 1812~1885), 리홍짱(李鴻章, 1823~1901)이 진압의 책임자였고, 1860년 베이징조약을 체결한 영국 등의 서구 열강은 이들을 진압하기 위해 군사원조를 함으로써 태평천국운동은 막을 내리고 이 과정에서 양무운동(洋務運動)이 시작된다. 이 운동이 전개한 대외 저항과 멸만흥한 의식은 농민의 광범위한 투쟁을 유도하고 이후 쑨원(孫文) 등의 동맹회의 혁명운동에 영향을 미친다.

공업의 진흥에 힘쓴다. 결과적으로 양무파의 군사력에 집중된 서구화 운동은 중국의 전근대적 정치체제를 유지하기 위한 보수적인 가치관에서 비롯한 것으로 그 사상적 핵심은 '중체서용(中體西用)'이다.

영·불 연합군의 북경 점령으로 촉발된 청조와 재야 지식인의 위기의식은 양무파의 장쯔동(張之洞, 1837~1909)이 제기한 "구학을 체(體)로 삼고 신학을 용(用)으로 삼는다(舊學爲體, 新學爲用)."라는[81] '중체서용'의 지도이론을 통한 양무운동으로 현실화된다. 장쯔동은 다른 유교적 지식인들과 마찬가지로 중화주의의 보편주의로 당시의 지배질서를 유지하고자 한다. 그는 중화(中華)라는 문화는 일시적으로 서양이라는 이적(夷狄)에게 영향력을 발휘할 수 없다고 하더라도 이 세상에 삼강오륜(三綱五倫) 외의 다른 질서를 인정하지 않는 방식으로 중화문화의 보편성을 확인한다. 그는 어느 사회라도 그것이 아노미 상태가 아니라 사회로 성립할 수 있다면 그 사회의 질서는 오륜이라고 주장하면서, 서양에도 '군신간의 윤리'(君臣之倫)와 '부자간의 윤리'(父子之倫), '부부간의 윤리'(夫婦之倫)가 존재한다고 역설하면서 "서양인의 예제도가 소략하기는 하지만 예의 뜻이 폐기된 것은 아니다. 하늘의 질서와 백성의 윤리는 참으로 중국, 서양에 상관없이 크게 보아 같다."(張之洞, 「내편」 권3)는 결론에 이른다.[82] 그러나 다른 한편으로 당시 중화주의에 각인된 보수적인 사상가인 장쯔동의 "보수 세력은 융통을 모르고 신진인

---

81) 張之洞, 『勸學篇』(1898), 中州古籍出版社, 1998. p. 121. : "신학과 구학을 함께 공부한다. 사서·오경·중국사·정치서·지도는 구학이고 서양정치·서양기술·서양사는 신학이다. 구학은 체(體)이고 신학은 용(用)이어서 한쪽으로 치우치지 않게 한다(『勸學篇』「外篇」設學第三」: 新舊兼學, 四書五經中國史事政書地圖爲舊學, 西政西藝西史爲新學, 舊學爲體, 新學用, 不使偏廢)."

82) 이혜경, 「근대 중국의 탈중화주의」, 『오늘의 동양사상』 제15호, 예문동양사상연구원, 2006. p. 74.

사들은 근본을 모른다."[83]라는 언표를 통해 양무운동 주창자조차도 절박하게 느낀 당시 중국 지식인들의 중국 사회에 대한 위기감을 읽을 수 있지만, 이후 무술변법을 주도한 '캉유웨이(康有爲)를 향해 서양의 것에 빠져 정신까지 내주었다고 규탄하는'[84] 장쯔동의 모습을 통해서 중체서용을 주장한 초기 중국 지식인들의 중화주의에 대한 변함없이 확고한 의지를 엿볼 수 있다.

그러나 그들의 문제의식 속에는 현실적으로 서양의 근대적인 군사기술을 수입해 군사력을 강화하는 것이 근대화라는 인식의 한계가 노정되어 있었다. 다시 말해 그들의 주요한 목적은 중국의 봉건 지배질서를 유지하는 데 있고, 그 지배이념인 유교의 전통적 가치관은 여전히 중국 사회를 지탱하는 데 근본적으로 유효한 것으로 인식된다. 중체서용이란 중국 전통의 정신문명을 근본(중체)으로 삼고 서구의 과학기술 등의 물질문명이 이를 보조(서용)하게 하는 것으로, 중국 전통의 정신문명은 곧 전통적인 유교를, 서구의 과학기술 등의 물질문명은 바로 군사기술과 무기를 가리킨다. 결론적으로 장쯔동이 주장한 중체서용의 취지는 서양의 군사력을 뒷받침하는 군대적인 군사기술을 중국의 봉건체제를 유지하는 수단으로 이용하는 데 있다.

즉, 개혁파 관료인 양무파는 변화의 필요성을 깨닫고 중학과 서학의 요체를 알 것을 주장하며 실용적인 문화의 추구와 제도의 변화를 추구한다.[85] 그 구체적인 방안을 놓고 볼 때 유학의 실시와 과거제도 개혁 등의 교육제도, 국방과 철도, 농, 공, 상, 광업 등의 산업 전반에 새

---

83) 張之洞의 「序」『勸學篇』, p. 40.

84) 앞의 이혜경의 같은 논문, p. 74.

85) 張之洞의 같은 책, p. 43.

로운 지식의 수용과 유통 방안 등은 적극적으로 논의되지만 근본적으로 전통적 윤리와 국가체제의 변화에 대한 논의는 아예 시도되지 않는다. 궁극적으로 양무운동의 핵심은 전통적인 유교 관료의 통치나 왕조체제를 온존(中體)시키기 위한 서구의 기술문명을 도입(西用)하는 것이다. 예컨대 장쯔둥은 변법을 주장하면서도 유교적 전통윤리를 강조한다. 그는 삼강(三綱)과 예의염치를 지킨다면 공자와 맹자도 개혁을 옳다고 할 것이라고 주장하며 구학과 신학을 함께 공부할 것을 강조하지만 유교 경전에도 근대 서양의 제도와 기술의 연원이 되는 요소가 발견된다고 애써 주장한다.[86] 이러한 그의 언표를 통해 그가 지향한 궁극적인 목적이 곧 중국 전통사회의 유교적 질서체제 보존이며 이것이 변법의 목적이었음을 확인할 수 있다.[87]

이렇듯 중국의 전통적인 유교적 사회정치체제를 온존시키는 가운데 청조의 봉건통치를 유지하고자 한 양무운동은 근본적인 사회·정치 개혁을 추진하지 못한 채 표면적인 개혁으로 끝난다.[88] 그러나 중

---

86) 張之洞의『勸學篇』「外篇」의「變法第七」,「會通第十三」등에 두루 보임.

87) 반면 "중체서용은 중국 문화의 근대 전환 과정에서 문화를 이루는 지식의 중심이 서학으로 이동하는 흐름에 부응해 구축된 개념"으로, "이것이 중체서용 개념의 실질"이자 "장쯔둥이『권학편』에서 말해주는 것"이라는 입장도 있다. 이상 송인재,「근대중국에서 중학·서학의 위상변화와 중체서용」,『개념과 소통』제6호, 2010. p. 127. 시마다 겐지는 '리에도 용이 있다(理必有用)'(『大學或文』「補亡章」)는 점에서 체용(體用)은 이기(理氣)나 도기(道器)처럼 형이상과 형이하로 나누어지는 것이 아니다라고 말한다. 그러나 중국 사회에 변법운동이 일어난 것은 정치적 목적이 주요한 것이기 때문에 중체서용의 논의 또한 정치체제나 질서 등에 대한 사상가의 성격을 고려해 판단하는 것이 중요하다.

88) 양무파가 내세운 중체서용의 보수적 함의는 동북아시아 삼국 가운데 일본이나 조선의 경우를 통해서도 확인된다. 메이지유신을 통해 서구적 근대화를 급속하게 성공시킨 일본이 무력으로 조선에게 개방을 요구했을 때, 조선은 1876년 치욕스런 강화도조약 즉 조일수호조약을 맺고, 조선의 봉건 체제를 유지하기 위한 방법으로 동도서기(東道西器)를 주장하는 개화파가 나타나게 되었다. 조선의 초기 개화파가 보수적인 이유는 '동도'를 유지하기 위해 서양의 과학 기술을 수입해야 한다고 여겼기 때문이다. 미국의 페리 제독이 이끄는 흑선 함대의

체서용의 논리를 기반으로 군사산업을 진흥시키는 과정에서 부분적으로 중국식 자본주의는 발달한다. 양무파의 중국식 자본주의 경영기법인 관독상판(官督商辦)의 경우 처음에는 봉건정부의 관료가 각종 공업 및 산업을 주관하지만 효율성이 떨어지자 정부는 감독만 하고 상인이 사업을 주관하게 되면서 중국식 자본주의를 탄생시키고 새로운 형태의 자본가 계급과 노동자 계급이 출현하는 결과를 초래한다.[89] 그러나 자본주의가 발달한 제국주의 국가들과 비교하면 중국의 자본주의는 매우 미흡한 수준에 머물러 있었다. 그나마도 중국 연해의 소수 도시들을 제외한 대부분은 여전히 봉건적인 생산양식이 지배적이고, 수많은 인구에 비해 생산력 또한 형편없는 수준이었다. 따라서 물밀듯 밀려오는 서양의 자본주의 상품 앞에서 경쟁력이 없는 중국의 경제는 시간이 지날수록 더욱더 악화될 수밖에 없었다.

양무파의 논리적 근거인 중체서용은 철학적 측면에서 동양의 도(道)와 서양의 기(器)를 기계적으로 결합시킨 절충식 논리에 말미암은 것이다. 양무파에 속하는 유교적 지식인들은 중체서용을 통해 당면한 문제를 해결하고자 했지만 완고한 보수파의 눈치를 보며 중국의 학문을 중심으로 서양의 학문을 부분적으로 절충시키고자 했다. 그러나 이러한 절충적 방법이 당시에는 어쩔 수 없는 현실적 선택이었다고 하더라도 논리적으로 성립하기 어렵다. 서양의 군사기술에는 근대적인 과학과 철학뿐만 아니라 자본주의적인 경제제도와 민주적인 정치체제

무력시위를 경험하고 1854년 굴욕적이고 불평등한 시모노세키(神奈川)조약 즉 미일화친조약을 맺은 일본의 경우에는 특이하게 메이지유신을 진행하는 중반 이후 화혼양재(和魂洋才)라는 보수적인 논리가 나타나는데, 이는 결과적으로 일본의 지식인들이 천황제를 유지하기 위한 방법으로 서구의 근대 군사기술문화가 이용되었음을 의미한다.

89) 편집부 편역, 『중국 근현대 경제사』, 일월서각, 1986. pp. 273~278.

등이 배경으로 작용한다는 점에서, 편의적으로 중국의 봉건체제를 그대로 유지하면서 단지 서양의 군사기술 습득을 통해 군사력만을 강화하겠다는 발상은 근본적으로 개혁의 한계를 노정한 것이다. 이러한 양무운동의 절충적 방법의 한계가 잘 드러난 결과가 바로 1894년과 1895년에 걸친 청일전쟁에서 중국이 일본에 철저히 패배한 사건이다.

비록 중국이 서양의 제국주의 국가들에 끊임없이 패배하고 온갖 이익을 빼앗기는 과정을 겪으면서 중국인이 천하의 중심이라는 절대적인 의식이 상대적인 의식으로 바뀌었다고 할지라도 적어도 아시아의 중심이라는 자부심만은 남아 있었다. 그런데 자신들에게 조공을 바치던 변방의 오랑캐인 일본에 철저하게 패하면서 중국의 유교적 지식인들은 정신적 공황 상태에 빠진다. 청일전쟁에서 패배한 중국은 1895년 일본과 치욕적인 시모노세키(下關)조약을[90] 맺는데 이 조약을 계기로 중국은 본격적으로 외세가 이권을 쟁탈하는 각축장으로 적나라하게 변모한다. 이 과정에서 그동안 추진한 양무운동을 통한 자강(自强), 즉 서양의 군사기술을 수용해 중국의 부강함을 기대하는 방법의 문제점을 제기하는 새로운 유교 지식인들이 등장하는데, 이들은 중국의 자강은 단순히 서양의 군사기술을 수용하는 것만으로는 이루어질 수 없는 문제이고, 근본적으로 이와 비례한 정치개혁이 또한 동반되어야 한다고 인식한다. 즉, 양무운동의 실패는 단순히 서구 문화를 기계적으로 수용해서는 중국의 부흥이 이루어질 수 없다는 인식에 이르고,

---

90) 시모노세키조약은 마관조약(馬關條約)이라고도 하는데 청왕조가 일본에 패배하자 청국의 리홍쟝(李鴻章)과 일본의 이토 히로부미(伊藤博文)가 미국의 중재로 맺은 조약이다. 내용은, 조선이 완전한 자주독립국임을 인정하고, 랴오둥(遼東), 타이완(臺灣), 펑후 도(澎湖島)의 일본 할양, 일본에 배상금 2억 냥을 지불, 항저우(杭州)를 비롯한 4개 항 개항과 일본 선박의 양쯔 강(揚子江) 및 부속 하천의 자유통행, 일본인의 거주와 영업 및 무역의 자유를 승인하는 것이다.

이러한 한계는 '중체(中體)' 또한 성찰의 대상임을 확인시키는 계기를 제공한다.

2. 중체서용의 개량 – 탁고개제(托古改制)

아편전쟁이 자본주의가 중국을 침략하는 도화선이었다면 청일전쟁 (1894~1895)은 중국 근대사의 새로운 장을 여는 곧 제국주의가 중국을 노예화하는 서막을 연 사건이었다. 이 두 전쟁은 중국 근대 역사에서 획기적인 의의를 지니는데, 청일전쟁의 실패는 중국을 반(半)식민지의 침중한 재난 속으로 밀어넣었다.[91] 청불전쟁(1883~1885)과 청일전쟁의 패배로 인해 중국 상층사회는 양무운동의 한계를 참혹하게 검증받고 중국인의 침략에 대한 저항의식은 점차 심화된다. 양무운동의 문제점을 어느 정도 깨달은 중국 지식인들은 부패하고 무기력한 중국의 정치제도에 대한 개혁을 요구한다.

특히 청일전쟁의 패배로 인한 중화질서의 붕괴는 젊은 관료층에게 강한 충격을 준다. 부국강병이라는 명분하에 외세의 위협을 막아내려던 '중체서용'의 양무운동은 청불전쟁, 청일전쟁의 패배와 굴욕적인 조약의 체결로 막을 내리고 캉유웨이(康有爲, 1858~1927), 탄쓰퉁(譚嗣同, 1865~1898), 량치차오(梁啓超, 1873~1929) 등 일련의 변법유신파를 중국 사회에 등장시킨다.

변법파는 일본이 메이지유신으로 철저한 개혁을 통해 근대화에 성

---

91) 리쩌허우(李澤厚), 임춘성 옮김, 『중국근대사상사론』, 한길사, 2005. p. 149.

공한 것이라고 판단하고 아시아의 서구식 근대화의 본보기로 삼아 정치개혁을 추진한다. 즉, 변법파는 중국의 양무운동이 메이지유신처럼 철저한 개혁 방법이 아니었기 때문에 중국의 근대화가 실패했고 청일전쟁에서 중국이 패배하는 결과에 이르게 되었다고 주장한다. 이에 1898년에는 광서제(光緖帝, 1871~1908)와 함께 캉유웨이, 탄쓰퉁, 량치차오가 중심이 된 변법파는 양무운동의 문제점을 비판하면서 계몽사상을 전파하며 입헌제 국가를 향한 중국의 정치개혁을 진행한다. 변법파의 논리는 다양하지만 그들은 공통적으로 정치개혁을 통해 중국의 위기를 극복하자는 인식의 공감대를 형성한다.

1895년 치욕적인 시모노세키조약 체결 소식을 들은 캉유웨이는 1,200명의 과거시험 응시자들에게 조약의 거부를 호소하고, 정치개혁을 주창하는 탄원서(公車上書)를 제출한다. 그는 중화제국으로서의 체면을 유지할 것과 일본의 메이지유신을 모방해 부국강병을 꾀해야 한다고 주장한다. 이후 1898년 무술변법(戊戌變法)으로 불리는 체제 측의 정치개혁 운동을 주도한 캉유웨이는 『공자개제고(孔子改制考)』라는 책에서 "공자가 고대 성인의 설을 토대로 하여 정치개혁을 실현하려고 했던 개혁자"임을 주장하면서 새로운 정치개혁이 정통성을 가진 논거임을 밝힌다. 공양학(公羊學) 최후의 대가였던 캉유웨이는 공자를 유교라는 종교의 교조로 간주하고 제도개혁을 추구한다. 캉유웨이는 유교를 바탕으로 시대의 변화에 따라 철저한 제도 개혁, 즉 변법(變法)이 필요함을 역설한다.[92]

---

92) 그는 공화제를 이상으로 삼았지만 현실적으로는 입헌군주제의 도입이 필요하다고 생각했으며, 그 밖에도 과거제도를 개혁하고, 외국에 유학생을 파견하며, 외국 서적을 번역하고, 헌법을 제정하고 국회를 개설하는 등의 다양한 개혁안을 제출한다.

그는 자신의 사회정치적 구상을 담은 『대동서(大同書)』를 통해 공양학의 삼세설(三世說)을[93] 원용하는데, 여기서 중체 곧 공자사상이 중국의 변화하는 현실을 충분히 포용하는 것임을 밝힌다. 캉유웨이는 배타적인 경쟁과 욕망이 사라지는 이상적인 미래사회가 곧 공자가 추구한 대동세(大同世)이고, 지금 중국이 겪고 있는 고단한 상황은 대동세로 가는 경로임을 역설한다. 캉유웨이가 주장한 삼세설은 중체와 서용의 기계적인 결합을 시도한 양무운동의 한계와 실패로 인해 중체에 대한 반성적 작업으로 말미암은 것이지만 이 또한 중국의 윤리정신이 근간이 되는 '탁고(托古)'를 통해 해결하려고 한다는 점에서 중체서용의 개량 내지 개정판이라고 할 수 있다. 즉, 변법운동은 여전히 중체(中體)를 근간으로 삼고 단지 서용(西用)의 범위를 양무운동에 비해 확장시킨 것일 뿐이다. 예컨대 서용의 범위가 서구의 군사기술 이외에도 정치제도를 비롯한 서구 문명으로 확장된 것에 불과하며 변법운동의 근간은 중체의 관점이다. 캉유웨이는 현재 중국 사회가 겪고 있는 서구화의 과정은 곧 공자가 제시한 이상적 사회(大同世)를 향해 나가는 하나의 과정이자 경로에 지나지 않을 뿐이라고 말한다. 그는 『예기(禮記)』, 「예운(禮運)」에 나오는 대동(大同)의 시대가 공양전의 태평시대에 해당한다고 하면서, 인류평등과 세계정부의 이상이 실현되는 시대가 바로 대동의 시대라고 밝힌다. 그가 주장한 대동사회의 이상은 국경철폐, 계급·종족·남녀의 차별 철폐, 가족제도의 폐지, 산업 공영 등 당시 중국사회의 현실에 비추어볼 때 다분히 유토피아적인 내용을 담고 있다.

---

93) 공양학의 삼세설(三世說)은 『예기(禮記)』 「예운(禮運)」의 거란세(據亂世)·소강세(小康世)·대동세(大同世)에 배당해 역사의 발전을 3단계로 설명하는데, 캉유웨이는 이를 서구의 사회진화론과도 결부시키며 입헌군주제가 당면의 거란세에서 소강세로 가는 길임을 주장한다.

탄쓰퉁 또한 캉유웨이와 같이 서구의 민주주의, 자유·평등의 관념과 사상을 받아들이는데 캉유웨이에 비해 훨씬 급진적인 모습을 보이면서도 그의 대표 저작인『인학(仁學)』의 서명을 통해서도 알 수 있듯이 중체서용의 입장에 입각해 '옛것에 의탁한 제도개혁(托古改制)'을 주장한다. 탄쓰퉁의 대표작『인학』의 요지는 대체로 정치적으로는 민족자치와 개인의 자유와 평등을 중심으로 한 민주정체를, 경제적으로는 자원개발과 상공업의 발전을 통해 국제사회에서 경쟁할 수 있는 자본주의체제의 확립을, 윤리적으로는 삼강오상 윤리를 대신에 남녀평등과 만민우애를 주장하는 것인데, 그는 이러한 내용을 실현하는 것이 진정한 '공자교(孔子敎)'에 해당되는 것이라고 주장한다. 그는 공자의 명의를 빌려서 '인'(仁)으로 '예'(禮)를 대체하는 가운데 서구 근대의 자유·평등·박애의 관념을 중국의 전통적 가치의 틀 속에 애써 맞추어넣는다. 이뿐만 아니라 그는 '온갖 법계(法界), 허공계, 중생계'가 나오는 본체는 '에테르(以太)'이며 그 본체의 작용이 바로 공자의 '인'이라고 주장하며 공자의 인은 묵자(墨子)의 겸애(兼愛), 부처의 자비, 예수의 사랑으로 대치될 수 있다는 점에서 여타 중국 종교는 물론 서양의 기독교와 합일될 수 있음을 강조한다.[94] 즉 그는 '인'을 중심으로 중국 종교의 다양성은 물론 동·서문화의 구체적인 차별성마저 무시하면서 다양한 문화를 두루 통합시킨다.

이러한 변법 유신파의 중국 전통에 대한 긍정적인 인식과 감정은 그들의 마음속에 너무나 확고하게 침전되어 있었기 때문에, 그들은 공

---

94) 『仁學』: 徧法界虛空界衆生界, 有至大至精微, 無所不膠粘不貫洽不筦絡而充滿之一物焉, 目不得而色, 耳不得而聲, 口鼻不得而臭味, 無以名之, 名之曰'以太'. 其顯於用也, 孔謂之'仁'謂之'元'謂之'性', 墨謂之'兼愛', 佛謂之'性海', 謂之'慈悲', 耶謂之'靈魂', 謂之'愛人如己', '視敵如友', 格致家謂之'愛力''吸力'咸是物也. 法界由是生, 虛空由是立, 衆生由是出.

자와 중국의 전통 속에는 서학과 완전히 들어맞고 개혁에 아주 적합한 것들이 수없이 존재한다고 확신한다. 그 결과 그들은 어떠한 민주주의·평등·자유의 관념이든지 중국 전통 속에서 최대한 발굴하고 추켜올리며 억지로 꿰어맞추는데, 대상은 맹자에서 왕양명·황종희에 이르기까지 중국의 역사에 등장하는 사상가들이 최대한 동원된다. 중국 변법파들이 제창하고 선전하고 전파하던 '서학'은 전통적인 '중학'과 혼합되고 함께 '뒤섞인' 것이다.

량치차오 또한 중국의 서구 문화 수용에 대한 적극적인 입장을 취하지만 궁극적으로 과거의 유교전통을 극복하기보다는 중국의 전통적 가치를 토대로 서구 문명을 창조적으로 융합하자고 주장한다.

> "'백성을 새롭게 한다(新民)'라고 말하는 것은 '우리 국민(民)이 그 과거의 것을 모두 다 버리고 다른 사람을 따르도록 하는 것이 아니다. 신(新)의 뜻에는 두 가지가 있는데 하나는 그 본래 가진 것을 갈고 닦아 새롭게 함을 말함이요, 다른 하나는 그 본래 없던 것을 보완해서 새롭게 함을 말함이다."[95]

량치차오가 신민설(新民說)을 주장하는 목적은 국가의 '안부존영(安富尊榮)'을 위한 근대적 국가 수립에 있었지만 위의 인용에서 알 수 있듯이 그의 근본적인 입장은 중국의 전통적 가치를 토대로 서구 문명을 수용하는 중체서용의 관점을 견지한다.

중국의 변법파들이 양무파나 조기 개량파에 비해 실질적으로 자각

---

95) 『新民說』「釋新民之義」: 新民云者, 非欲吾民盡棄其舊以從人也, 一曰粹礪其所本有而新之, 二曰探補其所本無而新之.

하지 못하는 사이에 '서학'(자유·평등·박애)의 방향으로 돌아서 있었다고 할지라도, 중학과 서학의 근본적인 차이를 결코 분명하게 발견해 낼 수 없었다.[96] 이들을 통해 유가와 공맹이 천수백 년 동안 쌓아온 권위, 그것이 중국 사대부 지식인의 마음속에 쌓아온 정감적 요소와 유지 역량은 확실히 거대한 것이었음을 확인할 수 있다.

캉유웨이 등이 추진한 무술변법은 불과 석 달 만에 서태후(西太后)를 중심으로 하는 수구파의 반격을 받아 실패한다. 이후 캉유웨이는 보황회(保皇會)를 결성하고 광서제(光緒帝) 복위운동을 펼치는 등 보수적인 정치 활동을 벌였으나 성공하지 못하고 시대에 뒤떨어진 인물로 평가받으며 잊혀져간다. 1898년 변법운동은 서태후를 비롯한 완고한 보수파의 반대에 부딪혀 100일 만에 실패로 끝난다.[97] 위로부터의 개혁운동인 변법운동이 실패로 끝나자 변법파 가운데 일부는 처형되고 나머지 일부는 일본으로 망명하면서 중국은 봉건적인 보수주의의 늪에서 헤어나오질 못하는 상황에 처한다. 그만큼 당시 중국 사회에서 전통적인 유교의 보수주의 문화는 약간의 변법조차 용납할 수 없을 만큼 완고한 성격을 지닌 것이었다.

이론적으로 볼 때 중국의 변법파는 서양의 사회진화론 영향을 크게 받는다. 변법파에게는 사회진화론의 우승열패가 현실의 중국, 즉 식민지로 전락하는 열등한 국가인 중국과 세계 곳곳에 식민지를 경영하는 우등한 국가인 서양의 관계를 잘 설명해주는 것으로 보였기 때문이다.

---

96) 리쩌허우, 김형종 옮김, 『중국현대사상사론』, 한길사, 2005, pp. 500~501.

97) 1898년 당시 중국의 유교 지식인들의 성향은 대체로, 오직 전통적인 유교만을 금과옥조로 여긴 '완고한 보수파'가 다수 있었고, 전통 유교를 중시하면서도 서양의 군사기술을 이용하려던 '보수적 양무파'가 있었으며, 전통 유교를 철저하게 비판하지 못하지만 적극적으로 서양식 정치 체제를 도입하려던 '개혁적인 변법파'의 세 부류로 분류할 수 있다.

서구의 사회진화론을 번역해 중국에 소개한 최초의 사상가가 옌푸(嚴復)인데, 그는 1898년 토마스 헉슬리(Thomas H. Huxley)의 『진화와 윤리(Evolution and Ethics)』를 『천연론(天演論)』[98]이란 제목으로 번역해서 출판한다. 『천연론』이 출판되자 중국의 수많은 지식인들과 젊은이들에게 널리 읽히면서 중국의 부국강병의 필요성이 광범위하게 전파되는 계몽적 역할을 수행하고 중국의 전통적 세계관의 일대 인식의 전환을 요구하는 도화선이 된다. 문명인으로서의 한족과 야만인으로서의 서이(西夷)와 양이(洋夷)라는 구도를 근본적으로 무화시키는, 원숭이에서 인간이 진화했다는 다윈의 주장이 보수적 성향의 장타이옌(章太炎) 등의 국수파에게서도 수용된 데서 알 수 있듯이, 서구의 사회진화론은 새 시대의 사유원리로 당시 중국 사상계 전반을 강타한다.[99] 그동안 중국 사회를 지배해왔던 '일치일란'(一治一亂), '분구필합'(分久必合), '합구필분'(合久必分) 식의 순환적인 역사관이 진화론을 통해 전진적이고 단선적인 역사관으로 바뀌는 과정은 중국 지식인들에게 기존의 역사관이 부정되는 충격으로 다가왔다. 이러한 충격은 중국의 전통적인 사고였던 '천불변(天不變), 지불변(地不變), 도역불변(道亦不變)'이라는 불변적 가치 인식에 변화를 초래하고, 전통사상으로 뿌리 깊게

---

98) 옌푸(1853~1921)의 『천연론』(1898년)은 헉슬리(1825~1895)의 『진화와 윤리』(1894년)를 그 텍스트로 삼고 있다. 그러나 『천연론』의 특징은 그것이 헉슬리의 원서에 대한 충실한 번역본이 아니라 취사·선택·평론·개조하되 현실에 근거하여 '자유롭게 펼친' '취지의 전달'에 있다. 요컨대 옌푸는 헉슬리의 책을 번역하지만 자유주의 형이상학의 관점을 지닌 스펜서의 입장에서 헉슬리의 진화론을 조명한다. 옌푸는 헉슬리와 스펜서의 관점을 오가며 자신의 진화론을 펼치는데, 그의 번역서가 중국 지식인의 근대화를 향한 산파 역할을 한 공로에 반해 그 자신의 뿌리 깊은 민족의식은 신해혁명 이후에는 보수적인 경향을 보이다가 1915년 위안스카이의 제제를 돕고 만년에는 존공독경(尊孔讀經)을 제창하면서 5·4신문화운동에 부정적 태도를 견지한다.

99) 김월회, 「20세기 轉換期 중국의 文化心理構造」, 『중국문학』 제33집, p. 274.

박혀 있던 천하관(天下觀)은 물론 유교적 가치관을 역시 흔들기 시작한다.

옌푸는 자유로운 개인의 유기적인 결합체로서의 집단(群)의 필요성을 사회진화론적 입장에 근거해 역설한다. 이후 '진화'는 '진보'로 인식되어 상당 기간 동안 중국의 사회정치를 인식하는 주요 패러다임이 된다.

사회진화론적 시각에서 볼 때 중국이 서양에 당하고 있다는 역사인식은 유교적 사고와도 깊이 연관된다. 중국인은 대외적으로 중국의 변방에 문화적으로 열등한 이적(夷狄)밖에 존재하지 않다고 생각했기 때문에 중국은 문화적 도전을 받지 않은 채로 독존의 지위를 보존해 왔는데, 이로 인해 생산된 중국인의 천하관은 경쟁 상대를 결여한 문화적 환경의 산물에 지나지 않는다. 본질적으로 열강들이 우승열패의 경쟁을 전개하는 현재, 국제 환경과는 전혀 맞지 않는다. 대내적으로 유교는 인간의 공존을 중시해 "부족한 것을 걱정하지 말고 균분하지 못한 것을 걱정하라"[100]라는 공자의 말대로 욕망의 절제를 덕으로 삼고 경쟁을 배제하며 전제 지배를 정당화시킨 면이 없지 않다. 경쟁이 없는 곳에 진화가 있을 수 없으며, 중국이 자생적으로 국민을 창출시키지 못한 원인의 하나가 거기에 있었다. 더군다나 국민 창출의 과제가 초미의 과제인 근대 시기에 사(士)와 서(庶)의 엄격한 구분을 전제로 하는 유교적 제도는 과제의 수행에 역행적이다. 바야흐로 당시 국가와 국민 그리고 민족주의 형성 논리로써 유교는 스스로 한계에 다다르고 있음을 느낄 수밖에 없게 된다. 따라서 세계의 흐름을 인지한 초기 개

---

100) 『論語』「季氏」: '不患寡而患不均', 不患貧而患不安.

혁적 지식인들은 거의 예외 없이 유교의 중화주의·가족주의를 비판하고 국가사상과 민족주의를 선양했다. 이러다 보니 불가피하게 전통적 세계와 근대적 세계의 불연속을 강조하게 되었다.[101]

진화의 입장에서 량치차오는 중국인은 천하가 있다는 것만 알지 국가가 있다는 것을 알지 못한다고 한탄했고, 또한 서양 국가들의 부강의 근원으로써 자유에 주목한 옌푸는 유교에는 자유에 해당하는 개념이 없다고 푸념한다. 이들은 모두 유교적 세계관을 국가의 창출에 방해가 되는 것으로 인식했으며, 그 결과 서양과 동양의 대립적 인식은 불가피하게 발생할 수밖에 없었다. 이들은 이런 인식을 바탕으로 중국 사회에 대한 나름의 근대를 기획하고 구상하는데, 이들의 근대 기획은 량치차오에서는 신민설로, 옌푸에서는 민지(民智)의 획득에 의한 국가의 구상으로 나타난다. 여기서 중국의 위기를 극복하기 위한 근대 구상의 공통적 전제는 유교의 비판과 근대 사상의 접수였고, 구체적으로 전제국가에 상응하는 노예적 백성이 아니라 국가의식을 갖는 국민의식에 기초한 국민국가를 구상한다는 점이다. 국민국가 담론으로 유교적 세계관은 해체되었으나 그들의 '현실'의 근대 구상은 개인을 실제적으로 결합시킬 수 있는 가족주의를 다시 이용하게 되는 등의, 결과적으로 유교적 세계관을 벗어나지는 못하는 고행의 길을 걷게 된다.

1898년 변법운동의 실패 이후로 캉유웨이, 량치차오, 옌푸 등은 개혁가에서 보수주의자로 거듭난다. 예컨대 그들은 한결같이 황제의 정치지배체제를 부정하는 혁명파에 맞서 황제의 지배체제를 옹호하는 보수적인 '보황파(保皇派)'로 전락한다. 그들의 사상 속에는 비록 개혁

---

101) 조경란, 『중국 근현대 사상의 탐색』, 삼인, 2003. pp. 233~234.

의 변법의식이 있었다고 하더라도 황제 지배체제를 근본적으로 문제시하지는 못했기 때문이다. 또한 중국 사회의 급격한 변화와 함께 혁명적인 운동이 활발하게 전개되자 그들의 개혁사상은 혁명사상에 비해 상대적으로 낡은 것으로 비추어지는데, 그들이 바뀐 것이 아니라 마치 그들이 변한 것처럼 중국 사회의 급변하는 상황이 말해주고 있을 뿐이었다. 유교 지식인의 왕조에 대한 뿌리 깊은 '충(忠)' 관념과 의리주의는 완고하게 왕정 체제를 유지하고자 했으나 당시 중국의 급변하는 상황은 새로운 공화정 체제를 수립하려는 혁명세력을 급속하게 성장시키고 있었다.

3. 전통과 근대, 중(中)과 서(西)의 갈등

1905년 중국에서 과거제가 폐지되었을 때, 그것이 어떤 결과를 낳을지 분명하지 않았다. 그러나 과거제가 청왕조의 지배질서를 유지하던 매우 중요한 방법이었음은 확실하다. 과거제의 폐지는 중국인들에게 유교경전을 학습해서 과거를 보고 관료가 되는 길이 없어졌다는 것 이상의 충격을 준다. 즉, 중국의 대다수 유교적 지식인에게 과거제의 폐지는 자신의 삶의 목표가 없어진 것과 마찬가지의 충격을 줌으로써 중국 지식인 사회는 일대 정신적 혼란을 경험한다. 청왕조의 각종 근대화 정책들은 근본적으로 봉건적인 왕정 체제를 기반으로 진행된 것이었기 때문에 현실적인 실효를 거두기란 어려운 일이었다. 시대의 변화에 민감한 지식인들은 새로운 서양 학문에 몰두하고 중국 사회는 봉건체제와 근대화의 모순이 격화됨으로써 표면적으로 청왕조를 타도하려는 일련의 시도가 만주족을 배격하는 감정과 함께 끊임없이 이어진다.

결국 1911년에 이르러 청왕조를 붕괴시킨 신해혁명(辛亥革命)이 발발하고, 이후 중국의 정국은 쑨원(孫文)을 중심으로 한 동맹회(同盟會)와 캉유웨이를 중심으로 한 보황당(保皇黨) 입헌파 간의 주도권 싸움 양상으로 진행된다. 쑨원은 중국인에게는 가족주의와 종족주의만 있을 뿐 국가주의가 없음을 개탄하면서 민족, 민권, 민생의 삼민주의를 내세우고 1912년 난징(南京)에서 중화민국(中華民國)을 세운 후 임시대통령에 취임한다. 같은 해 북양군벌(北洋軍閥)을 통솔하던 위안스카이(袁世凱)가 청나라 황제를 퇴위시키고 혁명파와 타협해 1913년에 임시대통령에 취임한다. 동맹회로부터 주도권을 뺏은 입헌파가 위안스카이와 타협함으로써 중국은 군벌이 혼전을 벌이는 상태에 빠진다.[102] 자신이 구(舊)제국의 후계자임을 합리화하기 위하여 한대(漢代) 이래 황제들이 행한 유교적인 상징 조작을 행하는 위안스카이의 제제운동(帝制運動) 등을 비롯해, 장쉰(張勳)의 복벽사건(復辟事件), 캉유웨이의 공교운동(孔敎運動) 등은, 당시 지배세력이 전개한 복고적인 정치활동으로 모두 정치의 근대화와는 전혀 성격이 다른 전근대적인 정치활동에 해당한다. 이후 중국 사회에서는 중국의 정치체제의 변화에도 불구하고 낙후한 세력들이 사라지지 않고 존속되는 근본원인이 유교에 있다

---

102) 보황파와 혁명파의 대결은 치열하게 전개되었는데, 보황파는 청왕조와 유교적 지식인들이 주축을 이루었고 혁명파는 개명한 향신이나 진보적 지식인들이 주류를 형성했다. 1911년 신해혁명은 청왕조의 붕괴뿐만 아니라 왕정의 종식이란 면에서 겉으로 볼 때 마치 공화정을 추구하던 혁명파의 승리처럼 보이지만, 청왕조의 자리를 대신 차지한 것은 혁명파가 아니라 군벌을 중심으로 한 보황파이다. 신해혁명을 통해 청왕조는 붕괴되었지만 그 자리를 대신해 한 명이 아니라 황제처럼 군림하는 여러 명의 군벌들이 혁명파를 무력으로 탄압하며 봉건적인 지배질서를 계속 유지한다. 보수적인 유교 지식인들은 군벌 밑에서 전통적인 유교의 봉건적인 위계의식을 강조했는데, 이러한 신해혁명의 왜곡된 결과는 향후 중국에서 혁명의 길이 얼마나 험난할지를 단적으로 보여준다.

는 인식이 확산됨으로써[103] 중국의 진보와 근대화를 전통 유교의 해체 여부의 연장선상으로 바라보는 시각이 양산된다.

신해혁명이 실패로 막을 내리고[104] 보수적인 군벌의 무력지배를 겪으면서 중국의 진보적인 지식인들은 봉건적인 유교문화에 대항하는 새로운 문화운동을 전개한다.[105] 이들은 당시에 여전히 이데올로기적 기능을 수행하는 유교와 그것을 통해 권력적 욕망을 실현하려는 구세력을 겨냥하며[106] 저항운동을 전개한다. 즉, 량치차오, 옌푸, 쑨원 등의 근대 구상은 가족주의를 다시 이용하는 등 결과적으로 유교적 세계관을 벗어나지 못한 것이라는 중국 지식인 사회의 인식을 낳고, 이에 대한 근본적인 문제제기와 해결을 위해 일어난 것이 바로 5·4신문화운동이다.[107]

---

103) 근대 중국인들은 신해혁명을 통해 봉건 전제정치의 청산과 새로운 시대의 도래를 희망하지만 현실은 그러한 기대를 저버리며 낙후한 세계를 지속시키는 배반의 길을 걷는다. 그런데 그들은 공통적으로 신해혁명이 해체하려고 한 봉건세계의 질서를 동원해 해체 이후의 세계를 지배하려고 한다. 이러한 사실은 근대 중국인들에게 낡은 과거세계에 대한 혐오감을 더욱 짙게 하며, 중국 사회 전반에 뿌리내린 봉건세계의 실체를 실감케 한다.

104) 손중산을 대표로 한 자산계급 민주혁명파는 신해혁명으로 그 역사적 사명을 다해 5·4 이후 각 방향으로 나뉘는데, 좌파는 점차 마르크스주의에 접근하고 중간파는 대개 동방문화파로 연결되고, 우익은 복고주의와 제휴해 장제쓰 등을 대표로 하는 지주 매판계급과 연관된다. 동복의 「54시기의 동방문화사조화 현대신유가」 재인용. 김제란, 「동서문화 논쟁과 현대신유가」, 『현대신유학 연구』, 한국철학사상연구회 논전사분과, 동녘, 1994. p. 69.

105) 20세기를 전후한 시기에 중국 사회에 '1898년의 무술변법 실패, 1900년의 의화단의 난과 8국 연합군의 북경 점령, 청조의 기만적인 정치개혁(辛丑親政), 1905년 러일전쟁에서의 일본의 승리'로 이어지는 일련의 역사적 경험들은, 긍정과 부정의 측면을 동시에 지니고 있는 전통과 서구의 '다층적' 성격을 인식하는 계기가 되었으며, 그 결과로 전통 혹은 서구의 어느 일방에 의거한 세계 인식이 아닌, 이 둘에 대한 변증법적 인식을 기반으로 하는 세계 인식의 여지가 비로소 확보된다. 김월회, 앞의 논문, p. 274.

106) 이종민, 앞의 책, pp. 105~106.

107) 조경란, 앞의 책, pp. 234~237.

1911년 신해혁명을 거치고 5·4신문화운동기에[108] 접어들면서 유교는 철저히 부정되고 심지어는 버려야 할 낡은 유산으로 치부되기에 이른다. 유교는 더 이상 시대의 흐름을 대변해줄 수 없는, 중국의 근대화를 가로막는 저해요인으로 간주된다. 따라서 '서학'과 '중학'의 근본적인 대립과 적대적인 관계가 더욱 두드러짐으로써 "타도, 공가점!"(打倒孔家店)이라는 호소가 중국의 곳곳에서 터져 나왔다. 이와 같은 운동의 흐름은 중국 근대 사상문화 전선에 등장한 서학의 중학 반대, 신학의 구학 반대라는 거대한 물줄기를 타고 공자를 대표로 하는 유교의 봉건적 사상에 대해 전례 없이 맹렬한 비판활동으로 이어진다.[109]

특히, 신문화운동의 발생에는 1915년 9월 천두슈(陳獨秀, 1879~1942)가 발행한 『청년잡지(靑年雜誌)』(1916년 9월 『신청년(新靑年)』으로 바뀜)가 매우 중요한 역할을 한다.[110] 이 시기의 중국 지식인들은 민주(德

---

108) 1919년 5·4운동의 직접적 계기는 일본이 중국에 21개조를 요구한 것이 알려지면서 베이징(北京)의 대학생들이 반대 운동을 전개한 것에서 비롯된다. 5·4운동에 영향을 미친 사상들은 국내로는 신문화운동의 민주주의와 과학이고 국외로는 러시아 혁명의 볼셰비즘, 조선의 3·1독립운동에서 나타난 윌슨의 민족자결주의다. 5·4운동 초기에는 베이징의 대학생들이 평화시위를 전개했는데 당시 군벌은 폭력적으로 대응해 학생들이 다치거나 체포되었다. 이에 상하이(上海)의 노동자들이 파업을 하고 상인들이 휴업해 5·4운동이 전국적으로 확대된다. 그 결과 친일관료인 차오루린(曹汝霖, 1877~1966)이 파면되고 베르사이유 강화조약이 거부된다.

109) 중체서용은 민족주의자인 후쓰(胡適), 천두슈 등에게 문화보수주의 논리로 이해될 수밖에 없었다. 왜냐하면 그들에 의하면 문화가 중국을 살리는 길이 아니라 중국이 살아야 문화 또한 살 수 있었기 때문이다. 궁극적으로 민족주의자들은 오히려 전통과의 단절을 시도하는 전반서화론자가 되어 중국 사회의 반전통주의 기치를 세운다.

110) 당시 진보적 지식인들은 신문화운동을 통해 무엇보다 봉건적인 유교문화를 철저히 비판한다. 당시의 정치상황은 밖으로 제국주의와 결탁하고 안으로는 억압적인 무력으로 권력을 장악한 군벌의 봉건적 지배가 지속되고 있었다. 이에 따라 보수적인 유교적 지식인들은 끊임없이 유교의 논리를 내세우며 새롭게 등장한 공화정을 부정하고 과거의 황제 지배 체제를 추구했던 것이다. 이러한 보수적 경향에 맞서 신문화운동을 전개하던 천두슈는 「신청년(新靑年)」을 통해 그 당시 공교(孔敎) 운동의 보수성을 철저히 비판했고, 루쉰(魯迅, 1881~1936)과 우위(吳虞, 1874~1949)는 유교의 예교와 봉건적인 가족제도를 신랄하게 비판해 '공가점

先生, democracy)와 과학(賽先生, science)을[111] 모토로 삼아 서양을 스승
으로 이해하고 그 스승을 닮고자 하는 개혁적 노력을 기울인다. 동시
에 서양을 침략자로 단정하고 배척하는 지적 흐름 역시 이와 비례하
여 중국인의 사고를 지배하고 있었다.[112]

천두슈는 당시 중국 사회를 개조하는 '계몽'은 모든 조교의 파괴, 즉
모든 우상의 파괴에 시작되어야 한다고 생각하며 다음과 같이 말한다.

"흙이나 나무로 빚고 만든 우상은 처음부터 아무런 쓸모가 없는 물
건이다. 그러나 사람들이 그것을 존중하고 숭배하고 그를 향해 향을
태우고 그것이 영험하다고 말하기 때문에 의미를 가지게 된 것이다.
향촌의 어리석고 무식한 사람들이 인간이 만든 이런 우상이 진실로
착한 사람에게 상을 주고 악한 사람에게 벌을 내리는 권능을 가지고
있으며 그것으로 인해 악한 행동을 하지 않게 된다고 믿게 되면서, 우
상은 마치 대단히 유용한 물건이 되어버린 것이다. 그러나 우상의 효
용성은 우상 자신이 진실로 어떤 능력을 가지고 있는 것에 있지 않다.
다만 미신을 가진 사람들이 자기 스스로를 속이는 것에 그것의 효용
이 있을 따름이다. 이런 우상을 파괴하지 않는다면, 인간은 영원히 자
신을 속이는 미신에서 벗어나지 못할 것이고, 진실하고 합리적인 신

타도(孔家店打倒)'에 기여했다. 이와 같이 '신문화운동'은 유교를 핵심으로 한 봉건문화를 비
판하며 민주주의와 과학을 통해 당시 젊은이들을 계몽하는 중요한 역할을 했으며, 1919년
5·4운동의 사상적 바탕이 된다.

111) 5·4신문화운동의 대표적 구호는 민주주의와 과학이었다. '덕선생'과 '새선생'이란 바
로 이 민주주의와 과학을 상징적으로 부르는 용어로써 전자는 democracy의 음역인 德莫克
拉西에서, 후자는 science의 음역인 賽因斯에서 앞의 한 글자씩 따온 것이다.

112) 이용주, 「중국의 '근대'와 儒學의 새로운 시도」, 『동양학』 제33집, 단국대학교, 2003.
p. 294.

앙을 가지지 못하게 될 것이다. 가련하지 않은가! 천지간에 귀신이 있는지 없는지, 귀신의 존재는 확실하게 증명할 수 없다. 일체의 '종교'는 모두 사람을 속이는 '우상'이다. 아미타불의 신앙이 그렇고, 여호와 상제를 믿는 것이 그렇다. 옥황상제 역시 사람을 속이는 것이다. 일체의 종교가 존중하고 숭배하는 신불선귀(神佛仙鬼)는 모두 사람을 속이는 쓸모가 없는 우상이다. 그들 모두는 반드시 파괴되어야 한다."[113)

또한 중국(東)을 부정하고 서양(西)을, 전통(古)을 부정하고 신문화(新)를 지향하면서 총체적인 문화의 전환을 촉구한 5·4신문화운동의 '신문화'란 정치사상적으로 왕정의 '독재'가 아닌 공화정으로서 '민주주의'의 실현을 말하고, 학문으로는 중국식 '현학'이 아닌 보편적인 '과학'의 수용을 의미한다. 우상파괴운동(iconoclastic movement)이라고 지적되는 신문화운동의 전통에 대한 부정은 철저했는데, 부정하고 타도해야 할 중요 대상은 곧 중국 전통사회의 정신적 문화적 지주인 유교 혹은 예교(禮敎)였다.

천두슈는, 「우리의 최후 각오(吾人最後之覺悟)」라는 글에서 다음과 같이 말한다.

"유가의 삼강오륜 학설은 우리의 윤리 정치의 큰 바탕이었다. ……
근세 서양의 도덕정치는 자유, 평등, 독립의 학설을 큰 바탕으로 삼고

---

113) 陳獨秀, 「우상파괴론」, 『신청년』 제5권 제2호, 1918. 이용주, 「근대 중국에서 '종교/미신' 담론」, 『경학에서 철학으로 – 동아시아, 근대 전환기 학술의 양상』, 성균관대 유교문화연구소 추계학술회의 자료집, 2014. p. 86.

있다. ……이것이 동서 문화 큰 갈림길이다. ……이것은 각오라고 할
수 없고, 예전에 각오라고 했던 것은 철저한 각오가 아니었으며, 마치
미로 속을 거니는 것과 마찬가지였다. 나는 윤리적 각오가 최후의 각
오라고 감히 단언하는 바이다."[114]

천두슈는 윤리의 각오가 최후의 각오임을 호소하면서 충·효·정(忠
貞操) 등 낡은 도덕을 타도하자고 요구한다. 결국 공자네 가게에서 팔
고 있는 상품인 '삼강오륜'이란 전통적 봉건관념을 벗어던지고 '서양
의 자유, 평등, 독립'이라는 '최후의 각오'를 받아들여야 한다는 주장이
다. 그리고 이는 '다수 국민의 운동'임을 제시하는데 즉, 양무운동, 변
법운동, 신해혁명 등의 일련의 과정을 통해 반제국주의, 반청왕조라
는 목적은 실현했지만 '다수 국민'은 민주권리를 얻지 못했고, 새로운
중화민국이 '공화(共和)'와 '입헌(立憲)'을 주장하지만 보수 세력에 의해
실질적 결실을 얻지 못했다는 문제의식에 근거한다.[115]

한편, 후쓰(胡適)는 '전반서화론'(全盤西化論)을 제기하여 "진지하게 남
에게 배워야 하며 모방을 두려워해서는 안 된다. ……우리 자신의 민
족문화를 상실할 것이라고 두려워할 필요도 없다."고 주장하고, 루쉰
(魯迅)은 중국책을 적게 읽거나 아니면 읽지 말라고 얘기하며 갖가지
중국적인 이른바 '국수'(國粹)를 격렬하게 비판한다. 우위(吳虞)는 루쉰
의 뒤를 이어 공학(孔學)이 사람을 잡아먹는다는 대담한 주장을 내세운
다. 즉, 전통은 반드시 철저히 타도되고 '중학'이 근본적으로 내버려져

---

114) 陳獨秀, 「吾人最後之覺悟」, 『青年』 第1券 6號, 1916.

115) 유동환, 「마르크스주의 중국화 과정에 반영된 전통사상의 영향」, 『中國哲學』 6집, 中國
哲學會, 1999. pp. 366~367.

야만 중국이 구제될 수 있다는 것이다.[116]

　백화문을 제창하고 구도덕을 반대한 5·4신문화운동의 계몽적 측면은 이렇게 연이어서 일종의 자기 민족문화·심리에 대한 질책과 편달로, 하나의 과학주의적인 추구로 표현된다. 즉 서구의 근대 과학을 기본 정신·태도·방법으로 삼아 중국인을 개조하고, 중국 민족의 문화심리 속에 그것을 주입하고자 했다. 그런데 5·4신문화운동은 처음부터 강력한 대립의 측면을 지니는데, 이 대립의 한 측면은 장쯔둥의 "중학으로 심신을 다스린다."·"중학을 체로 삼는다."는 전통을 계승한다. 대표적으로 량치차오를 위시한 량슈밍(梁漱溟)·장쥔마이(張君邁) 등이 이 관점을 계승해 중국의 '정신문명' 또는 '동방문명'의 우월성을 제기한다. 1915년 『청년잡지』가 창간된 후 이 대립의 측면은 10여 년 동안 중국의 사상문화계에 동서 문화 논쟁, 과학과 현학 논쟁을 불러일으키는 현상을 낳는다.[117] 즉, 5·4신문화운동이 대체적으로 전통을 부정하고 유교를 파괴하려는 측면이 있었던 반면, 한편으로는 전통유학을 새롭게 부흥시키려는 부류가 등장하는데 이것은 바로 현대 신유가(新儒家) 탄생의 기원이 된다.[118]

---

116)　리쩌허우(李澤厚), 김형종 옮김, 『중국현대사상사론』, 한길사, 2005. pp. 502.

117)　동방문화파의 『동방잡지(東方雜誌)』와 전반서화파 또는 과학파의 『신청년(新靑年)』이 대립하던 양 진영의 본거지였다.

118)　현대 신유가를 지칭하는 신유가(新儒家)라는 개념은 허린(賀麟)이 1941년 『사상과 시대』에 발표한, 「유가사상의 새로운 전개」라는 글에서 비롯한다. 현대 신유가인 허린은 이 글에서 "유가사상의 새로운 전개 속에서 우리는 현대와 고대의 융합, 최신(最新)과 최구(最舊)의 통일을 이룰 수 있다."고 서두를 꺼내면서 "신문화운동의 최대 공헌은 유가의 경화된 부분의 말단적인 형식과 개성을 속박하는 전통의 썩은 부분을 파괴하고 썻어냈다는 데 있다. 그들은 아울러 공맹의 진정한 정신, 진정한 의미, 진정한 학술을 타도하지는 못했다."고 한다. 이어서 그는 "도덕전통의 해방, 비유가사사의 제창, 서양 문화학술의 수입과 파악은 모두 유가사상의 새로운 발전을 촉진할 수 있으며", 따라서 "중국 현대의 유가사상의 발전 혹은 유가사상의 새로운 전개는 중국 현대사조의 주류라고 단언할 수 있다."고 주장한다. 이상호, 「현대신유학

5·4신문화운동 시기에 발생한 동서 문화 논쟁의 양 진영은 서구화론자인 진보파와 중국 문화본위파인 보수파로 크게 나눌 수 있다. 진보파에는 전반서화파, 과학파, 초기 마르크스주의, 자유주의, 무정부주의 등의 다양한 사상 경향이 섞여 있어 중국 근대화의 실현 방법에 대한 사상과 관점의 차이를 보이지만 대체로 유가 전통과의 결렬이라는 점에서 한 성격을 지닌다고 할 수 있다. 보수파의 경우 복고주의파와 동방문화파로 대별될 수 있는데,[119] 복고주의파는 주로 위안스카이 등의 복벽을 지지하며 서양문화의 장점을 철저하게 부정한 반면, 동방문화파의 경우 전통을 토대로 서양문화를 수용해 새로운 문화를 건설한다는 점에서 복고주의파와는 차별성을 지닌다.

이후에 서구화론자의 일부가 마르크스주의로 더욱 경도되었다면, 보수파인 중국 문화본위파는 '현대 신유가'로 바뀌는데 이들은 전통유학을 중국 철학 또는 중국 사상의 근본정신으로 삼고 이를 주체로 서양의 근대사상과 서양철학을 흡수·접수·개조함으로써 당대 중국의 정치를 비롯한 제 방면에서의 현실적인 출로를 찾고자[120] 한다.

서구화론자의 일부가 마르크스주의로 더욱 경도되는 배경에는, 1919년 5·4신문화운동을 기점으로 중국 노동자의 계급적 자각을 통한 사회실천 활동이 활발하게 전개됨으로써 이전에 비해 사회주의 사상이 중국 사회에 폭넓게 확산되는 데 있다. 특히 1919년 7월에 과거 제정러시아가 강제적으로 중국과 체결한 일체의 불평등조약을 철폐

이란 무엇인가」, 『현대신유학 연구』, 한국철학사상연구회 논전사분과, 동녘, 1994. p. 12.

119) 동복의 「54시기의 동방문화사조화 현대신유가」를 재인용. 김제란, 앞의 논문, p. 68.

120) 이 분야는 정치적인 성질과 요소를 가지고 있지만, 궁극적으로는 문화-사상적인 것이다. 중국의 근현대에서 문화-사상은 정치와 끊으려고 해도 끊을 수 없는 인연을 가지고 있다. 리쩌허우, 김형종 옮김, 앞의 책, p. 419와 pp. 501~503.

한다는 러시아 혁명정부의 '카라한 선언'은 중국 지식인들 사이에서 사회주의를 매우 우호적인 시선을 통해 바라보게 했다. 즉, 아편전쟁 이후로 서구 자본주의 및 일본제국주의는 중국을 자신들의 주요 시장으로 삼고자 끊임없이 침략하면서 중국에 대한 권익침탈을 강화한 반면, 러시아 혁명정부가 자발적으로 중국에 대한 권익을 포기하고 식민지 정책을 철회한 점은 중국 지식인 사회에 사회주의가 자본주의에 비해 매우 도덕적이라는 인식을 심어주고, 이러한 사회주의에 대한 중국 사회의 우호적인 시선과 감정은 중국에서 사회주의 사상이 확대되어 향후 중국 사회가 사회주의의 길을 걷는 데 일조하는 계기로 작용한다.

이와 더불어 향후 중국이 사회주의로 향하는 데에는 중일전쟁에서 중국 공산당이 보여준 철저한 항일의식이 절대적인 작용을 한다. 즉, 1921년 중국 공산당이 창당될 당시만 해도 중국 사회는 5·4운동의 전통문화를 극복하자는 우상파괴운동에도 불구하고 봉건적 유교전통이 여전히 농촌사회를 지배하고 있었다. 마오쩌둥(毛澤東, 1893~1976)은 '천명(天命)'이 아닌 '인력(人力)'을 강조하며 전통적인 운명론을 비판하며 유교문화에 대해 더욱 비판적인 태도를 견지한다. 마오쩌둥은 1917년 4월판『신청년』에「체육의 연구」를 통해 전통적 천명관(天命觀)을 비판하며 "덕성과 지식은 모두 신체에 의존하며 신체가 없으면 덕성과 지식이 없다."[121]고 하며 당시 제국주의 국가들의 정치, 경제, 군사적 침탈에 무력한 중국 민족에게 인력의 발휘를 주장하며 새롭게 도약할 것을 주장한다. 마오쩌둥은 유가의 천명관 비판을 통해 중국인

---

121) 中共中央文獻硏究室 編,『毛澤東早期文稿』, 湖南出版社, 1995. pp. 66~67. 김원열,『中國哲學의 人間槪念 硏究』, 한국학술정보, 2005. p. 158.

에게 유가의 전통과는 다른 새로운 세계관 건설을 위한 반전통의 길로 나아갈 것을 강조한다. 이는 곧 마오쩌둥이 추구한 사회주의 혁명의 절대 중요하고도 필수적인 관건이 되는 무상몰수 무상분배의 토지개혁에 지주와 봉건사회를 지배한 유교 이념은 가장 큰 걸림돌로 작용한다는 인식에서 비롯한 것이기도 하다.

이에 반해 보수적인 국민당은 전통유교를 자신의 중요한 이념으로 삼는다. 장제쓰(1887~1975)는 유교의 인문정신으로 서양문명을 보완하자는 량치차오의 주장의 연장선상에서 "유교윤리를 중심으로 한 중국 고유 문명으로 서양문명을 치유하자"고 주장하는데 이는 난징 국민당 정부의 체제 이데올로기로 정착된다.[122] 또한 그를 이념적으로 뒷받침한 다이지타오(戴季陶, 1890~1949)의 경우 유교의 도통설과 '인애(仁愛)'를 내세워 1925년 '민생철학'을 주창한다. 특히 장제쓰는 유교의 가르침에 입각한 '예의염치(禮義廉恥)'를 핵심으로 하는 '신생활운동'을 전개하고, 교육에서는 '존공독경(尊孔讀經)'을 강조하며, 1934년에 국민당을 중심으로 보수적인 유교를 적극 활용해 자신의 독재체제를 구축하는 데 이용한다. 이러한 그의 태도는 보수적인 유교적 지식인들과 긴밀한 공감대를 형성하고 유교는 국민당을 통해 전체주의를 옹호하는 이념의 중추 역할을 수행한다. 곧 유교는 공산당에게 비판의 대상이었고 국민당에게는 환영의 대상이었다.

1927년 국민당의 장제쓰가 무력으로 공산당을 탄압하고 자신의 독재체제를 구축할 때, 마오쩌둥은 추수봉기의 실패 후 징강 산(井岡山)으로 가서 농촌을 중심으로 한 해방구를 건설하는 데 심혈을 기울여

---

122) 유용태, 「집단주의는 아시아 문화인가 - 유교자본주의론 비판」, 『경제와 사회』, 2001. p. 273.

1931년 강서소비에트(중화소비에트공화국)를 수립한다. 1933년부터 국민당이 다섯 차례에 걸친 대공세를 펴자 공산당은 1934년 10월 탈출하듯이 '만리장정'을 시작한다. 1937년 일본이 전면적인 중일전쟁을 일으키자 공산당과 국민당은 일본의 침략에 공동 대응하기로 결정하는데 항일전쟁 과정에서 국민당에 비해 더욱 적극적으로 참여했던 중국 공산당은 농민들의 절대적인 지지를 받는다.[123] 1945년 일본이 패망하자 중국 사회는 다시 공산당과 국민당 간의 전쟁에 돌입하고, 승리한 공산당이 대륙에서 1949년 10월 중화인민공화국을 수립한다. 미국의 엄청난 지원에도 불구하고 전쟁에서 패한 국민당은 대만으로 쫓겨 가는데,[124] 이들과 동행한 현대 신유가는 이후 반공과 자본주의 이념을 수용해 유학을 재생시키는 데 심혈을 기울인다.

4. 초기 현대 신유학의 형성 양상

1919년 5·4운동부터 타도공가점(打倒孔家店)을 외치던 공자 비판

---

123) 항일전쟁 시기에 오늘날 '현대 신유가'로 불리는 슝스리(熊十力, 1884~1968), 장쥔마이(張君勱, 1887~1969), 량슈밍(梁漱溟, 1893~1988), 펑유란(馮友蘭, 1895~1990), 첸무(錢穆, 1895~1990), 팡둥메이(方東美, 1899~1976), 허린(賀麟, 1902~1992) 등이 강의와 저술 활동을 통해 유교를 전파하는 일에 힘을 기울인다. 저술의 경우 슝스리는 1938년『중국역사강화(中國歷史講話)』, 장쥔마이는 1938년『입국지도(立國之道)』, 량슈밍은 1937년『향촌건설이론(鄕村建設理論)』, 펑유란은 1939년『신리학(新理學)』, 첸무는 1937년『중국근삼백년학술사(中國近三百年學術史)』, 팡둥메이는 1937년『과학철학여인생(科學哲學與人生)』, 허린은 이 시기『근대유심론간석(近代唯心論簡釋)』 등을 저술한다. 현대 신유가의 삶과 사상에 대한 포괄적인 저술은 다음을 참조. 한국철학사상연구회논전사분과,『현대신유학연구』, 동녘, 1994.

124) 국민당의 편에서 활동하던 신유가인 슝스리, 량슈밍, 펑유란은 대륙에 남고, 장쥔마이, 첸무, 팡둥메이, 허린 등은 홍콩 또는 대만으로 건너간다.

운동의 사회적 분위기 속에서 전통사상에 대한 애정을 유지한 일련의 유교 지식인들과, 다시 그들의 사상에다 서구 사상의 일부를 가미해 다시 현대 사상논전의 전면에 나선 유교 지식인의 후세대들을 통틀어, 현대 신유가라 한다.[125] 정지아둥(鄭家棟)은, 1920년대 과학과 인생관 논쟁(科玄論爭)에서 현대 신유가의 사조가 비롯하는데 현대 신유가의 사상은 문화사조로서의 전반서화론, 철학사조로서의 과학주의와 실증주의, 학술사조로서의 신고증학파와 대립되는 입장이라고 정리한다.[126]

량슈밍(梁漱溟, 1893~1988) 등을 필두로 한 현대 신유학은 3단계를 거치며[127] 크게 두 주제의 논쟁을 거치면서 형성된다.[128] 그것은 통상 '동서문화 논쟁'(東西文化論戰, 1915~1927)과 '과학(科學)과 현학(玄學) 논쟁'(科玄論戰, 1923~1924)이라고 부른다. 이 두 차례의 논쟁을 통해 현대 신유가는 자신들의 이론을 정립해 나아가고 현대 신유학의 기본적인 이론 구조 역시 이 시기를 통해 정립된다.

첫 번째 단계는 1915년 『신청년』 창간으로부터 1919년 5·4운동까지이다. 이 시기 동서문화 문제에 관한 논쟁은 대체로 동·서 문명의 우열을 비교하는 데 집중된다. 두 번째 단계는 5·4운동 이후부터

---

125) 권인호·홍원식, 「현대신유가 사상과 유학부흥론」, 『현대중국의 모색』, 동녘, p. 25.

126) 안재순, 「현대신유가의 사상적 계보와 연구현황」, 『동양철학연구』 제17집, p. 27.

127) 동서문화논쟁의 시기 구분의 경우, 진송은 3단계의 시기로, 팽명은 전기와 후기의 두 시기로도 구분한다. 김제란, 앞의 논문, p. 69.

128) 량치차오와 량슈밍은 모두 제1차 세계대전 이후 서양의 물질문명이 몰락하고 있는 것으로 파악하고 중국의 전통적인 유교는 서양에 비해 우월한 정신문화임을 강조한다. 이 주장의 핵심은 민주주의와 과학 그리고 사회주의를 비난하고 유교의 이름으로 자신의 정치적/문화적 보수성을 옹호하는 것이다. 량치차오와 량슈밍이 전개한 '동서문화' 논쟁은 이후 1923년 '과학과 현학' 논쟁을 통해 초기 현대 신유가의 현학 입장으로 이어진다.

시작된다. 이 단계의 논쟁은 동서문화가 조화될 수 있는가 하는 문제를 토론하는 것으로부터 시작한다. '동(東)'과 '서(西)'를 비교하는 것부터 '구(舊)'와 '신(新)'에 대한 탐구, 즉 '신문화와 구문화에는 실질적인 차이가 있는가? 없는가?' 그리고 '신문화와 구문화의 관계를 어떻게 처리해야 하는가?'로 발전한다. 세 번째 단계는 1922년 량치차오가 1920년부터 상하이『신보(晨報)』에 연재한 내용을『구유심영록(歐游心影錄)』이란 제목으로 출판하고, 1921년 량슈밍이[129]『동서문화와 그 철학(東西文化及其哲學)』을 출판한 것을 계기로 두 번째 주제에 해당하는 '과학과 인생관 논쟁'이라고도 부르는 '과학과 현학 논쟁'이 시작된다.[130]

량치차오는『구유심영록』에서 중국의 정신문명을 가지고 서양의 물질문명을 조절하자고 호소하면서 다음과 같이 강조한다.

    "우리의 사랑하는 청년들아! 곧게 서서 앞으로 달려 나가라! 지금 서양의 수많은 사람들이 물질문명의 파산을 아까워 하고 슬픔 속에서 구명을 절실하게 호소하며 그대들이 와서 자신들을 구제해 주기를 기다리고 있다. 하늘에 있는 우리의 선조인 삼대 성인과 많은 선배들은 너희가 그들의 사업을 완수하기를 눈을 크게 뜨고 기다리고 있

---

129) 중국 전통문화의 가치, 특히 그 중심이라 할 유교 및 공자를 부정하는 풍조는 19세기 말 이후 중국 사상계의 일반적인 분위기였다. 천두슈나 루쉰 등 당대의 지식인들은 중국이 일본과 서구 열강의 침탈 앞에 무기력하게 무너진 근본적인 원인을 중국 전통문화, 특히 유교에서 찾았다. 이런 분위기 속에서 중국의 사상 전통을 적극적으로 옹호하고 나선 인물이 바로 량슈밍이다. 25세의 나이로 1917년부터 북경대학에서 인도사상을 강의하던 량슈밍은 1921년에『동서문화와 그 철학』이라는 저술을 발표하면서, 동양 사상 특히 유교의 서양 사상에 대한 우월성을 주장했다. 그의 주장은 당연히 중국 사상계에서 폭넓은 반향을 불러일으키며 논란의 대상이 된다.

130) 이상호,「현대신유학이란 무엇인가」,『현대신유학 연구』, 한국철학사상연구회 논전사분과, 동녘, 1994. pp. 16~17.

다. 이것은 바로 그들의 정신을 가지고 너희들을 도울 수 있기 때문이다."[131]

"과학만능을 구가하던 사람들은 과학의 성공으로 인한 황금기의 출현을 손꼽아 기다리고 있었다. 지금 총괄해보건대 최근 백 년간 이루어진 물질적 진보는 이전의 삼천 년간 이룬 것보다 몇 배나 된다. 그런데도 인류는 행복을 누리지 못하고 있을 뿐만 아니라 도리어 수많은 재난을 당하고 있다. 비유컨대 사막에서 길 잃은 나그네가 저 멀리 커다란 검은 그림자를 보고 그의 인도를 받으면 되리라는 생각에 죽을힘을 다해 뒤쫓아가서 거의 다다랐을 때 그림자가 홀연히 사라져버린 것과 같다. 이 그림자는 누구인가? 바로 '사이(賽)' 선생(science)이다. 유럽인들은 한바탕 과학만능의 단꿈을 꾸다가 지금은 도리어 과학이 파산을 가져왔다고 울부짖고 있다."[132]

량치차오에 의해 서양문화는 '과학만능'으로 단적으로 규정된다. 후쓰는 중국에서 변법유신을 주장한 이래 새로운 인물을 자처하면서 감히 공공연하게 과학을 비난하는 사람은 없었지만 량치차오가 『구유심영록』을 발표함으로써 과학이 비로소 중국인들의 글에서 정식으로 파산을 선고받았다고 평가한다.[133]

그러나 현대 신유학의 발생이 단순히 서양의 철학과 문화를 부정하

---

131) 梁啓超, 『歐游心影錄節錄』, 『飮冰室合集』 專集22. 鄭家棟 지음, 한국철학사상연구회 논전실분과 옮김, 『현대신유학』, 예문서원, 1993. p. 163.

132) 앞 梁啓超의 『歐游心影錄節錄』, 鄭家棟, 『現代新儒學槪論』, 廣西人民出版社, 1990. p. 124. 앞의 한국철학사상연구회 논전실분과 옮김(1993), pp. 163~165.

133) 鄭家棟 지음, 한국철학사상연구회 논전실분과 옮김, 같은 책, p. 163.

거나 독존 유학의 교조적인 태도에서 기인한 것이 아니라 서양의 철학과 문화를 흡수해 유학의 보편적 가치를 논하는 과정을 통해 발원한 학문임을 고려할 때, '과학과 현학 논쟁'을 통해 현대 신유학이 발전할 수 있는 직접적인 단초를 제공한 인물은 량슈밍이다. 그에 의하면 중국 문화는 물질생산과 과학기술의 발전을 따르지 않고서는 멸망에 이르게 되고, 그와 반대로 물질생산과 과학기술이 고도로 발달한 역사적 조건하에서 중국 문화가 크게 이바지할 수 있다고 한다. 즉, 그는 인류문화에는 근본적인 변화가 필요한데 서양의 태도로부터 중국적 태도로 바뀌어야 한다고 보았다. 그가 보기에 서양문화는 바야흐로 말로에 접어들었기 때문에 인류문화의 근본적 변혁이 필요한데, 근본적 변혁이란 서양의 태도로부터 중국적 태도로 바뀌는 것이고, 이것은 곧 이성적 생활을 직관적 생활로 대치하고 공리적 생활을 정감적 생활로 대치하며 이익원칙을 도덕법칙으로 대치한다는 의미를 지닌다.[134]

량슈밍이 '과학과 현학 논쟁'의[135] 단초를 제공했다면 중체(中體)의 입장에서 이를 주도한 인물은 베이징(北京)대학 교수 장쥔마이이다. 1923년 2월 장쥔마이가 독일에서 귀국한 후 칭화(淸華)대학에서 국외로 유학을 떠나는 예비유학생을 대상으로 한 '인생관'이라는 주제의 강연 내용이 같은 해 3월 『청화주간(淸華週刊)』 제272기에 발표되면서

---

134) 梁漱溟, 『東西文化及其哲學』 「自序」, 鄭家棟 지음의 같은 책, p. 181.

135) 현학 또는 인생관 입장에 선 장쥔마이와 량치차오는 과학이 인생관을 대신할 수 없다고 보고 과학에 비해 자유의지의 현학을 중시했다. 이에 반해 과학 입장의 딩원장과 후쓰 그리고 오치휘는 과학과 인생관을 분리할 수 없다고 보고 현학파의 자유의지를 비판하면서 자연주의 인생관을 주창했다. '과학과 현학' 논쟁은 현학 입장인 량치차오와 장쥔마이가 과학 입장인 후쓰나 딩원장과 활발하게 논쟁을 전개한 것이다. 그러나 그 논쟁은 관념적인 과학으로 관념적인 인생관을 비판한 것이기 때문에 사실은 양쪽이 모두 한계를 지닌다. 중요한 사실은 동서 문화 논쟁의 량슈밍이나 현학파에 속했던 량치차오와 장쥔마이가 초기 현대 신유학의 관념적 특성을 잘 보여준다는 점이다.

과현논쟁이 촉발된다. 여기서 그는 과학과 인생의 차이를 논하며 과학으로는 인생관의 문제를 해결할 수 없음을 다음과 같이 강조한다.

"첫째, 과학은 객관적이나 인생은 주관적이다. 과학의 영역에서는 어떠한 경우에도 타당한 객관적인 일반 법칙이 존재하지만 인생관은 이와 다르게 공자의 행건(行健)과 노자의 무위(無爲), 맹자의 성선(性善)과 순자의 성악(性惡), 양주의 위아(爲我)와 묵자의 겸애(兼愛), 칸트의 의무 관념과 벤담의 공리주의 등과 같이 각 학파의 주장들마다 시비의 기준이 달라서 객관적인 표준이 없다.

둘째, 과학은 논리의 방법이 지배하지만 인생관은 직관(直覺)에서 생겨난다. 과학의 영역에서는 반드시 실증적이고 논리적인 방법을 취해 어떤 사례로부터 일반 법칙을 구하거나 또는 그 원리를 기초로 하여 모든 원칙이 연역되어 나오지만 인생관은 그와 다르게 '정의'와 '방법'이 없고 모두 그 자신의 양심이 명하는 대로 주장하는 것이다.

셋째, 과학은 분석 방법을 사용하지만 인생관은 종합적이다. 과학의 영역은 언제나 분석에서 시작하고 분석은 복잡한 현상 가운데 가장 간결한 원소를 구하지만, 인생관은 전체적인 것이어서 분해를 통해 구하는 것을 허용하지 않는데 만약 억지로 분석하게 되면 그 참뜻을 잃어버린다.

넷째, 과학은 인과율(因果法則)이 지배하지만 인생관은 자유의지(自由意志)적인 것이다. 과학이 연구하는 사실(事實)들은 모두 인과율의 지배를 받지만 인생관은 모두 양심(良心)의 자발적인 움직임에서 일어나는 것이며 그렇게 하도록 시키는 것이 결코 따로 있는 것이 아니다.

다섯째, 과학은 대상의 동일한 현상에서 생겨나지만 인생관은 인격의 단일성에서 생긴다. 과학은 자연현상의 변화 속에서 통일성을 구하지만, 인생관은 특수하고 개성적인 것이어서 갑에게서 본 것을 을에게서 구할 수 없고, 을에게서 본 것을 병에게서 구할 수 없다. 그러므로 자연현상의 특성은 상호 동일성에 있는데 반해 인류세계의 특징은 각각의 차별성에 있다."[136]

위와 같이 장쥔마이의 '인생관' 강연의 요점은, 인생관에는 결코 객관적인 표준이 없기 때문에 오직 자기 스스로를 돌이켜 구할 수 있을 뿐이고 결코 다른 사람의 인생관으로 나의 인생관을 삼을 수는 없다. 즉, 인생관은 일반적인 법칙의 지배를 받는 것이 아니라 순수 주관적인 것이므로 과학으로써 인생관의 문제를 해결할 수 없다는 것이다. 이렇듯 현대 신유학이 형성되는 초기의 유교 지식인들이 서양 문화에 접근하는 방식은 객관적 분석을 통하기보다는 논점을 선취하는 형식으로 전개된다. 즉, 현학(玄學)을 중국 정신문명의 요체로 파악할 경우 이와 비교되는 대상은 당연히 서양의 과학 물질문명이 아닌 기독교적 도덕윤리 내지 철학과 이성(理性)의 서양 정신문명이 되어야 함은 물론 민주적 가치 또한 비교 대상이 되어야 함에도 불구하고, 이들은 서양의 자본주의가 낳은 과학과 물질문명에만 국한해 논의를 전개한다. 이러한 현대 신유학 형성의 맹아라 할 수 있는 근대 중국 유교 지식인의 서양문화를 접근하는 논리적 부정합성은 이후 현대 신유학이 형성 발전되는 과정에서도 지속적인 영향력을 행사한다.

같은 해 4월 지질학자인 딩원쟝(丁文江)은 『노력주보(努力週報)』 제48기에, 「현학과 과학(玄學與科學)」이라는 글을 실어 "현학(玄學,

---

136) 張君勱, 「人生觀」, 『科學與人生觀』(1), 遼寧大學出版社, 1998. pp. 30~35. 송종서 지음, 『현대 신유학의 역정』, 문사철, 2009. pp. 59~60.

Metaphysics)의 귀신이 이미 장쥔마이의 전후좌우에 담장을 쌓았다"고 비판하면서 다음과 같이 과학적 방법의 보편타당성을 주장한다.

"과학의 목적은 인생관의 가장 큰 상애가 되는 개인의 주관적 편견을 없앰으로써 모든 사람이 공인하는 진리를 추구하려는 것이다. 과학의 방법은 사실의 진위를 판별하고 참된 사실을 상세히 분류한 다음에, 그것들의 질서관계를 탐구하여 가장 간단명료한 말로 그것을 개괄하는 것이다. 그러므로 과학의 만능, 과학의 보편, 과학의 관통은 그것의 재료에 있는 것이 아니라 그것의 방법에 있다. 아인슈타인의 상대성 이론도 과학이고, 윌리엄 제임스의 심리학도 과학이고, 량임공(량치차오)의 역사연구법도 과학이고, 후쓰가 연구한 『홍루몽(紅樓夢)』 역시 과학이다. 장쥔마이는 과학을 '외부로 향한다(向外)'고 하니, 어떻게 말이 통할 수 있는가?"[137]

그는 후쓰가 말한 바 있는 "오늘날 최대의 책임과 요구는 과학적인 방법을 인생관의 문제에 응용하는 것이다."로 시작해, 과학은 외향적이고 교육과 수양에도 유익한 도구가 되며, 진리탐구 능력과 애착심을 갖게 하고 복잡한 것에서 간단한 것으로, 혼란 속에서 질서와 논리적인 견해를 갖게 하며, 과학을 이해하면 생활의 즐거움을 만끽할 수 있다는 요지로 반박한다.[138] 즉, 그에 의하면 논리·실증·경험 등의 방법을 취하는 과학은 교육과 수양에 유익해 장쥔마이가 말하는 '직관(直

---

137) 丁文江, 「玄學與科學 – 評張君勱的 「人生觀」」, 『科學與人生觀』(1), 遼寧大學出版社, 1998. p. 49. 앞의 송종서의 같은 책, p. 63.
138) 앞의 이상호의 같은 논문, pp. 17~18.

覺) 주체(良心)'의 능력을 또한 더 강화하고 더 생동적으로 만든다는 것이다.[139]

그러나 장쥔마이는 량치차오와 량슈밍의 관점을 계승하는 가운데 인류문화가 전환의 시기에 이르렀음을 재차 강조한다.

> "근 300년의 서구는 이성과 물질을 지나치게 신봉해 세계대전에 이르렀고 오늘날의 커다란 변동을 일으켰다. 중국은 문호를 개방한 이후 물질적으로는 부국강병을 정책으로 삼고 정신상으로는 과학만 능을 신앙으로 삼았으니 시기적으로 볼 때 사물이 극에 이르면 다시 돌아오는 때라고 할 수 있다."[140]

장쥔마이는 전환의 시기에 변화의 실질은 '서양으로부터 동양', '물질로부터 영혼', '밖을 향한 추구로부터 내면을 반성하는 것'이라 주장하는데, 곧 커다란 반동(大反動)이란 과학의 숭상으로부터 신현학(新玄學)으로 바뀌는 것을 의미한다.[141] 또한 이러한 장쥔마이의 주장을 통해서 그의 중체(中體)의식이 비현실적으로 확고했음을 알 수 있을 뿐만 아니라, '사물이 극에 이르면 다시 돌아온다.'는 언표를 통해서 그의 사고 속에는 과거 중국의 전근대적인 순환론적인 사관이 뿌리깊이 자리했음을 알 수 있다. 외세에 무기력하게 당하는 전통과 단절하고 서구의 과학문명을 수용하자는 주장이 당시 중국 사상계에 전반적으로

---

139) 앞 丁文江의 같은 논문, pp. 49~50. 앞의 송종서의 같은 책, p. 65.

140) 張君勱, 「再論人生觀與科學幷答丁在君」, 『人生觀之論戰』, 上海泰東書局, 1923. 鄭家棟 지음, 한국철학사상연구회 논전실분과 옮김, 같은 책, p. 187.

141) 鄭家棟 지음, 한국철학사상연구회 논전실분과 옮김, 같은 책, p. 187.

감돌고 있는 상황이었음을 감안할 때 이러한 장쥔마이의 주장은 격렬하게 비판받게 될 것이라는 것은 어렵지 않게 짐작할 수 있다. 장쥔마이를 비롯한 현학파와 딩원쟝(丁文江)과 후쓰 등의 과학파 사이에 벌어진 과현논쟁은 6개월에 걸쳐 진행됨으로써 당시 사상계에 커다란 영향을 미친다.

현대 신유학에서 과학과 철학을 부결하고, 철학을 인생의 문제와 관련된 형이상학의 추구로 이해하는 일반적 특징은 바로 이 시기에 정립된다.[142] 결국 넓은 의미에서 장쥔마이는 량슈밍의 주장으로 촉발된 동서문명을 둘러싼 논쟁을 다소 다른 각도에서 계승했다고 할 수 있다. 비록 량치차오나 량슈밍에 비해 서구 문화에 대해 노골적이고 부정적인 평가를 하지 않더라도 장쥔마이는 유교윤리를 분명하게 강조하고, 실증주의와 과학을 옹호하는 입장에 대항해 도덕적 이상주의의 필요성을 강조한다.

이와 같은 논쟁의 과정뿐만 아니라 그 이후에도 현대 신유가가 일관되게 추구한 것은 전통유학의 도덕이상과 인생경지를 재건립하고 고취시키는 데 있다. 기본적으로 전통주의자의 입장에 서 있었던 그들이 생각하기에 신문화운동 이후 유학이 중국의 청년들에게 배척을 받고 새로운 시대에 적응하지 못한 것은 유학이 썩어 있었기 때문이고, 이는 당시 유학이 본래 모습과 참된 정신을 상실한 결과에서 비롯한 것이고, 그리고 그것은 중국 민족의 위기와 관련된다.[143] 이와 같이 현

---

142) 이상호, 앞의 논문, p. 18.

143) 허린(賀麟)은 「유가사상의 새로운 전개」에서 "유가사상이 중국의 문화생활에서 자주권을 잃고 새로운 생명을 상실한 것이야말로 중화민족의 최대의 위기이다."라고 말한다. 이상호, 앞의 논문, p. 18.

대 신유가는 현실적으로 중국과 서구 및 일본 등의 사회정치적 변화 양상에 대한 총체적 이해를 결여했기 때문에 향후에 닥친 세계현실의 변화에 대한 정확한 인식을 할 수 없었다. 다만 그들에게 중국 민족의 위기는 유학의 도덕이상과 인생경지를 회복하기만 하면 해결된다는 식이었다.

이러한 현대 신유가의 문제의식은 이후에도 계속 계승되어 중체서 용 논의의 연장선상에서 중국의 인문정신을 고취하는 데로 나아간다. 즉, 형성초기부터 제4세대 현대 신유가들에 이르기까지 이들은 중국 의 전통문화의 지도하에 서구문명의 성과인 과학과 민주를 수용해야 한다는 주장을 하고 그 중심에는 유교의 인문정신을 위치시킨다. 그들 에 의하면 과학과 민주는 그 자체로 인생의 종국적인 가치가 될 수 없 는 수단, 즉 용(用)에 불과하기 때문이다.

결국 현대 신유가의 문제의식은 "중국 문화와 서양문명을 어떻게 융화할 것인가?" 그리고 "전통과 현대를 어떻게 연결할 것인가?"라는 두 문제에 집중된다. 그리고 이 문제에 대한 신유가들의 대답은 비록 표현은 약간씩 다르더라도 결국 하나의 결론으로 집약된다. 그것은 바 로 유교의 인문정신이 체(體)가 되고, 서구의 과학과 민주는 용(用)이 되는 동서 문화의 절충주의적인 융합이 중국의 문제를 극복하는 가장 최선의 방법이라는 것이다.

5. 초기 현대 신유학의 경제관

초기 현대 신유학의 경제관을 대표하는 것은 량슈밍의 향촌향학(鄕 村鄕學)이론과 장쥔마이의 국가사회주의적 경제관이다.

우선 량슈밍의 경우를 살펴보면, 그는 "인류가 짊어진 역사적 사명
은 공산사회를 실현하는 것이며, 이것은 과학의 진전과 이성적 요구의
합일 즉 주관이상과 객관사실의 합일을 통해서 가능하며, 이러한 공
산사회를 실현하기 위해서는 도덕세계를 향해 전진해야 한다."[144]라고
하며, 유가의 윤리적 인생 태도를 토대로 서양의 과학기술을 흡수해
생산의 사회화 방식을 통해 생산력을 발전시키자고 주장한다.

다시 말해, 그가 주장한 향촌향학이론을 구성하는 경제관의 핵심 내
용은 생산과 분배의 사회화, 소비를 위한 생산 그리고 비영리적 생산
에 관한 것인데,[145] 그는 생산과 분배의 사회화를 위해서는 반드시 생
산력의 발전이 필요할 뿐만 아니라,[146] 이러한 생산력의 발전은 유교
윤리문화의 특징인 상호 인간관계를 조정하는 방식을 통해서 가능할
수 있다고 주장한다. 즉, 그가 이상한 공산사회는 유교윤리를 기본으
로 서구의 생산력 발전 방식을 수용하는, 곧 중체서용의 방식을 통해
달성되는 것이다.

그는 중국이 처한 가장 시급한 당면과제는 심각한 빈부 불균형인데,
특히 토지분배의 불균형이 가장 큰 문제라고 지적한다. 그는 토지분배
의 불균형은 토지 사유제(私有制)에서 오는 필연적 병폐로 토지분배의
불평등 문제를 해결하기 위해 모든 토지를 공유로 귀속시켜야 한다고
주장한다. 그가 지향한 사회는 다음과 같다.[147]

---

144) 梁漱溟, 『人心與人生』, 『梁漱溟全集』 3卷, 山東人民出版社, 1989. p. 756.

145) 앞의 『梁漱溟全集』 2卷, p. 412.

146) 앞의 『梁漱溟全集』 2卷, p. 416.

147) 梁漱溟, 『鄕村建設理論』, 鄒平鄕邨書店, 1937. p. 2. 方克立 · 李錦全 主編, 『現代新儒學
研究論集(二)』, p. 90의 재인용. 향촌건설 이론에 관한 내용은 주로 劉曉辰, 「鄕村建設理論 -
梁漱溟的社會主義」, 『現代新儒學研究論集』을 참조 정리.

첫째, 사회 생산물은 매우 풍족하고, 생산 자료는 국가의 소유로 귀속된다. 생산과 분배는 모두 사회화를 실현한다. 둘째, 공업보다 농업을 중시하고, 농업과 공업의 균형 발전을 꾀한다. 즉, 도시보다 향촌을 근본으로 삼으면서 향촌과 도시가 서로 소통하며 조화를 이룬다. 셋째, 사람이 주체가 된다. 사람이 물질을 지배하지 물질이 사람을 지배하지 않는다. 넷째, 윤리본위의 조직을 통해 서로 협력하는 가운데 개인본위 혹은 사회본위의 양 극단에 빠지지 않는다. 윤리가 본위가 된다는 것은 두 가지 의미를 지니는데, 하나는 가정윤리를 사회윤리로 확장해 사회조직의 윤리화를 실현하는 것이고, 다른 하나는 이 윤리화된 사회조직에서 각각의 사람은 모두 자각적으로 개인 대 타인 및 단체에 대한 의무를 강조할 뿐 개인의 권리를 강조할 수 없다는 것이다. 다섯째, 정치·경제·교육 세 가지가 하나로 통일되어 떨어지지 않는다. 법률과 무력을 숭상하는 근대 자본주의 사회를 대신해 사회질서를 유지하기 위해서는 보다 높은 차원의 이성(理智)인 '신예속(新禮俗)'이 필요하다. 이 '신예속'을 양성하기 위해서는 사람들의 고도의 자각뿐만 아니라 교육과 전도를 통한 계발이 필요하다.

농촌의 흥망은 바로 국가의 앞날과 직결된다고 생각한 량슈밍은, 근대 자본주의 사회는, 농촌 경제를 버리고 상업으로 부를 축적하고 도시나 공업을 근본으로 삼아 영리 추구를 목적으로 하는 사회질서로, 식민지를 개척하고 약탈하며 경제의 기형적인 발전을 가져왔다고 비판한다. 그는 향촌향학을 기본 조직으로 하는 향촌 건설을 구상하는데, 향촌향학을 통해 합리적 협력 조직인 협동조합을 만들고, 이렇게 만들어진 협동조합은 새로운 기술과 품종 도입을 위해 향민에게 새로운 지식을 전수해야 할 책임을 진다. 그의 목표는 단지 농업 발전에 있는 것이 아니라 농업을 통해 공업 발전을 견인하는 것으로, 농업경제의 연합을 통해 사회의 조직화를 이루어내고 농업을 통해 공업의 발전을 달성시키는 데 있다.

한편, 민족관념을 적극적으로 개진한 장쥔마이는[148] 민족국가를 돌파하자는 마르크스주의는 몽상에 불과하다고 비판한다.

그는 오직 민족이라는 종단으로써만 계급이라는 횡단을 타파할 수 있다고 확신하며 "민족 관념은 인류에게서 가장 강렬한 것이기 때문에 계급이념은 결코 그것에 대항할 수 없다."[149]고 주장한다. 그는 레닌의 10월 혁명을 찬양하면서 러시아의 성공은 계급투쟁의 국제화에 있는 것이 아니라 사회주의의 민족화에 의한 것이라고 설명한다. 따라서 중국의 장래도 또한 민족 자존심을 가진 인민의 손에 달려 있으며, 인민의 입장에서는 배척해야 할 어떤 계급도 없고 연대해야 할 어떤 계급도 없다. 그렇다면 어떻게 민족적 자존심을 가진 민중을 조직해낼 것인가? 이에 대해 그는 권력과 자유가 동시에 양립해야 한다는 원칙에 따르면서 '수정적 민주정치론'을 제기한다. 여기서 '수정적'이란 의미는, '불평등을 해소하고 한쪽으로 치우친 것을 바로잡는 것'으로, 보통 민주정치의 낮은 효율과 능력 분산 등으로 인한 병폐를 극복하고 중국의 현실 상황에 보다 적합하게 한다는 것이다. 그 요지는 다음과 같다.

첫째, 원칙적으로 민주정치의 정신에 완전히 부합하도록 한다. 실질적으로는 여러 당파 간의 분쟁을 없애면서 동시에 일당에 의한 독

---

148) 장쥔마이는 1930년대 초에 민주정치 방안을 구상한다. 그는 1932년에 『재생』이라는 잡지의 창간호에 「우리가 말하고 싶은 것(我們所要說的話)」이라는 제목의 논문을 발표해 민족 관념을 기초로 한 '수정적 민주정치'에 대한 구상을 밝힌다.

149) 陳瑩, 「修正的民主政治與儒學復興」, 方克立·李錦全 주편, 『現代新儒學研究論集(二)』, p. 129.

재를 방지해야 한다. 둘째, 인성의 차이를 감안해 '분류적 피선거 자격법'을 도입해야 한다. 정치전문가를 등용해 정무 각 부문이 모두 전문가의 지식에 의해 처리되게 하고 국가대사가 노상 변화하는 무의미한 문제에 휘둘리지 않도록 해야 한다.

장쥔마이의 수정적 민주정치는 "중국은 자본주의의 길로 나아가서는 안 될 뿐만 아니라 자본주의의 길로 가기에는 너무 어렵다"[150]는 인식에 비롯한 것이다. 그는 바로 '국가사회주의 경제'인 러시아의 계획경제 실시 방법을 중국이 받아들일 것을 주장한다. 그것이 중국에 수용된 형태는 원래부터 있던 자연적 혼합경제를 적당한 비율에 따라 통일적 계획으로 바꾼 혼합경제 방식이다.

또한 그는 "정치(방면)에서는 효율에 근거한 과학과 개성 차별적인 과학 및 평등의 원리에 선 민치주의(民治主義) 등이 조화를 이루도록 하는 것이 하나요, 경제(방면)에서는 생산이 용이한 집산주의(集散主義)와 분배에 적합한 보산주의(普産主義)[151] 및 자치에 치중하는 길드주의 등이 조화를 이루도록 하는 것이 하나요, 교육(방면)에서는 개량주의와 자유주의가 조화하도록 하는 것이 하나이다."[152]라고 주장한다. 이는 정치, 경제와 함께 교육이 서로 불가분의 관계에 있다고 본 량슈밍의 주장과 일치하는데, 즉, 량슈밍이 취한 유교윤리를 기본으로 서구의 생산력 발전 방식을 수용하는 곧 중체서용의 기본적 견해와도 일치한다.

---

150) 張君勱, 「我們所要說的話」, 『再生』 創刊號, 1932.

151) 보산주의(普産主義)란 토지의 사유를 인정하되 전반적 정리권과 지배권, 공용징수권 등은 국가가 갖도록 하는 것을 말함.

152) 장쥔마이, 「我們所要說的話」, 『再生』, 창간호, 1932. 方克立 · 李錦全, 앞의 책, p. 135.

장쥔마이는 첫째, 국가의 자급자족 혹은 민족자치의 확립, 둘째, 사회적 공정성의 실현과 개인의 자발적 정신의 장려 등을 강조한다. 즉 그에 의하면 문화란 한 사회의 정신생활의 전부이고, 새로운 인생관 혹은 생활 태도는 정치·경제제도의 선구적 역할을 하기 때문에 반드시 국민의 생활 풍기를 개선하고 새로운 도덕을 확립하는 것이 중요하다. 그는 정치와 경제 그리고 유가적 도덕은 서로 불가분의 관계에 있다고 생각하고, 공자나 맹자 등 전통 유가가 정치나 경제적 문제보다 도덕적 문제를 가장 중시했듯이 그 역시 이러한 유가의 전통을 충실히 따른다.

그는 "우리나라 입국의 방책은 정적인 데 있는 것이 아니라 동적인 데 있으며, 정신의 자족에 있는 것이지 물질적 일락에 있는 것이 아니며, 자급적 농업에 있는 것이지 이익 추구에 급급한 공상업에 있는 것이 아니며, 덕화(德化)의 대동(大同)에 있는 것이지 종족의 분립에 있는 것이 아니다"[153]라고 하는데, 이러한 그의 언표를 통해서 그에게 내재된 유교적 문화전통과 그의 이론의 유교적 맥락을 확인할 수 있다. 그는 유가의 도덕이 서양의 기술과 대립적인 관계에 있는 것이 아니고 유가사상의 부흥이 곧 중국의 현대화에 도움을 주거나 그 선구가 될 것임을 확신한다.

---

153) 장쥔마이, 「再論人生觀與科學幷答丁在君」『中西印哲學文集』, 제597쪽. 여기서는 陳埄의 앞의 논문에서 재인용함, 方克立·李錦全, 앞의 책, p. 136.

3장 중국 특색의 사회주의 성격과 유교문화담론

1. 서구적 국가건설과 유교문화의 비판과 고취

중국 대륙은 1949년 10월 1일 중화인민공화국의 수립 및 선포를 시작으로 근대화의 본격적인 행로를 시작한다. 마오쩌둥 중심의 중국 정부는 전쟁과 식민지의 고통 속에 침체된 구(舊)체제의 유산을 청산하는 데 중점을 두고 적극적으로 사회구조의 전환을 시도한다. 1949년부터 1952년을 국민경제부흥의 시기로 정하고 토지개혁의 완성과 외국 자본의 특권을 폐지하고 국민당 정권과 결탁한 관료자본을 몰수하는 등 주요한 기간산업에 대해서 국유화 조치를 취해나간다.[154] 소련 모델(Soviet Model) 특히 스탈린식 발전 모델을[155] 주로 하여 1953년부터 1957년간 제1차 5개년 개획을 세우며 본격적으로 사

---

154) 유희문, 『현대중국경제』, 교보문고, 2000. p. 11.

155) 스탈린 모델의 주요 특징은 높은 저축과 투자, 농업의 집단화, 원자재 산업의 발전, 자본 집약적 중공업의 건설, 소비재 산업의 경시 및 농촌 희생을 대가로 산업 발전을 추구한 불균형 성장 전략으로 중국 역시 제1차 5개년 경제계획시 중공업에 대한 투자가 85% 이상을 차지하는 등의 불균형 성장의 특징으로 보여준다. 유희문 외의 같은 책, p.17.

회주의 계획경제로의 경제발전을 모색하고, 1958년부터는 소련식 모델에서 벗어나 대규모 군중 동원과 계급투쟁을 특색으로 하는 마오쩌둥식의 대약진(大躍進)운동을 시작한다. 그러나 급속한 공업화를 꾀한 대약진운동은 큰 실효를 거두지 못하고 자연재해까지 겹치는 바람에 수천만의 중국인들이 기아선상에 놓인다. 이후 류샤오치(劉少奇, 1898~1969)[156]와 덩샤오핑(鄧小平, 1904~1997)의 주도로 중국 공산당은 자율권을 확대하고 인센티브를 주는 '경제 조정정책'을 실시해 괄목할 만한 성과를 얻게 되지만, 이들은 1966년부터 시작된 문화대혁명에서 사회주의 평균이념을 부정하는 자본주의 경제노선으로 비판받으며 퇴장한다.[157]

---

156) 류샤오치(劉少奇)는 1939년 마르크스 레닌 학원에서 행한 '공산당원의 수양을 논함'이라는 연설에서, 유교 경전을 인용하며 수양을 통해 누구나 성인이 될 수 있다는 가능성을 믿고 나이 70이 넘도록 각고 단련하는 정신, 일일삼성(一日三省)과 절차탁마의 정신을 요구하면서, 수양의 도달점으로 "천하가 근심하기에 앞서 먼저 근심하고 천하가 즐거워한 뒤에 즐거워한다."는 사대부의 선공후사(先公後私), 나아가 대공무사(大公無私)하고 살신성인하고 사생취의하는 경지를 요구했다. 유용태, 「집단주의는 아시아문화인가 – 유교자본주의론 비판」, 『경제와 사회』, 2001. pp. 273~274. 전통적 사고와 단절하지 못한 이와 같은 류샤오치의 단편적인 언표를 통해서 류샤오치파 계열의 성향을 간접적으로 파악할 수 있을 뿐만 아니라, 향후 그가 문화대혁명의 시작과 더불어 몰락하게 되고 그에 대해 '자본주의 노선을 걷는 최고위 당(黨)실권자'라는 사상 비판이 가해질 것은 이미 예견된 일로 보여진다.

157) 문화대혁명이 본격적으로 전개된 1966년 이전의 중국은 이른바 '조정기'라 불리던 시기로 류샤오치와 저우언라이 그리고 덩샤오핑이 중심이 되어 1958년 인민공사와 대약진의 정책 실패를 조정하는데, 계획에 입각한 경제정책에서 자유 경제정책으로 전환해 생산력을 회복하는 것이었다. 이 조정기의 철학적 논의들을 경제의 측면에서 살펴보면 '합이이일(合二而一)'은 조정 정책의 추진자들이 통합적 입장에서 생산력의 향상 측면을 강조한 것이고, 계급적인 입장이 반영된 '일분위이(一分爲二)'는 계급 간의 투쟁을 중시한 것으로 양자는 대조적인 논리와 입장으로 서로 대립한다. '조정기'를 통해 파괴된 생산력을 어느 정도 회복하지만 생산력이 향상될수록 빈부격차와 같은 불평등 현상도 심화되었다. 이념적으로는 평등한 사회주의를 지향하면서 현실적으로는 소득이 15배 이상 차이나는 불평등한 현상이 교육, 의료와 같은 사회 공공성의 영역에서 심각하게 나타남으로써 중국인, 특히 젊은이들은 이 시기 지배층의 사회주의 이념의 현실적 실현 가능성에 대해 회의한다.

1) 중국 문화대혁명과 비림비공(批林批孔)운동

1958년 중국 사회는 대약진운동을 통해 생산력을 증대시켜 자력갱생을 이루는 과정에서 전통 유교문화의 전근대성과 사회주의에 반하는 근대 자본주의의 불평등성에 대한 비판을 진행하는 가운데 사회주의의 절대적인 평등이념이 강조된다. 이 과정에서 공자사상은 다시 한 번 정치적 격변 속에 휘말리며 그 위상이 격하된다. 즉, 1949년 중화인민공화국이 수립되면서 유교는 또다시 위기에 직면하는데, 대륙의 중국 정부는 5·4신문화운동의 방향 설정을 계승하고 마르크스주의자들에 의해 주도된 유교 전면부정의 입장을 정통적 관점으로 설정한다. 특히 문화대혁명(1966~1976) 기간에 전개된 1974년의 린뱌오(林彪, 1907~1971)와[158] 공자를 비판하는 비림비공(批林批孔)운동은 가장 격렬한 유교사상 파괴 운동이었다.

중국에 잔존하던 봉건주의와 소련의 영향을 받은 수정주의를 반대하며 1966년 시작된 문화대혁명 기간에 '구사상, 구문화, 구풍습, 구습관의 네 가지 낡은 과거를 철폐하자'는 '파사구(破四舊)' 운동과 더불어 진행된 유교문화의 전근대성에 대한 비판은 1949년 이후 정치계와 교육계 그리고 문화계에 남아 있던 유교적 인습을 청산하는 작업이었다.

---

158) 린뱌오(林彪)는 1907년 후베이 성(湖北省) 출신으로 1926년 당시 장제쓰가 교장으로 있던 황포군관학교(黃埔軍官學校)를 졸업한 후 중국 공산당에 입당한다. 그는 마오쩌둥, 주더(朱德, 1886~1976)와 함께 장시 성(江西省) 징강 산(井崗山) 투쟁과 1934~1935년의 대장정을 함께 했고, 1947년 동북인민해방군(東北人民解放軍)을 조직해 국공내전(國共內戰)에 참여해 많은 공을 세운다. 1959년부터 '마오쩌둥사상학습운동'과 마오쩌둥의 '농촌으로 도시를 포위하는(農村包圍成市)' 전략을 발전시키고, 1969년 중국 공산당 제9기 전국대표대회에서 마오쩌둥의 후계자로 인정을 받아 '린뱌오는 마오쩌둥 동지의 친밀한 전우이며 후계자'라는 조문이 당 규약의 총강에 명기된다. 廖蓋隆 編, 정석태 역, 『중국 공산당사』, 녹두, 1993. p. 353.

문화대혁명 기간 말미에 전개되던 1973년 '비림비공' 운동을 통해 중국 사회주의 사상계는 완고한 유교문화의 보수성과 봉건성을 비판하는 학술운동과 더불어 현실 정치운동을 전개한다. 즉, 비림정풍(批林整風)운동과 비공(批孔) 투쟁을 의미하는 비림비공(批林批孔)운동은 '린뱌오와 공자를 비판하는 운동'으로,[159] 중국 상층부의 권력 투쟁에서 비롯된 것이지만 학술 내지 문화적 측면에서 볼 때는 중국 전통문화에 대한 총체적인 재평가의 작업이고, 사회주의의 직선적 역사관이 중국 사회에 대중적으로 안착되는 계기를 마련하는 사건이었다.

1971년 9월 항저우(杭州)에서 상하이(上海)로 가려고 한 마오쩌둥이 탄 열차를 폭파하려고 한 반혁명무장정변 계획이 실패하자 계획을 주도한 린뱌오는 몽골로 망명하던 중 비행기 사고로 사망한다. '비림정풍운동'은 린뱌오가 사망한 그 해 12월에 본격적으로 시작된다.[160] 비림정풍운동이 비림비공운동으로 발전하게 된 계기는 1973년 마오쩌둥의 담화에서 비롯한다. 국민당과 마찬가지로 린뱌오는 '공자를 존경

---

159) 1969년 4월 제9기 전국인민대표자대회에서 마오쩌둥의 후계자로 공식 결정되었던 린뱌오는 협력관계였던 장칭 일파의 견제로 실각하고, 반(反)마오쩌둥 쿠데타를 계획하다가 발각된 나머지 비행기로 소련으로 도망가다 몽골 사막에 추락 사망한다. 비림비공운동은 1973년 8월에 열린 중국 공산당 제10차 당대회에서 저우언라이가 공식적으로 린뱌오를 지명해 '부르주아 기회주의자, 음모자, 탈당자, 반역자'로 규정하면서 본격적으로 전개되었고 이후 전국적인 운동으로 확산된다. 이 과정에서 린뱌오에 대한 비판과 공자에 대한 비판은 사실상 동일시되는데, 즉 린뱌오를 몰락한 노예주계급의 이익을 대변한 공자에 견주어 비판한다.

160) 1969년 마오쩌둥의 후계자로 당규약의 총강에 명기된 린뱌오는 1970년 중국 공산당 9기 2중전회에서 국가주석직(國家主席職)의 폐지가 논의되자 이에 반감을 느낀 그와 그의 추종자들은 본 회의에서 국가주석직의 재설치를 주장하고 '칭천재론(稱天才論)'이라는 개인숭배 사상을 퍼뜨리며 '평화적이며 과도적인 방법'으로 정권을 장악하려 하지만 실패하고 1971년 반혁명무장정변을 일으키기로 계획한다. 그러나 이 계획 또한 사전에 발각되었고 몽골로 망명하려던 린뱌오 일가를 태운 비행기가 사고가 나서 사망한 후 1971년 12월부터 중국 공산당 중앙은 전국적으로 비림정풍운동을 전개하게 된다. 劉志男, 「九大至九屆二中全會前夕毛澤東與林彪的分歧和矛盾」, 『當代中國史研究』, 1997년 제3기. 廖蓋隆 編 정석태 역의 같은 책, p. 355.

하고 법가에 반대했다'라고 비판한 마오쩌둥의 담화가 발표되고, 그
해 8월『인민일보(人民日報)』는 공자를 비판한 마오쩌둥의 글을 싣고
이후 간행물에서도 계속 공자를 비판하는 일련의 문장이 게재된다.
1974년 1월 마오쩌둥은 장칭(江靑)과 왕홍원(王洪文)의 제의를 비준해
중앙으로부터 장칭이 편집을 주도한「린뱌오와 공·맹의 도(林彪與孔孟
之道)」를 전송함으로써 비림비공운동이 전국적으로 전개된다.[161] 즉,
1974년 1월 장칭이 책임자가 되어 칭화대학과 베이징대학이 편찬한
「린뱌오와 공맹의 도」의 대체적 요지는, 몰락한 노예주계급의 이데올
로기를 대변한 공·맹의 도의 본질이란 '후퇴를 주장하고 진보에 반대
하며, 보수를 주장하고 혁신에 반대하며, 부활을 주장하고 혁명에 반
대하는 데 있는 것'이란 공맹의 도에 대한 비판 내용이다. 그리고 이러
한 공맹의 도는 린뱌오의 수정주의의 중요한 이론의 하나이기 때문에
공맹의 도에 반대한 '비림비공'과 더불어 수정주의를 반대하자는 대중
운동이 전개된다.[162]

　비림비공운동을 주도하며 린뱌오가 죽고 공석이 된 2인자 자리를
놓고 저우언라이(周恩來, 1898~1976)와 권력을 다투던 장칭 세력은 비공
(批孔)운동을 통해 저우언라이에 대한 비판에 초점을 맞춘다. 장칭을 비
롯한 사인방(四人幇)에[163] 의해 중국의 사회주의 혁명에 헌신했던 저우

---

161)　廖蓋隆 編 정석태 역의 같은 책, pp. 360~361.

162)　宇野重昭, 이재선 옮김,『중화인민공화국』, 학민사, 1988. p. 277.

163)　사인방(四人幇)은 장칭(江靑), 왕홍원(王洪文), 장춘차오(張春橋), 야오원위안(姚文元).
1956년 마오쩌둥이 '백화제방(百花齊放), 백가쟁명(百家爭鳴)'을 외치며 다양한 의견과 비판을
수용해야 한다고 밝히자 그의 노선과 정책에 대한 지식인들의 다양한 의견이 개진되는데, 이
것은 결국 '반우파투쟁'이라는 후폭풍을 낳는다. 1958년에는 대약진운동이 시작되면서 '대
담하게 생각하고 대담하게 실천하라(敢想敢干)'는 구호가 유행하고, 1966년 문화대혁명 시기
에는 구사상, 구문화, 구풍습, 구습관 등 '네 가지 낡은 과거를 철폐하자'는 '파사구(破四舊)' 운

언라이는 현대 유학자의 거두라는 혐의를 받는다.[164] 이후 장칭 계열은
계속해서 신문 등의 간행물에 글을 실어 주공(周公) 비판, 재상(宰相) 비
판, 현대 대유(大儒) 비판 등을 통해 저우언라이를 비판하고, 유법투쟁
(儒法鬪爭)의 역사경험을 연구한다는 명목으로 '중앙정권에는 시종 법가
집단의 지도권이 유지되어야 한다.'고 고취하는 한편, 여후(女后)·무측
천(武則天) 등 역사상의 여황(女皇)을 대대적으로 고취해 장칭 일당이 제
4차 인민대표대회 개최를 이용해 조각하려는 여론을 조성한다.[165]

　　마오쩌둥은 유법투쟁사(儒法鬪爭史)에 대해 "법가는 중앙집권 군현
제(郡縣制)를 주장해 역사상 일반적으로 말해 전진(前進)적이다. 그것
은 후금박고(厚今薄古)적이다. 그런데 유가는 입으로 인의도덕(仁義道德)
을 가득 외치면서 뱃속은 남도여창(男盜女娼)이다. 그것은 후고박금(厚
古薄今)적이며 수레를 거꾸로 모는 것이다."[166]라고 주장한다. 그는 양
잉궈워(楊營國)가 쓴 논문 「공자(孔子) - 노예제를 완고하게 옹호한 사상
가」라는 글을 보고 1973년 8월 7일 「인민일보(人民日報)」에 게재할 것
을 지시한다. 또한 마오쩌둥은 "진시황(秦始皇)은 중국 봉건사회의 한
유명한 황제이다. 나도 진시황이다. 린뱌오는 나를 진시황이라 욕했
다. 중국은 역대로 두 파로 나뉘는데 한 파는 진시황이 좋다고 주장하

동이 전개되고, 1976년 마오쩌둥의 사망과 더불어 사인방을 처리하는 과정에서는 '사인방을
타도하자(打倒四人幇)'는 구호가 유행한다.

164)　이에 대해 "그것은 정치적 투쟁 이외의 요소이며 사상적인 견해 차이에서 생긴 것이라
할 수 있다. 저우언라이가 마오쩌둥 사상을 뒤쫓아가며 그것을 집행하는 과정에서 어느 정도
다른 경향을 드러냈던 것이다. 즉 마오쩌둥이 가혹한 정치적 투쟁을 완충시키는 역할을 담당
했던 것인데 그것은 그의 인품이 유가적인 화해정신을 가지고 지식인과 백성들에게 투쟁이
아닌 휴식을 주는 양보 정책을 썼기 때문이다."라는 분석이 있다. 鄭仁在, 「中國思想의 構圖
에서 본 文化大革命; 이른바 儒法鬪爭論을 中心으로」, 『東亞硏究』 제26집, 1993. p. 164.

165)　廖蓋隆 編 정석태 역, 『중국 공산당사』, 녹두, 1993. p. 361.

166)　鄭仁在의 위의 논문에서 재인용. 肖效欽, 李良志, 『中國革命史』, 紅旗出版社, p. 331.

고 또 다른 한 파는 진시황이 나쁘다고 주장한다. 나는 진시황을 찬성하지 공부자(孔夫子)를 찬성하지 않는다."[167]라고 하며 진보적 역사관을 지닌 법가를 높이 평가하고 이와 상반된 이유로 유가를 비판한다. 비림비공운동에서 비롯한 유법투쟁이, 장칭이 정치적 정적관계인 저우언라이 세력을 제거하기 위한 정치적 목적에서 비롯한 것이라 해도, 사회주의화된 중국의 직선적인 역사관과 대립된 공자를 비롯한 유가의 복고적인 역사관은 다시 한 번 중국 사회에서 격렬한 비판을 받는다. 서구의 사회주의 질서로 편입한 중국 사회에서 비림비공운동 과정에서 발생한 유법논쟁은 유가 본위의 중국 전통적 가치관에 대한 부정 운동의 연장선상에서 진행된 것이다.

즉, 중국 대륙에서 유교는 이미 5·4신문화운동 시기에 봉건시대의 유물로 철저하게 타도되지만, 1960년대 중반에서 1970년대 후반에 이르는 문화대혁명 기간에 다시 한 번 혹독하게 비판받는다. 그러나 1976년 마오쩌둥의 사망과 함께 문화대혁명이 종결되자, 온갖 봉건적 죄악의 뿌리로 지목되었던 유교를 재평가하려는 움직임이 대두된다. 1976년 마오쩌둥이 사망하고 1981년 공산당에 의해 공식적으로 문화대혁명이 '십년동란'으로 재평가된 후, 1982년부터 시작된 개혁개방 정책은 유교에 대한 재평가에도 영향을 미친다. 개혁개방 이후 1980년대 중반에 이르러 중국 사회에서 갑자기 활성화된 중국 문화에 대한 연구 열풍인 이른바 '문화열'(文化熱, the Boom of Culture) 현상은 마치 1919년 5·4운동 시기 활발했던 논쟁들을 연상시킨다.

---

167) 鄭仁在의 위의 논문에서 재인용. 金明春, 『文化大革命論析』, 上海人民出版社.

2) 대만 및 화교 학자들의 유교 인문정신 고취운동

중국의 비공(批孔)운동에 대해 현대 신유가인 팡동메이(方東美, 1899~1976)는 1974년 마오쩌둥과 펑유란(馮于蘭)을 비난하면서 공자와 유교를 옹호한다. 문화대혁명 시기 대륙에서 공자는 사회주의의 평등을 가로막는 존재로 비판의 대상이었지만, 대만에서 공자는 중국의 문화적 전통을 잇는 존경의 대상이었다. 중국 대륙에서 중화인민공화국이 수립된 후 대만 및 홍콩 등지로 이동한 현대 신유학자들은 대륙에서 비공(批孔)운동이 전개되자 사회주의 사상에 대한 더욱 회의적인 시선과 적대 감정을 품는다. 이 결과 서구 문화에 일정한 거리감을 두고 회의적인 눈빛으로 바라보던 초기 현대 신유학과는 달리 그들은 서구 자본주의 문화에 더욱 개방적 태도를 견지하는 한편 유학의 인문정신을 강조하는 방향으로 나아간다.[168]

즉 현대 신유가는, 시기적으로 5·4 이후 격렬한 반전통 조류를 배경으로 과현논쟁을 통해 인생을 주제로 형이상학의 철학적 탐구를 중시한 데서 비롯해, 중화인민공화국 수립 이후에는 송명 이학(理學)을 중심으로 서구의 근대사상과 자본주의 문화를 수용해 유학의 현대화에 노력하는 가운데 유학의 보편적 가치를 선양하고 중국 문화 부흥에 힘쓴다.[169]

---

168) 현대 신유가는, 제1단계(1920~1949): 양수명, 장군매, 웅십력, 풍우란, 하린, 전목, 제2단계(1950~1979) : 당군의, 모종삼, 서복관, 방동미, 제3단계(1980년 이후) : 두유명, 유술선, 성중영, 김요기 등이 활동한 3단계의 발전과정을 거친다. 안재순, 앞의 글, p. 15. (인명은 인용 논문에 의거해 그대로 표기함)

169) 현대 신유학은 중국의 현대철학사에서 마르크스주의 다음으로 유일하게 주목받을 만한 사상유파로 성장한다. 이상호, 앞의 논문, p. 13.

중국 대륙의 문화혁명 시기에 전개된 유교사상 파괴 운동과 대비되어 1949년 홍콩으로 간 첸무(錢穆, 1895~1990), 탕쥔이(唐君毅, 1909~1976) 등은 동서문화의 교류를 통해 인문정신을 고취한다는 목적 아래 중국 송명시대 이래의 전통적 서원교육과 서구의 교육제도를 결합한 신아서원(新亞書院)을 세운다. 현대 신유가들은 이를 기반으로 활동하는 가운데 '근본으로 되돌아가 새로운 것을 개척할 것(返本開新)'을 주장한다. 이 과정에서 서구의 근대 관념론을 수용해 유학의 형이상학적 성격은 더욱 강화된다.

머우쭝산(牟宗三)·쉬푸꽌(徐服觀)·장쥔마이(張君邁)·탕쥔이(唐君毅) 등 일련의 현대 신유가들은 1957년의 「중국 문화와 세계(中國文化與世界)」, 1958년의 「위중국 문화경고세계인사선언(爲中國文化敬告世界人士宣言)」 등을 통해 '중국 문화선언'을 선포한다. 『선언(宣言)』에서는 중국 학술사상의 핵심이 심성(心性)의 학문임을 밝히고 유가의 심성 학문은 도덕 실천을 통해 검증된 도덕적 형이상학을 포용한 것임을 밝힌다.

> "중국인에게 그 심성의 학문으로부터 자아가 도덕의 실천적 주체가 되어야 한다는 것을 자각하게 할 뿐만 아니라 동시에 정치적으로는 정치적 주체가 되게 하고 자연계와 지식계에서는 인식의 주체와 실용기술의 활동적 주체가 되게 하여야 한다."[170)]

이와 같이 현대 신유가에 의해 유교부흥을 다시 천명한 이 『선언』의 내용은, 유교와 근현대 서구 사상과의 많은 연관성을 통해 중국의 유교

---

170) 『宣言』第8節. 鄭家棟 지음, 한국철학사상연구회 논전실분과 옮김, 같은 책, p. 351.

역사문화가 여전히 살아 숨 쉬는 생명력을 지닌 것임을 알 수 있고, 이는 현대 신유학을 통해서 확인할 수 있다는 확신을 피력한 것이다. 또한 『선언』에 참여한 위의 4인의 현대 신유가 학자들은 중국 문화가 결코 '죽은 문화'가 아니라 비록 병든 상태이기는 하지만 엄연히 '살아 있는 문화'이며, 따라서 중국 문화 연구에도 주검에 대한 해부의 방법이 아닌 생명체에 대한 병리의 방법을 쓸 것을 호소한다. 그들은 생명체로서의 중국 문화에 대한 경외심과 동정심을 가져줄 것을 호소하고, 이후 제4대 현대 신유가 그룹[171] 또한 이러한 관점을 충실히 계승한다.[172]

이들 현대 신유가 그룹은 그들보다 앞선 현대 신유가 초기 세대들이 견지했던 중체(中體)의 관점을 지속적으로 견지하면서 한편으로 중국의 전통문화 속에는 과학과 민주의 성분이 결여되었음을 인정하고 근대 서구문명의 성과인 과학과 민주를 수용해야 한다고 말한다. 그러나 이 작업은 궁극적으로 유교의 인문정신에 의해 지도되어야 한다는 확고한 입장을 견지하기 위한 것이다. 그들에 의하면 중국의 유교문화에서는 인생의 최종 목표를 자기완성에 두는데 중국의 근대화 방향이란 바로 이러한 유교의 인문정신과 도덕이성을 근본(體)으로 삼을 때 바람직하다는 것이다.

탕쥔이의 경우, 중국 문화의 정신적 가치를 논하면서 '중심관념'이란 도덕적 자아의 건립이고, 이것이 곧 인간의 모든 문화 창조 활동을 통괄한다고 본다. 탕쥔이는 이러한 '중심관념'인 도덕적 자아를 자신

---

171) 이들의 훈도를 받고 성장한 제4세대의 젊은 현대 신유가 학자들은 1975년 대만에서 전문 학술지 『아호월간(鵝湖月刊)』을 창간하고, 유학의 재해석을 통해 근대 서양의 문화적 성과와 중국의 인문정신을 융합하려고 노력한다. 이승환, 『유교담론의 지형학』, 푸른숲, 2002. pp. 85~86.

172) 홍원식, 「'유교문화권'과 자본주의의 발달」, 앞의 『현대신유학 연구』, p. 221.

의 학술사상의 핵심 개념으로 삼아 동·서 문화를 두루 수용하는 유가의 진성지명(盡性知命)의 인문교육의 중요성을 강조한다.

"대개 문화의 범위는 매우 넓어 문화를 논하면서 가장 중요한 것은 문화를 논하는 중심관념을 지니는 것이다. 중심관념이 분명하지 못하거나 착오가 있다면 잘못된 것이다."[173]

쉬푸꽌(徐服觀)은 유가사상 중 민주정치에 부합하는 요소를 강조하면서, 5·4 이후에 자유주의자들은 봉건전제주의와 전통문화의 비판을 유교사상에 대한 비판과 연관시키는데 이 둘은 반드시 구별되어야 하는 것이라고 역설한다.

"전제정치가 유가사상의 정상적인 발전을 왜곡하고 가로막았음을 말할 수 있어도, 어떻게 유가사상이 전제주의의 호신부가 되었다고 말할 수 있는가? 유가사상은 장기간의 적응 왜곡에서 전제주의의 해독을 수정 완화시켜 왔고, 사회와 인생에 끊임없이 정신적 방향과 신심(信心)을 제공하였다. 따라서 중화민족이 수많은 암흑시대에서 그래도 도덕이성적인 인성을 건립하고 도덕정신의 위대한 역량을 발휘하게 된 것은 선진 유학의 기초 위에서 일어날 수 있었다. 사상사를 연구하는 사람은 반드시 구체적 자료를 바탕으로 유학사상의 내부에 들어가서 그 본래 면목을 파악해야 한다."[174]

---

173) 唐君毅, 『中國文化之精神價値』, 「自序」. 鄭家棟 지음, 한국철학사상연구회 논전실분과 옮김, 같은 책, p. 357.

174) 徐服觀, 「硏究中國思想史的方法與態度問題」, 『中國思想史論叢』, p. 9. 鄭家棟 지음, 한

결국, 앞서 밝혔듯이 현대 신유가의 문제의식은 "중국 문화와 서양 문명을 어떻게 융화할 것인가?" 그리고 "전통과 현대를 어떻게 연결할 것인가?"라는 두 문제에 집중하고, 그 결론은, 바로 유교의 도덕인문정신이 체(體)가 되고 서구의 과학과 민주는 용(用)이 되는 동·서 문화의 절충주의적인 융합 관점으로 귀결된다. 이러한 융합을 탕쥔이는 '인문정신의 중건(重建)'으로, 머우쭝산은 '유학의 제3기 발전'으로, 쉬푸꽌은 "과학·기술로 대변되는 서양의 지식을 흡수해 유교전통의 도덕 인문정신으로 회귀하며, 유교전통의 도덕 인문정신을 전환해 근대 세계에 필요한 과학적 지식체계를 이룩하자."의 "섭지귀인, 전인성지(攝智歸仁, 轉仁成指)"라는 말로 표현한다.

대륙이 비공(批孔)의 열풍에 휩싸인 시기에 타이완과 홍콩을 비롯한 서구의 화교 학자들은 중체(中體)의 관념을 지속적으로 계승 발전시키자는 현대 신유가 사조의 맥락을 계승한다. 이 결과 1982년 10월에는 대북의 『중국논단』에서 '신유가와 중국 현대화'라는 주제로 좌담회가 개최되고, 1986년에는 베이징의 전국철학사회과학 제7기 5개년계획에 '현대 신유가 사조연구'가 중점 연구과제로 채택되기에 이른다.

2. 중국 특색의 사회주의와 유교 재평가

마오쩌둥의 사망과 함께 종결되어 10년이 넘게 지속된 문화대혁명의 의의와 역사적 의미에 대해서는 여러 가지 평가를 내릴 수 있겠지

국철학사상연구회 논전실분과 옮김, 같은 책, p. 361.

만,[175] 중국의 국민경제는 심한 침체를 겪게 되고 이러한 침체는 이후 개혁과 개방의 길로 나아가는 원인을 제공한다. 1978년 화궈펑(華國峰, 1921~2008)이 실각하고[176] 이후 등장한 덩샤오핑이 중심이 되어 각종 개혁을 추진한다.[177] 1981년에는 '건국 이래 당의 약간의 역사문제에 대한 결의'[178]라는 것을 통해 문화대혁명을 '10년 동란'으로 규정한다.

---

175) 문화대혁명은 중국 전역에 넓게 퍼졌으며, 그 10년간 불평등 현상은 상당히 완화되었다. 평등을 지향한 문화대혁명에서 교육의 경우 예전에는 꿈도 꾸기 어려웠던 일반 노동자나 농민의 자녀도 대학에 들어갈 자격을 얻게 되었고, 의료의 경우는 보건의료 관련 학생들이 전국 곳곳 특히 산간벽지에도 찾아가 예방의학과 기초의료를 시행함으로써 그 결과 수많은 사람이 각종 의료 혜택을 입었다. 평등 지향의 문화대혁명은 한편으로 공산당의 간부들이나 전통적 지식인들에게는 많은 어려움을 주었지만, 수많은 노동자와 농민에게는 새로운 평등 세상을 체험하는 계기가 되었다. 문화대혁명을 바라볼 때도 어떤 입장이나 관점에서 보는가에 따라 전혀 다른 평가가 이루어질 수 있는 것이다.

176) 1976년 9월 9일 마오쩌둥이 죽자 크게 세 부류의 정치 세력이 서로 권력을 놓고 팽팽한 긴장감에 휩싸인다. 문화대혁명을 이끌던 사인방 세력, 문화대혁명 시기 숙청과 복권이 반복된 덩샤오핑의 세력, 마오쩌둥이 신뢰했던 화궈펑 세력이 있었다. 팽팽한 긴장 속에서 화궈펑은 사인방을 제외한 나머지 세력과 손을 잡고 10월 6일 사인방을 전격 체포했고, 이후 화궈펑을 중심으로 권력의 핵심인 중앙정치국 회의가 운영된다. 화궈펑의 경우 문화대혁명을 통해 권력의 중심부에 진입할 수 있었기 때문에 문화대혁명을 청산하지 못하고 "무릇 모 주석이 한 결정은 우리가 굳건히 옹호해야 하며, 무릇 모 주석이 한 지시는 우리가 변함없이 따라야 한다."는 '양개범시(兩個凡是: 凡是毛主席作出的決策, 我們都要堅決擁護, 凡是毛主席的指示, 我們都要始終不渝地尊循)'를 내세우며 사망한 마오쩌둥을 추종하는 방식으로 권력을 유지한다. 반면 덩샤오핑은 화궈펑과 달리 실사구시의 입장에서 마오쩌둥의 공적과 과오를 함께 조망한다. 화궈펑이 문화대혁명의 계속 수행의 입장이었다면 덩샤오핑은 문화대혁명의 종결을 원했고, 1976년 이후 덩샤오핑이 복권되면서 각종 사회제도를 과거 문화대혁명 이전으로 되돌려놓고, 과거 '조정기'에 활약했던 당간부들도 대거 복권된다.

177) 1978년 덩샤오핑이 최고 지도자가 되면서 중국은 기존 정치 위주의 노선에서 경제 위주로 노선 변화를 꾀하는데, 이러한 변화의 기점은 '11기 3중 전회(제11기 중국 공산당 중앙위원회 3차 전체회의)'에서 마련된다. 이 11기 3중 전회는 많은 경우에 있어 현재 중국 경제의 발전을 설명하는 기점이 되며, 중국은 이를 기점으로 본격적인 개혁, 개방의 길로 들어선다. 개혁의 중점은 농업부문에서 시작해 공업부문으로 이어진다. 1992년 덩샤오핑은 중국 남부지역(상해, 심천 등)을 순시하며 남순강화(南巡講話)을 통해 제차 개혁, 개방의 확대와 경제발전을 강조하고, 그해 10월에 열린 중국 공산당 제14차 전국대표대회에서는 중국이 지향해야 할 목표로서 '사회주의 시장경제체제'가 공식적으로 천명된다. 이근 외, 『중국의 기업 산업 경제』, 전영사, 2005. p. 17.

178) 문건의 전체 내용은, 중국 공산당중앙문헌연구실 편, 『정통 중국현대사』, 허원 역, 사계절, 1990.

이는 마오쩌둥의 위상이 절대적인 존재에서 상대적인 존재로 바뀌었음을 의미하는 것이자 덩샤오핑이 추진하는 개혁 정책의 동력을 확보하기 위한 것이다.

마오쩌둥의 경우 농민을 중심으로 한 민중의 자각 능동성을 중시한 반면 덩샤오핑은 테크노크라트 즉 기술 관료의 전문성을 중시한다.[179] 즉, 문화대혁명을 추진한 마오쩌둥은 무엇보다 사회주의적 평등 원리를 충실히 하는 가운데 농촌이나 농민을 매우 중시하고 그들의 풍부한 노동력을 바탕으로 중국 경제의 생산력을 향상시키려 했다면, 이와는 대조적으로 덩샤오핑의 경우에는 농촌이나 농민보다 도시나 시민 그리고 전문적인 지식인을 매우 중시하면서 자유로운 이윤 추구를 통해 생산력을 향상시키고자 한다. 덩샤오핑이 추진한 개혁 정책들은 문화대혁명 이전 '조정기'의 정책이었던 개혁을 통한 최대한의 생산력 향상 정책을 전면적으로 우선 실행하는 것이고, 그는 이를 위해 적극적인 외자 유치와 경제특구의 설치 등 대외 개방을 가속화한다.[180]

중국의 문화대혁명과 덩샤오핑의 개혁개방 정책은 서로 맞물려 있

---

179) 마오쩌둥과 덩샤오핑은 중국 혁명을 함께 수행했던 절친한 동지이다. 징강 산 투쟁 등 당시 노선투쟁에서 덩샤오핑은 마오쩌둥을 지지하는 중요한 역할을 수행한다. 그런데 1960년대와 70년대에 걸쳐 마오쩌둥과 덩샤오핑은 서로 다른 길을 걸으며 서로 대립하기도 했고 서로가 서로를 필요로 하기도 했던 애증의 관계를 형성한다. 마오쩌둥은 호남성 출신으로 국내에서 혁명운동을 한 반면, 덩샤오핑은 근공검학 운동의 일환으로 프랑스에 유학 가서 노동자이자 공산주의자로 활동을 한다. 그리고 징강 산에서 서로 만나기 전까지 마오쩌둥이 주로 농촌 즉 홍구(紅區)에서 공개적인 혁명 활동을 한 것에 반해, 덩샤오핑은 도시 즉 백구(白區)에서 비공개 지하 활동을 한다. 그러나 이러한 차이에도 불구하고 마오쩌둥과 덩샤오핑은 징강 산 투쟁을 함께 했으며, 강서소비에트를 수립하는 데 협력했고, 만리장정 중에 둘은 뜻을 함께했고, 항일 전쟁 시기에도 중국 공산당의 공식 이념으로 마오쩌둥 사상을 함께 형성했다. 또한 중화인민공화국 수립 이후에도 중국을 함께 이끌어갔다.

180) 중국은 1979년 미국과, 1992년에는 한국과 국교 정상화가 이루어지고, 1997년 러시아와도 국경분쟁에 종지부를 찍음으로써 본격적인 대외 개방을 추진할 수 있게 된다.

는 관계로[181] 중국의 개혁개방 정책은 사회주의의 평등사상을 지향한 문화대혁명을 부정하는 연장선상에서 진행된다.

1980년대 중국 공산당은 중국 특색의 사회주의, 사회주의 초급 단계론, 사회주의 시장경제론과 같은 이론을 갖추고 개혁개방을 추진한다. 1978년 덩샤오핑이 최고지도자가 된 후 중국은 기존 정치 위주의 노선에서 경제 위주로 노선의 방향을 선회하는데 이러한 기점이 되는 것이 바로 '11기 3중 전회(제11기 중국 공산당 중앙위원회 3차 전체회의)'이고, 이 11기 3중 전회를 기점으로 중국은 본격적인 개혁, 개방의 길로 들어선다.

1992년에 덩샤오핑은 우창, 선전, 주하이, 상하이 등 중국 남부지역을 순시하며 남순강화(南巡講話)를 통해 개혁과 개방의 촉진을 재차 강조하고, 그해 10월에 열린 중국 공산당 제14차 전국대표대회에서는 중국이 지향해야 할 목표로 '사회주의 시장경제체제'가 공식적으로 천명된다.[182] 덩샤오핑의 남순강화는 천안문 사태 이후 다소 주춤한 중

---

181) 마오쩌둥과 덩샤오핑의 근본적인 차이점은 1960년대 '조정기'와 '문화대혁명기'를 거치면서 노선 차이로까지 명확하게 드러나게 된다. 예컨대 덩샤오핑은 '조정기'에 류샤오치(劉少奇, 1898~1969)와 함께 정책을 수행하면서 마오쩌둥과는 차이를 나타낸다. 마오쩌둥이 무엇보다 사회주의적 평등 원리에 충실했다면 덩샤오핑은 중국 사회에 불평등한 현상을 감수하고라도 중국 전체의 경제적 부를 높이는 것을 중시한다. 즉, 마오쩌둥은 농민을 중심으로 한 민중의 자가 능동성을 중시한 반면 덩샤오핑은 테크노크라트 즉 기술 관료의 전문성을 중시했다. 또한 문화대혁명 당시 마오쩌둥은 중국 공산당조차 혁명의 대상으로 설정했지만 혁명 대상이 중국 공산당으로 모아지는 것을 결코 원치 않았다. 즉, 마오쩌둥이 '계속혁명'의 논리로 중국 공산당조차 문화대혁명의 대상으로 삼고 실제로 혁명을 실천한 것에 반해 덩샤오핑은 중국 공산당의 주도적인 역할을 전제한 상태에서 문화대혁명의 전개 과정에서 나타난 혼란과 문제점에 주목한다. 이것은 이후 덩샤오핑이 문화대혁명을 비판하고 개혁개방을 추진하게 된 이론적 근거라고 이해할 수 있다.

182) 이근 외의 같은 책, p. 17. 1978년 말 덩샤오핑이 중국의 최고지도자가 되면서 시작된 중국의 경제개혁과 대외 개방은 19세기 말 이래로 중국을 강력하고 부유하게 만들고자 했던 개혁가들의 희망을 어느 정도 달성하게 했고, 20세기 말 지난 100년의 역사 가운데 어느 시기보다 더욱 국제적으로 강력한 존재가 되었으며, 생활수준의 뚜렷한 향상을 경험한다. 존

국의 개혁, 개방정책을 통한 성장주의에 새로운 힘을 실어준다. 이 담화에서 덩샤오핑은, 중국 공산당의 11기 3중 전회 이후의 노선방침을 관철하고 '경제건설을 중심으로 하고 개혁개방과 4대 기본원칙을 관철한다.'는 '하나의 중심과 두 개의 기본점(一個中心 · 兩個基本點)'의 방침은, 백 년간 불변할 것임을 강조하면서 개혁개방을 대담하게 확대, 추진할 것을 요구한다.[183]

또한, 덩샤오핑은 자본주의냐 사회주의냐 하는 구분은 소유제도의 차원이며 시장경제냐 계획경제냐 하는 구분은 자원배분 체제의 차원이므로 사회주의도 시장경제를 채택할 수 있다는 입장을 피력한다.[184] 즉, 사회주의는 생산수단의 사회화와 계획경제를, 자본주의적인 시장 즉 자본가 계급과 노동자 계급이 자본과 노동력을 교환하는 시장을 전제하지만, 덩샤오핑은 사회주의와 시장경제 사이에는 근본 모순이 존재하지 않으며, 사회주의에도 시장경제가 있을 수 있다고 주장한다. 즉, 그는 시장을 자본과 노동력을 교환하는 의미로 해석하기보다는 소유 제도의 차원이 아닌 공산당의 자원 배분 기능의 역할을 공유한다는 의미에서 해석한다.

킹 페어뱅크, 멀 골드만 저, 김형종 외 역, 『신중국사』, 까치글방, 2005. p. 533.

183) 蕭灼基 저, 강준영 역의 같은 책, p. 854. 덩샤오핑이 주도한 중국 공산당 특유의 실용주의 정신은 자본주의적 요소를 대거 도입하는 데 따른 사회주의로서의 정체성에 혼란을 방지하기 위해 덩샤오핑은 '마르크스-레닌주의-마오쩌둥 사상을 견지하고, 사회주의를 견지하고, 인민민주주의 독재를 견지하고, 공산당의 지도적 지위를 견지한다'는 이른바 '4대 기본원칙'을 제기하며 사회주의 국가로서의 정체성을 강하게 견지하는 가운데 급격한 변화로 인한 사회의 혼란을 방지하고자 했다. 유희문 외, 『현대중국 경제』, 교보문고, 2000. p. 63.

184) 덩샤오핑은 중국이 가고 있는 방향에 관한 논쟁에서 사회주의 생산발전에 유리하며, 사회주의 종합 국력의 제고에 유리하고, 인민의 생활수준 제고에 유리한 것이 바로 사회주의라고 말한다. 김종현 외, 『동아시아경제개론』, 한국방송통신대학교출판부, 2002. p. 418. 개혁은 '중국적 특색의 사회주의 건설'의 필수 경로로 인식되고(유희문 외의 같은 책, p. 85), 이러한 덩샤오핑의 주장은 이후 중국 경제의 기본 원칙으로 작용한다.

이와 더불어 덩샤오핑은 마오쩌둥 체제 이래로 견지된 평균주의 개념을 타파하고 일부 지역의 경제가 우선 발달하고 일부 주민들이 우선적으로 부유해질 수 있다는 '선부론(先富論)'을 제창한다.[185] 바야흐로 중국에서 마르크스-레닌주의를 대체한 마오쩌둥 사상은 1997년 중국 공산당 지도부가 '덩샤오핑 이론'으로 대체함으로써, 덩샤오핑 이론은 마르크스-레닌주의-마오쩌둥 사상을 대체하는 최신판이 되고, 덩샤오핑 이론만 견지하면 마르크스-레닌주의-마오쩌둥 사상의 전통을 계승하는 것으로 이해되기에 이른다.[186] 덩샤오핑 이론의 핵심은 바로 '흰 고양이든 검은 고양이든 쥐만 잘 잡으면 된다(좋다)'는 '고양이론(黑猫白猫論)'으로 지칭되는 논리이다.[187] 고양이론과 그에 파생된 이론이 반영된 실용주의, 현실주의적 가치관은 중국 공산당의 경제와 사회발전 정책의 이론적 기초를 다지며 향후 중국 사회의 '개혁개방'의 주도적인 원칙이 된다.[188]

1) 중국 특색의 사회주의

1981년 6월 중국 공산당은 제11기 6중전회에서 문화대혁명에 대한 '역사 평가'를 하고 1982년 9월 제12차 전국대표대회(약칭 12대)에서 '중국 특색의 사회주의'를 표방한다. '역사 평가'가 과거 문화대혁명

---

185) 蕭灼基 저, 강준영 역의 같은 책, p. 855.

186) 유희문 외의 같은 책, p. 56.

187) 이는 덩샤오핑의 가장 큰 공헌으로 평가받으며 마오쩌둥 이론을 대체한 중국의 새로운 지도 이념으로 확립된다. 유희문 외의 같은 책, p. 63.

188) 마효영 저, 송인재 역, 「묘론과 양개범시의 논쟁 그리고 현대중국에서의 영향」, 중국사회과학원, 2005. p. 1.

에 대한 청산 작업이라면 '중국 특색의 사회주의'는 향후 개혁개방을 위한 거대한 청사진이라고 할 수 있다.

특히 '중국 특색의 사회주의'는 사회주의 초급 단계론이나 시장경제론이 형성되기 이전부터 지속적으로 개혁개방의 기초 이론으로 제시된 것이기 때문에 매우 중요한 의미를 지닌다. '중국 특색의 사회주의'는 중국 공산당 12대 개막식에서 덩샤오핑이 마르크스주의의 보편적 진리와 중국의 구체적 실제를 결합해 자신의 길로 나아가자고 주장한 데서 비롯한다.[189]

정치적 측면에서 보면 '중국 특색의 사회주의'는 중요한 네 가지 기본 원칙을 담고 있는데, 그것은 바로 '사회주의', '무산계급의 독재', '공산당의 영도', '마르크스레닌주의와 마오쩌둥 사상의 견지'이다. 즉, 첫째, '사회주의'의 경우 무엇보다 생산수단의 공유제를 기초로 한다는 것이며, 둘째, '무산계급의 독재'는 무산계급을 중심으로 한 인민의 권력을 옹호하기 위한 것이며, 셋째, '공산당의 영도'는 중국 공산당이 중화인민공화국을 대표하는 유일한 정당임을 확인하는 것이며, 넷째, '마르크스레닌주의와 마오쩌둥 사상의 견지'의 경우 마르크스레닌주의와 마오쩌둥 사상이 사회주의와 공산주의를 실현하기 위한 중국 공산당의 주요 이념임을 밝힌 것이다.

이 가운데 마오쩌둥 사상은 1945년 중국 공산당의 공식 이념으로

---

189) '중국 특색의 사회주의'를 국가이념의 차원에서 다룬 내용에 대해서는, 송봉규 외, 『중국학개론』, 동양문고, 1998. pp. 89~97. 중국 특색의 사회주의 이론이 발전한 것이 바로 중국 공산당의 사회주의 초급 단계론이며, 구체적으로 4개 현대화 즉 공업/농업/국방/과학기술의 현대화인 것이다. 이 4개 현대화는 원래 마오쩌둥이 제시하고 저우언라이(周恩來, 1898~1976)가 선포했던 것을 개혁개방의 구체적인 항목으로 덩샤오핑이 재차 강조한 것이다. 이러한 개혁개방의 논리를 체계적으로 이론화한 것이 '사회주의 초급 단계론'이다.

선포된 이후 현재까지도 공산당의 대표적인 이념으로 남아 있다. 중국 공산당이 문화대혁명을 청산하는 과정에서 마오쩌둥을 비판하면서도 마오쩌둥 사상을 중요한 이념으로 남겨놓은 이유는 만약 마오쩌둥 사상을 완전히 부정할 경우 곧바로 중국 공산당 자신을 부정하는 결과를 낳기 때문이다.

이상과 같은 내용의 '중국 특색의 사회주의' 표방은 덩샤오핑이 낙후한 중국 현실을 직시하며 '해방사상(解放思想)'과 '실사구시(實事求是)'를 강조한 데서 비롯한다. 덩샤오핑은 선진국을 목표로 하는 '해방사상'과 '실사구시'에 근거한 '중국 특색의 사회주의 건설(建設有中國特色的社會主義)'의 기본원칙을 견지하는 가운데 중국의 개혁개방이 추진되는 것을 밝히는데, 그가 밝힌 '해방사상'의 내용은 바로 "우리가 말하는 해방사상은 마르크스주의의 지도 아래 타성에 젖은 세력과 주관적인 편견의 속박을 타파해 새로운 상황을 연구하고 새로운 문제를 해결하는 것"이다. 다시 말해 '해방사상'은 문화대혁명 이래 사람들이 처한 사상적 혼란 특히 교조주의와 주관주의를 비판하기 위한 방법으로 제시된 것이다. 또한 '해방사상'과 '실사구시'는 서로 매우 밀접한 연관이 있다고 하며, "해방사상은 사상과 실제를 서로 부합시키고, 주관과 객관을 서로 부합시키는 것으로서 실사구시이다."라고 말한다. 어떤 일이든 사실에 바탕을 두어야 올바른 해결 방법이 모색될 수 있다는 점에서 덩샤오핑의 '해방사상'과 '실사구시'는 개혁개방의 추진에 매우 중요한 의미를 부여한다.

(1) 사회주의 초급 단계론

1978년 12월에 개최된 중국 공산당 '제11기 3중 전회' 이후 중국의 마르크스주의자들은 '사상해방' '실사구시'라는 기치 하에 보다 자유로운 정신으로 사회주의를 재인식하고 중국의 국정(國情)을 재인식하기 시작한다.[190] 중국 국정에서 가장 기본이 되는 인식은 지금의 중국은 경제적으로 매우 낙후된 국가라는 점이다. 마르크스의 이론에 따르면 사회주의는 자본주의보다 발전된 형태의 사회·경제 시스템이지만 사회주의를 제창하고 있는 현재의 중국은 여타의 자본주의국가들보다 경제적, 사회적 수준이 많이 낙후되어 있었다. 따라서 중국 공산당은 중국 인민들에게 이러한 현상에 대한 합리적인 설명을 해야 했고 중국을 급속한 발전으로 이끌 이론을 제공해야만 했다. 그래서 등장한 것이 바로 1981년 6월 중국 공산당 '제11기 6중 전회'에서 제기되고 1987년 10월 중국 공산당 중앙 제13기 전국인민대표자대회에서 최초로 보고된 자오쯔양(趙紫陽, 1919~2005)의 '사회주의 초급 단계론'이다.[191]

초보적인 사회주의를 의미하는 '사회주의의 초급 단계'는, 첫째, 중국 사회는 이미 사회주의 사회이기 때문에 자본주의 사회로 되돌아갈 수는 없으며, 둘째로 중국의 사회주의는 발달된 자본주의의 기초 위에 설립된 것이 아니고 반식민지, 반봉건의 특수한 사회에서 사회주의로

---

190) 서석홍, 『중구 사회주의 개혁의 진로』, 도서출판 풀빛, 1990, p. 14.

191) 중국 공산당은 개혁 개방을 추진하면서 경제 개혁의 이론적 근거로 사회주의 초급 단계론을 제시한다. 이론적으로 볼 때 보편적인 역사 발전법칙에 따르면 사회주의는 자본주의보다 훨씬 높은 생산력을 지닌 공산주의로 이행하는 과도기적인 경제적 사회구성체다. 그런데 과도기적인 사회구성체라고 해도 사회주의는 이론적으로 자본주의가 고도로 발달한 가운데 사적 소유의 철폐와 생산수단의 사회화라는 특징이 있다. 그러나 중국을 비롯한 현실의 사회주의 국가들은 선진 자본주의 국가들보다 결코 생산력이 높지 않은 상태에서 혁명을 수행했다. 1980년대에 이르러서도 여전히 인민의 욕구에 비해 생산력이 매우 뒤떨어져 있는 것이 중국의 현실이다. 따라서 중국 공산당은 중국 사회의 주요 모순을 '나날이 증가하는 인민의 물질적/문화적 수요와 뒤떨어진 사회 생산력 사이의 모순'으로 파악한다. 사회주의 초급 단계론의 특징은 정확하게 중국 자신의 실제 모습을 인정한 것에 기초하면서도 생산력의 발전을 위해 자본주의가 아닌 사회주의를 내세웠다는 점이다. 또한 '사회주의 초급 단계론'에는 '생산력 표준론'처럼 생산력 발전에 도움이 되는 것은 받아들이고 방해가 되는 것은 폐기하는 실용주의적인 생산력 중심 가치관이 존재한다.

이행했기 때문에 아직도 사회주의의 초급 단계에 머물러 있는 것이라는[192] 두 가지 의미를 내포한 명제이다. 사회주의 초급 단계에서 벗어나 완전한 사회주의를 이루기 위해서 생산력의 발달이 기타 자본주의 국가의 수준만큼 되어야 하고, 이것에 도달하는 것, 즉 생산력을 발달시키는 것이 곧 사회주의를 달성한다는 논리이다.

이로써 '생산력 발전'은 중국 공산당이 추진하는 모든 정책의 중심이 된다. 중국의 가장 기본적인 실제를 생산력 발전 수준의 낙후로 파악하는 사회주의 초급 단계론에서는 현 단계 중국 사회의 주요 모순을 "나날이 증가하는 인민들의 물질·문화적 수요와 이것을 충족시켜주지 못하는 낙후된 사회생산력 수준 사이의 모순"이라고 인식한다.[193] 이러한 인식은 기존의 계급, 정치 투쟁을 우선시하는 방향에서 벗어나 경제력 발전을 최우선으로 삼아야 한다는 방향으로 나아감으로써, 모든 활동의 표준(목표)은 생산력에 있다는 '생산력 표준론'으로 발전한다.

사회주의 초급 단계론에서는 기본 임무를 생산력 발전으로 상정하고, 모든 문제와 활동의 적합성 여부의 기준을 생산력의 발전에 유리한지 아닌지로 판단한다. 따라서 생산력 발전에 부적합한 과거의 전통적 생산관계와 상부구조 및 경직된 경제체제를 생산력 발전에 유리한 방향으로 전면 개편하는 경제와 정치체제 개혁 일정이 전면에 부상한다.[194]

1997년 9월 12일 중국 공산당 중앙위원회 제15기 전국인민대표회의에서 장쩌민(江澤民)은 사회주의 초급 단계는 사회주의 현대화를 실

---

192) 강춘화, 『당대 중국학 입문』, 박영률출판사, 1998. p. 291.

193) 趙紫陽, 「沿着有中國特色社會主義道路前進」, 『人民日報』, 서석홍의 같은 책, p. 19.

194) 서석홍의 같은 책, p. 21.

현하는 단계이며, 공업국가로 변하는 단계이며, 과학기술과 교육문화가 발전하는 단계이며, 국민들이 부유해지는 단계로 가는 과정의 역사적 단계라고 발표하고, 이러한 역사의 과정은 최소한 백 년의 시간이 필요하다고 말한다.[195] 또한 이 기간은 다시 3단계의 시기로 나뉘는데, 첫 번째 시기는 1950년부터 2000년 이전까지의 빈궁시기(貧窮時期)이며, 두 번째 시기는 20세기 말부터 2030년까지의 소강시기(小康時期), 마지막 세 번째 시기는 2030년부터 2050년까지 경제발전이 중진국 수준에 도달하는 시기이다.[196] 따라서 현재 사회주의 초급 단계에서 사회주의 완성의 단계로 진입하기 위한 답으로 중국 공산당은, 생산력 발전을 위해 개혁·개방을 추진하고, 공유제를 바탕으로 계획적 상품경제를 적극 발전시키며, 노동에 따른 분배를 원칙으로 다양한 분배 방식을 실시하는 것이라고 하고, 다른 한편으로 안정적 단결의 전제 하에 민주정치 건설에 노력해 반드시 마르크스주의를 지도이념으로 한 정신문명 건설에 노력할 것을 제시한다.[197]

이와 같이 덩샤오핑이 강조한 '중국 특색의 사회주의'란 마르크스주의의 보편적 진리를 낙후한 생산력과 수준 낮은 생활이라는 중국의 구체적 사실에 결합시키는 것으로 '사회주의 초급 단계론'과 긴밀한 연관성을 지닌다. 사회주의 초급 단계론에서는 생산력 발전을 모든 활동의 기준으로 삼음으로써 '생산력 표준론'이 제시되고, 이 '생산력 표준론'은 생산력 발전에 도움이 되는 것은 받아들이고 방해가 되는 것은 폐기한다는 매우 실용주의적인 가치관으로부터 말미암는다. 중국

---

195) 강춘화의 같은 책, pp. 292~293.

196) 유희문 외의 같은 책, p. 87.

197) 유희문 외의 같은 책, p. 93.

특색의 사회주의에 대해서는 중국 내부에서조차 의견이 분분하더라도[198] 생산력 발전은 임무의 분명한 목표로 설정된다.[199] 일종의 성장 중심주의에 해당하는 '생산력 표준론'이 사회주의 초급 단계론에서 매우 중요한 이론으로 다루어지고 있음을 고려할 때, 개혁개방 정책의 실현 과정에서 현대 중국 공산당의 실용주의 가치관의 특징이 확고하게 형성된 것임을 알 수 있다.

(2) 사회주의 상품경제와 시장경제론

오랫동안 상품경제는 생산수단의 사적소유를 기초로 한 자본주의에 특유한 것으로 생산수단의 공유제를 기초로 하는 사회주의 경제와는 양립할 수 없고, 따라서 사회주의는 반드시 계획경제를 실행해

---

198) 중국적 특색의 사회주의에 대해 중국 내부의 분분한 의견 차이에 대해서는 中共研究雜誌社編, 「對中共 '十四大'有關問題評析專輯」(臺北: 中共研究雜誌社), 1922年, p. 104. 유희문 외의 같은 책, p. 105.

199) 덩샤오핑이 제기한 중국 특색의 사회주의 건설은 비록 그 의미가 확고하게 정해지지 않고 집권자의 의도에 따라 가변성이 있는 개념이지만, 개혁개방 측면에서 볼 때는 중국의 구체적인 국정에 근거해 사회주의 중국화 방향으로 나아가도록 하는 일종의 지도 사상임과 동시에 전체적 정황으로 볼 때 다음과 같은 목적을 지닌다. 첫째 마르크스-레닌주의와 마오쩌둥 사상을 추앙한다고 하지만 중국의 정치, 경제, 사회적 상황과의 직접적인 관련성은 많은 부분 단절되고 있으며, 둘째 어떠한 사회주의 모델이라도 중국의 현실적 상황을 뛰어넘어서 그대로 실시할 수 없음을 인정하는 것이며, 셋째 당면한 현실적 문제를 현실적 상황에 입각해 해결하고자 한다. 즉 문제해결 수단의 선택은 목적 실현을 위해 결정하고 수단 선택의 정확성 여부는 목적의 실현 여부로 평가하고자 한다. 넷째 종국적 목적은 사회주의의 총체적 가치이성을 완벽하게 하는 데 있으며, 다섯째 일반적인 경험적 모델과 마르크스-레닌주의의 사상에서 일정 부분 탈피할 것을 요구한다. 중국은 중국인 스스로 개혁의 역사적 필요성과 개혁 진행 과정 중 주체적 역할을 해야 한다는 것을 강조하고 있다. 여섯째 국가적 상황 즉 국정을 구체적으로 분석하는 것을 출발점으로 한다. 중국은 1987년 10월 정식으로 확립한 사회주의 초급 단계론에서 보면 기본적으로 사회주의 개조 후의 중국은 기껏해야 사회주의 초급 단계에 진입한 상태이다. 중국 사회의 발전을 위해서는 사회주의 방향 견지의 대전제 하에 생산력을 대대적으로 발전시켜야 하며, 전반적 생산방식과 생산관계의 구도 역시 생산력을 발전시키는 것을 기초로 해야 한다고 보고 있다. 유희문 외의 같은 책, pp. 87~89.

야 한다는 전통적인 관점이 주류를 차지한다.[200] 그러나 중국 공산당 제12기 2중 전회의 '경제체제 개혁에 관한 결정'에서는 "우리나라 사회주의 경제는 공유제를 기초로 한 계획적 상품경제임을 명확히 하고 있다"[201]고 밝히면서, 기존 경제체제의 폐단은 바로 사회주의 경제의 상품 속성을 부인하고 상품적 화폐 관계를 배척하며 가치 규율의 조정 작용을 부정하는 데 있었다고 지적한다. 즉, 상품경제 관계는 사회주의 경제에서 보편적으로 존재하는 관계이며, 상품경제의 발전은 사회주의 경제가 반드시 거쳐야 하는 단계라는 것이다.[202] 따라서 한편으로 1992년 1월 덩샤오핑의 '남순강화' 이후 중국 공산당은 그해 10월 제14차 전국대표대회를 통해 개혁개방을 추진하는 중국 공산당의 중요한 경제정책 이론인[203] '사회주의 시장 경제론'을 공식적으로 채택하고, 다른 한편으로 기존의 계획경제를 완전히 포기하면 시장경제는 왜곡된 혼란에 빠지거나 양극화 현상이 나타날 수 있는 점에서 중국의 시장경제는 자본주의가 아닌 사회주의라는 점을 강조하는 가운데, 중국은 시장경제를 통제할 수 있는 사회주의 체제를 강조한다.

중국 사회주의 시장경제는, '사상해방, 생산력 발전을 통한 경제발전으로 사회주의 제도와 정권 강화'라는 발전 목표 하에 국가의 거시조절을 전제로 시장체계의 육성을 통한 시장의 자원 분배에 대한 역할을 인정하고, 노동에 따른 공정한 분배와 효율을 고려해 '선부(先富)'를

---

200) 서석홍의 같은 책, p. 28.

201) 蕭灼基 저, 강준영 역『중국 경제개론』, 지영사, 1995. p. 202.

202) 蕭灼基 저, 강준영 역의 같은 책, p. 202.

203) '사회주의 시장경제론'의 형성 과정과 총체적 기획에 대해서는 강춘화의 같은 책, pp. 191~197.

인정한다는 내용을 골자로 한다.[204] 부연하면, 사회주의 시장경제는 소유제로서의 사회주의와 자원 배분 제도로서의 시장경제가 결합된 것으로, "공유제가 주도적 위치를 차지하는 가운데 기타 다양한 소유제가 병존하고, 시장 메커니즘을 위주로 자원 배분이 이루어지는 가운데 국가의 거시 조절이 병행되는" 경제체제로 정의되며 국민계층 간의 소득격차가 인정된다.[205] 즉, '사회주의 시장경제'에서 소유 형태는 사적소유가 아니라 공유제에 기초하고, 공유제를 근간으로 하기 때문에 이것은 자본가 계급과 노동자 계급의 대립이 아니라 노동자들 상호간에 호혜와 평등 관계가 성립하는 장으로 기능하기 때문에 계급 문제는 발생하지 않는다는 것으로 이해된다. 부연하면 사회주의 시장경제의 생산관계는 노동자 계급들 상호간의 평등한 관계이기 때문에 대립이 아닌 협조가 필요하고 시장은 자본주의 시장이 아니라 계획적 상품경제를 바탕으로 하기 때문에 경제 혼란이 발생하지 않는다는 것이다.

2) 중국의 개혁개방과 문화열(文化熱)

중국 사회는 1976년 9월 9일 마오쩌둥의 사망과 더불어 4인방 세력이 축출된 후 화구어펑(華國鋒)의 과도기를 거쳐 덩샤오핑 시기를 맞는데, 덩샤오핑은 마오쩌둥 사상으로 전 당과 전군, 그리고 전국 인민을 지도해 당과 사회주의 사업을 승리로 이끌어야 한다고[206] 주장하면

---

204) 계획경제, 사회주의 시장경제, 시장경제 비교 내용은 邱宏輝, "對中共建立(社會主義市場經濟) 之研究,「中共研究(臺北)」, 1922年, 第26卷 11期, pp. 77~78. 유희문 외의 같은 책, p. 104.

205) 김종현, 이근, 한동훈 공저의 같은 책, p. 419.

206) 『鄧小平文選』 제2권, 人民出版社, 1994. p. 39.

서 '해방사상(解放思想)'과 '실사구시(實事求是)'의 두 가지의 원칙에 부
합하는 사회적 실천을 역설한다. 또한 그는 1978년 중국 공산당 중앙
의 「우파분자라는 죄명을 완전히 벗기는 결정에 관한 실시방안(關於全
部摘掉右派分子帽子決定的實施方案)」의 발송을 비준하고 문화대혁명 중에
처리된 판결에 대한 명예회복을 실행함으로써 그 해 우파죄명을 완
전히 벗겨내는 사업은 완결된다.[207] 1981년 6월 개최된 중국 공산당
의 11기 6중 전회에서는 「건국 이래 당의 약간의 역사문제에 관한 결
의(關於建國以來黨的若干歷史問題的決議)」를 통해 문화대혁명과 마오쩌둥의
공과에 대한 결의를 함으로써 공산당은 공식적으로 문화대혁명의 완
전한 종결을 선언한다.

이러한 분위기 하에 중국에서는 1978년부터 공자토론회(孔子討論會)
가 8차에 걸쳐 베이징(北京), 지난(齊南), 취푸(曲阜) 등지에서 개최되고,
팡피아오(龐朴)는 「공자사상의 재평가」를 『광명일보(光明日報)』에 발표
했으며, 1989년에는 "유학국제학술토론회(儒學國際學術討論會)"가 개최
되고, 1984년에 '중국공자기금회(中國孔子基金會)'까지 설립되어 유학에
대한 연구를 본격화한다.[208]

공자 재평가 움직임을 본격적인 학술 차원으로 승격시킨 인물은 리
쩌허우(李澤厚)라 할 수 있다. 리쩌허우는 1980년 『중국사회과학』지에,
「공자재평가(孔子再評價)」라는 논문을 발표해, 공자사상 중 극복해야 할
부분과 계승해야 할 부분을 문화심리학적 관점에서 제시한다. 이 글에
서 리쩌허우는 공자사상 중 청산해야 할 봉건적 요소로, 종법에 기반

---

207) 廖蓋隆 編, 정석태 역의 같은 책, p. 383.
208) 鄭仁在의 같은 논문, p. 177.

을 둔 차별성, 전통적이고 보수적인 예(禮)의 숭상, 변화와 혁신에 장애가 되는 수구적 태도, 생산발전이나 생활 향상보다는 평균적 빈곤에 안주하려는 태도 등을 든다. 공자사상 중 계승해야 할 측면으로는, 실천 이성에 의한 감정의 조절, 이(理)에 의한 정(情)의 제어, 인도주의 정신과 이상 인격의 추구, 낙관적이며 진취적인 기상 등을 든다. 리쩌허우의 논문을 기점으로 대륙의 학계는 공자사상 중 비판해야 할 부분과 계승해야 할 부분을 가려내어 '비판적으로 계승하자'라는 공통된 인식에 도달한다.

1985년 6월 10일에서 15일 사이에는 중화공자연구소 소장인 장따이니엔(張岱年)은 베이징에서 개최된 공자토론회 개회사에서 "현재 중국인의 역사적 임무는 '중국적 특색을 지닌 사회주의' 물질문명과 정신문명의 건설에 있다. 이러한 역사적 임무를 완성하기 위해 한편으로는 이전에 존재하지 않았던 새로운 것을 창조해내야 하고, 다른 한편으로는 전통의 정신문명을 더욱 깊게 연구·분석해야 하며, 공자가 제창한 유학에 대해서도 이제는 종합적이고 비판적인 결론을 내려야 한다."라고 말하면서 중국 전통문화에 대한 비판적 계승론의 관점을 제시한다. 장따이니엔의 이러한 주장 또한 유교적 전통을 비판적으로 계승하자는 리쩌허우의 주장이나 '비판적 계승론'을 공식적으로 선언한 중국 공산당의 입장을 대변한 것이다.

덩샤오핑의 경우, 인민들의 물질적 욕구가 어느 정도 충족되는 상태를 '소강수평(小康水平)'이라 지칭하고, 이를 위해 중국의 저급한 생산력을 발전시키기 위한 개혁개방의 사회주의 시장경제 정책의 실행과 더불어 전문지식인의 역할을 강조한다. 유교의 경우, 중국 공산당의 관점에서 바라보았을 때 현실적으로는 경제개혁에 필요한 대외의 막대한 화교자본력을 포용할 수 있는 문화적 교류수단일 뿐만 아니라,

후기 유교문화권의 높은 교육열과 경제성장 또한 중국의 경제성장에 필요한 지식인의 역할 강조와 생산력 발전에 초점을 맞춘 덩샤오핑 이론에도 부합하는 것이었다.

중국에서 유교문화 특히 현대 신유가 연구는, 1979년 제11기 3중 전회를 통해 개혁개방이 결정되면서 시작된 낙후된 중국의 현실 속에서 새로운 중국 사회의 건설을 위해 전통과 사회주의 그리고 개혁개방의 문제를 어떻게 결합시킬 것인가에 대한 논의들에서부터 출발한다. 1984년 10월에는 "중국 문화의 우수한 전통을 계승·발양하고, 외국 문화의 소개를 통한 중국 문화의 현대화를 촉진한다."는 취지 아래 민간 연구단체로서 중국 문화서원이 설립되고, 문화서원에서는 강연회 개최와 잡지 및 연구서 등을 간행함으로써 본격적인 '문화열'을 촉발시킨다. 문화서원파의 적극적인 활동으로 신유가는 중국 내에 널리 퍼지기 시작해 학계의 주목을 받기 시작한다.[209] '문화열' 논쟁의 내용은 무척이나 방대하지만 그 중심에는 전통 특히 유교가 자리하고 있다.[210]

1980년대 문화열은 중국 문화에 대한 입장 차이에 따라 몇 가지로 구분된다. 첫째, 중국 전통문화 특히 유교를 철저히 부정하고 새롭게

---

209) 『현대중국의 모색』, 한국철학사상사연구회 논전사분과, 동녘, 1992. p. 49.

210) 1980년대 '문화열'을 기점으로 중국에서는 1990년대 '국학열(國學熱)'을 경과해 2000년대에 이르러 '유학열(儒學熱)' 현상이 나타난다. 장쩌민은 '이덕치국(以德治國)'을 제기하며 1994년 10월 베이징에서 세계 10개 발기학술단체와 15개 국가의 유학학술단체가 참여해 '국제유학연합회(國際儒學聯合會)'를 창립하고 이후 베이징(北京), 상하이(上海), 쓰촨(四川), 허난(河南) 등을 돌며 매년 학술대회를 개최하고 있으며, '국제유학원(國際儒學院)'이 2006년에 중국정법(中國政法)대학에, 2009년에는 상하이사범(上海師範)대학과 쓰촨(四川)대학에 설립된다. 2002년 11월 후진타오(胡錦濤)가 '21세기는 위대한 중화 민족의 부흥의 실현'이라는 목표를 제기하고 2006년 10월에는 '화해사회(和諧社會)' 건설을 제창하며 유교와 관련된 각종 학술활동과 문화교류를 지원하는데, 2003년 서울의 제1호 '공자아카데미' 설립을 시작으로 2010년에 이르러 96개국 322개의 '공자학원(孔子學院)'이 설립된다.

서양문화를 수용해야 한다는 전반서화론 또는 철저재건론의 입장이 있고, 둘째, 중국의 전통문화 가운데 유교의 부흥을 주장하는 유학부흥론의 입장이 있고, 셋째, 서구의 근대화와 산업화를 근간으로 중국의 문화를 보조하자는 서체중용론의 입장이 있고, 넷째 중국 전통문화들을 정수와 찌꺼기로 나누어 비판적으로 계승할 것을 주장하는 비판계승론의 입장이 있는데,[211] 비판계승론은 중국 공산당의 공식 입장과도 일치한다.

궁극적으로 문화열의 중심논제는 그 논의의 성격에 차이가 있더라도 아편전쟁 이후로 진행된 '전통(傳統, tradition)과 근대성(近代性, modernity)' 문제의 재현이라고 할 수 있다. 왜냐하면 각 입장에 따라 전통에 대한 이해가 달라지고 '근대성'의 모습이 달라지기 때문이다. 먼저 철저재건론과 전반서화론의 입장은 전통에 대한 철저한 비판을 강조하고 보다 서구적인 '근대성'을 확립할 것을 요구한다. 이에 반해 유학부흥론의 입장은 근대 물질문명에 대한 유교적 정신문화 전통의 계승과 부흥을 주장한다. 그리고 서체중용론과 비판계승론은 전통의 선별적 수용과 중국식 사회주의의 완성에 주목한다.

중국의 문화열 가운데 무엇보다 유학부흥론을 살펴보면, 중국의 전통문화 가운데 특히 유학에 주목하는데 이론적으로 유교자본주의에 관한 담론과 긴밀하게 연관된다.[212] 먼저 '유교부흥론'은 미국, 홍콩 등

---

211) 문화열 논의의 중심 주제들은 전통, 서방을 향한 학습, 민족과 사회주의 등이며 이 주제들에 대한 관점, 방법 등의 차이에서 여러 유파로 갈라진다. 그 유파들은 상세하게 분류하면 유학부흥론, 비판계승론, 서체중용론, 철저재건론으로 나뉜다. 유학부흥론은 본위파라고도 불리며 홍콩·타이완·미국 등지의 화교 학자들이 주축을 이룬다. 중국 내에서 유학부흥론자라고 자처하는 사람은 없고, 비판계승론자들의 다양한 주장 중 유학부흥론이 포함되어 있는 것으로 보인다.

212) 유학부흥론에는 두 후원 세력이 있는데, 하나는 신유가이고 하나는 유교자본주의이

에서 활동하고 있는 화교 학자들이 주류를 이루고, 이들은 크게 현대 신유가와 유교자본주의를 주장하는 인물들로 구성된다. 이들은 중국 문화 특히 유교의 우수성을 강조하며 현재 중국 또는 세계에서 발생하는 문제의 많은 부분을 유교사상이 해결해줄 것이란 믿음을 지닌다. 뒤에 살펴볼 유교자본주의론 또한 이러한 맥락의 연장선상에서 이해할 수 있다. 그들은 현대사회를 '문화의 위기'로 파악한다. 그리고 그 대안으로 유학을 중심으로 한 전통문화의 부활을 주장하는데, 즉, 중국은 유교문화의 부흥을 통해서 발전해야 하고 또한 발전할 수 있다고 주장한다.

우선, 유학부흥론의 입장을 살펴보면[213] 먼저 이 입장이 성리학과 심학을 중국의 정통 사유로 파악하는 것은 근대 이행기 '중체서용'의 논리와 매우 흡사하다. 중체서용론자들이 유교적 전통을 중시하면서 개혁보다는 실제 보수적 입장을 취한 것처럼 유학부흥론자들도 그 오류를 답습해 정치적으로나 문화적으로 보수주의의 입장에 서 있는데, 특히 정신실체의 문제에 대한 유학부흥론자들의 관념적인 사상 경향

다. 신유가는 공자로부터 주자에 이르는 유학의 전통을 이어온 사망한 사람들의 사유체계를 말한다. 그들의 사유체계는 다른 유파들의 주장을 통해 중국 현실을 뒤떨어지게 한 요인으로 지적되었고 많은 비판의 대상이 되었다. 물론 신유가와 유학부흥론이 바로 일치하지는 않는다. 그러나 유교를 중국의 정통 사유로 보고, 중국 역사와 문화의 흐름을 정신실체의 계승에 의한 전개라고 생각하며, 정신을 통해 주고받는 도통론을 긍정하고, 중국 문화의 독창성과 우수성을 강조하며, 현 단계를 문화의 위기로 보면서 중국 문화의 부흥에 대한 열정을 가지고 있다는 점에서 둘은 유사성을 갖는다. 이들의 주장은 유학을 중심으로 한 전통의 부활인 것이다. 유교자본주의론은 동아시아 여러 국가의 공업 문명의 발전을 설명하는 이론이다. 이들 나라의 눈부신 발전을 이룰 수 있었던 원인으로 유교 문화 속에 들어 있는 가족주의, 성실성, 근면성 등을 지적한다.

213) 유학부흥론자들은, 송(宋)의 성리학과 명(明)의 심학을 중국의 정통(正統) 사유로 파악하고, 중국 역사와 문화의 흐름을 정신실체(精神實體)의 계승에 의한 전개로 이해하며, 그 정신실체를 주고받는 도통론(道統論)을 인정하며, 그리고 무엇보다 중국의 전통적인 중화문화의 독창성과 우수성을 주장한다.

이나 도통론 등은 그들의 관념적 역사관의 특징을 보여준다. 또한 이들이 강조하는 중화민족 문화의 우수성은 일종의 '국수주의(國粹主義)'에 비견되기도 하여 중화 패권주의로 나아갈 위험마저 안고 있다.[214)

유학부흥론자들은 유학이 어떠한 사회구성체에서 생겨났으며 어떠한 사회경제적 토대에서 발전해왔는지, 그리고 그 당시 사회 속에서 어떠한 기능을 했었는지에 대해 꼼꼼히 따지려 하지 않는다. 아울러 현 단계 중국의 사회구성체가 전통사회의 사회경제적 토대들과 무엇이 다른지 등의 문제에도 관심이 적다. 유학부흥론자들은 대체적으로 토대와 상부구조의 관계를 중시하지 않기 때문에, 현실 사회와 관련된 구체적인 계승 메커니즘에 대해 고민하지 않는다. 그들의 관심은 유학을 중심으로 한 전통의 부활에 있다. 이 같은 유학부흥론에 대해 근대 '중체서용'론의 재판이며 변화된 모습의 국수주의라는 비판도 있고, 문화 보수주의, 복고주의, 도통론에 근거한 관념론의 역사관이라는 평가도 존재한다.[215)

'유학부흥론' 이외에 문화열의 '비판계승론', '서체중용론', '철저재건론'은 모두 전통에 대한 입장 표명을 통해 중국의 나아갈 길을 제시하는데 이들의 전통에 대한 입장이 곧 유교에 대한 입장이며 동시에

---

214) 원시 전통유학이 동아시아 봉건 이데올로기로 작용한 것처럼 덩중샤(鄧中夏)나 왕위민(王育民), 루시첸(呂希晨) 등이 지적했듯이 유학부흥론의 이론에는 자본가를 대변하는 이데올로기로 전락할 위험성도 안고 있다. 권인호·홍원식,「현대신유가 사상과 유학부흥론」,『현대중국의 모색』, pp. 32~34. 즉, 근현대의 유학부흥론자들은 민족(중화민족)이라는 관념을 추가해 중화민족의 부흥을 꾀하는 경향이 있다. 중국 사회주의국가 수립 이전 량슈밍, 장쥔마이 등의 초기 유학부흥론이 유학을 기반으로 중화민족이 서구 제국주의를 극복해야 한다는 비현실적 이상론을 제시했다면, 후기 유학부흥론인 뚜웨이밍(杜維明), 진야오지(金耀基) 등의 유교자본주의론에서는 실재하는 경제현상을 설명하는 데 유학을 하나의 설명도구로 끌어들인다. 초기와 후기 유학부흥론은 공통으로 중체(中體)관념에 입각해 유학이 중국 사회의 발전에 걸림돌이 아니라 견인차 역할을 수행할 수 있다고 주장한다.

215) 한국철학사상사연구회 논전사분과,『현대중국의 모색』, 동녘, 1992. pp. 9~59.

유교의 지위에 관한 논의 역시 포괄하고 있다.

우선, 비판계승론자들의 주장의 핵심은 전통의 좋은 점과 나쁜 점을 구분해 비판적으로 계승하자는 것이다. 이들은 현재의 중국을 개발도상국이지만 개혁개방을 통해 발전할 수 있으리라 보면서, 사회주의는 인류가 구현해낸 체제 가운데 가장 선진적인 것이며, 중국은 예로부터 다른 민족의 문화를 수용하는 데 능하기에 중국에서 사회주의가 완성될 수 있다는 자신감에서 출발한다. 이들은 중국의 유교문화 중 좋은 부분을 되살리면서 서구 문화 중에서는 '과학'과 '민주'를 들여와야 한다고 생각한다. 이는 유교문화가 현대에 맞지 않는 부분이 많이 있지만 또한 훌륭한 문화 역시 많이 존재한다는 생각에 근거하고 있다. 그들은 중국 민족의 주체의식에 뿌리를 둔 그야말로 중국적 특성을 지닌 사회주의 물질문명과 정신문명을 내용으로 하는 사회주의 신문화 건설을 꿈꾼다. 비판계승론자들은 전통철학을 대하는 태도도, 어떠한 것이든 모순적인 양면이 있듯이 중국 문화에도 소극적인 것과 적극적인 것, 알맹이와 찌꺼기가 있다는 인식에 기반을 둔다. 중국이 오늘날 사회주의로 들어갔지만 경제가 뒤떨어진 모순이 나타나는데, 이러한 문제를 해결하기 위해서는 개혁과 개방을 실행하더라도 반드시 민족의 뛰어난 전통을 알아야 하고 또한 전통문화의 결함을 극복해야 한다고 주장한다. 또한 만약 민족의 뛰어난 전통을 부인하고 과거의 역사를 모두 찌꺼기라고 한다면 전진할 수 있는 기초를 잃게 되는 것이라고 하면서, 전통 특히 유교사상의 좋은 요소들을 찾아 비판적으로 계승 발전시켜야 한다고 주장한다.

다음으로 서체중용론의 입장을 살펴보면, 그들은 근현대의 역사는 불행하게도 전통에 가로막혀 더 이상 전진할 수 없다고 본다. 중국의 정치, 사회, 문화 전반에 흐르고 있는 문화심리 구조의 보수적 힘은 중국을 낙후된 봉건의식의 지배 아래 놓이게 했을 뿐만 아니라, 기술사회 구조에서의 발전을 제약하기도 했다. 따라서 중국은 상부구조나 토대에서 현대에 진입하지 못하고 전현대사회에 머무르고 있다. 서체중용론에서는 현대화란 '체(體)'의 변화로 인식되고, 체의 변화는 과학기술에 의해 주도되며, 과학기술은 생산력 발전과 직접 연결됨으로써 사회존재와 일상생활의 변화를 가져온다고 바라본다. 중체서용론에서는 서양의 과학기술을 '용(用)'으로 본 반면 서체중용론에서는 '체'로 본다는 점에서 정면으로 대립하는 관점으로 중국의 전통문화는 체가 아니라 용의 지위로 격하된다. 이러한 체용의 전도를 통해 그들은 중국 전통의 정치, 문화를 우선시하는 경향에서 경제를 우선시하는 방향으로 전환을 꾀한다.

마지막으로 전반서화론 또는 철저재건파의 입장을 살펴보면, 철저재건론자들은 대체로 인문사회과학과 자연과학의 분야에서 서방의 학문에 가장 먼저 접근했다는 점에서 중국의 낙후성을 가장 먼저 통감한 그룹이라고 볼 수 있다. 이들은 중국 이론계의 상황을 "철학의 빈곤, 역사학의 위기, 법학의 유치, 경제학의 혼란"으로 풍자하기도 한다. 철저재건론자들은 중국이 다양하게 정치제도를 바꾸어 왔고 특히 중화인민공화국이 생겨나 사회주의를 국가의 핵심 이념으로 하고 있지만 심층구조에는 유가사상이 강하게 남아 있다고 보면서 이를 타파해야 비로소 중국이 선진문명으로 갈 수 있다고 주장한다. 철저재건파는 중국의 전통문화를 근본적으로 개조해 철저하게 다시 건립해야 한다는 주장을 펴는 급진적 지식인 그룹을 의미하며 이들의 주장은 특히나 지식인, 학생들에게 많은 영향을 주고 있다. 이들은 문화를 하나의 유기적인 시스템으로 파악하며, 그러기에 문화의 개혁이 옛 시스템에서 새로운 시스템으로 통째로 이행하는 과격한 형태를 취해야 한다는 입장에 서 있다. 따라서 그들은 좋은 전통을 잘 가려서 보존하자는 주장에도 반대한다. 그들이 보기에 좋게 보이는 전통의 요소일지라도 그것은 유기적 시스템의 하나의 요소에 불과한 것이기 때문에 그것은 결코 분리되거나 따로 떨어뜨려 생각할 수 있는 것이 아니다. 따라서 그들은 전통인 중국 문화 특히 유교의 영향과 구조에서 벗어나야 한다는 결론을 내린다.

중국 공산당은 위에서 말한 4개의 유파들의 주장을 조절, 제한, 강화하는 현실적 주체이며 중국의 현실을 사회주의 초급 단계로 보고 있기에, 사회주의와 민족을 축으로 중국적 전통과 현대화를 변증법적으로 통일시키려 한다.[216] 이러한 입장은 비판계승론과 가장 가까울 수 있다. 당의 이론가들이 비판계승설을 긍정적으로 보고 지지하는 이유는 전통이라는 힘을 통해 서구 부르주아적 자유화의 위험을 경계하고 개혁과 개방의 속도를 조절하고자 하는 데 있다. 비단 유교부흥론뿐만 아니라 비판계승론, 서체중용론도 유교의 가치와 존재를 많은 부분 인정하며 그 역할에 큰 의미를 부여하지만, 철저재건론자들은 중국의 모든 곳에 유가적 유산이 철저하게 녹아 있기 때문에 그 근본부터 완전히 개혁해야 한다고 주장한다. 이는 역으로 말하자면 중국에 남아 있는 유가적 요소들이 강한 생명력을 가지고 여전히 중국 사회에 영향력을 미치고 있다는 말로 환원될 수도 있을 것이다. 시장경제, 자본주의의 발달에 있어서 유교의 역할론에는 위의 견해 말고도 많은 견해가 있을 수 있다. 어떠한 견해는 유교의 역할을 전면적이라 하기도 할 것이며, 또 어떤 견해는 유동적이고 도구적으로 보기도 할 것이다. 중국 사회에

---

216) 이상의 '비판계승론', '서체중용론', '철저재건론'의 입장은 한국철학사상연구회 논전사 분과의 같은 책, p. 14, p. 217, pp. 389~390, p. 19.

서 유교의 지위를 가늠하기란 쉽지 않은 일이다. 하지만 분명한 것은 중국에서 유교는 지금까지와 마찬가지로 현실로부터 분리되지 않은 채 계속 영향력을 미치며 논의와 연구의 대상이 될 것이라는 점이다.

3. 막스 베버의 유교가설과 현대 신유가의 유교자본주의

1980년대 후반기에 접어들면서 중국에서는 사회주의와 자본주의를 재인식하자는 움직임이 본격적으로 진행된다. 중국 사회의 자본주의에 대한 재인식 논의는, 자본주의의 장점인 생산력 제고에 필요한 이론적 기반을 긍정적으로 수용하고 더 나아가 자본주의 권역과의 교역과 공존 모색을 위한 이론적 정당화 과정의 일부분을 담당한다.

즉, 중국 사회에서 타이완·한국·일본·싱가포르 등 동아시아 신흥공업국(NICs)을 사회주의 현대화의 모델로 삼으려는 경향이 부각되면서 자본주의에 대한 재인식 논의가 활성화되고, 이 과정에서 재미 화교 학자인 청중잉(成中英)·위잉스(余英時)·뚜웨이밍(杜維明) 등이 주장한 유교자본주의 담론이 대륙 학계의 주요 관심사로 대두된다. 문화열 논쟁을 거치는 과정에서 영향력이 더욱 확장된 해외의 화교 학자 그룹은 유교의 현대적 계승을 강조하며 서구 문화 중심주의에서 탈피하자고 소리 높여 주장한다.

흔히 4세대 신유가 그룹이라고 불리는 이들 유교부흥론자들은 자본주의문화권에서 성장한 세대답게 유교자본주의론에 대한 각별한 애착을 지니고 동아시아의 경제발전에 대한 문화적 해석에 관심을 기울인다.[217] 이들이 제시한 유교자본주의 담론은 기본적으로 자본주의의 전제 하에 유학의 역할과 중요성을 강조한다는 점에서 유학부흥론의 연장선상에서 파악할 수 있다. 왜냐하면 1960년대와 70년대 일본 경제의 고도성장, 1970년대와 80년대 한국, 홍콩, 타이완, 싱가포르의 높은 경제 성장률로 인해 사회학자나 경제학자들은 유학부흥론에 주목하고, 그 고도 경제성장[218] 사례를 유교의 문화적 차원에서 규명하는 과정에서 흔히 '유교자본주의'라고 불리는 담론이 형성되었기 때문이다.

1970년대 유교문화권으로 불리는 동아시아 여러 나라의 비약적인 경제발전을 배경으로 한 유교자본주의 담론의 초기 성격은, 일찍이 중국은 유교와 도교 문화로 인해 자본주의가 발전할 수 없었다고 밝힌 베버(Weber)의 유교가설을[219] 반박하는 것으로부터 시작된다.

1) 막스 베버의 유교가설[220]

막스 베버(Max Weber, 1864~1920)는 중국이 자본주의를 발전시킬

---

217) 김홍경, 「유교자본주의론의 형성과 전개」, 『동아시아문화와 사상』 제2호, 열화당, 1999. p. 19.

218) 이후 유학부흥론자들과 유교자본주의를 주장한 이들은 '고도성장'을 '압축성장'이라는 용어로도 표현하는데 여기서는 일단 그들의 용어를 그대로 사용한다.

219) 베버는 이와 동일한 방식으로 종교(칼뱅의 프로테스탄티즘)라는 문화적인 요소와 자본주의라는 경제 질서 발전의 문제를 논했다. 즉, 그는 둘 사이의 직접적 인과관계를 설명하지 않지만 '자본주의 정신'의 배후로 종교적 요소를 지목하며, 그 사이에 하나의 매개를 설정하고 있는데 그것은 바로 '현세적 금욕주의'라는 윤리관으로 베버의 논증은 이들 간의 삼각관계에 기초한다. 베버는 가톨릭과 루터교가 그들이 가지고 있는 비합리적, 비개인주의적, 유기체론적 특성 때문에 그 종교적 교리들이 자본주의 정신을 창출하기 어렵다고 진단하고 자본주의 정신의 뿌리를 칼뱅의 프로테스탄티즘에서 찾는다. 이 글의 참고 번역서는 막스 베버 저, 박성수 역, 『프로테스탄티즘의 윤리와 자본주의 정신』, 문예출판사, 1996.

220) 현대 신유가 그룹의 유교자본주의론의 발생 배경을 이해하기 위해, 우선 유교자본주의 논의의 발단을 제공한 베버의 유교 테제를 고찰한 후, 다음 장에서 베버와 동일한 방법으로 다른 입장을 취하는 서구 유교 가설의 흐름과 이에 편승한 타이완 및 화교 학자들의 유교자본주의 대체적인 요지를 차례로 살펴본다.

수 있는 좋은 조건을 가지고 있었음에도 불구하고 그 가능성을 실현하지 못한 이유가 유교와 도교에 있다고 주장한다.[221]

첫째로 '중국인의 영리 충동의 비상한 발달과 강렬함, 그리고 주저하지 않음'은 다른 민족의 그것과 비교해서 손색없는 것이고, 둘째, '중국인의 근면과 노동 능력은 언제나 비길 데 없는 것'이고, 셋째, '상업의 이해관계자들의 길드 조직은 지구상 어느 나라보다 강력한 것이고 그들의 자율은 실제로 거의 무제한적이었으며', 넷째, '18세기 초 이후 중국의 인구는 엄청나게 증가'했다는 이상의 네 가지 조건을 막스 베버는 들면서, 이 조건은 중국이 자본주의를 발전시킬 수 있는 유리한 기회를 제공하는 것이라고 말한다.

그러나 그는 중국이 이러한 좋은 조건을 갖추고 있으면서도 '중국에는 경제의 합리적 사물화를 가진 자본주의 경영의 사회학적 기초와 법 형태가 결여되었고', 전통 중국 사회에서 자산축적은 '합리적 경제적 영리가 아닌 국내 정치적 약탈 자본주의'였다고 말한다. 또한 중국에서 '합리적 경영 자본주의'가 방해를 받은 것은 '형식적으로 보증된 법과 합리적 행정과 사법의 결여 때문이고 봉록화의 결과' 때문이며, 무엇보다도 '일정한 심정적 기초의 결여' 때문이라고 설명한다. 그리고 이러한 내용은 유교 관료층과 문사계급이 지닌 태도에서 비롯된 것으로 보면서, 베버는 중국 사회에 근대자본주의의 성장을 방해한 '주술의 동산', '실천적 합리주의', '문학적 교육주의', '가족주의적 효성'이라는 네 가지 특징을 밝힌 유교 테제를 제출한다.

---

221) 이하의 막스 베버가 생각한 중국이 자본주의를 실현하지 못한 네 가지 요인과 자본주의를 실현시킬 수 없었던 이유에 대해서는 전태국, 「막스 베버의 유교 테제와 한국 사회」, 『사회와 이론』 3, p. 53~44.

베버는 '주술의 동산'이란 테제를 통해, 유교는 일체의 형이상학을 결여하고 현세에의 적응만이 존재하는 '지성주의적 합리주의'의 특징을 지닌다고 규정한다. 그는, 중국의 유교에서 강력한 힘을 가진 사제층이 존재하지도 않았고 독자적인 구제설도, 독자적인 종교 세력에 의한 교육도 없었는데, 이러한 '종교를 경멸'하는 '지성주의적 합리주의'의 본질적 특징은 '예언의 결여'에서 비롯된 것이라고 말한다. 베버의 입장에서 보면 예언이란 '내부로부터 하나의 가치 척도에 대한 생활태도의 체계적 지향을 창조하는' 힘을 가지며, 이와 대비해 현세는 규범에 따라 윤리적으로 형성될 재료로 간주되는데, 유교는 이 예언이 없기 때문에 현세의 적응만이 존재하고, 유교의 이러한 현세적 특성은 서양의 프로테스탄티즘과[222] 완전히 대립하는 성격을 지닌다.[223] 예언

---

222) 베버는 프로테스탄티즘의 현세적 금욕주의와 자본주의 정신의 연결고리를 '목적의식적 실천의 무한성'과 '일차적 이윤에 대한 금욕적 태도' 차원에서 거론한다. '목적의식적 실천의 무한성'의 경우, 근대 자본주의 기업에서는 일회적 이윤창출에 만족하지 않고 이윤을 지속적이고 무한하게 창출하기를 희망하는데, 베버에 의하면 이러한 속성은 프로테스탄티즘의 소명관과 연관될 수 있다. 왜냐하면 이 교리에서는 특정 상황을 궁극적인 것으로 수용하거나 순응하지 않고 스스로가 현실에 역동적으로 개입함으로써 지배하고 개조하고자 하여 현실을 '끝이 열린' 실천의 장으로 보기 때문이다. '일차적 이윤에 대한 금욕적 태도'의 경우, 현세적 금욕주의자는 눈앞에 보이는 일차적 이익을 즉각 향유하지 않는 성향을 가지고 있는데, 베버가 보기에 이러한 성향은 기업가가 일차적으로 생긴 이윤을 자신의 욕구를 위해 소비하지 않고 자본의 증식을 위해 재투자하는 행동과 유사하다. 또한 베버는 현세적 금욕주의 윤리는 욕구를 체계적으로 조절해 사치성 소비를 억제하는 동시에 이윤추구를 조장하며, 이러한 태도가 자본축적에 유리한 태도라고 규정한다. 베버는 이러한 분석에서 두 이념형 사이에 존재하는 다원적이고 '유의미한 상응관계'에 의존하는데 둘의 관계를 '선택적 친화력의 관계'라고 말한다. 그리고 종교윤리는 '자본주의 정신'을 의도적으로 창출하지는 않고 오히려 상당 부분 '의도되지 않은' 결과라고 말한다.

223) "유교와 퓨리터니즘과의 대조는 분명하다. 이 둘의 윤리는 비합리적인 것에 근거하고 있다. 전자는 주술에, 후자는 초세속적인 신의 궁극적으로는 탐구하기 어려운 의지에 근거하고 있었다. 그러나 주술로부터는 전통의 불가침성이 결론으로 이끌어졌다. 왜냐하면 귀신의 분노를 피하고자 할 경우, 확실한 주술적 수단과 궁극적으로는 모든 전래된 형태의 생활 태도는 변경할 수 없기 때문이다. 이에 반해, 초세속적인 신과의 관계에서 그리고 피조물로서 타락된 윤리적으로 비합리적인 세계와의 관계에서는, 전통이 절대적으로 신성하지 않다는

의 결여로 인한 내세와의 긴장의 결여는 '현세적 지향'이라는 태도를
낳고 현세 지향적 유교에서 '주술의 동산'이 강력하게 보존됨으로써
유교의 현세 지향적 합리주의는 주술적 종교심에서 벗어나지 못한다.
따라서 유교문화에서는 현세의 장수, 건강, 부, 사후의 명예라는 덕목
만이 삶의 목표가 되고, 개인의 이해는 가족의 이해와 결합해 효(孝)가
궁극적인 가치로 자리한다.[224]

　다음으로, 베버는 '실천적 합리주의'라는 테제를 통해 유교가 기존
질서에 적응하는 특징을 설명한다. 즉 그는, "유교적 합리주의는 현세
에의 합리적 적응이었다. 퓨리턴적 합리주의는 현세를 합리적으로 지
배하는 것이었다."[225]고 정의하면서, '실천적 합리주의'는 군주의 입장

것과 주어진 세계를 윤리적으로 또 합리적으로 극복하고 지배하기 위해 종사한다고 하는 절
대적으로 무한한 임무, 즉 '진보'의 합리적인 몰두관성이 이끌려졌다. 따라서 유교에서의 세
계에의 적응은 퓨리터니즘에서의 세계의 합리적 개조라고 하는 임무와 대조를 이루었다. 유
교는 모든 면에 걸쳐 완성된 완벽한 세속인의 품위를 유지하기 위해 끊임없이 방심하지 않는
극기를 요구했으며 퓨리터니즘의 윤리는 신의 의지를 기준으로 한 태도의 체계적인 통일을
위해 끊임없이 방심하지 않는 극기를 요구했다." 막스 베버 저, 이상률 역, 『유교와 도교』, 문
예출판사, 1993. p. 341.

224)　이런 의식 속에서 원죄에 대한 의식이나 그로부터의 구원이라는 기독교적 윤리는 찾
아볼 수 없었고 오직 생활에서의 의식적 의례적 예절만이 자기완성의 목표로 자리 잡았다.
중국에서 유일하게 종교 행위로 간주될 수 있는 것은 제사인데 그것은 자신의 현세적 운명을
위한 것이지 내세적 운명을 위한 것은 아니다. 이러한 현세 지향적 유교에서 베버는 '주술의
동산'이 강력하게 보존되고 있음을 발견한다. 즉 유교의 현세 지향적 합리주의는 주술적 종
교심에서 벗어나지 못했다는 것이다. 또한 유교윤리의 담지자는 이러한 주술을 공박하는 것
을 자신의 권력을 위태롭게 하는 것으로 여긴다. 더구나 제사라는 형식 때문에 주술적 신앙
은 합법적으로 인정되었다. 베버는 이러한 상황은 '세계의 탈주술화(Entzauberug der Welt)'를
방해하는 작용을 한다고 지적하며, 이를 프로테스탄티즘의 합리주의와 비교한다. 즉, 유교는
주술을 긍정적 구제 의의를 건드리지 않은 채 내버려두지만 금욕적 프로테스탄티즘에서 주
술은 악마적인 것으로 간주되고 신의 명령에 따른 행위만이 종교적으로 가치 있는 것으로 인
식된다. 이로써 주술을 완벽히 배격하고 현세 내적 '직업'에 진력해 구원을 얻으려는 동기를
창출한다. 유교도 현세를 중시하며 합리주의적 유사성을 지니지만 이 합리성은 주술이라는
비합리성으로 귀결되어 프로테스탄티즘과 대립된다. 전태국, 「막스 베버의 유교 테제와 한국
사회」, p. 55~59 참조.

225)　위의 막스 베버 저, 이상률 역, 『유교와 도교』, p. 350.

에서 철저히 권력에 봉사하는 문사계급의 내재적 태도,[226] 평등의 지향과 이에 근거해 사회적 안정을 위한 소유 분배의 평등성을 강조한 국가의 경제정책,[227] 중국인의 극단적 물질주의에서 분명히 나타난다고 주장한다. 그리고 그가 제시한 또 하나의 실천적 합리주의의 형태는 영리 충동인데, 중국에서 부의 윤리적 가치에 대한 확신은 매우 강해 상거래에서 철저한 계산은 돈에 대한 높은 관심을 보여준다. 베버는 이러한 극단적인 물질주의가 중국 사회에 합리적 성격의 '방법적 거래 개념'을 발생시킬 수 없었다고 판단한다. 이에 따라 '영리충동, 부에 대한 높은 관심, 심지어는 배타적인 평가, 그리고 공리주의적 합리주의가 그 자체로서는 근대 자본주의와 아무런 관련이 없다는 점'을 중국을 통해 알 수 있다고 결론짓는다.[228]

---

226) 베버는 문사계급의 특징에 대해, 그들은 가산제적 군주에 대한 봉사와 밀접한 관계를 가지고 군주의 입장에서 철저히 권력에 봉사한다고 본다. 이러한 봉사 속에서 그들은 현행 행정의 '질서'라는 문제를 지향하는데, '관직'이라는 개념은 특히 관직 의무와 공공복지의 에토스(ethos)를 창출한 데서 실천적 합리주의를 명백히 보여준다. 이에 따라 베버는 유교가 세계에 대한 적응이었고 궁극적으로는 교육받은 세속인을 위한 정치적 준칙과 사회적 예절의 거대한 법전에 불과한 것이라고 규정한다. 이 실천적 합리주의의 정신 상태로 문사계급은 관료로서 충분히 그들의 삶을 누리고 그들의 윤리를 창출할 수 있었다는 것이다. 위 전태국의 같은 논문, p. 61 참조.

227) 국가의 경제정책에서는 행정적 수단으로 현세의 행복을 촉진하는 냉정한 정치적-실천적 합리주의를 구현한다. 베버에 의하면 유교는 경제정책적 조치를 권장한다. 공자의 경제정책적 견해는 독일 재정학자의 것과 일치했고, 무역균형론에 관한 글을 쓴 사마천은 상업을 통한 부의 이용을 강조한다. 이 정책의 강조와 대조적으로 유교에서 경제적 심정은 발전하지 않았다고 베버는 지적한다. 그는 유교의 경제적 심성을 다음과 같이 판단했다. 유교의 윤리는 퓨리터니즘의 그것과 달리 '시민적 생활방법'으로 발전되지 않았다. 유교에 바탕을 둔 경제정책은 평등을 지향하고 있어 사회적 안정을 위한 소유 분배의 평등성을 강조한다. 따라서 유교적 소유와 영리는 실천적 합목적성의 문제요 대중 부양을 위한 사회윤리적 배려의 문제였다. 이는 근대 서양의 형식적 법과 물질적 정의의 긴장에서 발생한 개인주의적 사회윤리의 문제가 아니었던 것이다. 즉 유가적 사유에서 재산은 보편적인 보급을 통한 사회 안정의 매개일 뿐이었다는 것이 베버의 판단이다. 위의 전태국의 같은 논문, p. 62 참조.

228) 위의 전태국의 같은 논문, p. 63.

또한 베버는 '문학적 교육주의'라는 테제를 통해, 중국의 교육이상은 문화인을 위한 신분교육으로써 글쓰기와 고전문학 학습을 통한 '교양 있는 사람에 적합한 사고방식'을 중시했다고 말한다.[229] 이러한 문학적 교육의 이상은 경제교육보다는[230] 품위나 우아함과 같은 '예절'이었고 조화로운 균형을 파괴하는 원천으로서의 정열을 억제한다. 그는, 관료도덕의 상업활동과 이윤추구에 대한 경멸은 생산적 투자의 부족을 야기한다는 점에서, 문학적 교육주의는 생산을 위한 투자보다는 소비에 지출하는 경향을 낳는 한 요소로서 자본주의 형성을 어렵게 만들었다고 주장한다.

---

229) 베버는 교육의 문학적 성격에 주목했다. 문학적 성격에서는 말하기보다는 쓰기와 읽기가 품위 있는 것으로 간주되었다. 이는 언어, 정의 내리기, 추론 등 교육의 상실, 논리학 훈련의 결여를 가져왔다고 베버는 판단한다. 그리고 '정신적 도구는 합리적 논증보다는 인디언 추장의 표현의 수단을 상기시키는 형태에 머물러 있었다.' 합리적 수단으로서 연설의 사용은 ……형식화된 재판을 갖고 있지 않은 관료제적 가산 국가에서는 발전될 수 없었다.'고 말한다. 이러한 심성은 문사집단뿐 아니라 전체 국민에게 적용될 수 있었다. 문학적 교육의 이상은 품위나 우아함과 같은 '예절'이었고 조화로운 균형을 파괴하는 원천으로서의 정열을 억제해야 했다. 베버는 유교윤리의 이러한 특성을 구제의 결여와 연관 지어 설명하고 그 원인을 개인의 '자기발전'에 있던 교육의 목표에서 찾는다. 위의 전태국의 같은 논문, p. 65~66 참조.

230) 베버는 교육을 '카리스마의 환기'와 '전문가적 전공교육의 중재'라는 두 유형으로 구분하는데, 전자는 지배의 카리스마적 구조와 일치하고 후자는 합리적 관료제적(근대적) 구조와 일치한다. 베버가 보기에 과거시험 체계를 가지고 있는 중국의 교육이상은 이 두 가지에 해당하지 않았으며, 거기에는 교육의 문학적 독서적 성격이 결정적 요소로 꼽힌다. 이러한 유교도에게 전문인은 사회적으로 높이 평가될 수 없었다. 왜냐하면 군자는 도구가 아니기(君子不器) 때문이다. 따라서 전문화, 근대적 전문 관료제와 전문교육 특히 경제 교육을 거부했다고 베버는 말한다. 위의 전태국의 같은 논문, p. 64~65 참조. 이러한 관료도덕의 또 다른 구성요소는 이윤 동기의 배척이었다. 유교적 관점에서 이는 사회적 불안의 원천으로 경멸당했고 '영혼의 평형과 조화가 영리의 모험에 의해 동요된다.'고 취급받았고 자기완성은 물질적 부 이상의 것이었다. 교양에서 발생한 덕이 없다면 그 지위와 관계없이 어떠한 일을 수행할 수도 없고 지위가 없다면 덕을 가졌더라도 어떠한 일을 할 수 없었다. 따라서 고귀한 사람은 부가 아닌 이 지위를 추구했다. 베버는 이러한 의식에서 지향한 수단은 바로 고전에 대한 문헌연구를 중심으로 한 끊임없는 학습이었다고 말한다. 또한 자신과 가족의 재산은 바로 이러한 교육을 위해 쓰여졌지 자본의 형태로 재투자되는 일은 일어날 수 없었다고 지적한다. 위 전태국의 같은 논문, p. 66 참조.

마지막으로 그는, '가족주의적 효성'이라는 테제를 통해서 가산제 국가의 기본 덕목이 씨족 결합의 강한 응징을 가능하게 한 효(孝)에 있음을 강조하고,[231] '가족주의적 효성'은 인격적 관계 사이의 의무 이외에 보편적 인간애와 같은 다른 사회적 의무에 대해서는 무지하다고[232] 말한다. 즉, 베버가 보기에 씨족제도는 도시의 발전을 방해했고, 씨족제에 기반한 가산제적 국가 구조는 교역 발전을 위한 조건인 행정과 사법의 합리적이고 계산 가능한 기능화의 발전을 방해하는데, 이러한 가산제 국가의 비합리성은 '합리적 경영자본주의'를 위한 정치적 기초의 출현을 방해했다고 말한다.[233]

위와 같이 막스 베버는 유교 테제를 통해 중국에서 자본주의가 발

---

231) 전통 중국에서 효는 부모, 교사, 관직 위계에서의 상급자, 황제에 대한 복종으로 이해되는데, 이 윤리의 목적은 모든 영역에서 규율의 전능함에 대한 믿음을 주입하는 것으로, 전통 중국에서 불순종은 저급한 심정보다 나쁜 것이고 이 가족주의적 효성이 중국인의 생활 태도에 가장 강한 영향을 준 힘으로써 씨족 결합의 강한 응집을 가능하게 하고 지배했다고, 베버는 말한다. 위의 전태국의 같은 논문, p. 68~69 참조.

232) 베버가 보기에 프로테스탄티즘적 윤리의 큰 업적은 씨족적 유대를 타파하고 가족과 같은 혈연 공동체에 대해서 신앙 공동체와 윤리적 생활 태도 공동체의 우위를 확립한 점이다. 그러나 가족주의적 효성은 언제 어디서나 주어진 질서를 통해 자신에게 가까이 있는 사람에 대한 효성이지 초세속적이거나 신성한 사물과 이념에 대한 효성이 아니기 때문에, 인간과 인간, 군주와 신하, 상급자와 하급자, 아버지와 형 및 동생, 선생과 학생, 친구와 친구라는 인격적 관계 사이의 의무 이외에 다른 사회적 의무에 대해서는 무지하다. 베버는 이러한 생각이 보편적 인간애를 배척한다고 보는데 그 근거로 묵자의 겸애를 아버지도 형제도 없는 동물적인 방식이라 비난한 맹자의 주장을 든다.

233) 가족주의적 효성은 정치적 경제적 단체로 확대되어 이러한 조직은 인격적 관계에 구속되어 순수하게 사물적으로 목적에 구속된 경제적 사회화 형태와 경영 형태를 결여하게 되었다고 베버는 지적한다. 가족주의적 효성은 경제적 마인드에서 '객관적 합리화의 한계'라는 심각한 결과를 초래했고 모든 정치·경제적 사회활동은 인격적 관계에 결부되어 합리적 사물화와 추상적인 초인격적 목적 단체의 성격을 결여하게 되었고, 따라서 법과 동의 대신 전통, 지방적 관습, 관료의 구체적 인격적 호의가 중심에 자리 잡게 되었다고 설명한다. 베버는 중국에서 '모든 거래 관계의 기초인 신용이 언제나 친척관계 또는 근친적인 순전히 인격적인 관계에 근거'하는 일이 강력하게 일어났기 때문에 그것은 '중대한 경제적 결과를 가져왔다'고 말한다. 위의 전태국의 같은 논문, p. 70~71 참조.

달할 수 없는 요인을 유교문화에서 찾는데, 이러한 그의 주장은 종교(칼뱅의 프로테스탄티즘)라는 문화적인 요소와 자본주의라는 경제 질서 간의 '선택적 친화력'의 문제를 규명해 사회 변화를 설명하는 방법의 동일한 연장선상에서 진행된다.

2) 베버의 유교가설에 대한 재평가 및 유교자본주의

1970년대에 동아시아의 경제가 비약적으로 성장하자 베버와 동일한 방법으로 다른 입장을[234] 취하는 흐름이 등장한다.[235] 1979년 허만 칸(Herman Kahn)은 동아시아 사회 모두 '유가후기문화' 지역에 속한다고 보고 유교윤리로서 동아시아 경제 기적의 수수께끼를 풀려고 했고, 피터 버거(Peter L. Berger)의 경우에도 역시 동아시아 경제발전의 중요한 문화적 요인으로 유교를 지목한다.[236]

칸(Kahn)은 유교윤리가 기업가 정신과 모순되는 점이 있음을 인정하면서도 유교문화의 집단주의는 근대사회의 두 가지 문제인 '형평성

---

234) 막스 베버는 프로테스탄티즘이나 퓨리터니즘이라는 개신교의 종교적 교리가 자본주의의 발전을 추동시킨 한 요인인 '자본주의 정신'과 친화력이 있음을 밝힌다. 유교 부흥을 강조하는 친문화보수주의적 논자들에게 중요한 것은 '유교가 자본주의 발전에 순기능을 하는가 아니면 역기능을 하는가?'에 대한 물음과 대답인데, 이들은 베버와 마찬가지로 유교라는 정신적 문화적 요소를 자본주의 발전 해석의 중요 키워드로 사용한다는 점에서, 관점은 다르지만 방법은 동일한 형상을 띤다.

235) 문화적 요소로 동아시아의 경제성장에 주목하기 이전에는 호프하인즈(Hofheinz)나 샘슨(Sampson)과 같은 서양의 경제학자들이 동아시아 경제 기적의 수수께끼를 푸는 것을 연구의 대상으로 삼기 시작했고, 힉스(Hicks)나 레딩(Redding) 등은 구조적 입장으로 동아시아의 경제성장을 파악해 안정된 정치 하에서 정부주도의 경제성장 정책이 경제성장을 가능케 했다고 설명한다. 홍원식, 「'유교자본주의'와 현대중국 – 현대 신유가와 '유교자본주의'비판」, 『시대와 철학』, 1992. p. 54.

236) 한국철학사상연구회 논전사분과, 『현대중국의 모색』, 동녘, 1992. p. 39.

과 효율성'의 문제를 해결하는 데 프로테스탄트 윤리를 능가하는 커다란 이점을 지닌다고 주장한다.[237] 즉, 그는 유교윤리가 산업화와 근대화의 촉진 작용(효용성)과 동시에 그로 인한 모순의 조절 작용(형평성)을 담당할 수 있다고 본다.[238] 칸은 유교 사회에서 가장 중요한 인간과 가족의 안전, 교육에 대한 높은 평가, 다양한 아카데믹하고 문화 관련적인 능력의 숙달에 대한 욕구, 과업, 직업, 가족, 책임에 대한 의무의식이 근대 자본주의에 적합한 사람을 낳았다는 점에서, 유교가 자본주의 발전에 기여했다고 말한다. 그는 또한 유교윤리가 충성, 헌신, 책임감을 발전시키므로 조직과 역할에 대한 동일시를 강화하게 되어 경제와 사회가 마찰 없이 작동하게 하고, 유교 정신에서 자란 사람은 권위를 존경하고 헌신적이며 조직에 충성하고 가족과 직업에 대한 의무를 의식하며 사람들 사이와 조직 내의 조화로운 관계를 중시하는 양질의 노동자가 될 것이라고 주장한다. 또한 유교에서 중요시하는 교육은 사람을 존중하는 상징이 되어 가족의 부를 집합적으로 공고화하는 수단으로서 자유로운 사회이동을 가능하게 한다고 덧붙인다. 이에 근거해 칸은 유교윤리에 기초한 사회는 근대 자본주의를 추구함에 있어서 서구보다 우월하다는 결론을 내리는데, 이러한 칸의 주장을 '유교가설'이라 부른다.[239]

또한, 버거(Berger)의 경우 그는 본격적으로 유교를 동아시아 경제 성장의 중요한 문화적 요인으로 지적한 인물인데, 그는 근대화를 서구

---

237) 유용태, 「집단주의는 아시아 문화인가 - 유교자본주의론 비판」, 『경제와 사회』, 2001. p. 263.

238) 유용태, 같은 논문, p. 263.

239) 위의 전태국, 「막스 베버의 유교 테제와 한국 사회」, p. 73.

의 일반적 유형과 동아시아의 특수한 유형으로 분류한 후 서구 근대화의 문화적 요인을 기독교로 동아시아 근대화의 문화적 요인을 유교로 볼 수 있다고 주장한다. 그는 유교윤리를 사대부의 윤리와 일반 인민의 노동윤리로 구분한 후 후자의 의식에 주목하면서, 심화된 계층의식과 가정에 대한 무조건적 희생, 규율과 절약정신 등 소위 '통속화된 유교사상'의 요소들이 생산력을 극대화시키는 노동윤리가 되었고, 또 한편으로 화해를 중시하는 유교규범이 현대의 산업제도 속에 깊이 스며들었다고 말한다.[240]

이와 같이 서양학자들이 유교를 바탕으로 동아시아의 경제성장에 대한 문화적 해석을 내놓자 동아시아의 일부 학자들은 이들 주장에 편승해 유교자본주의 담론을 본격화시킨다. 즉, 중국에서 자본주의가 발생하지 못한 원인을 주로 유교에서 찾고 그것을 사회발전의 걸림돌로 보는 베버 연구가 근대성에 대한 서구 중심적인 시각이라는 평가들은, 아시아적 가치에 애정을 표하고 집착하는 문화보수주의적 논자들을 자극하기에 충분했다. 유교자본주의를 포함한 유교를 옹호하는 문화보수주의적 논자들은 베버의 유교가설을 당연히 첫 번째 비판의 대상으로 삼는다. 특히 1970년대 말기부터 진행된 동아시아 국가들의

---

240) 위의 홍원식, 「'유교자본주의'와 현대중국 – 현대 신유가와 '유교자본주의'비판」, p. 54. 이 밖의 주장을 간략히 살펴보면, 맥팔콰르(Roderick MacFarquhar)는 산업화 개척시기에 서양의 개인주의가 적합한 윤리라면 대량 산업화 시대에는 유교의 집산주의(collectivism)가 그보다 더 적합할 수도 있다고 판단하였고, 보겔(Ezra F. Vogel)은 포스트 유교와 유사한 개념으로 '산업적 신유교주의'를 제시했으며, 타이(Tai, Hung-Chao)는 동아시아의 경제성장을 설명하는 새로운 모델로서 조화를 중심으로 하는 가족 관계를 중시하는 '정서적 모델'을 제시했다고 보았으며, 레비(Levy, Marion Jr)는 동아시아의 경제성장은 온정주의적이면서도 근대적 조합주의적 성격을 나타내는 강한 국가와 가족주의에서 유래하는 집단주의 의식이 물질적 번영을 추구하는 현세 지향적 종교적 금욕주의와 결합한 특징을 가지고, 그 과정에서 유교가 긍정적 역할을 했다고 주장한다. 이상 이철승, 「유교자본주의론의 논리구조문제」, 『"화혼양재와 한국근대" 최종발표회』 2005. pp. 140~141.

경제성장은 유교가 옹호하는 문화보수주의적 논자들이 베버의 유교 테제를 정면으로 반박하는 구실을 제공하고, 그들에 의해 유교는 이제 자본주의의 성장을 방해하는 걸림돌이 아닌 성능 좋은 디딤돌로 변모한다. 또한 근대화에 걸림돌이 되어 청산해야 하는 낡은 것으로 치부되던 유교가 현대사회에 유용한 가치체계가 될 수 있다는 담론은 일종의 '유교 르네상스'적 흐름과도 자연스럽게 연결된다.

서양학자들로 시작된 유교자본주의는 미국 등지의 화교 학자에게 먼저 받아들여지고 이후 많은 학자들의 호응을 받는다. 동아시아 문화 담론에서 한동안 이들의 논의는 꾸준히 확대 재생산되는데 그 결정적인 배경은 앞서 밝혔듯이 동아시아의 경제성장이다. 이것은 마치 막스 베버가 유럽의 자본주의 발달에서 '프로테스탄트의 금욕 윤리'와 '자본주의의 정신'을 상호 긴밀한 관계로 해명하듯이,[241] 유교 자본주

---

241) 막스 베버, 『프로테스탄티즘의 윤리와 자본주의 정신』, 종로서적출판사, 1988. pp. 126~137. 베버의 이론에 대해 앤서니 기든스(Anthony Giddens)는 다양한 층차로 비판한다. 첫째, 프로테스탄티즘에 대한 베버의 규정은 잘못이다. 이 견해에 따르면 베버의 종교개혁에 대한 접근이나 청교도 분파 특히 프로테스탄티즘에 대한 해석은 문제가 있다. 루터는 '소명' 개념을 도입한 적이 없는데 베버는 루터가 그 이전의 성서 해석과는 달리 이 개념을 도입해 상정하는 실수를 범하고 있다고 지적한다. 또한 칼뱅의 프로테스탄티즘이 부의 축적을 신성화하기보다는 오히려 '반자본주의적'이었다는 이견이 제시된다. 이 밖에도 베버가 청교도주의나 프로테스탄티즘 윤리의 핵심으로 제시하는 벤자민 프랭클린 사상을 해석한 부분도 수용 불가하다는 의견이 있다. 베버는 그의 테제의 중요한 사례로 퓨리터니즘이 미국의 사업활동에 끼친 영향을 거론하는데 이러한 비판이 맞다면 베버의 분석은 타당성을 잃게 될 것이다. 둘째, 베버는 가톨릭의 교리를 잘못 해석했다. 비판자들은 베버가 가톨릭과 프로테스탄티즘 사이의 경제활동과 관련된 가치의 차이에 주목했음에도 가톨릭을 상세히 연구하지 않았다고 비판한다. 그들은 중세 이후 가톨릭은 '자본주의 정신'에 부합하는 요소들을 포함하고 종교개혁은 오히려 그 정신에 대한 반동으로 간주될 수 있다고 주장하며 베버의 프로테스탄티즘과 자본주의의 친화성이라는 주장을 비판하고 있다. 셋째, 프로테스탄티즘과 근대 자본주의의 연관성에 대한 베버의 진술은 불충분하고 부정확한 경험적 자료에 근거하고 있다. 일반적 비판자들은 베버가 활용한 자료는 주로 앵글로-섹슨 쪽 자료이기에 16~7세기의 라인란트, 네덜란드, 스위스 등의 경제발전에 대한 조사는 프로테스탄티즘과 자본주의 경영 간에 밀접한 연관성이 있다는 것을 보여주지 못한다고 한다. 그리고 베버가 언급한 유일한 수적 분석은 1895년 바덴에서의 가톨릭과 프로테스탄트의 경제활동에 관한 연구뿐인데 이것의

의론자들 역시 동아시아의 경제성장에 유교의 금욕과 근면 윤리 그리고 높은 교육열 등과 같은 유교전통의 문화가 결정적인 역할을 담당한 것이라고 주장한다. 물론 유교에 대한 베버의 부정적 해석이 중국에서 자본주의가 발달할 수 없다는 것을 입증했던 것과 달리, 유교자본주의는 동아시아 자본주의 발달에 유교가 중요한 역할을 한 것으로 파악한 데서 차이가 난다. 그러나 적어도 경제성장이나 자본주의 발달에 문화 특히 기독교나 유교와 같은 문화의 중요성을 강조한 점에서는 서로 비슷한 방법론적 기반을 공유한다.

또한 유교자본주의론의 정의에 대해, 동아시아의 자본주의 발전을 설명하기 위해 문화적 요청의 일환으로 유교문화를 설명한 입장은 '넓은 의미'의 유교자본주의론으로, 중국의 유교자본주의론을 '좁은 의미'의 유교자본주의론으로 구분하기도 한다.[242] 그렇다면 여기서 말

정확성도 의심스럽다는 비판도 존재한다. 넷째, 베버가 근대 혹은 '합리적' 자본주의와 그에 선행하는 유형의 자본주의적 활동 사이에서 보려 했던 날카로운 대비는 정당화될 수 없다. 여기서는 베버가 '근대 자본주의'라는 개념을 왜곡시켜서 자신이 포착한 퓨리터니즘의 여러 요소에 맞추었다고 지적한다. 또한 베버가 말하는 '자본주의 정신'이라는 것은 상당 부분 이전 시기에도 있었다는 지적도 존재한다. 토니(R. Tawney)는 루터교와 이후 프로테스탄티즘 분파들 간의 차별화를 수용하지만 퓨리터니즘의 진화를 규정하는 것은 그에 선행하는 '자본주의 정신'의 발전이지 그 역은 아니라고 주장한다. 다섯째, 베버는 퓨리터니즘과 근대 자본주의 간의 인과관계의 성격을 잘못 파악했다. 앞에서 살펴본 비판자들 중 많은 저자들은 둘 사이에 아무런 인과관계도 없다는 결론을 내린다. 이 점에서 논점은 역사적 방법이라는 문제와 관련된 문제, 나아가 역사에서 인과분석의 가능성 자체에 대한 문제로 확대된다. 마르크스주의자들은 베버의 관점을 '다원론적' 관점이라 거부하며, 다른 이들은 베버가 말하는 퓨리터니즘을 그 이전에 확립된 경제적 변화의 부수현상으로 간주하면서 '프로테스탄티즘 윤리'를 재해석하려 했다. 어떤 이들은 베버의 마르크스주의자와 다른 논리로 방법적 틀을 거부하고 이를 통해 자본주의 정신의 기원에 관한 베버의 설명에 영향을 준다는 점을 보이려 했다. 이러한 비판들이 모두 그르거나 일관성을 지니면서도 옳다고는 볼 수 없으나 이들에게서 베버의 주장에서 명백히 의문시되는 점을 찾을 수 있다. 그것은 루터교에서 '소명' 개념의 독특성, 가톨릭과 규칙화된 경영활동 간의 '친화성'이라는 주장, 테제의 핵심인 프로테스탄티즘 윤리가 현실적으로 베버가 상정한 방식으로 부의 축적을 존중했던 데 기여한 정도로 꼽을 수 있다. 이상 막스 베버 저, 박성수 역, 앞의 책, pp. 297~300.

하는 '좁은 의미'란 무엇인가? 간단히 말하면 유교를 부흥해야 한다는 자각적 목적의식을 소유함을 가리킨다. 이 입장은 유교를 사회의 한 현상을 설명하기 위한 수단이 아니라 앞날을 위해 되살리고 발전시켜야 할 전통이자 근본적 가치로 간주하는 일종의 문화적 자기정립의 성격을 강하게 내비춘다. 이러한 이론을 대표하는 이들은 주로 뚜웨이밍(杜維明), 청중잉(成中英), 위잉스(余英時), 류수시엔(劉述先), 진야오지(金耀基, Ambrose Y. K. King) 등 미국이나 홍콩 등 해외에서 활동하는 중국 출신의 화교 학자들이다. 그들은 공통적으로 유교와 자본주의 양자를 모두 긍정적으로 인정한다는 전제 하에서 유교가 현대사회 발전에 기여할 수 있다고 간주하고, 절실한 현재적 과제로 유교를 현대문명과 조화시키는 방안, 즉 '유교의 현대화'를 제시한다. 특히 이른바 4세대 신유가로 불리는 이들의 유교와 자본주의에 관한 이론은 계보상으로 유교를 서구 사상과의 이론적 접목을 통해 재해석해내어 이에 생명력을 부여하려고 한 현대 신유학의 흐름 속에서 파악이 가능하다.

그 가운데에서도 뚜웨이밍은 유교의 역할을 중국의 근대화 문제와 관련지어 논의하는 흐름을 형성하는 데 선도적 역할을 한다. 미국에서 활동하던 그는 1984년 중국의 문화서원(文化書院)의 초청을 받아 베이징에 체류하면서 중국 내에서 유교적 전통의 현대적 계승을 주장한다. 이 시기에는 문화서원과 더불어 공자기금회(孔子基金會)가 설립되어 전통과 근대의 관계에 관한 중국 내의 논쟁인 '문화열'의 조건이 형성되는데, 이때 뚜웨이밍 등 해외 출신 학자들은 유교적 전통의 계승을 주장하면서 논쟁 대열에 동참한다. 또 한편으로 중국 사회의 이러한 흐

---

242) 이하 '좁은 의미'의 유교자본주의론에 관련한 내용들은 홍원식, 앞의 글, 「'유교문화권'과 자본주의의 발달」, pp. 216~217.

름은 국내적으로 1978년의 제11기 3중 전회 이후의 개혁개방, 세계 적으로 사이드(Edward W. Said)의 『오리엔탈리즘』에서 드러나는 서구 중심주의에 대한 반발과 문화다원주의의 등장의 영향을 받은 것이기 도 하다.[243]

뚜웨이밍은 한편으로 '정치 중국'이나 '경제 중국'과 다른 '문화 중 국'의 중요성을 강조하고,[244] 1983년 「유가윤리와 동방 기업정신은 유 관한가」라는 글에서 버거(Berger)의 견해를 소개하는 가운데 '문화 중 국'의 중요성에 대한 관심을 표명한다. 그는 또한 다음 해에 발표한 「동아시아와 유가정신」이라는 글에서 교육의 중시, 정부와 기업의 유 착, 혈연·지연·학연의 작용, 저축열, 도덕적 인간관계 등을 서양의 고 전적 자본주의와 구별되는 동아시아 공업문명의 특징이라고 설명하 면서, 정치나 경제 차원과는 다른 '문화 중국'의 중요성을 강조하며 유 교의 위상을 높이고자 했다.

또한 위잉스는 전통시대 유교와 상행위의 관계를 탐구한 「중국 근세 종교윤리와 상인정신」에서 청나라 때 상인들의 의식 속에 유교윤리가 깊게 자리하고 있음을 논증하고, 청중잉은 과거의 요소를 탐구하는 경 향에서 탈피해서 더욱 적극적으로 유가적 산업사회 건립을 주장한다. 그는 「공업화와 윤리화의 병행을 논함」이라는 글에서 제2차 세계대전 후 동아시아 몇몇 국가의 산업화와 경제발전은 단순히 과학기술에서 만 기인한 것이 아니라 사회의식에 상응하는 가치인식에 더 기초를 둔 다고 해석한다. 그리고 기업윤리에 초점을 맞추면서 대내적으로 자본

---

243) 김홍경, 앞의 글, p. 19.

244) 杜維明, 「培育'文化中國'」, 『崩離與整合－當代智者對話』, 東方出版中心, 1999. pp. 1~3.

가와 노동자 쌍방의 공동 인식과 윤리적 관계를, 대외적으로 기업의 정부, 환경, 소비자, 기타 사업, 자신의 발전에 대한 덕목 등을 제시한다. 그는 유가윤리와 산업사회를 결합시켜 산업사회에서 발생하는 윤리적 문제를 해결하고 사회발전에 기여하는 것이 지식인의 사명이라 주장하며 사회 전체를 유가적 윤리질서로 재편하자는 주장을 제시한다.[245] 즉, 그는 전통 유교사상을 현대적으로 재해석한 유교와 자본주의의 접목을 통해 현대 자본주의 사회를 윤리적으로 재조직하려고 했다.[246]

이 밖에 홍콩에서 활동하는 사회학자 진야오지는 문화열에서 유교자본주의에 대한 발언을 많이 한 인물로 동아시아에 대한 서양의 문화적 해석의 가치를 긍정하는 입장을 견지한다. 그런데 그는 유교문화를 근본으로 하는 새로운 문명건설을 지향하지는 않고 과거와 현재의 유교를 구분한다. 또한 홍콩의 유교문화인 가족주의를 홍콩인의 도구적 이성주의에 입각한 선택의 결과물이라는 견해를 내놓는다.[247]

그런데 중국의 '문화열' 속에서 유학부흥론의 경우 활발히 논의되지만 유교자본주의론에 대해서는 1980년대까지 중국 사회에서 큰 관심을 끌지 못한다. 왜냐하면 중국은 자본주의 경제가 크게 발달하지 못한 탓에 자본주의와 유교의 관계에 대한 논의가 내부의 구성원에 의해 주도적으로 이루어질 수 없었고, 이 때문에 유교자본주의에 대한 담론은 주로 자본주의를 경험한 해외 화교 학자들에 의해 주도된다. 또한 유교자본주의론이 동아시아 신흥공업국(NICs)의 고도 경제성장

---

245) 앞의 홍원식, 「'유교문화권'과 자본주의의 발달」, pp. 228~230.

246) 김홍경, 앞의 글, pp. 19~20. 김요기, 김홍경 역, 「유가윤리와 경제발전 – 베버학설의 새로운 탐색」, 『현대중국의 모색』, 1992. pp. 114~138.

247) 김홍경, 앞의 글, pp. 19~20. 김요기, 김홍경 역의 앞의 글, pp. 114~138.

을 배경으로 유행했다는 점에서 중국 사회의 물질적 조건의 부재는 유교자본주의 논의에 대한 현실적 설득력을 제한할 수밖에 없었다.

즉, 서양이나 일본 학자들이 동아시아 특정 국가의 경제적 성장 현상을 문화적 코드에 의해 설명하는 과정에서 유교자본주의론을 유행시킨 반면, 중국 사회는 당시 그러한 조건을 만족시킬 수 없는 경제 상황에 이르지 못했고, 무엇보다도 중국 공산당이 주도적으로 개혁개방을 추진한다고 해도 중국의 사회주의 체제는 자본주의 논의에 대한 일정한 거리감과 거부감이 존재할 수밖에 없었다. 또한 결정적으로 1997년 한국에서 발생한 경제위기는 동아시아의 유교자본주의론이 지니는 현실적 설득력을 잃게 할 수밖에 없었다. 뿐만 아니라 유교자본주의론 자체가 자본주의의 경제적 생산 양식과 유교문화와의 선택적 친화력이라는, 곧 현실의 결과에 따라 얼마든지 해석과 평가를 달리 할 수 있는 현상 추수적인 논리라는 한계를 지니고 있기 때문이기도 하다. 이는 한국에서도 1997년 이후 유교자본주의 논의가 수입된 후 얼마 못 가서 그 논리적 설득력을 잃자 유학부흥론자들이 '유교자본주의'를 옹호하는 입장에서 방향을 선회해 '아시아적 가치'나 '유교 민주주의'로 관심을 돌린 데서도[248] 확인된다. 그리고 현재 중국 공산당의 주요 관심사는, '아시아적 가치'가 아닌 '중국적 가치', '유교 민주주의'를 포함한 '민주주의'보다는 여전히 경제성장으로 인한 사회적 제 문제를 해결할 수 있는 사회통합방안에 있다. 이는 1989년 천안문 민주화 운동 이후 중국 공산당이 한편으로 개혁개방을 지속적으로 추진하면서 다른 한편으로는 '국학'이란 이름 하에 유교연구를 지원하는

---

248) '아시아적 가치'와 '유교 민주주의'에 대해서는, 김대중 외, 『아시아적 가치』, 전통과 현대, 1999. 함재봉, 『유교 자본주의 민주주의』, 전통과 현대, 2000.

것을 통해서 알 수 있다.

즉, 중국 공산당의 입장에서 유교는 한편으로 대외적으로 화교의 자본력을 유인하기 위한 훌륭한 문화 수단이면서도 대내적으로는 성장 과정에서 발생하는 사회적 모순을 중화주의의 민족의식 코드로 희석시키는 수단으로 인식하려는 경향이 있다. 무엇보다 향후 중국인의 문화적 자존심은 중국의 경제성장에 편승해 중국을 대표하고 부흥시킬 수 있는 문화적 코드로서 유교부흥을 내세울 가능성은 농후하다. 이는 현재 중국 사회 한편에서는 중화주의가 날로 부각되고 한 차례의 국학붐을 겪은 후 중국적 전통에 대한 학문적 작업이 점증함에 따라 유교가 정치적 차원에서 논의되는 것을 통해서도 확인된다.[249] 현재 중국은 '사회주의 시장경제'를 통해 유교자본주의론이 제기되던 1980년대 초반과 비교도 안 될 규모로 경제성장을 달성함과 동시에 그에 비례하는 사회적 제 문제를 동반한다는 점에서, 중국 공산당의 실용주의적 관점을 고려할 때 중국 공산당에 의해 사회주의국가의 경제성장과 중화주의에 입각한 유교의 관계를 조명하는 문화담론이 언제든 새롭게 부각될 가능성도 있다는 것을 충분히 예상할 수 있다. 이는 사실상 중국 공산당이 21세기에 들어서 이전 1990년대의 국학 열기에 불을 더욱 지펴 현재 유학열(儒學熱)의 분위기를 조성하는 것을 통해서도 확인된다.

---

249) 한때 중국의 위엔따오(原道) 그룹은 유가적 정치가 개혁개방의 중국에 필요한 요소라고 강력히 주장하면서, 국회의 구성원으로 유교적 소양을 지닌 자들을 포함시키자는 정치적 견해를 내놓기도 한다.

4. 중국 특색의 사회주의와 유교문화의 위상

1) 중국의 경제성장이 낳은 사회적 문제와 대동(大同)사회의 이상

중국의 개혁개방 정책은 1997년 덩샤오핑이 사망한 이후에도 장쩌민과 후진타오로 이어지는 권력 구조에서 계속 추진되는 기본정책이다.[250] 중국 경제는 1980년대 세계경제사상 초유로 연평균 8.6%의 고속성장을 하고, 남순강화 이후 1990년대에는 10% 이상의 성장이 지속됨으로써 1990년부터 2002년까지 중국의 국내총생산은 34.6%나 증가하고, 세계경제에서 중국 경제가 차지하는 비중이 1990년의 1.9%에서 2003년에는 4.0%로, 2002년의 8.0%, 2003년에는 연간 9.1%의 경제성장을 하고 있는 등 2001~2003년간 평균 8.2%의 높은 성장률을 기록한다.[251] 현재 중국의 경제발전에 대한 다양한 견해가 존재하지만[252] 대체로 중국 경제가 이전과 같은 급속한 수준은 아니더라도 당분간 일정 수준의 발전이 지속될 것이라고 예측한다.

---

250) 2002년 장쩌민이 발표한 '3개대표론(三個代表論: 중국 공산당이 첫째, 선진적 사회생산력의 발전 방향, 둘째, 선진문화의 전진 방향을 제시하며 셋째, 최다인민의 전체 이익을 대표한다)'은 사실상 덩샤오핑의 생산력 중심론의 골자와 크게 다르지 않은데, 2004년 3월 열린 제10기 전국인민대표대회는 이 이론을 수정헌법에 지도사상으로 포함시킨다.

251) 홍인기,『최근 중국 경제와 세계화·정보화』, 전영사, 2004. p. 33.

252) 미래에도 중국 경제가 빠르게 성장할 것이라는 예측은 많은데, 미국의 랜드 코퍼레이션(Rand Corporation)의 예측에 의하면 2010년에는 중국의 GDP는 8조 달러에 달하여 미국과 일본을 능가하게 된다고 하며, 호주 외교통상부의 추측에 따르면 2015년경에는 중국 경제의 총규모가 미국을 능가해 세계 최대가 된다고 하며, 중국의 발전에 대하여 좀 더 조심스러운 입장을 취하고 있는 기관에서도 21세기 전반기 안에는 세계 최대 규모의 경제가 될 것이라는 예측을 하고 있다. 린이푸 외, 한동훈 옮김,『중국의 발전과 개혁전략』, 백산서당, 2001. pp. 33~34.

그러나 일본 유엔대학 세계경제개발 연구소에 따르면 2006년을 기준으로 지니계수가 0.47에 이를 정도로 중국의 양극화 현상은 심각한 수준에 이르렀다. 이러한 실정은 현재 중국의 경제성장이 엄청난 빈부격차를 전제로 한 것임을 보여주는데, 이는 덩샤오핑의 '흑묘백묘(黑猫白猫)'에 입각한 '선부론(先富論)'이 초래한 성장지상주의의 결과로 이해할 수 있다. 중국 공산당은 이 문제의 심각성을 인정하고 2004년 10월 중국 공산당 16기 제5차 중앙위원회에서 제11차 5개년 계획구호는 '균부론(均富論)'으로 바뀐다.[253]

즉, 후진타오는 집권한 후 '과학적 사회주의'를 표방하며 2004년 당시 이전에 덩샤오핑이 밝힌 소강사회에 이미 진입했다고 선언함으로써 중국 사회가 더 높은 사회적 목표를 지향해 나아갈 것임을 강조한다. 이는 일면에서는 생산력 발전이 모든 사고와 실천의 판단기준이 되어야 한다는 기존의 덩샤오핑 노선의 일부 수정을 의미한다. 그러나 중국 공산당이 2004년 균부론의 노선을 견지하더라도 이것이 곧 균부(均富)를 전면화한 대동(大同)사회에 진입했음을 의미하는 것은 아니다. 후진타오의 '과학적 사회주의' 선언에 내재한 균부의식은 덩샤오핑 이래로 중국 사회를 유혹한 성장 지상주의에 대한 높은 기대감이 현 중국 사회의 양극화 현상을 쉽사리 해소하기에 더욱 힘든 상태로 몰아간다는 위기의식에서 비롯한 것이라고 판단된다.

현대 중국의 역사가 보여주듯 내부적으로 중국 사회에서 평등을 앞세운 또 다른 사회민주주의를 추구하는 세력들이 확장될 수 있다는 가능성을 예상할 수도 있다. 그러나 반면에 최근 중국 사회에서 폭발

---

253) 과학적 사회주의를 표방한 후진타오는 2004년 9월에 중국 공산당 16기 4중 전회에서 사회주의의 조화로운 사회 건설(社會主義和諧社會建設) 능력의 향상을 당의 지도이념으로 발표한다.

적으로 성장하는 자본가 계급의 사회정치적 지배력의 확장 가능성을 예상할 수도 있다. 또한 현재 중국 사회가 현상적으로 안정적 국면을 유지하는 것이 중국 특색의 사회주의 4대 원칙 중 현재 유지되는 '공산당의 영도적 지위'에서 비롯한 것임을 고려할 때, 중국 공산당에 뿌리 깊이 박힌 실용주의 성격의 향후 내용과 형식의 변화가 중국 사회의 미래를 결정할 것으로 보인다.

즉, 생산력 발전이 모든 사고와 실천의 판단기준이 되어야 한다는 기존의 덩샤오핑 노선의 문제가 현실로 드러난 사례로 1989년 6·4 천안문 민주화 운동을[254] 들 수 있다. 천안문 민주화운동은 10년간 추진한 중국의 개혁개방 정책이 지닌 문제점들이 한꺼번에 폭발하는 양상을 띠며 전개되는데,[255] 민주주의 요구에 대한 가장 큰 이유는 개혁개방에 따른 '빈익빈 부익부'의 사회적 양극화 현상에 있었다. 이를

---

254) 1989년 6월 4일 발생한 천안문 민주화 운동의 직접적인 계기는 4월 15일 후야오방(胡耀邦, 1915~1989)이 심장마비로 갑작스럽게 죽자 추모하기 위해 4월 17일 대학생들이 모인 것에서 비롯된다. 천안문 추모 집회에 모인 사람들은 한편으로 후야오방을 추모하고, 다른 한편으로 정부 내의 부패와 관계 중심의 연고주의의 종식, 정책 결정에서 더 많은 민주적 참여, 그리고 대학 환경의 개선 등을 중국 정부에 요구한다. 학생들은 요구가 받아들여지지 않자 4월 24일 동맹휴학 및 5월 4일 시위행진과 단식농성을 불사하며 덩샤오핑과 리펑(李鵬, 1928~)의 사임을 촉구한다. 이후 리펑과 학생들의 대화가 결렬되고 5월 17일과 18일에 시위에 참여한 사람이 100만 명을 넘어서자 위기의식을 느낀 리펑 국무원 총리와 국가주석 양상쿤(楊尙昆, 1907~1998)은 5월 20일 계엄령을 선포한다. 그러나 계엄군이 시위대의 저항으로 천안문 광장을 통제하는 데 실패하자 6월 3일 밤늦게 양상쿤 주석의 친척이 사령관인 제27군과 덩샤오핑 지지 부대가 광장에 있던 시위대에 무차별 발포를 함으로써 6월 4일 천안문 광장을 봉쇄한다. 이 과정에서 약 700명이 사망하고 다친 사람이 수천 명에 이르렀다. 천안문 민주화 운동 전반에 대해서는, 나카지마 미네오, 『중국의 비극』, 강표 역, 인간사, 1989.

255) 중국의 개혁개방 정책 이후 민주주의에 대한 요구는, 1979년 인민의 경제적 '가난' 문제가 민주주의를 통해 해결될 수 있다고 본 베이징 홍위병 출신인 웨이징성(魏京生)이 제5의 현대화로 민주주의를 요구한 데서 비롯해, 1986년 대학생들의 민주화 요구로 이어지고, 1989년 천안문 민주화 운동에서 집약적으로 표출된다.

비판하며 민주화 운동 초기에 대학생들은[256] 공산당 속에 뿌리 깊은 관계 중심의 연고주의를 청산할 수 있는 민주주의의 실현을 요구한다.[257] 이는 덩샤오핑 이래로 중국 사회에 자리한 성장지상주의의 이면에는 자본주의 사회가 겪고 낳은 유사한 성격의 문제들뿐만 아니라 '중국 특색'으로부터 말미암은 문제들도 또한 지속적으로 누적되고 있었음을 보여준다.

부연하면, 앞에서 언급한 중국 경제에 대한 보랏빛 전망과 예측에도 불구하고 덩샤오핑 이래로 중국 사회에 자리한 성장지상주의의 이면에는, 선부론(先富論)으로 인한 새로운 형태의 자본가 계급의 출현과 이윤 지상주의의 유행, 자본가와 노동자의 계급 대립의 격화, 계획경제의 붕괴 가능성 등은 물론, 정치적 민주화와 소수민족 문제, 도시와 농촌의 경제격차, 연해와 내륙의 경제격차, 공산당 상부계층과 기득권층의 부패의 심화, 국유기업 적자폭의 지속적인 심화 등의 문제들이, 중국 사회의 경제성장과 더불어 누적되어 왔음을 의미한다. 중국 사회가 해결해야 할 수많은 고민과 문제 양산은 궁극적으로 종국에는 중국 사회의 이념적 갈등과 정치적 통합성의 약화로 이어지게 될 것이고, 이로 인한 공산주의사상의 퇴조와 그에 따른 가치관의 혼란, 그리고 중국 공산당의 사상 통제력 약화와 다양한 이익집단의 발언권 강화 등의

---

256) 이 민주화 운동의 주체는 처음에는 대학생이었고 이후 교수와 언론인이 참여했으며 나중에는 일반 시민과 노동자도 적극적으로 참여한다. 시위대는 중국 공산당의 부패관료를 척결하고 민주주의를 요구하는데, 이 과정에서 미온적으로 대처했다는 이유로 자오쯔양이 실각하고 강경파인 장쩌민이 권력의 핵심으로 등장한다. 1997년 덩샤오핑의 사망과 장쩌민 체제에 대해서는 김영화, 『강택민과 중국정치』, 문원, 1997. pp. 267~295.

257) 민주화 운동이 전개되던 5월 소련의 고르바초프가 베이징을 방문했는데 당시 학생들에게는 그가 민주주의의 영웅으로 인식되었다. 소련과 중국 그리고 북한 사회주의를 각각 페레스트로이카와 개혁 그리고 주체로 비교한 내용은 송두율, 『소련과 중국』, 한길사, 1990. pp. 263~285.

문제가 중국 사회에 전면적으로 부상함으로써, 향후 중국 사회의 정치적 통합성의 동요가 발생하는 상황도 배제할 수 없다.[258] 특히 이러한 상황을 유발하는 데 가장 주도적인 세력을 예상한다면 덩샤오핑 이론의 선부론을 가슴 깊이 간직하고 철저하게 추종하는 공산당 지도부와 개혁개방 정책의 최대 수혜자인 자본가 계급들일 것임은 분명하다.

2) 중국 특색의 사회주의와 유교의 지위

중국 사회에서 그동안 덩샤오핑 이래로 개혁개방을 합리화하고 정당화한 이념은 '중국 특색의 사회주의'이다. '중국 특색의 사회주의'가 견지하는 네 가지 기본원칙은 앞서 살펴보았듯이 '사회주의', '무산계급 독재', '공산당의 영도적 지위', '마르크스레닌주의와 마오쩌둥 사상의 견지'이다. 그러나 현재 중국 사회의 현실적 상황은 '중국 특색의 사회주의'에서 견지하는 4가지 기본원칙과는 거리가 멀다.

즉, 첫째, 현재 중국 사회가 '사회주의'의 생산수단의 공유제를 원칙으로 삼고 있지만 이는 형식적인 것일 뿐 사실상 다양한 분야에서 사적 소유가 인정되고 있다. 둘째, 현재 중국 사회를 움직이는 권력의 축은 현실적으로 노동자와 농민이라기보다는 사실상 공산당 간부와 그리고 자본가 계급으로 이동한다는 점에서 '무산계급 독재'는 하나의 이상으로 남겨지게 되었다. 셋째, 중국 사회에서 공산당의 영도적 지위는 현재 견지되고 있지만 2002년부터 공산당에 자본가 계급이 편

---

258) 김종현 외의 같은 책, pp. 464~465. 중국의 정치·경제 상황은 무한한 가능성과 함께 내부적으로 상당한 복잡성을 지니고 있기 때문에 어떤 방향으로 발전할지 정확히 예측하기 어렵지만 지난 20여 년간의 개혁 경험과 성장의 성과를 감안할 때 당분간 지속적으로 발전할 것으로 보인다. 김덕영, 『동아시아경제론』, 도서출판 해남, 2004. p. 144.

입됨으로써 공산당이 과거 계급정당으로서의 면모를 유지한다기보다는 국민정당으로 기능할 가능성이 점차 높아지고 있다. 넷째, 마르크스레닌주의와 마오쩌둥 사상은 덩샤오핑 이래로 중국 사회에 만연한 성장지상주의의 기대감으로 인해 그 이상적 가치가 점차 퇴색되어 가는 상황이다.

향후 중국 사회의 미래는 현실적으로 위의 세 번째와 네 번째 문제에 의해 결정될 것이다. 왜냐하면 앞에서 살펴본 덩샤오핑 이래의 성장지상주의가 낳은 많은 문제점에도 불구하고 현재 중국 사회가 현상적으로 안정적 상태를 유지하는 것은 공산당의 영도적 지위가 여전히 중국 사회에서 유효한 영향력을 행사하기 때문이다. 따라서 공산당의 영도적 지위가 유지되는 현재의 상황에서 공산당은 현실적으로 중국에서 빈부의 양극화 정책을 주도할 수 있는 유일한 해결 주체이자 중국을 구성하는 다양한 민족의 구심점이다.

즉, 공산당의 정책 결정 내용이 중국 사회의 현실적 문제점을 반영할 수 있는 민주주의적 내용을 얼마만큼 담보할 있는가는, 과거 덩샤오핑 이론의 성장지상주의가 낳은 중국 사회의 문제를 치유하고 향후에도 통합된 중국을 유지하기 위한 절대적인 관건이 된다. 만약 공산당이 대내적 모순을 감추기에 바쁘고 자신들의 정체성의 지표인 사회주의 이상의 가치를 상실한다면 향후 중국 사회는 혼란에 직면할 수밖에 없다. 현재 중국은 퇴보한 자본주의의 전철을 밟을 것인가 아니면 미래 사회민주주의 복지국가로 향할 것인가의 기로에 있다. 이는 또한 중국 공산당의 영도적 지위가 최소한 유지되는 현시점이, 바로 성장지상주의로부터 발생한 중국 사회에 누적된 문제들을 현실적으로 판단하고 해결해야 하는 절대적인 시점임을 말해준다. 향후 중국 공산당이 계급정당에서 국민정당으로 점차 변화하는 것은 분명한 사실이고 이와 비례한 점증하는 자본가와 노동자의 욕구 분출은 중국 공산당 차원에서도 현실적으로 점차 수용하기 힘들어지는 상황을 연출할 것이라는 것은 쉽게 짐작할 수 있다.

그렇다면 중국 사회의 이와 같은 현재 상황에서 중국의 유교전통문화의 역할과 의미는 무엇인가? 최근 중국 공산당이 자주 차용하는 '소강(小康)'사회니 '대동(大同)'사회라고 하는 전통 용어는 무술변법 이래로 중국 유교 지식인이 서구 문화에 대응하는 과정에서 즐겨 쓰는 용어이다.[259] 중국의 시장경제는 빠르게 성장해 왔고 앞으로도 여러 가지 변수에도 불구하고 성장이 지속될 것이라고 예측하지만, 중국 공산당이 제시한 계획대로 개혁개방 초기 덩샤오핑이 추구했던 선부론의 소강사회가 미래 균부론의 대동사회로 이행할 것인가는 매우 불분명한 상태이다. 이와 같은 시점에서 다양한 방면에서 유교문화가치에 대한 논의가 중국 사회에 지속적으로 창출되는 현상을[260] 어떻게 바라볼 수 있을까? 이러한 현상은 비판계승론의 입장에서 이를 주도하는 중국 공산당이 생각하는 전통문화 특히 유교문화의 역할과 유교의 현재적 기능을 통해 이해할 수 있다.

---

259) 원래 '소강(小康)'은 공공성의 '대동(大同)'이 사적으로 타락한 것을 의미하는데 중국 공산당은 이것을 개혁개방 초기 '먹고 살 만한 사회'로 규정한다.

260) 2006년 후진타오는 전근대적인 애국주의와, 유가와 묵가 등의 중국 전통적인 가치관이 반영된 '여덟 가지 영예와 여덟 가지 치욕(八榮八耻: 以热爱祖国为荣, 以危害祖国为耻, 以服务人民为荣, 以背离人民为耻, 以崇尚科学为荣, 以愚昧无知为耻, 以辛勤劳动为荣, 以好逸恶劳为耻, 以团结互助为荣, 以损人利己为耻, 以诚实守信为荣, 以见利忘义为耻, 以遵纪守法为荣, 以违法乱纪为耻, 以艰苦奋斗为荣, 以骄奢淫逸为耻.)'이라는 '영욕관(榮辱觀)' 선언문을 발표하고, 미국의 예일 대학을 방문해 중국의 경전(經典)을 인용하며 중국의 전통문화를 찬양한 것을 통해서도 알 수 있다. 최근 들어 중국 사회는 중국적인 것과 사회주의의 결합을 강조하는 현상이 두드러지게 나타나는데, 중국적인 것은 결국 서구의 사회주의 문화가 수용되기 전의 전근대적 시기의 중국 전통문화일 수밖에 없다는 점에서, 현재로서는 중국에서 완전한 사회주의의 실현(전반서구화)은 이상으로 남을 가능성이 크다.

중국 사회에 지속되는 중체(中體)관념의 생명력은 한편으로 유교문화의 연장선상에서 살펴볼 때 유교의 생존력이 다른 어떤 사상보다 강하다는 것을 말해준다. 이는 유교문화가 비단 중국뿐만 아니라 동아시아의 여러 나라에서 그 모습을 조금씩 바꾸며 생명력을 지속시키는 것을 통해 확인된다. 근대화를 추동하던 초창기 인물들 역시 대부분은 전통적인 한학(漢學), 유교 교육의 영향권 속에 있던 사람들이고 특히 덩샤오핑의 선부론에는 유교문화의 흔적이 강하게 배어 있다. 공자에서 주자로 이어지듯이 유교적 사유전통은 한편으로는 덩샤오핑 이론에서도 그 영향을 확인할 수 있는데, 이 점을 고려할 때 중국 사회에서 유교문화의 영향력은 어떠한 형태로든 결코 쉽게 소멸되지 않을 것 같다. 이는 곧 '중국적' 내지 '중화주의'와 직결되는 문제이기 때문이다. 따라서 유교는 역사적으로, 양무운동, 변법유신, 신해혁명, 5·4신문화운동, 문화대혁명, 문화열, 신계몽주의, 인문정신논쟁, 유교자본주의론, 포스트모더니즘 등의 논쟁을 거치는 과정 속에서 영욕과 부침을 거듭하면서도 항시 논쟁의 중심에 서 있었다.

또한 덩샤오핑 이래로 실용성을 모든 사고와 실천의 판단 기준으로 삼는 현 중국 공산당의 입장이 확고하게 자리한 후, 전통에 대해 비판계승의 입장을 취하는 중국 공산당의 관점과 최근까지 국학이란 이름 하에[261] 특히 유교 연구를 지원하는 공산당의 현재 태도를 미루어볼 때,

---

261) 중국 공산당은 1986년 12기 6중 전회에서 덩샤오핑이 말한 '정신문명'은 발달한 물질적 생산력에 걸맞는 사회주의적인 정신문명을 건설하는 데 있다는 '사회주의 정신문명 건설'에 대한 결의를 통과시킨다. 또한 이 시기에 벌어진 애국주의 운동에서 '국가'와 '민족' 개념이 특히 강조됨으로써 중국인들에게 내재된 중화사상(中華思想)을 이끌어내고자 하고, '국학열(國學熱)'을 조성한다. '국학열'은 분명 과거 중국 공산당이 부정한 '전통가치'와 '전통문화'에 대해 시선과 태도를 달리한 것이다.

중국 공산당이 생각하는 유교문화의 사회적 의미와 역할에 대해서는 어느 정도 가늠해볼 수 있다. 즉, 중국에서 유교문화는 다른 어떤 것보다 중화주의를 대변하는 중국적인 것이다.

반면, 문화열 이후 동아시아 문화 담론에서 한동안 유행했던 유교자본주의에 대한 논쟁이 중국 대륙에서 활발하게 전개되지 못한 것은 무슨 이유일까? 그것은 유교가 원인이 아닌 자본주의에 대한 중국 공산당의 경계 심리가 결정적으로 작용한 것이라고 볼 수 있다. 왜냐하면 당시 중국 공산당은 여전히 '중국 특색의 사회주의', '사회주의 초급 단계론', '사회주의 시장 경제론'에서 볼 수 있듯이 이념으로서 사회주의를 포기하지 않았고 공산당의 계급 기반과 정체성 문제와 직결되는 사회주의를 포기할 수도 없었기 때문이다.

그런데 현재 중국 공산당이 국학 진흥 차원에서 유교문화 연구를 활발하게 지원하는 것은 어떻게 이해할 수 있을까? 이는 당연히 '중국 특색' 또는 '중국적'인 것의 연장선상에서 이해할 수 있고, 다른 한편으로 중국 공산당이 견지하는 실용적 관점이 반영된 결과로도 이해된다. 즉, 중국 공산당이 견지하는 비판계승론에는 서구의 충격 이래로 진행된 중국 전통과 서구 문화, 곧 전근대와 근대 논의가 색깔을 달리하며 전통과 현대 논의로써 현재 진행형의 문제임을 시사한다. 이는 곧 자발적이든 비자발적이든 서구의 충격에 의해 근대화를 진행한 동아시아 사회문화의 기저에는 언제든 부활 가능한 정체성 문제가 도사리고 있기 때문이다. 그리고 이 문제의 중심에는 항상 유교문화가 있고 이는 현재까지 식지 않은 유교의 생명력과 유교문화에 대한 관심을 통해서도 확인된다.

최근 중체(中體)에 입각한 유학부흥론과 유교자본주의론에서는 공통적으로 유교문화가 중국적인 것이고 그 내용은 갈등과 대립보다 조화와 질서를 중시한다고 강조한다. 이 점은 중국 공산당의 실용주의적 입장에서 볼 때, 대내적 사회 모순을 완화하는 문화 수단이 될 수 있을 뿐만 아니라,[262] 대외적으로 타이완을 비롯한 화교 경제권의 자본력을 수용하는 경제 교류의 매개 역할을 충분히 수행할 수 있는 것으로 파악된다. 즉, 다른 어떤 것보다 중체에 입각한 중화주의를 대변하는 유교문화는 사회적 차원에서 대내적으로 중국의 현실 문제를 적극적으로 무마시키는 사회정치적 기능을 담당할 수 있고[263] 대외적으로 중국의 문화패권주의를 보조하는 정치·외교적 기능 또한 담당할 수 있다. 무엇보다 자신들의 문화였던 유교라는 점에서 유교문화는 중국인들에게 매우 친화력 있게 그 역할과 작용을 수행할 것으로 예상된다. 분명 유교문화가 중국 사회는 물론 주변 국가까지 현재에도 영향력을 행사하며, 여전히 중국의 대내외적 문제를 고민하는 중요한 일부분의 내용을 구성하고 있음은 분명해 보인다.

---

262) 이는 중국 학술계에서 한동안 21세기에 들어서서 윤리 중심의 '화해사회론(和諧社會論)'(후진타오, 2006년)을 대두시키며 유교의 조화(和諧)와 중용(中庸)의 덕목을 강조하는 데서 확인할 수 있다. 현재 중국 사회의 빈부의 양극화를 비롯한 제 문제들로 사회적 분열 양상을 '사회통합'의 차원에서 해결해야 할 고민에 빠진 중국 공산당이 이를 적극 수용하는 점을 통해서도 알 수 있다.

263) "오늘날 중국의 '유학열'은 중국 정부와 공산당, 그리고 중국 인민의 합작품이다. 중국 정부와 공산당은 마르크스주의와 마오쩌둥의 빈자리를 채우고 사회주의 정신문명 건설과 화해 사회의 건설, 체제유지, 민족통합, 사회주의 강국 건설, 중화패권의 지향을 위해 공자와 유교를 애타게 불러들이고 있으며, 치열한 경쟁 속에 지쳐가는 중국 인민들은 마음의 평화와 정신의 안정을 위해, 한편으로는 민족문화에 대한 자긍심과 중화민족주의에 대한 열망으로 공자와 유교를 찾고 있다. ……무엇보다 먼저 유교가 지나치게 현실적이고 정치적으로 받아들여지고 있다는 점이다. 역사상 유교가 수없이 보였던 모습을 다시금 습관처럼 재현하고 있는 듯하다." 홍원식, 「21세기 중국과 '유학열'」, 『중국학보』 제60집, 한국중국학회, 2009. p. 577.

제II부

일본 사회와
유교문화담론의
사유지평

동아시아 사회의 근대 전환기에 출현한 중국의 중체서용(中體西用)과 한국의 동도서기(東道西器)와 더불어 메이지 중기 이후 일본 사회에 등장하는 화혼양재(和魂洋才)는, 서양의 충격에[1] 대해 자신들의 고유사상과 전통을 견지하며 새로운 서구문물을 수용하자는 주장을 말한다. 일본은 메이지유신 초기부터 적극적으로 '탈아입구(脫亞入歐)'의 길을 걸으며 서구의 제도나 사상 등의 제반 문화를 수용함으로써 동아시아의 국가 중 가장 먼저 근대화 사회로 진입한다.

그러나 메이지 중기 이후로 일본 사회에서는 과거 전통과 단절된 자신의 정체성에 대한 고민이 엿보이는데, 이는 과거로부터 일본 사상문화의 심층에 뿌리 깊게 자리한 '화혼(和魂)'의식을 발동하게 함으로써 서서히 수면으로 화혼양재의 주장을 부상하게 한다. 일본의 '화혼'의식은 과거로부터 현재에 이르기까지 일본 사회에 지속적인 영향력을 행사하는 가치로 근대 전환기 이후로도 일본이 자신만의 고유한 사회문화의 정체성을 확인하는 데 중심축으로 작용한다. 즉, 일본의 '화혼'의식은, 막부시대에 중국과 한국으로부터 수입한 원시유교와 성리학을 일본화해 정착시키는 과정, 근대 전환기에 들어서는 탈아입구의 기치 아래 서양철학을 수용하는 과정, 메이지유신 중반 이후로는 화혼(和魂)이 양재(洋才)를 주도하는 과정, 현대에 이르러서는 일본식 자본주의를 견지하는 과정에서 지속적으로 일본 사회의 정신적 구

---

1) 중국과 한국의 경우는 논란의 여지를 남겨놓았으나 일본의 경우는 국내외적으로 아직까지 큰 비판 없이 받아들여진다. 중국의 서양에 대한 '충격-대응' 패러다임을 비판한 대표적인 저작으로는, 폴 A. 코헨 저, 이남희 역, 『학문의 제국주의 – 오리엔탈리즘과 중국사』, 산해, 2003년이 있다.

심점으로 작용한다. 특히 현대 일본 사회에 이르러서는 자국의 침체된 경제위기 상황 하에서 전후 일본 경제의 고도성장을 향수하는 극우세력의 등장과 이를 방조하는 상부의 정책 과정을 통해서도 이러한 화혼의식은 확인할 수 있다.

특히 중국이나 한국과는 달리 과거 일본 전통사회에서는 유교문화의 예법이 제도적인 기초로써 확립되지 못했는데, 이 점은 유교문화가 일본의 전통사회에서 절대적인 무게감을 지니지 못함을 반증한다. 그러나 일본 사회가 근대화 시기로 진입하는 과정에서 화혼의 가치를 떠받치는 역할을 자임한 실리 지향의 일본화한 유교문화는 일본의 천황제라는 고유한 정치체제 윤리를 형성하는 데 중대한 기여를 한다.

그동안 학계에서는 다양한 방면에서 일본의 근대화와 패전 이후에도 동아시아 국가 중 가장 빠르게 현대화가 가능했던 일본의 동력에 대한 무수한 논의가 진행되었는데, 그 원인과 내용에 대한 일련의 논의는, 대체로 적극적인 신기술 도입, 민간기업의 활발한 투자와 수출의 급속한 증대 등을 비롯한 일본 주식회사론, 일본적 공동체 경영원리 등을 거론하며 다양한 방식으로 일본 자본주의와 경제발전 요인에 대해 설명한다. 그런데 이러한 일본 경제 동력에 대한 분석 논의에서 특기할 만한 사항은, 경제 외적인 신도, 무사도, 일본식 유교문화 등의 일본 고유의 사상적 내지 문화적인 측면을 주목하며 일본의 근현대 성공 원인을 분석하는 연구가 유난히 많은 점이다.

사회문화적 측면에서 유교문화를 공통적인 매개로 삼아 동아시아 삼국의 전통사회를 비교할 때 확실히 일본 사회는 중국과 한국과는 달리 예외적인 면이 두드러지는데, 이는 곧 유교의 절대적인 영향 하에 있던 중국이나 한국 전통사회문화와는 달리 일본의 경우에는 전통문화가 곧 유교문화라는 등식이 성립되지 않는 점이다. 일본 학자 마루야마 마사오(丸山眞男, 1914~1996)는 일본의 전통사상문화에 대한 특징을 '정신적 잡거성(雜居性)'[2]의 문화라고 정의한다. 마루야마 마사오의 이러한 지적은 일본 문화가 지속성과 일관성을 결여한 채 다양한 요소들을 외부로부터 수입해 일본 문화와 절충되고 혼합되는 과정을 통해 형성된 것임을 말한다. 그러나 이러한 일본 문화가 지속성과 일관성을 결여한 잡거성의 문화라는 지적에는 좀 더 세심한 주의가 요구된다. 왜냐하면 일본의 화혼의식이 일본의 잡거성 문화 형성에도 지속적으로 반영되며 중심축의 역할을 했다는 증거는 여러 경로를 통해 확인할 수 있는데, 사실상 일본 문화의 발달 과정에서 화혼의식이 지속적으로 작용하고 있다는 사례를 발견하기란 그리 어렵지 않은 일이다. 실제로 일본 역사를 통해서 일본은 새로운 어떤 문화를 수용할 때 그것을 끊임없이 자신의 이전 문화와 동화시키는 가운데 현재화함으로써, 과거를 부정하기보다는 과거의 토대에 새로운 것을 계속 첨가해

---

2) "흔히 유교나 불교, 그리고 그들과 '습합(習合)'하여 발달한 신도(神道)나, 에도 시대의 국학(國學) 등이 전통 사상으로 불리면서 메이지 이후에 엄청나게 유입된 유럽 사상과 대비된다. 이런 장르를 구별하는 것 자체는 잘못이 아니며, 또 의미도 있다. 그렇지만 전통과 비전통이라는 카테고리로 양자를 나누는 것은 중대한 오해로 이끌어갈 우려가 있다. 외래 사상을 섭취하고, 그것이 다양한 형태로 우리의 생활양식이나 의식 속에 받아들여지고, 문화에 지우기 어려운 각인을 남겼다는 점에서는 유럽산 사상도 이미 '전통화'되고 있다. 우리의 사고나 발상의 양식을 다양한 요소로 분해하고, 각각의 계보를 거슬러 올라가면 불교적인 것, 유교적인 것, 샤머니즘적인 것, 서구적인 것, 요컨대 우리의 역사에 그 족적을 남긴 모든 사상의 단편을 만나게 될 것이다." 마루야마 마사오(丸山眞男), 김석근 옮김, 『일본의 사상』, 한길사, 1998. p. 58.

축적시켜온[3] 과정을 쉽게 확인할 수 있다. 따라서 유교문화의 경우 일본 사회에 수용된 여러 사상 내지 종교 체계 중의 하나일 뿐이고 그 중심축은 여전히 일본의 화혼의식이 자리한다. 이 점을 고려한다면 일본을 이른바 '유교문화권'의 틀로 바라보는 시각은 문화의 외면적 유비에 무모하게 집착함으로써 동아시아 내부의 문화적 차이를 전제하지 않은 유사성의 추출에[4] 기인한 것임을 알 수 있다.

또 다른 측면에서 볼 때, 일본 문화의 특수성은 무엇보다도 유교를 포함한 타자를 부정하면서도 부정하는 대상을 통섭하는 가운데 그것에 대항하는 이론체계를 새롭게 만들어낸다는 점이다. 즉, 일본은 유학을 수용한 이후 한국과는 달리 중국 고전의 교설을 최고의 권위로 삼는 유교에서 벗어나 일본만의 유교를 만들고 또 새로운 학문을 창출하는데, 그 하나가 국학이고 또 다른 하나가 난학(蘭學) 또는 양학(洋學)이다.[5] 국학이 외래 사상에 대해 일정한 거리감을 두고 일본 고전에 의지해 일본만이 가지는 정신적인 면을 추구한 학문이라면, 난학은 서양을 의식하게 되면서 그들의 의학과 과학기술을 학문의 영역으로 끌어들인 학문이고, 양학은 난학으로부터 정치·경제·사상·문화 등까지 범위를 넓힌 학문을 말한다. 난학과 양학은 모두 타자 경험을 자기화한 대표적인 학문으로써 근대 일본 사회의 발전을 이끌었다는 공통

---

3) 박규태, 『아마테라스에서 모노노케 히메까지』, 책세상, 2001. p. 49.

4) 하원호, 「동아시아의 개화사상」, 진단학회·한국사학회·인문사회연구회 주최 국제학술대회 – 동북아 제지역간의 문물교류 발표논문, 2004. p.5.

5) 이에나가 사부로 저, 이영 역, 『일본 문화사』, 까치, 1999. p. 230.

점을 지닌다.

이와 같이 일본식 사회문화는 전통문화와 새롭게 유입되는 문화가 긍정과 부정의 작용과 반작용을 통해 중첩되는 과정을 거쳐 형성되며, 이러한 중첩 과정의 중심에는 의식적 내지 무의식적으로 항상 '화혼 (和魂)'의 가치가 존재한다. 그리고 이것은 일본의 근대화 과정에서도 일본 사회를 평가하는 내부의 자체적인 기준으로 작용한다.

1장 일본 전통사회 유교문화의 특징

1. 습합(褶合)의 유교문화

유교문화가 일본에 전해진 것은[6] 백제의 왕인(王仁)이 서기 284년 일본에 건너가 『논어(論語)』와 천자문을 전해주면서부터이다. 일본의 국가 창세신화를 싣고 있는 『고사기(古事記)』(712년)에는 유교의 덕(德)에 관한 내용이 나오며, 쇼오토쿠(聖德) 태자의 「헌법십칠조(憲法十七條)」에는 유교문화를 장려했다는 기록이 보인다. 7세기 무렵 성립되기 시작한 일본의 고대 율령국가 시기의 『일본서기(日本書紀)』(720년)에서는 『고사기』에 나온 유사한 내용들이 더욱 유교적으로 설명되고, 이후의 일본 역사서에도 유교적 도덕선양의 내용이 나오며 박사(博士)나 대학 등의 제도도 생긴다. 그러나 결론은 일본 전통사회에서 유교문화는 널리 유행하지 않았다는 사실이다.

즉, 국가제의는 일본 신화에 기반을 둔 신도(神道)적인 것에 중심을

---

6) 유교의 일본 전래에 대한 내용은 구로즈미 마코토(黒住眞), 「日本思想史와 儒教」, 『南冥學研究』 8, 경상대학교 남명학연구소, 1998. pp. 48~50.

두고 행해졌고, 중국이나 한국과는 달리 유교경전을 통한 관리 선발제도가 일본 역사의 전반에 보이지 않는다. 박사도 그다지 신분이 높지 않은 집안의 직업으로 세습되었으며, 유교경전에 대한 학습은 대체로 소수의 귀족 지식인을 제외하면 전적으로 교양을 쌓기 위한 승려나 신도가들에 의해 행해진다.[7]

일본에서 유교가 정착된 시기는 임진왜란 이후 조선의 주자학을 수용한 에도(江戸)시대부터이다. 17세기 초에 무사의 강력한 통일정권인 도쿠가와(德川) 막부가 수립됨으로써 일본 사회는 평온을 찾고 사회의 여러 분야에서 생산력이 향상되면서 도덕이나 치세(治世)의 도를 가르치는 유교에 대한 수요와 기대가 커진다. 이는, 당시 불교나 신도의 전통이나 자산이 매우 많던 성숙한 사상의 시장에서 계층 및 제도 등에 독자적인 소유가 거의 없었던 유교가 새로이 일본 상부의 문화에 편입되었음을 의미한다.

그러나 일본 막부시대의 위정자 계급이 모두 무사였던 관계로, 중국과 한국과는 달리 유교가 일본 사회에 중심적인 지식으로 상승하는 데 필요한 과거제도는 시행되지 않는다. 왜냐하면 일본 사회의 위정자라 할 수 있는 무사계급이 유교를 익혀 '유사(儒士)'가 되기에는 상당한 시간이 필요했기 때문이다. 이와 같이 유교는 엘리트주의와 충분히 결합하지 못하고 권력과의 관계에서 약한 지식으로 세상에 유행했으

---

7) 일본 양명학의 개조로 일컬어지는 나카에 도쥬(中江藤樹, 1608~1648)가 교토에서 온 선승에게 유학을 배웠던 일화를 통해서도 당시 17세기 일본에서는 유학을 배우려 해도 가르쳐줄 만한 '유자(儒者)'가 거의 없던 상황을 알 수 있다. "나카에 도쥬가 오경(五經)이 아니라 사서(四書)를 중심으로 하여 사색했던 것은 그가 자주적으로 선택한 일이 아니었다. 그것은 17세기 전반의 일본에서 선택의 여지 없이 주어졌던 유일한 '학문'이 바로 '사서학(四書學)'이었기 때문이다." 요시다 코헤이(吉田公平) 지음, 정지욱 옮김, 『일본양명학』, 청계, 2004. p. 104, p. 106.

며, 이 때문에 일본 전통사회에서 한문이나 유교의 권위는 그다지 높지 않았고 주로 가나로 쓰인 책이 많이 출판되고 유행한다. 이러한 상황에서 유학자는 정치권력의 주변에서 제도적인 소외계층으로 머무르고 혹 정치적으로나 사회적으로 유학이 영향력을 행사했다 하더라도 이는 결국 소수자에 의해 한정될 문화였을 뿐이다.

또한 유학의 보급 정도를 나타내는 유교의례문화 역시 일본 사회에 정착되지 않았을 뿐만 아니라 일본 유학자들 스스로도 유교의례가 일본 풍토와는 맞지 않는다고 하여 유교문화를 권장하는 데 소극적인 자세를 취한다. 예컨대 일본 양명학자인 쿠마자와 반잔(熊澤蕃山, 1619~1691)의 경우 상례와 제례에 대해 "상례와 제례는 모두 시간·장소·입장을 고려해 시행하지 않으면 안 되며, 마음의 정성을 다하는 것이 중요하다. 말해지는 그대로의 예법을 지키고자 하는 것에 구속되어 무리하게 행하고 가능하지 않은 것을 꾸며 행하는 것은 근본을 잃어버리고 만다. ……그 행하는 것이 일본 풍토에 적합하지 않고 또 인정에도 맞지 않아서, 자신은 유학의 예법을 일으킨다고 할지라도 결국은 그 예법을 파괴하는 것임을 모른다."고 하여, 정형화된 그대로의 의례와 예법보다는 일본의 사회적 상황을 고려한 의례의 시행을 권고한다.[8]

일본 사회는 도쿠가와 시대(1603~1868)에 이르기까지 지배계급인 무사와 피지배계급인 백성(農)과 공상(工商) 사이에 넘을 수 없는 선이 존재했다. 17세기 초반 사·농·공·상의 신분제도가 확립됨으로써 상·하 관계가 단순히 각 신분층 사이를 관철하는 데 그치지 않고 모

---

8) 엄석인, 「일본근세유학의 전개와 그 특징」, 『日本思想』 4, 한국일본사상학회, 2002. pp. 176~177.

든 인간관계를 상하존비로 구별하는 질서의식이 보편적으로 일본 전통사회에 자리매김한다. 천지음양의 이원적인 대립을 그대로 인간 사회의 상하존비의 질서를 지탱하는 형이상학적 원리로 삼는 주자학의 도덕관념은, 상하존비의 질서의식이 보편적인 사회관계임을 정당화시켜주는 이데올로기의 역할을 보조한다. 봉건적 질서가 고정된 것이나 학문에 대한 사회적 수요가 높아짐에 따라서[9] 막부는 봉건사회를 윤리적으로 뒷받침하는 교학으로 유학, 그 중에서도 주자학이 유효하다고 생각했다. 특히 다섯 번째 쇼군인 쓰나요시(綱吉) 때부터 종래의 무단정치(武斷政治)의 기풍에서 전환해 문치주의(文治主義) 정책을 채용하는데, 이로부터 일본 막부는 적극적으로 유학을 장려함으로써 실제로 많은 번에 학교가 설립되고 유학은 이선과는 다른 정통철학으로서의 지위를 일본 전통사회에서 획득한다.[10]

"과거제도를 갖지 못했던 일본에서는 유학 학습이 국가와 정치에 접속되지 않았고, 학문이 특정 계급과 고정적으로 이어지는 일도 없었다. 18세기 후반 이후 중시되어진 무사의 유학 학습도 도덕교화에 주안점이 있지, 사회적 성공에 이어지는 것은 아니었다. 역으로 말하면, 학문을 통해서 정치적 책임을 자각시키는 시스템이 희박했다. 유학의 지식과 견식을 정치에 활용하는 구조가 빈약했기 때문에, 학문의 의미가 사회적으로 자명하지 못하고, 불투명했다. 일본의 유학은 원래 사회적 책무에서 면제되어 있었던 것이다. 사회적 책무로부

---

9) 당시 중국(명·청)에서 주자학이 관학으로 존중되고 있었다는 사실도 큰 영향을 끼쳤을 것이다. 비토 마사히테 저, 엄석인 역,『사상으로 보는 일본 문화사』, 예문서원, 2003. p. 194.
10) 이에나가 사부로의 같은 책, pp. 191~192.

터 자유로웠던 만큼, 유학은 자유롭게 전개될 수 있었다. 무엇보다도 계급과 신분으로부터 자유로운 공간에서, 독자적인 지적 세계를 형성할 수 있었다. 즉 '문인(文人)'이라고 불린 지식인은 정치와 사회의 현실에서 일정한 거리를 둔 채 존재할 수 있었다. 유학 교양을 공유한 문인 세계는 신분과 지위에 관계없이 농민, 상인(町人)이라도 출입이 자유로운 지적 공간이었다. 따라서 각자의 지적 관심에 따라 지식과 교설과 사상을 구성할 수 있었다. 유학은 지배계급의 지적 독점물로 되지 않았고, 중앙권력이 지적 세계를 독점하지도 못했다."[11]

즉, 일본 전통사회에서 자신만의 독립적 지위를 확보하지 못한 유교는 국가 제사나 집안의 장례와 같은 의례에 관여치 못하고 위정자 계급의 지식의 중심에도 자리하지 못한 채, 기존의 불교(佛敎)나 신도(神道)와 습합(習合)하면서 일반 교양으로 유포되는 상황이 16세기까지 지속된다.

여기서 습합(習合)이라 함은 불교가 포교의 필요상 일본의 사상·관습·풍토에 순응하고자 적극적이고도 의식적으로 시도한 것이 계기가 되어 일본 사회 문화 전반에 정착한 점을 고려할 때 일본 전통사회에 불교가 그 문화적 주도권을 지니고 있었다. 그러나 불교는 일본의 진기(神祇, 하늘의 신과 땅의 신 또는 하늘의 신과 나라의 신)사상과 접촉하면서 더욱 일본적인 것으로 변해 나아갔고, 그 결과 '혼치스이자쿠(本地垂迹)' 사상이 되어 나타난다. '본지수적(本地垂迹)'이라 함은 원래 절대적 이상의 부처를 본지(本地)로 하여 역사적 현실의 석가(釋迦)를 수적(垂

11) 쓰지모토 마사시(辻本雅史), 「日本의 儒學傳統과 大學」, 건학 600주년기념 동양학국제학술회의 『동아시아의 유학전통과 대학』, 성균관대 대동문화연구원, 1998. p. 104.

迹)으로 하는 인도 대승불전의 사상이다. 그러나 이것이 일본 사회에 수용되자 신·불(神·佛) 융화의 이론으로 이용되어져 영원불변한 부처가 일본인의 번뇌를 구하고 행복을 가져다준다는 의미에서 일본의 통치자가 곧 임시로 부처를 대행하는 신의 의미를 부여받는 존재로 해석되기에 이르는데, 그 결과 일본의 진기(神祇)는 모두 그 본체가 부처보살로 귀의한다는 취지로 이해된다. 이러한 신불습합(神·佛習合)의 소지는 율령국가의 발전과 병행해 양성되고 드디어 나라(奈郎)시대를 맞아 문헌상에 반영되어 나타나기 시작한다.[12]

일본에 수용된 유교 또한 여타 사상 및 종교문화와의 타협 특히 의식적이든 무의식적이든 신도문화와의 습합을 꾀하는 전략을 통해 생명력을 유지하다가[13] 17세기에 이르리 정통칠학의 반열에 합류한다. 그러나 이것이 일본 사회에서 유교가 지적 엘리트주의의 확립의 차원에서 그 위상이 격상되었음을 의미하는 것은 아니며, 유교경전에 대한 학습은 단지 비교적 실용적인 계몽적 지식이나 일상 도덕을 보급하는 차원에서 진행되었다는 것을 의미한다. 일본 사회에서 근세 중반 이후에야 유교는 일반에 대한 교육이나 학교의 보급이 확대되는 것과 더불어 동반 성장한다. 즉, 일본 근세시기[14] 유교의 역사는 마루야마 마

---

12) 이시다 이찌로우(石田一郎) 저, 成海俊 외 역, 『일본사상사개론』, J&C, 2003. pp. 102~104.

13) "에도시대의 유학자들은 불교에 대해서는 부정적인 태도를 취하지만 일본의 신도에 대해서는 극히 소수(室鳩巢, 佐藤直方, 三宅尙齋, 賴山陽, 太宰春台 등)를 예외로 하고 거의 대부분 신유일치(神儒一致) 혹은 신유합일(神儒合一)을 주장해 고유사상과의 공존 및 융합 자세를 보여준다." 王家驊, 『日中儒學の比較』, 六興出版, 1988. p. 350.

14) 통상 일본사에서는 1603년 도쿠가 이에야스에 의해 도쿠가 막부가 성립된 이래 1868년의 메이지유신에 이르기까지의 시대를 가리켜 에도시대라 한다. 그리고 이 에도시대와 그 이전의 아즈치 모모야마(安土桃山)시대(1568~1603)를 합친 300여 년간을 '근세'라 지칭한다. 일본사에서 근세는 종종 일본적 문화의 기초와 일본 근대화의 기반이 형성된 시대(辻達

사오가 말하듯이 '헤게모니를 독점한 유교가 붕괴한 것'이 아니라 '여러 사상의 복합 속에 있는 미약한 유교가 그 복합성을 유지하면서 서서히 성장해 나갔던 것'이다. 일본 유교의 신도와의 습합 전통은 일본 역사에서 지속적으로 진행되다가 근대 전환기 일본의 천황제가 강화되는 과정에 이르러 유교가 불교의 자리를 대신하여 이데올로기적 기능을 담당함으로써 정점에 이른다. 유교는 천황제를 기점으로 일본 사회의 상층부의 이데올로기를 대변하는 주요한 역할을 담당한다.

2. 칼을 찬 유학자와 승복을 입은 유학자

12세기에 막부정권이 세워지고 천황은 군림하지만 통치하지 않는다는 원칙이 견지된 이래로 일본 역사를 주도한 것은 사무라이이다. 전국시대를 끝낸 에도시대 중앙집권적 막부권력의 통치 하에 일본 사회는 거의 3세기간 평화가 지속됨으로써, 과거에 전쟁을 수행한 사무라이들이 점차 행정 관료로 편입되어 자신의 역할을 수행하게 된다. 이들 사무라이 계급에 의해 유교경전은 행정에 필요한 지식을 획득할 필요성에 의해 유행되고, 유교경전을 학습해 행정을 담당한 사무라이들은 본래 자신들의 신분이 사무라이 계급임을 보여주기 위해 상징적 의미로 칼을 차고 다녔다. 일본에서 유학은 중국이나 한국과 같이

也, 『江戸時代を考える』, 中公新書, 1988.) 혹은 '현대일본 사회의 체질이 형성된 요람기'(朝尾直弘, 「近世とはなにか」, 『日本の近世1』, 中央公論社, 1991. p. 50)로 이해된다. 박규태, 「일본근세의 종교와 국가권력 – 도쿠가와 막부의 '사원법도'를 중심으로」, 『유교문화연구』 제4집, 성균관대학교 유교문화연구소, 2002. p. 187. 본고에서는 근세에도 일본 사회에서는 봉건적 요소가 여전히 존재했기 때문에 메이지 이전을 봉건 또는 근세로 지칭함.

문신들이 관료로 진출하기 위해 필요한 것이 아니었고 무신들이 행정 관료로 편입되는 과정에서 익히게 된 학문이란 점에서 사무라이의 유학이라고 할 수 있다. 다시 말해 일본 막부시대에 유교는 이념적 기능을 담당한 적이 없으며 단순한 행정을 위해 필요한 지식을 습득하는 도구적 의미 내지 차원에서 기능했다.

또한, 일본 사회에서 에도시대 이전에 유학을 주로 연구했던 사람들은 소수의 승려들이었다. 일본 주자학의 실질적인 창시자로 일컬어지는 후지와라 세이카(藤原惺窩, 1561~1619) 또한 본래는 불교의 승려였는데 그는 유교 경전 이외에도 선학(禪學)과 일본 고전을 익힌 인물이다. 그가 유학으로 전향하는 데 영향을 끼친 사람이 한국의 허산전(許山前)이고, 허산전이 이퇴계 문하의 삼걸 중의 한 사람인 류희춘(柳希春)의 제자였다는 점을 고려할 때, 후지와라 세이카가 직접적으로 영향을 받은 학문은 퇴계의 주자학(退溪學)일 것이라고[15] 추정된다.

후지와라 세이카는 승복(僧服)을 벗고 유복(儒服)을 입고서 당시의 최고 권력자인 도쿠가와 이에야스(德川家康, 1542~1616)를 만난다.[16] 도쿠가와 이에야스는 후지와라 세이카를 고문으로 초빙하지만 그는 자

---

15) 그러나 퇴계학을 수용한 후지와라의 철학체계에서 형이하학적 철학체계로의 전변가능성은 엿볼 수 있다. 이러한 경향은 그의 인간관에서 확연히 나타나는데 그는 한편으로는 만물일체의 인간관을 수용하면서도 다른 한편으로는 "사람의 품격에는 여러 가지가 있으니 비록 삼과(三科)로 나눈다 하더라도 신구(新舊)도 있고 귀천도 있고 재주와 기량의 우열도 있으므로 구별을 하지 않으면 질서가 없어진다(人品多混雜, 凡雖分三科, 間或新舊, 或貴賤, 或材器之優劣, 獵等失倫)."(『惺窩先生文集』卷7, 君臣小傳跋)라고 말한다. 후지와라의 이 말은 그가 퇴계학의 하늘 개념 그 자체를 수용하지 않았음을 암시하는 좋은 증거가 된다. 이기동, 「일본의 16·17세기 儒學에서 中世的 思惟의 形成과 克服」, 『東洋哲學硏究』第25輯, 2001. p. 80.

16) 아베 요시오(阿部吉雄)는 이것을 일본에서 유학자가 출현한 출발점으로 본다. 한국일본학회(편), 『일본사상의 이해』, 시사일본어사, 2002. p. 13.

신의 제자인 하야시 라잔(林羅山, 1583~1657)을[17] 추천하고, 이에 하야시 라잔은 머리를 깎고 승복을 입고서 막부의 고문으로 출사한다. 그가 승려의 복장을 한 이유는 당시 막부의 전통에 따른 것이다. 이는 즉, 기존 막부의 고문들은 주로 승려 출신이었는데 이로부터 막부의 고문이 머리를 깎고 승려의 복장을 하는 것은 당시 일본 막부 정치체제의 관례로 이미 정착되어 있었기 때문이다. 하야시 라잔 또한 이러한 막부의 전통에 따라서 유학자이면서도 머리를 깎고 승려의 복장으로 출사하는데, 이후 라잔의 가문은 도쿠가와 가문을 대대로 섬기면서 유학이 에도시대의 관학으로 성립하는 데 큰 역할을 한다.

하야시 라잔은 1607년에 막부의 지원을 받아 반관반사(半官半私)의 유학 강습소를 건립하고, 1634년에 이르러 주자학은 막부의 교학이 된다. 유학이 관학이 되고 1691년에 일본 사회에 성당(聖堂)이 설립됨에 따라 일본의 유학자는 공자를 제사 지내고 유학을 가르치며 일반인들에게도 유학을 보급하기 위해 노력한다. 당시 일본 사회에서는 조선과는 다르게 지배계급인 무사뿐만 아니라 승려나 상인(町人)들 또한 자유롭게 유학을 학습했다. 그런데 도쿠가와 정권의 안정기 이후로 주자학의 규범윤리가 막부 교학의 지주였음은 분명하고 유학이 관학이 되고 막부 교학의 중심이었다고 할지라도, 당시 교학(教學)에 구애받거나 유학적 지식과 소양에 의거해 관리가 선발된 것은 아니었으며, 유

---

17) 하야시 라잔의 주요 관심사는 주자학의 형이상학적 특징에 있는 것이 아니라 인간 사회 속에서의 인간관계의 윤리를 확립하는 데 있다. 라잔은 도(道)를 형이하학적 개념으로 파악해 인간관계의 윤리로 이해한다. 이는 라잔도 역시 형이상학적 개념을 수용하기 어려운 일본적 정서를 그대로 간직하고 있음을 나타내는 증거이다. 후지와라가 하늘 개념을 형이하학적 차원에서 이해했다면 라잔은 이기론(理氣論)을 형이하학적 차원에서 이해한다. 라잔은 중국의 이기론을 이기일체론으로 정리하는데, 기(氣)의 현실성 및 구체성을 강조해 격상시키고 이(理)를 기(氣)의 속성으로 이해하여 격하시킨다. 이기동의 같은 논문, p. 81.

교의례 또한 막부시대에 거의 정착되지 못한다. 유학이 에도시대의 주도적 이념으로 기능하지 못한 것은, 본래 유학을 장려한 막부의 의도에 기인한 것으로 이는 성당(聖堂)이 설립된 지 한 세기가 지난 1790년에야 도쿠가와 막부의 공식 학교로 지정된 사실을 통해서도 확인할 수 있다.

즉, 도쿠가와 이에야스는 "무사는 도(道)에 어두워서는 안 된다. 도의(道義)를 첫째로 삼아야 한다."[18]고 말하지만 이는 곧 "도에 뜻을 둔 현자라 하더라도 무예를 몰라서는 군역에 쓸모가 없다."[19]라는 의미의 연장선상에서 이해해야 한다.[20] 즉 도(道)는 어디까지나 무사로서의 힘과 함께 실현되어야 하는 것이며 이를 떠난 자율적인 도는 인정되지 않는 것이다. 다시 말해 이에야스가 지향한 도덕주의는, 중국이나 조선의 그것처럼 도덕 자체의 자율적인 시스템을 내포하고 있지 않고 제어장치로서의 천도(天道)의 체계화도 이루어지지 않은 것이었다. 다만 그것은 사회의 제 분야에서 각기 제 자리를 지키고 그 안에서 상호관계를 지키게 하고 이를 윤리적으로 규제하고자 하는 데 따른 것이다.[21] 18세기 초에 무사의 기풍을 진작하고 서민들에게 덕의(德義)의 마음을 진작시키고자 한 막부의 교화정책이 흥성함으로써 성당(聖堂)에서 신분을 가리지 않고 사서(四書) 이외의 유교 경전도 가르치게 된

---

18) 武士たるもの道にうとくしてはならず′道義を第一心懸べし. 박규태, 같은 논문(2002), p. 189.

19) 又, 道に志し賢人の位にても′武藝を知らねば軍役に立たず. 박규태, 같은 논문(2002), p. 189.

20) 박규태, 같은 논문(2002), p. 189.

21) 黑住眞, 「儒學と近世日本社會」, 『岩波講座－日本通史』3」, 岩波書店, 1994. p. 280, 281, 293. 박규태, 같은 논문, p. 189.

다. 그러나 이 교화정치의 핵심이 '상무(尚武)'를 앞세운 '상무복고(尚武復古)'에 있었다는 점에서, 일본 사회에서 유학은 무사문화 지배체제의 골격을 형성하는 이념적 보조 작용을 위해 요청된 것이고, 이러한 과정에서 유교가 막부의 교학으로 자리한 것임을 알 수 있다.

3. 실리 지향의 유교문화

주자학이 관학으로 채택되었다고 하지만 에도시대의 유학은 주자학 일변도로 발전하지 않는다. 어떤 점에서 일본 사회의 하부계층에서는 주체의 주관에 대한 신뢰와 자유를 요구한 양명학이 더욱 환영받는다.[22] 왜냐하면 당시 일본 사회에서 양명학자들은 대체로 막부의 학정에 대항해 농민의 편에 서 있었기 때문이다.[23]

일본 양명학의 개조는 무사 계급인 나카에 도쥬(中江藤樹, 1608~

---

22) 1651년 경안의 난(慶安の亂) 등 양명학자들의 이러한 성향으로 인해 막부에서는 양명학을 이단으로 규정해 금지한 경우가 있었지만, 민간 학자들은 자유롭게 양명학을 논의할 수 있었고 1790년 정통 주자학 이외에 학문 교육을 금지하는 이학금지령(異學禁止令)이 내려진 다음에도 양명학은 면면히 지속되었으며, 도쿠가와 말기에는 그 수가 소수이기는 하나 번교(藩敎)의 교관직을 지키고 있었다. 최재목, 「일본 사상(특히 유교)의 기저가 되는 것은 무엇인가?」, 『동아시아학의 摸索과 指向 - 그 사상적 基底 -』(동아시아학 국제학술회의 자료집), 2000. p. 199.

23) 양명학의 '지행합일'을 가장 실천적으로 보여준 사람은 오시오 헤이하치로(大塩平八郎, 1793~1837)인데 그는 사무라이로 도쿠가와 이에나리(德川家齊, 1773~1841) 시대에 관리를 지냈고 사직 후 교육과 저술 활동에 종사한다. 1833년에서부터 1836년까지 이어진 대기근을 당해 사재를 털어 난민들을 구제하는 한편 지방 정부에 구제책을 제시한다. 그러나 구제책이 지방 정부에 의해 받아들여지지 않자 문하생들과 농민들을 조직하여 오사카에서 물가를 조작한 상인들 및 지방 정부군과 무력으로 충돌한다. 그러나 그는 정부군과의 전쟁에서 하루만에 패하고 자살한다.

1648)[24]와 그의 제자인 쿠마자와 반잔[25]인데, 나카에 도쥬의 경우 주
자학의 격법주의(格法主義)가 개인의 심적인 자유를 속박한다고 주장하
며 반대한다. 그리고 그의 제자인 쿠마자와 반잔은 형이하학의 입장에
서 주자학의 형이상학적 요소들을 배제하고 재정리하는 작업을 통해[26]
일본의 양명학을 발전시킨다. 그들은 모두 주자학을 비판하면서 중국
과 한국에서 수입한 주자학을 양명학적 입장에 근거한 일본적 유학으
로 전환한다.[27]

또 다른 측면에서 볼 때 일본 사회에서 유학연구는, 유학이 과거시

---

24) 나카에 도쥬는, "정치와 학문은 본래 하나의 이치이다.", "정치는 명덕을 밝히는 학문이
고, 학문은 천하국가를 다스리는 학문이다. 본래 하나이면서 둘이고 둘이면서 하나이라는 사
실을 알아야 한다."(이상『翁問答』上卷之末, 41, 所收)라고 말하면서 양명학의 일원론에 입각해
학문적 지식과 정치적 실천을 일원화한다. 도쥬의 지행합일설은 정치적 실천을 강조해 정치
적 실천의 차원에서 학문적 지식을 이해하는 것인데, 양명의 지행합일이 형이상학적 성격
을 지닌다면 도쥬의 지행합일설은 형이하학적 성격을 지닌다. 그에 의해 학문은 정치적 실천
을 위해 봉사할 수 있는 이론적 근거를 갖춘다. 앞 이기동의 논문, pp. 85~86. 그는 황상제(黃
上帝)라 하여 일본 민족의 시조인 아마테라스 오오미카미(天照大御神)를 제사지내며 태을신(太
乙神)이라 칭하고, 인간의 주체와 주관에 대한 절대적인 신뢰와 자유를 요구했다. 이시다 이
찌로우(石田一郎) 저, 成海俊 외 역의 같은 책, p.164.

25) 쿠마자와 반잔은, "겨울이 오면 여름에 입는 홑옷을 생각하는 마음이 없어지고, 여름이
오면 동복을 생각하는 마음이 없어진다. 이 형체가 있기 때문에 이 형체에 마음이 깃들어 있
다. 이 몸이 죽으면 이 형체에 깃들어 있는 마음이 없어진다(『集義和書』卷第3, 書簡之3)."라고 하
며 기(氣)를 중시하는 기(氣)우위설을 제창한다. 이기동, 같은 논문, p. 87.

26) 한국일본학회(편),『일본사상의 이해』, p .45. 이들은 양명학을 연구했지만, 양명학만을
연구한 것은 아니었기 때문에 양명학자로 분류하는 것은 문제가 있다는 시각도 있다. 한국일
본학회(편),『일본사상의 이해』, p. 36. 비토 마사히데, 엄석인 옮김,『사상으로 보는 일본 문
화사』, 예문서원, 2003. p. 183.

27) 일본 유교의 특징을 조선과 비교해보면, 첫째, 중국 주자학을 충실하게 받아들인 조선
과는 달리 일본에서는 과거제도를 채용하지 않았고, 둘째, 〈문공가례(文公家禮)〉를 제도로서
수용하지 않았으며, 셋째, 주자학을 그 내부로부터 파괴함으로써 성립한 고학파와 같은 것이
있었고 후에 이것은 양학(洋學)과의 결합을 시도했으며, 마지막으로, 과거제도의 결여라는 제
도적인 부정적 측면이 사상 학문의 자유와 문화의 다원화라는 긍정적인 측면을 야기한 아이
러니로서, 일본의 양명학은 조선에 비해 유력한 기반을 점하고 있었다.『도쿠가와 시대의 철
학사상(덕천사상소사)』, 미나모토 료엔(源了圓) 저, 박규태, 이용수 옮김, 예문서원, 2000. 한국
어판 서문.

험의 정식과목이 아니었다는 점에서 교학(敎學)인 유학에 구애받지 않으면서 비교적 자유롭게 주자학을 논의할 수 있는 환경 하에서 발전할 수 있었다는 점이다.

"과거제도를 갖지 못했던 일본에서는 유학 학습이 국가와 정치에 접속되지 않았고, 학문이 특정의 계급과 고정적으로 이어지는 일도 없었다. 18세기 후반 이후 중시되어진 무사의 유학 학습도 도덕교화에 주안점이 있지, 사회적 성공에 이어지는 것은 아니었다. 역으로 말하면, 학문을 통해서 정치적 책임을 자각시키는 시스템이 희박하였다. 유학의 지식과 견식을 정치에 활용하는 구조가 빈약하였기 때문에, 학문의 의미가 사회적으로 자명하지 못하고, 불투명하였다. 일본의 유학은 원래 사회적 책무에서 면제되어 있었던 것이다. 사회적 책무로부터 자유로웠던 만큼, 유학은 자유롭게 전개될 수 있었다. 무엇보다도 계급과 신분으로부터 자유로운 공간에서, 독자적인 지적 세계를 형성할 수 있었다. 즉 '문인(文人)'이라고 불린 지식인은 정치와 사회의 현실에서 일정한 거리를 둔 채 존재할 수 있었다. 유학 교양을 공유한 문인 세계는 신분과 지위에 관계없이 농민, 상인(町人)이라도 출입이 자유로운 지적 공간이었다. 따라서 각자의 지적 관심에 따라 지식과 교설과 사상을 구성할 수 있었다. 유학은 지배계급의 지적 독점물로 되지 않았고, 중앙권력이 지적 세계를 독점하지도 못하였다."[28]

그리고 또한 도쿠가와 막부가 서구의 기독교 이외에는 사상탄압을

---

28) 쓰지모토 마사시(辻本雅史), 「日本의 儒學傳統과 大學」, 『동아시아의 유학전통과 대학』, 성균관대 대동문화연구원, 1998. p. 104.

하지 않았다는 점에서 일본 학자들은 주자학의 형이상학적 측면에 대해서도 비판적인 견해를 활발하게 제기할 수 있었다. 한국과는 다르게 주자학에 대해 자유롭게 논의할 수 있는 이러한 일본의 사회정치적 배경은 이른 시기에 주자학 비판의 근거를 원시유학에서 찾는 고학파(古學派)를 탄생시킨다. 고학파에 속하는 인물로는 야마가 소코(山鹿素行, 1622~1685),[29] 이토오 진사이(伊藤仁齋, 1627~1705),[30] 오규 소라이(荻生徂徠, 1666~1728)[31] 등이 있다.

고학파에 속하는 인물들은 주자학이 강조한 개인의 도덕수양보다는 천하를 다스리는 유학을 강조하고 일본 사회의 현실을 반영하는 일본 유학을 정착시키기 위해 노력한다. 그들은 천하평화를 위한 정치 수단으로 개인의 도덕수양을 전제하고[32] 주자학에 덧씌워진 윤리의

---

29) 야마가 소코는 군사학 전문가로서 일상의 실천도덕을 제시하는 공자의 『논어』를 중시하자며 "공자에게 돌아가자"는 구호를 내세우며 주자학의 관념적 성격을 비판한다. 그러나 주자학을 관학으로 삼던 막부는 소코를 유배형에 처한다. 임옥균 지음, 『주자학과 일본 고학파』, 성균관대학교 출판부, 2012. pp. 37~38.

30) 이토오 진사이는 천도(天道)와 인도(人道)를 명확하게 구분하면서 우주론을 인성론으로부터 독립시켜 기(氣)일원론적 우주론을 전개한다. 그는 리(理)의 형이상학적 성격을 부정하며 리(理)는 기(氣)의 조리일 뿐이라고 보면서 본연지성(本然之性)을 인정하지 않고 기질지성(氣質之性)만을 인정했다. 한국의 이황이 주자학을 내면적 경(敬)으로 재집대성했다면, 진사이는 경을 다른 사람에 대한 공경으로 전환시키고 수양론의 핵심을 성실(誠)에 둔다. 진사이는 "성실이라는 글자는 성인 학문의 두뇌이고, 배우는 사람의 목표이다. 지극하고 크도다, 성인의 도는 성실일 뿐이로다."라고 말한다[伊藤仁齋, 『語孟字義』, 井上哲次郎, 蟹江義丸(編), 『日本倫理彙編 五 - 古學派の部(中) -』, 東京 : 育成會, 明治四十一年(二版), p. 46]. 루스 베네딕트는 일본 문화를 분석한 그녀의 저서 『국화와 칼』에서 "일본인은 모든 '세계'를 지배하는 어떤 한 가지 덕목을 들려 할 때는, '성실'을 택하는 것이 보통이다."라고 말했다. 루스 베네딕트, 김윤식·오인석 옮김, 『국화와 칼』, 을유문화사, 1991. p. 198. 임옥균의 같은 책, pp. 37~38.

31) 현실·실천이라는 측면에서 주자학의 형이상학적 성격을 비판하고 일본적 유학을 건설하려는 노력은 소라이에 와서 그 최종적 결실을 맺는데, 소라이는 유학이 성립된 이래 분리된 적이 없던 도덕과 정치의 연결고리를 끊어버린다. 마루야마 마사오의 『일본정치사상사연구』, 통나무, 1995. 임옥균의 같은 책, p. 38.

32) 오규 소라이의 경우, 도(道)란 바로 정치를 위한 예·악·형·정인 것이지, 주자학에서 말

형이상학적 색채를 희석시키는 가운데 일본 사회의 실질적 상황을 반영하는 일본 유학을 생산한다. 이러한 고학파의 이론은 이후 일본 유학이 일본 상황에 맞는 현실지향의 실용 및 실리적인 학문으로 재생산되는 토대를 제공한다. 유학을 일본 상황에 맞는 유학으로 변용하고 재생산한 이들 고학파의 사상적 성향은 향후 일본식 유학의 특징과 발전 양상을 이해하는 중요한 지표로[33] 자리매김한다.

즉, 한국과 중국의 전통사회가 절대적인 유교의 영향력에 놓여 있던 것에 반해 일본은 17세기 초에 통일정권인 도쿠가와 막부가 수립되어 비로소 유교의 수요가 커졌으나 유교가 일본 사회에 미치는 영향력은 여전히 미미했다. 그러나 일본의 현실적 사회 상황을 반영하는 고학의 발전은 근세 이후 계몽적인 지식들이 일본 사회에 유교를 보급하고 정착시키는 데 중요한 역할을 수행한다.

그 결과 근대 전환기 중국이 유교와의 단절을 통해 근대사회로의 진입을 시도한 것과는 다르게, 일본의 경우 메이지유신 이후 본격적인 서구적 근대화의 길로 접어든 이후부터 국가적 이데올로기의 창출을 통해 국민통합을 이루기 위한 차원에서 유교문화가 적극적으로 선양되고 활용된다. 중국이나 한국의 경우 전통사회에서 유교의 영향력이 절대적이었던 반면, 일본에서 유교문화는 전근대사회가 아닌 근대에 들어서면서 가족적 천황제 이데올로기를 뒷받침하는 과정에서 중

하는 것과 같은 개인의 도덕적 수양을 위한 형이상학적 도가 아니라고 주장한다. 이는 인간 개인의 도덕적 지향성을 부정하고 외적 강제력이 있는 예를 가지고 인심을 객관적으로 제어(禮治)해야 한다는 것을 의미한다. 한국일본학회(편),『일본사상의 이해』, p. 57.

33) 이는 실학의 발전으로 이어진 후 주자학을 벗어나 일본 고유의 학문인 국학을 성립시키고 다시 서양의 학문을 적극적으로 수용한 난학(蘭學)을 일본 사상계에 유행시킨다. 한국일본학회(편),『일본사상의 이해』, pp. 60~61.

시되고 일본의 사회문화를 떠받치는 중요한 요소로 기능한다. 즉, 일본 유학은 유교의 힘에 빨려들지 않는 것이야말로 민족주의를 확립하는 길이라는 일본 국학의 관점과 상호 대응하고 결합하는 습합(褶合) 과정을 경유하면서 성장하고 그 결과 근대 시기에 접어들면서 중국과 한국과는 달리 오히려 더욱 힘을 발휘한다.

2장 일본 근대사회의 맹아와 유교문화의 지위

1. 일본식 유교의 정착 – 고학(古學)

에도시대 중반기부터 봉건체제가 흔들리기 시작하고 막번 체제의 모순이 사회적 현상으로 표면화되면서 일본 사회는 점차 동요하기 시작한다. 즉, 막번 재정의 궁핍, 하급무사의 빈곤화, 상업고리대금의 사회 침투, 농민들에 대한 착취와 그로 인한 봉기 등은 일본 에도 시기의 안정성을 점차 파괴해나감으로써 주자학의 사상과 현실 간의 노정된 괴리감은 여실히 사회 전면에 드러난다. 이에 따라 다섯 번째 쇼군 쓰나요시(綱吉) 때부터 상문호학(尙文好學)의 문치주의(文治主義) 정책에 입각해 적극적으로 장려되던 주자학의 비인간적인 엄숙주의에 대한 반항이 일본 유학 내부로부터 발생하는데,[34] 이러한 상황은 일본 특유의 고학파(古學派)를 탄생시키는 배경이 된다.

고학파의 대표적인 사상가로는 야마가 소코(山鹿素行, 1622~1685),

---

34) 이에나가 사부로의 같은 책, p. 194.

이토 진사이(伊藤仁齊), 오규 소라이(荻生徂徠) 등을 들 수 있다. 이들은 주자학에 대해 이의를 제기하면서 공·맹(孔·孟) 또는 그 이전 고대 중국 선왕들의 가르침이야말로 불교와 노장 사상의 영향을 받지 않은 참된 유교이므로 이것으로 복귀해야 한다는 기치를 내세우며 일본 사회에 새로운 일본식 유교를 보급하는 데 기여한다. 고학파의 흥성 이후로 일본 사상계에서는 민족주의적인 동기를 지닌[35] 모토오리 노리나가(本居宣長, 1730~1801)가 당시의 유교 성행에 대항해 유교 이외의 일본 고유의 전통 문화의 가치를 강조한다. 그는 제한적 합리주의와 주관을 배격한 고전연구를 주장하고 이를 계기로 일어난 국학(國學) 열풍은 국제 질서관에 나타난 강력한 중국 중심적인 중화주의를 불식하는 가운데 국가주의로의 접목을 시도한다.[36] 그러나 국학과 초기에 상호 대응 위치에 놓여 비판의 대상이던 유학은 시간이 점차 흐를수록 국학연구에 필요한 보조 학문으로 이해됨으로써 유학의 위치는 국학연구와 동반자적인 관계를 형성하는데 이는 일본 특유의 습합(褶合)문화에서 기인한 것이다.

고학(古學)은 일본의 봉건적 질서가 해체되기 시작하는 시점에 나타난 일본 유교의 독특한 형태로, 일본에 수입된 정통 성리학에 대한 반발의식을 통해 형성된다. 고학은 기존의 후지와라 세이카와 하야시 라잔의 주자학, 나카에 도쥬와 쿠마자와 반잔의 양명학을 모두 후세 학자의 해석에 지나지 않는다고 비판하면서, 공(孔)·맹(孟)으로 돌아갈 것을 주장한 사상이다. 비록 이 사상이 전통회귀적인 측면을 보이기는

---

35) 구로즈미 마코토(黑住眞)의 같은 논문, p. 46.

36) 김동기, 「근·현대 직전의 일본 유학」, 『공자학』 6, 한국공자학회, 2000. p. 297.

하지만 주자학을 비판하는 과정에서 봉건적 세계상에 대한 날카로운 문제의식을 불러일으킨다는 점에서 근대적인 유교의 맹아를 싹틔운 것이라 할 수 있다. 즉, 일본 사상계에서는 봉건질서에 대한 이론적 합리화가 주자학의 도입을 통해 확립되고, 이에 대한 반동으로 고학이라는 근대적인 유교의 맹아가 출현한다.

고학의 선두 주자는 야마가 소코로 그는 일정한 소속이 없이 이리저리 떠돌아다니는 사무라이(浪人) 계급의 아들로 태어나 노장(老莊)과 선학(禪學)을 익힌 인물이다. 그는 공맹으로의 복귀를 주장하면서 기존의 주자학 논리를 비판하고 주자학보다는 노장사상이나 선(禪)을 통해 보다 자유로운 학문적 입장을 견지한다. 야마가 소코가 유학의 정통을 어지럽힌다는 죄목을 쓰고 아카이네(赤穗) 지방으로 유배된 중에 쓴 『적거동문(謫居童問)』의 대체적인 요지는, '천리를 보존하고 인욕을 제거한다(存天理, 去人欲)'는 주자의 주장이 인욕과 욕심을 인간 본능으로 인정한 공자와 맹자의 학설을 왜곡한 것이며, 따라서 주자학을 버리고 원시유교로 복귀해야 한다는 것이다. 이는 향후 고학파가 주장하는 대체적인 요지이자 고학파가 성장하고 발전하는 이론적 토대가 된다.

야마가 소코는 인간의 본능과 욕심에 대한 시인을 전제로 인간은 노력하고 경쟁하는 가운데 사회가 발전한다고 생각한다. 그렇다고 해서 그가 완전히 주자학적 규범을 포기한 것은 아니었는데, 그는 인간의 주체성을 보증해주는 질서와 규범을 추구하고 이 문제를 분업론(직분론)을 통해 해결하고자 한다. 즉, 그는 정적이고 초월적인 주자(朱子)의 '오륜(五倫)의 도(道)'를 인간의 일상적인 장인의 직업 활동의 차원으로 치환해 이해하는데, 그에 의하면 인간은 음식물을 획득하기 위한 경제활동을 해야 하며 그것은 곧 분업관계를 통해 이루어진 것으로 여겨진다. 그는 또한 직분론(職分論)을 주장하는 가운데 '오륜의 도' 를 사회적·계약적인 것으로 파악한다. 그는 무사가 "경작하지 아니하 고 먹으며, 만들지 않고 사용하며, 매매하지 않고 이익(利)을 취하니 그 까닭이 무엇인가?"라고 반문하며 "사(士)가 만약에 힘쓰지 않고 온전히 일생을 마치면 도적"이라고까지 단적으로 표현한다.

"이 세상에 인간은 말할 것도 없고 새와 짐승, 물고기나 벌레와 같 은 미천한 것, 마음이 없는 초목까지도 아무 것도 하지 않고 생을 마 치는 것이 있는가? ……그것들은 모두 살기 위해 쉬지 않고 하루 한 시간도 날거나, 달리거나, 헤엄치거나, 기어 다니는 것을 잃어버리지 않는다. 만물이 모두 이러하다. 그리고 인간 중에 '농·공·상'도 역시 그와 같다. 사(士)가 만약에 힘쓰지 아니하고 온전히 일생을 마친다면 하늘의 도적이라 할 것이다. 그렇다면 사에게 어찌 직업이 없으랴. 스 스로 살펴서 사의 직분을 구명(究明)한다면 그 직업이 비로소 드러날 것이다."[37]

"그 직분에 힘쓰기 위해서는 길이 없으면 안 되기 때문에 여기에 반드시 도(道)에 뜻을 두게 될 것이다. 가령 교토(京都)로 가려고 생각 해도 그 길을 모르면 잘 갈 수가 없을 것이다. 알지 못하는데도 무리 하여 가면 모두 잘못된 길로 가게 될 것이다. 사(士)가 그 몸을 닦고, 군주를 받들고, 아비에 효행하고, 형제·부부·붕우와 어울려서 마음

---

37) 田原嗣郎 외 校注, 『山鹿素行』, 『日本思想大系』 32, 岩波書店, 1970, pp. 31~32. 구태 훈, 「근세 일본 무사의 직분과 사도론」, 『대동문화연구』 제81집, 성균관대 대동문화연구원, 2013. p. 177.

편하게 서로 조화를 이루기 위해서는 그 길을 찾고, 그 쓰임을 알아야 할 것이다."[38]

그리고 그는 주자와는 달리 도(道)를 성인(聖人)이 자연을 본받아 세운 것으로 간주하고, 성인의 도의 실현인 우주의 근본법칙이란 분업적 세계 속에 자연적인 것으로서 현실에 존재한다고 본다. 그는 천하의 도가 모두 성인에 의해서 밝혀지고 바르게 된다고 보았으며, 성인은 하늘을 대신해서 인간사의 모든 법칙과 행위 지표를 정해주는 존재라고 말한다.

"성인이 나와서 천지의 사물의 법칙은 오직 자세하고 오직 바르게 된다. 사람사람이 말미암아 알고 말미암아 행한다. 그러므로 성인은 하늘을 대신하여 이 도를 지극히 하고 이 교를 베푼다."[39]

"오직 대인만이 성덕이 슬기롭고 밝아 스스로 힘써 그치지 않는다. 중화를 다하여 천지의 화육을 도우니 가히 천지와 더불어 나란히 할 수 있다."[40]

그는 학문의 표준이 성인에 있다고 보며 공자가 주공(周公)을 생각하고 맹자의 말이 반드시 요순을 칭하듯이 어느 것이나 다 성인이 그

---

38) 田原嗣郎 외 校注의 같은 책, p. 33. 앞의 구태훈의 같은 논문, p. 182.

39) 「聖學」 1, 『山鹿語類』 권33, 이용수, 「아마가 소코(山鹿素行)의 '코가쿠(古學)'와 『大學』이해」, 『동양고전연구』 제26집, 동양고전학회, 2007. p. 346.

40) 「聖學」 11, 『山鹿語類』 권33, 앞의 이용수의 같은 논문, p. 347.

전제조건이 되며[41] 성인의 도가 밝혀진 것이 학문이라고 생각한다. 그리고 이 학문은 일상생활에 직접 도움이 되는 것이 주목적이며, 사무라이의 도(士道) 또한 실용적인 학문을 본받고 배우는 것이라고 주장하며 "무문(武門)의 학문은 자신만을 닦았다고 해도 이 여러 종류의 일들에 직면해 효과 없이 도움이 되지 않는 것은 성학(聖學)의 조리가 아니다."[42]라고 말한다.

"학문의 지극함은 오직 그 사리(事理) 일용(日用)을 궁구하여 다하는 데 있다. 대저 천하의 사물은 각각 필연의 리(理)가 있고, 출입하고 기거하며 일(事)에 응하고 물(物)에 접하는 사이 모두 사리가 용법이 있다. ……그 사이에 성인이 크게 도(道)와 교(敎)를 설립하여 사람으로 하여금 각각 내가 금수와 다르고, 오륜(五輪)으로써 질서하며 품물(品物)로써 형통하는 말미암음을 알게 한다. 만약 성인의 도를 모르면 곧 리(理)를 밝혀도 밝지 않고, 서로 이롭고자 하고 좋은 것을 따라 포식하고 따뜻하게 입으며 빼앗지 않으면 만족할 줄 모르니 어찌 금수와 다르다 할 것인가."[43]

그리고 성인의 도를 강조한 야마가 소코는 이 도를 일본 고유의 신도(神道)적인 세계에서 찾는다. 그에 의하면 신도적인 세계는『고사기』와『일본서기』를 중심으로 한 고전 속에서 전개된 신들의 세계 및 천

---

41) 「聖學」 2,『山鹿語類』 권34, 이용수의 같은 논문, p. 373.

42) 山鹿素行, 「配所殘筆」, 『日本思想大系』 32, pp. 336~337. 앞의 이용수의 같은 논문, p. 343.

43) 「聖學2」『山鹿語類』 권34, 앞의 이용수의 같은 논문, pp. 372~373.

황가(天皇家)의 지배세계이다. 그 속에서 묘사한 최고의 신 아마테라스 오오미카미(天照大御神)를 정점으로 한 신들의 혈연적이고 자연적인 계층구조는 천황을 정점으로 한 혈연적 정치적인 계층구조와 더불어 대응하는 것이다. 또한 그는 황통(皇統)의 영원성과 무가(武家)정치의 정당성을 주장하면서 일본의 문화가 천지에 비할 바 없이 으뜸임을 주장한다. 그의 신도적인 세계관은 유교사상에 의해 보강됨으로써 일본식 특유의 유교문화는 점차 더욱 그 모습을 갖추기 시작한다.

근세 초기 일본의 유학자들은 신도(神道)와 유교(儒敎)가 별개의 것이라고 생각하지 않았다. 신도와 유교를 구별하는 의식이 생겨난 것은 신도가 독자성을 확립하고자 하는 국학(國學)이 태동한 이후의 일로, 그 전까지는 근세신도 스스로가 모순을 느끼지 않은 채 유교의 용어나 개념을 빌려 자기를 표현한다.[44] 반면 일반사회에서는 신도와 유교를 구별하는 의식은 거의 없었기 때문에, 유교는 신도에 대해 윤리성 및 정치성을 공급해주는 역할을 하고 신도는 이를 통해 성장한다. 따라서 근세 일본의 유교는 중국이나 조선에서와 같은 종교성을 확립하지는 못하고, '신유습합(神儒習合)'을 통해 신도에게서 종교성을 의지한다.[45]

---

44) 가령 송학의 이기설(理氣說)을 도입해 신도를 설명한 와타라이 노부요시(度會延佳, 1615~1690)의 경우라든가, 신도와 유교의 일치를 내세우면서 도덕을 강조한 요시카와 고레타루(吉川惟足, 1616~1695)의 이학(理學)신도 등이 그 사례이다. 또한 유교 측도 신도를 자기 영역의 일부라고 여겼다. 신도는 곧 왕도라고 주장한 하야시 라잔의 이당심지(理當心地)신도라든가, 유교의 천명설을 신도에 도입한 야마자키 안사이(山崎闇齋, 1618~1682)의 수가(垂加)신도 등이 그 대표적인 사례이다. 이와 같은 신도 유파들은 크게 유가신도(儒家神道)의 범주로 묶여진다. 무라오카 츠네츠구 저, 박규태 역, 『일본 신도사』, 예문서원, 1998. pp. 117~147.

45) 박규태, 같은 논문(2002), p. 194. 근세 유교는 신불에 의한 생사의 제사를 전제로 하면서, 학문 및 윤리적, 정치적 도를 본령으로 삼아 이를 세상에 제공하는 역할을 수행했다. 근세의 사상적 통일은 바로 이러한 신유불의 상호작용을 통해 이루어진 것이다. 박규태, 「근세일본의 종교와 문화」, 『종교와 문화』 2, 서울대 종교문제연구소, 1996. p. 152.

특히 야마가 소코의 유교의 신도로의 접근은, 18세기 후반에서 19세기에 걸쳐 유행해 메이지유신 이후의 '국체(國體)사상'과 결합해 유교에 지대한 영향을 끼친 국학에 영향을 준다. 이는 중화주의와의 결별 및 일본 지상주의 논리의 성립에 중요한 단초를 제공했다는 점에서 주목할 필요가 있다.

다음으로, 고학(古學)을 일본 사상계에 완전히 정착시킨 인물로는 이토 진사이를 들 수 있다. 그는 주자가 아닌 공맹(孔孟)의 원시유학과 한·당(漢·唐) 유학으로 돌아갈 것을 주장하는 가운데 인(仁)을 강조하면서, 주자학에서 설정한 '측은지심(惻隱之心)'과 '인(仁)'의 관계는 잘못된 것이라고 지적한다.

"맹자는 '측은지심(惻隱之心)은 인(仁)의 단서요, 수오지심(羞惡之心)은 의(義)의 단서요, 사양지심(辭讓之心)은 예(禮)의 단서요, 시비지심(是非之心)은 지(智)의 단서이다. 사람에게 이 네 개의 단서(四端)가 있는 것은 그에게 사지가 있는 것과 같다'고 하였고, 또 '사람은 모두 차마 하지 못하는 것이 있으니 그것을 차마 하는 바에 달하게 하는 것이 인(仁)이요, 사람은 모두 하지 못하는 바가 있으니 그것을 하는 바에 도달하게 하는 것이 의(義)이다'라고 하였다. 학자가 이 두 장에 나아가 궁구해 보면, 인의예지의 이치에 대하여 스스로 알 수 있을 것이다. 그 뜻은 말하자면, 사람에게 이 네 단서가 있는 것은 곧 성(性)에서 가지고 있는 바이니, 사람마다 갖추어져 밖에서 구할 필요가 없는 것이 마치 사지가 그 몸에 달려 있는 것과 같아, 진실로 그것을 확충하여 크게 하면 능히 인의예지의 덕을 이룰 수 있으니, 이것은 마치 불이 처음 타올라 스스로 들판을 태우듯이 치열함에 이르고, 샘이 비로소 솟아나와 반드시 언덕을 넘듯이 호호탕탕함에 이르는 것처럼 점진적이고 순차적이어서 그 형세가 스스로 멈출 수 없다는 것이다. 다음 한 장은 그 뜻이 더욱 분명하여 다시 의심날 만한 것이 없다. 이른바 '사람은 모두 차마 하지 못하는 바가 있다', '하지 못하는 바가 있다'는 것은 곧 측은과 수오의 두 단서이고, 그것을 차마 하는 바와 하는 바에 도달한 이후에 능히 인이 되고 의가 된다고 말한다면, 사단의 마음은 우리가 태어나면서 갖고 있는 것이고 인의예지는 곧 그것이 확충하여 이루어진 것임을 알겠다."[46]

즉, 주자학에서는 인간에게 고유한 형이상학적 요소가 인·의·예·지(仁·義·禮·智)이고 그것이 마음속에 구체적으로 발휘된 것이 측은지심, 수오지심, 사양지심, 시비지심의 네 가지 단서(四端)라 하지만, 진사이에 의하면 사단(四端)이란 인간에게 본래부터 있는 고유한 것이고, 그 사단을 확충해 사회에 도덕으로 발현된 것이 인·의·예·지이다. 그는 주자학에서 형이상학적인 요소로 이해한 인·의·예·지를 사회에 통용되는 도덕으로 이해함으로써, 주자학의 공부 방법인 '지경(持敬)'보다는 인(仁)을 실현하는 구체적인 방법인 '서(恕)'를 행하는 방법에 대해 강조한다. 그는 서(恕)의 내용을 '먼저 남을 헤아리는 것'으로 해석하고 이러한 마음을 지니는 것이 인(仁)이며, 인(仁)이야말로 이 인간사회를 조화시키는 도덕이 될 수 있다고 본다.[47]

마지막으로 오규 소라이에 이르러 주자학적 세계관에 대한 명백한 해체가 구체적으로 진행된다. 고학을 집대성한 소라이의 연구 대상은

---

46) 『어맹자의(語孟字義)』, 이기동, 같은 논문, p. 90.
47) 이토 진사이의 인(仁)과 서(恕)에 관한 내용은 이기동의 같은 논문, pp. 90~91.

공자가 계승하려던 주(周) 이전의 고대 성왕(聖王)의 도(道)이다. 그는 도란 선왕(先王)이 치국안민(治國安民)을 위해 만든 정치기술을 총칭한 것으로 주자학에서 주장하는 자연적인 규범이 아니며 유교의 본질은 예·악·형·정(禮·樂·刑·政)에 있다고 말한다.[48]

오규 소라이는 천도(天道)에는 무관심하고 오로지 인도(人道)에만 관심을 가지며 당시에 유행하던 주자학의 획일화된 엄숙함을 반대해 개성의 존중을 강하게 주장한다. 그런데 소라이는 개인은 성인이 될 수 없고 오직 천자(天子)만이 성인이 될 수 있다고 본다.

> "무릇 유학의 흐름이 가지각색으로 되고, 끝의 끝에 이르러서는 부처와 노자(老子)의 학(學)에 물들어, 마음(心)을 다스리고 성(性)을 밝힌다는 이상한 짓을 제일 중요한 일로 생각해 버리게 되었다. ……성인은 천자이며, ……성인의 도란 다름 아닌 천하국가를 다스리는 도라는 본래의 뜻을 어느 틈엔가 잊어버리고 말았다."[49]

즉, 성인의 가르침은 '일(業)'을 통해 가르치지 도리를 주장하지 않으며, 설령 도리를 말하더라도 일부분만을 말해 그 사람이 스스로 얻기를 기다린다. 여기서 '업(業)'이란 인간 행동을 서서히 일정한 방향으로 습관지어 가는 하나의 장기적이고 단계적인 정책과 제도를 의미한다.

또한 소라이는 주자학의 논리와는 다르게 '기질불변화설(氣質不變化

---

48) 守本順一郎, 『일본사상사』, 이론과 실천, 1991. p. 381.
49) 『日本思想大系 – 荻生徂徠』第36卷, 岩派, p.448.

說’을 통해 기질(氣質)은 바뀌는 것이 아니라 이를 충실히 할 수 있을 뿐이라고 말하는 가운데 이를 통해 자신의 개성을 함양해야 한다고 주장한다. 즉, 그는 인간의 개성과 그것에 동반한 분업을 인정한다. 기질의 충실을 통해 얻어지는 것이 바로 ‘덕(德)’이며 이것은 곧 ‘득(得)’이자 ‘재(材)’이다. 그리고 자신의 개성을 함양해 군주의 정치를 보좌하는 것이 바로 학문과 교육의 목적이다.

그는 또한 신분제적 직업관과 세속 직업을 긍정하면서 그 의미에 대해서, 농민은 밭을 갈아 세상 사람들을 먹여 살리고, 공인은 도구를 만들어 세상 사람들이 사용하게 하며, 상인은 교환을 통해 사람들을 돕고, 사무라이(士)들은 이들을 다스려 세상이 어지럽지 않아야 한다고 생각하며 네 가지 계층은 모두가 서로 돕는 관계에 있으며, 어느 하나라도 없으면 나라가 서지 않는다고 했다. 그에 의하면 이처럼 인간은 서로가 떨어질 수 없는 존재이며 세상 사람들은 모두가 군주에게 백성들의 부모가 되도록 돕는 역인(役人)에 다름 아니라고 보면서, 성인의 도는 ‘다단(多端)’(『변도(辨道)』)하기 때문에 각 개별자들은 여러 방면에서 각자의 의미를 실현하면 되는 것이다. 그는 인성의 수양을 주자학적인 동일성 회복에 목적을 두지 않는다.[50] 무엇보다도 소라이는 성인의 도를 ‘천지자연의 도’라든가 ‘사물 당연의 도’로 간주할 수 없으며, 그와 같은 것은 단지 도의 일부분만을 의미하는 것이며 도는 효제인의부터 예악형정에 이르기까지 모두 포괄하는 것(統名)이라고[51]하며, 도의 도덕적인 측면만을 적극적으로 강조하지 않는다. 이 점에 대

---

50) 이기원, 「오규 소라이의 정치사상과 공생을 위한 관용의 기술」, 『일본학연구』 제32집, 단국대 일본연구소, 2011. p. 163.

51) 앞의 이기원의 같은 논문, p. 162.

해서 마루야마 마사오는 평가하길 이는 정치의 도덕으로부터의 자립이며, 바로 이 점에서 소라이의 '근대성'을 인정할 수 있다고[52] 말한다.

실제로 소라이는 '고문사학(古文辭學)'이 문학이론만이 아닌 인생철학임을 선언하고 인간성의 내용에 대해서도 윤리적 측면에서만 바라보지 않는 가운데 정치, 경제, 사회, 예술 등의 다방면의 차원에서 접근한다.

"그는 도쿠가와 8대 쇼군 요시무네(吉宗)에게 제도개혁을 제안하는 전제로서 우선 당시 풍속의 울타리를 벗어날 필요성을 강조했다(『태평책(太平策)』). 현대를 대상화해 그 구조를 최대한 전체적으로 파악하지 않으면 근본적인 제도 개혁을 할 수 없기 때문이다. 그리고 이 현대화를 대상화하는, '울타리를 벗어나기' 위한 수단으로서 그가 내세운 것이 고문사학(古文辭學)이었다. 그것은 이질적인 세계로서 중국 고대의 언어 제도 생활에 내재해 있는, 자신과는 다른 타자를 그 타자를 통해서 안다고 하는 방법이다. 이 일은 금방 '실제적인 이익'에 연결되는 것은 아니다. 그러나 사상사적으로 보면, 이 중국 고대를 대상으로 한 고문사학의 방법이 이윽고 18세기 중반 이후, 서양 연구나 일본의 고대 연구에 응용됨으로써 난학이나 국학이 꽃을 피울 수 있었다(히라이시 니오아키, 『개정판 이본 정치사상사 – 근세를 중심으로』, 放送大學敎育振興會, 2001. 제10장과 제12장 참조). 그것들의 학문적 기초 없이는 메이지유신이 불가능했었다고 해도 좋을 것이다. 직접적인 '실익'과 관계없는, 고문사학이라고 하는 기초적인 학문 방법이 오히려

---

52) 澤井啓一,「德川 日本 儒敎에 있어서의 근대성」,『양명학연구』8, 경상대 남명학연구소, 1998. p. 81.

근대 일본을 가능하게 한 하나의 중요한 지적 요인이었던 셈이다."[53]

이 외에도 마루야마 마사오는, 자연법칙과 도덕규범을 연속시켰던 주자학을 자연적 질서의 논리에 근거한 사유 방식으로 평가하면서, 사회적 규범(道)이 성인의 작위(作爲)에 의해 성립하는 것이고 선험적으로 존재하는 것이 아니라고 주장한 소라이의 입장에 대해 주체적 작위에 근거한 사유 양식이라고 평가한다.[54]

이상에서 알 수 있듯이, 일본 사회가 근대 세계로 전환하는 데에는 19세기 초·중반 급속하게 몰아닥친 서구의 영향이 결정적이었다고 하더라도, 일본 사회 내부의 사유체계 내에서도 자체적으로 봉건질서에 대한 모순 인식과 대안 마련이 모색되고 있음을 알 수 있다.

2. 국학(國學)의 화혼(和魂)의식과 유교

일본 에도시대에 발전한 주자학과 양명학에 대한 반동으로 원시유학으로 돌아갈 것을 주창한 고학(古學)이 전개되고, 이 뒤를 이어 일본 사상계에는 유학과 이항 대립적 관계를 형성하는 국학(國學)[55]이 나타

---

53) 히라이시 나오아키(平石直昭), 「동아시아 문화 연구의 필요성에 대하여」, 『동아시아 문화와 사상』 제9호, 열화당, 2002. p. 218.

54) 같은 논문, p. 82.

55) 국학은 단일한 학문이 아니라 그 속에 특수 학문을 포함한 종합적 학문이기 때문에 일종의 유형에 딱 맞지 않고 복잡한데, 학문으로서는 고전학·신도학·역사학·제도고실학(制度故實學)·고기물학(古器物學)·서지학(書誌學)·국어학(國語學) 등이 포함되고, 사상적 입장에서도 복고주의가 전부가 아닌, 고증파도 있고 가문파(歌文派)도 있다. 이시다 이찌로우(石田一郞) 저, 成海俊 외 역, 『일본사상사개론』, J&C, 2003. pp. 196~197.

난다. 국학은 외래사상에서 해방되어 본래 일본 고대의 모습을 있는 그대로 이해하자는 의도에서 발생한 학문유파로 이들은 일본의 다양한 고대 문화에 대한 실증적 연구를 통해 일본의 '옛 도(古道)'를 규명하자고 표방한다.

즉, '옛 도'를 규명하자는 복고사상은 일본 고유의 순수한 고대 사상으로 돌아가자는 것을 의미한다. 국학은 다양한 사상적 내용 및 여러 분야의 내용을 담고 있는데, 대체적으로 그 요지가 유교와 불교를 배척하고 일본의 전통문화와 정신의 우수함을 강조하는 데 있다는 점에서 국수주의의 한 유형으로 파악할 수 있다. 막부의 중세를 부정하고 고대를 동경한 국학이, 신도적 사관을 더욱 강화하고 천황의 신령스러운 덕(神德)을 찬양하며 일본을 신국화(神國化)하는 길로 들어서는 것은 당연한 귀결이었다.

국학을 대표하는 인물로는, 문헌학적 방법의 기초를 확립한 게이츄(契沖, 1640~1701)를 비롯해, 가모노 마부치(賀茂眞淵, 1697~1769), 모토오리 노리나가(本居宣長, 1730~1801), 히라타 아츠타네(平田篤胤, 1776~1843) 등을 꼽을 수 있다.[56] '옛 도(古道)'로 돌아가자는 복고주의적인 연구가 활발해지면서 근세 시기에는 고대 일본의 화혼과는[57] 다

---

56) 미나모토 료엔 저, 박규태·이용수 역, 『도쿠가와 시대의 철학사상』, 예문서원, 2000, p. 186.

57) 일본 고대 화혼(和魂, 야마토고코로)의 용례는 『원씨물어(源氏物語, 겐지모노가타리)』를 시작으로 헤이안(794~1188) 중기 이후의 작품에 나타나며 대략 '어떤 상황에 직면한 문제를 판단하고 분별해 처리할 수 있는 임기응변의 지혜, 재주와 같은 실질적인 능력'이란 의미로 사용되어 '한재(漢才)'와 대비되는 형태로 사용되었다. 한(漢, 자에)보다 화(和, 야마토다마시이)의 가치를 강조하는 문장이 나타나는데, 이는 중국 문화의 섭취와 수용에 적극적이던 9세기 말 이후 중국풍의 규범에서 벗어나고자 하는 기운이 확산되고 이어 10세기 말에서 11세기에 걸쳐 섭관정치(攝關政治, 곧 셋칸 정치란 천황을 대신해 직무를 대행하는 셋쇼(攝政) 정치와 관백이 어린 천황의 정무를 대행한 간파쿠(關白) 정치를 말하는데, 이 두 관직은 모두 집정관적 성격을 지님. 후지와라 가문

른 새로운 시각의 화혼론이 성립된다.[58]

우선, 문헌학자인 가모노 마부치[59]의 경우, 나라(奈良)시대에 편찬된 일본 최고(最古)의 시가집(詩歌集)인 『만엽집(萬葉集)』[60] 자체에서 일본 고대의 순수한 정신을 파악한다. 마부치는 『원씨물어(源氏物語)』[61] 주

은 셋칸(攝關) 정치를 하여 관리의 임면권과 조정의 요직을 독점함으로써 경제적 기반을 다질 수 있었으며 이러한 현상은 일본 사회에서 11세기 말까지 계속됨)가 전성기를 맞이하는 시대적 배경으로 이해할 수 있다. 즉, 한학과 한학의 교양이 중요하더라도 이미 현실 정치사회의 본질이 아님을 여실히 보여주는 것이다. 박미경, 「日本古典에 보이는 '和魂'의 정의와 어의의 변천」, 『동아시아고대학』 9, 동아시아고대학회, 2004. p. 377. 이하 화혼(和魂)에 대한 내용은 위의 「日本古典에 보이는 '和魂'의 정의와 어의의 변천」에 의거함.

58) 화혼은 첫째, 고정된 실체가 아니었고 둘째, 화혼이 자각되는 상황은 타자를 의식하고 자신의 정체성을 묻고자 할 때 제기되어 왔으며 셋째, 고대의 화혼이 개인적인 범주에서 개인의 심성·재주 등을 의미했다면 근세의 시기를 거치면서 일본인에 공통하는 심성으로 의미가 확대되어간다. 박미경의 같은 논문, p. 396.

59) 국학자이자 시인으로 유명한 다야스 무네타케(田安宗武)의 만남을 통해 만엽의 세계로 들어선다. 그래서 그의 학문적 태도는 기본적으로 다른 국학자들과 마찬가지로 고문사학적인 노선에 따르지만 시인 정신을 지녔기에 단순한 문헌학자에 머물지 않았던 인물이다. 그러나 마부치의 연구는 시인다운 직관적 통찰력이 있는 반면 게이츄가 지녔던 실증적인 엄밀성이 결여되어 있었고, 당시 이런저런 법도에 묶이고 주자학적 리(理)에 속박당해 있던 도쿠가와 사회에 대한 반발 이상의 의미를 지니지는 못한다는 평가도 존재한다. 미나모토 료엔 저, 앞의 책, pp. 191~192.

60) 『만엽집(萬葉集)』은 나라시대에 편찬된 일본 최고(最古)의 20권의 시가집(詩歌集)으로 대체로 630년대부터 760년대까지 약 130년간에 걸쳐 가장 많은 작품이 만들어졌다고 추정된다. 이 가집은 일관된 방침 아래 한 사람 또는 몇 사람에 의해 만들어진 것이 아니라 역대 선인들의 뒤를 이어 보충되고 정리된 것으로 이름이 밝혀진 작자만도 수십 명에 이르며, 성명 미상의 작자도 수십 명이다. 문학적으로도 높이 평가되며, 일본 사상사 및 생활사 연구에도 귀중한 자료이다. 일본의 신도사상은 『만엽집』을 통해 일본의 순수한 고대정신을 확인하고 『고사기(古事記)』, 『일본기(日本紀)』 등의 역사서 등을 신전화(神典化)하는 과정을 통해 일본 역사의식을 지배하는 가운데 발전한다.

61) 『겐지모노가타리(源氏物語)』는 11세기 초 헤이안 중기의 대표적인 이야기 문학으로 여성작가인 무라사키 시키부(紫式部)의 작품이다. 54첩(帖)으로 되어 있고, 전편 44첩은 주인공 히카리 겐지(光源氏)가 화려한 귀족 세계에서 여성들과 벌이는 연애 생활을 묘사하고, 후편인 10첩은 겐지의 아들 가오루(薰) 대장의 숙명적인 비극을 묘사한다. 구성이 뛰어나고 인간의 심리나 자연을 잘 묘사하여 이야기 문학의 최고봉이라고 일컬어진다. 헤이안 말기부터 에도시대의 소설·희곡에까지 많은 영향을 끼쳤다. 국내 번역본으로는 무라사키 시키부 저, 전용신 역, 『겐지이야기』 1~3, 나남, 1999년이 있다.

석서에 해당하는 『원씨물어신석(源氏物語新釋)』(1758)에서 일본 고대의
순수한 정신을 아래와 같이 설명한다.

"(『원씨물어(源氏物語)』가 씌어진) 이 당시에는 오로지 한학(漢學)으로
천하를 통치하는 것으로 생각하고 있었기 때문에 이와 같이 쓴 것이
다. 그러나 일본의 상대에 있어서 천황이 권위를 가지고 매우 융성하
고 백성이 아무 탈 없이 살 수 있었던 것은 그저 무력의 위엄을 보여
백성을 따르게 하고 그렇게 하여 천지(天地)의 마음에 맡겨 다스렸기
때문이다. 사람의 마음이 만들어낸 한학(漢學) 등에 의해 중국도 다스
려지기 때문이다. 사람의 마음이 만들어낸 한학 등에 의해 중국도 다
스려졌던 적이 없는데도 불구하고 한학을 맹신한 나머지 황제는 오
만하게 지내서 신하에게 정권을 빼앗겨버린 것이다"(「幼女の卷」).[62]

즉 가모노 마부치는, 야마토다마시이(和)를 '천지의 마음'으로 해석
하면서 백성과 천황을 이롭게 하는 선(善)으로 파악할 뿐만 아니라 인
위적인 한학(漢學)에 의한 통치가 초래한 병폐를 지적한다. 그는 나라
시대(710~784)의 일본이 그러한 병폐와 무관할 수 있었던 것은 인위
적인 중국의 한학(漢學)이 아닌 '천지(天地)의 마음'인 야마토다마시이
(和)에 의한 통치였기 때문이라고 주장한다.[63]

---

62) 『겐지모노가타리신샤쿠(源氏物語新釋)』, 박미경의 같은 논문, p. 381.

63) 좀 더 범위를 넓혀 일반적인 용법으로 쓰인 용례도 보인다. 즉 "처음 시작이 나빠서는
하기 어렵다. 모든 것을 잘못 배우면 습관이 되며 원래의 야마토다마시이를 잃어버려 마침
좋은 방법을 들어도 곧고 맑은 오랜 고도(古道)에 다다르기 어렵다"(『歌意考』)는 인용문은 시
를 짓는 데 『만엽집(萬葉集)』을 본으로 삼아야 한다는 것을 말한 맥락에서의 주장이지만 '높
고 곧은' 야마토다마시이는 시를 짓는 데뿐만 아니라 모든 일에까지 확대되어 있는 것이다.
이렇게 마부치를 통해 고전의 용례와는 다른 의미의 화혼 즉, '천지의 마음', '높고 곧은 마음'

가모노 마부치의 뒤를 이어 국학을 발전시키고 집대성한 인물은 모토오리 노리나가이다. 그는 게이츄에게서 자유로운 탐구정신, 고서(古書)로 올라가는 근본적이고 객관적인 학풍 등 엄밀한 문헌학적 방법을 배운다.[64] 그의 사상 전반은 유교와 불교를 철저히 배격하고[65] 일본만의 순수한 정신을 강조하며 민족주의 정신을 고취시킨다. 이러한 그의 사상적 특징은 그가 30여 년 동안 각고의 노력을 기울여 신(神)의 가계와 천황(天皇)의 권위에 대한 존중의 내용을 담은『고사기』의 연구를 통해서 확인할 수 있다.

즉, 그는 일본 본래의 마음이나 정치의 양상은 '신(神)의 도(道)'라고 표현하며 그것은 신화에 의해 증명된다고 주장한다. 이는 그가『고사기』,『일본서기』를 참다운 고전으로 보고 거기에서 일본의 전통을 읽어내려는 태도를 통해서 확인할 수 있다.『고사기』에서는 천황의 조상신 아마테라스(天照大御神)를 정점으로 일본 신화에 나오는 수많은 신들을 서열화하는데, 노리나가는『고사기』 연구를 통해 일본 신화에 나오는 고대의 신들에게서 일본의 순수한 혼을 찾고자 한다. 그는 무엇보다 신의 실재를 의심하지 않았으며『고사기전(古事記傳)』(1798)에서 일본의 신 '가미(カミ, 神)'에 대해 다음과 같이 정의한다.

으로 이해되기에 이르는데 이러한 화혼은 후학들에 의해 견해가 나뉘게 된다. 박미경의 같은 논문, pp. 381~383.

64) 그는 이와 함께 고어를 옛 뜻의 표현으로 파악하고 고어의 해석을 통해 고대 정신을 이해하고자 하는 마부치의 독자적인 해석학적 방법을 나름대로 적용해 자신의 학문을 발전시켰다. 마부치가 시가의 언어와 정신에 한정한 것에 반해, 노리나가는 산문의 세계 즉, 구체적인 인간의 일상적인 생활의 행위 문제까지 고려함으로써 노리나가의 인간관이 완숙해졌다. 미나모토 료엔 저, 앞의 책, pp. 194~197.

65) 노리나가는『고지키덴(古事記傳)』의 서문으로 쓴「직비령(直比靈)」에서 통렬히 유학을 비판해 일본 고유의 도(道)와 일본에서 가장 오래된 역사책인『고지키(古事記)』와의 관련에 대해 생각하게 한다. 박미경의 같은 논문, p. 384.

"무릇 '가미(カミ)'란 옛 서적에 보이는 천지의 온갖 신들을 비롯하여, 그 신들을 모시는 신사에 진좌한 여온을 말하기도 한다. 또한 사람은 말할 것도 없고, 금수와 초목, 산과 바다 등, 그 밖의 어떤 것이든 범상치 않고 뛰어난 덕이 있어 불가사의한 것을 '가미'라 한다. (중략) 좋은 것도 나쁜 것도 매우 존귀하고 뛰어난 신들에 관해서는 실로 영묘하고 기이한 까닭에, 인간의 얕은 지혜로도 도저히 그 이치를 헤아려 알 수 있는 일이 아니다. 그저 그 존귀함을 받들고 불가사의함을 두려워할 따름이다."[66]

그는 유교나 불교에서 말하는 도덕과 선악은 일본 고대에 존재하던 신(神)의 도(道)를 타락시키는 위선을 강제한 것이라 비판한다. 이러한 그의 관점은 천황 및 민족주의를 강조함으로써 일본 민족이 가장 뛰어나고 유일한 신의 나라라고 주장하는 데 이른다. 그의 사상은 근대 전환기에 이르러 일본인들의 의식 속에 깊숙이 침투하고 천황제와 메이지유신의 사상적 지주가 된다.

그의 민족주의는 그의 주저인 『고사기전』을 통해 확인할 수 있는데, 그는 일본을 뒤덮고 있는 '가라고코로(漢意, 모든 일에서 중국을 높은 것으로 생각하는 마음)'를 씻어 내버리자고 하면서, 고어(古語)·고의(古意)·고도(古道)를 탐구해 '가라쿠니(漢國)'에 대한 '미구니(皇國)'의식의 수립에 커다란 계기를 제공한다.[67]

---

66) 大野晋, 大久保正 編, 『本居宣長全集』 第9卷, 筑摩書房, 1969. pp. 125~126. 배관문, 「근대 전환기 일본의 실학 - 야마가타 반토와 후쿠자와 유키치」, 『경학에서 철학으로 - 동아시아, 근대 전환기 학술의 양상』, 성균관대 유교문화연구소 추계학술회의 자료집, 2014. p. 31.

67) 가노 마사나오(鹿野政直) 저, 김석근 역, 『근대 일본사상 길잡이』, 소화, 2004. p. 32.

그의 만년의 학문론에 해당하는 저서인 『우비산답(宇比山踏)』(1798)에서는 야마토다마시이에 대한 용례가 다양하게 나온다.

"그러므로 이 두 책의 사적(事跡)에 도(道)가 갖추어져 있는 것이나 도의 대략도 거의 납득이 갈 것이다. 또 앞에서 든 책들은 빨리 읽으면 야마토다마시이를 굳건히 잘 지킬 수 있어 가라고코로(漢意)에 빠지지 않는 방법으로도 좋다. 도를 배우고자 마음먹은 사람들은 제일 먼저 한의(漢意)·유의(儒意)를 씻어내고 야마토다마시이를 굳건히 하는 것을 중히 여겨야 한다"(『우이야마부미(宇比山踏)』).[68]

"중국의 문헌을 보는 것도 학문을 위해서는 퍽 도움이 될 것이다. 야마토다마시이만은 견고하고 움직임이 없다면 밤낮으로 한문을 읽는다고 하더라도 거기에 현혹될 우려는 없기 때문이다"(『우이야마부미(宇比山踏)』).[69]

노리나가의 야마토다마시이에 대한 이해는 『고사기』, 『일본서기』를 접함으로써 얻어지는 '일본 고유의 심성'을 의미한다. 위의 첫 번째 인용문에서는 가라고코로(漢意)에 대한 반발과 대립의식을 보여주지만, 두 번째 내용에서는 한학을 배제한다는 의미보다 야마토다마시이를 견고히 하는 가운데 한학을 취해야 한다는 입장을 견지한다. 특히, 그의 '모노노아하레(物の哀れ)'론을 바탕으로 전개한 고도론(古道論)에서

---

68) 박미경의 같은 논문, p. 385.
69) 박미경의 같은 논문, p. 385.

'도(道)'란 '천황이 천하를 다스리는 도'인데 그는 이 도(道)가 한의(漢意)에 의해 가려지고 은폐된다고 본다. 그리고 노리나가는 가라고코로와 같은 한학에 의한 지식이나 도덕적 원리가 야마토다마시이인 '모노노아하레'와 같은 작고 세세한 감정을 소중하게 생각하는 '일본 고유의 심성'을 부정하고 은폐시켜 버린다고 말한다.

다음으로, 노리나가 사후의 문인인 히라타 아츠타네(平田篤胤, 1776~1843)는 막부 말기, 메이지유신 시기, 태평양전쟁 시기에 이르기까지 사회적 영향력이 컸던 인물인데, 노리나가가 규범적 인문학자로서 실증적 연구에 시종일관한 반면 아츠타네는 노리나가의 고도(古道)를 신학화(神學化)하는 데 치중한다. 즉 아츠타네는 자신의 신앙 내용을 일본의 고전으로 논증하고자 하는 경향이 있는데, 당시 일본인들은 자칫 정신적 균형을 잃어버리기 쉬운 위기의 시대를 맞이해 온화한 학풍의 노리나가 학문보다는 광신적인 면조차 지닌 종교적 신앙적 성격의 아츠타네 쪽으로 기울어진다.[70] 그는 신도에 종교적이고 규범적인 성격을 부여하는 가운데 신도가 외국의 종교와 사상에 비해 우월함을 주장한다. 그의 국학을 통해 신격화된 천황을 중심으로 일본 민족을 통합하기 위해 노력하고 일본 민족의 정체성 확립에 기여함으로

---

70) 미나모토 료엔 저, 앞의 책, p. 209. 아츠타네의 사상은 노리나가의 합리주의적 고전 해석보다 범위를 확대하여 고대사 연구에 몰두했고, 『고지키덴(古事記傳)』을 중심으로 한 노리나가와는 달리 신도(神道)의 고문체 기도문인 노리토(祝詞)야말로 고전설의 가장 순수한 형태라고 간주하는 등 신빙성이 희박한 것들을 포함한 다양한 사료를 이용한다. 기독교의 영향을 받아 천지의 창조자, 영혼불멸 등의 영향을 받아 독자적인 신도 신학 체계를 세우고, 중국과 인도의 고전까지 확장해 일본 본래의 고전설이 중국과 인도의 가르침에 반영되어 있을 것이라고 생각했다. 이때 아츠타네는 자신의 주장의 근거를 확립하기 위해 남의 저작 내용을 자신의 사상인 양 적당히 베껴 날조하기도 한다. 이처럼 아츠타네의 주장은 너무 유별난 것이어서 막부도 그를 경계해 마침내 그가 66세 되던 새해 첫날 에도로부터 추방령이 내려지게 되고 2년 뒤에 고향에서 외롭게 죽어간다. 이상 미나모토 료엔 저, 앞의 책, pp. 210~212.

써 이후 존황(尊皇) 운동과 일본인에게 전쟁 수행에 필요한 민족의식을 고취시키는 데 중대한 영향력을 행사한다. 반면 그의 사상이 지니는 여러 가지 한계에도 불구하고 외래의 여러 종교를 포섭해 옛 신도(古神道)를 근대화하고 조직화하고자 했던 아츠타네의 시도는 높이 평가받는다.[71]

아츠타네는 유학에 대해서도 노리나가와 달리 좀 더 열린 자세를 취한다. 즉, 그는 유학이 그 자체로는 부정되어야 할 것이나 유교의 가르침인 군신의 명분이 황국군신의 도에 합치된 것이라면 수긍할 수 있다고 본다. 그는 화혼(和魂)의 유지를 절대조건으로 취하면서 한재(漢才)를 일괄적으로 부정하지 않은 '화혼한재(和魂漢才)'를 열심히 선전한 인물이었다.[72]

히라타 아츠타네가 말하는 옛 학문(古道)을 배우는 것은, 노리나가가 주장한 황국(皇國)이 모든 나라 위에 위치하는 나라임을 밝히는 것과 마찬가지로, 일본이 다른 어느 나라보다 우수한 나라임을 주장하는 데 있다.

> "일본인은 대담하다고 할까 영웅이랄까 매우 강한 기질이 있다. 그
> 게 무엇인가 하면 복수를 위해 지거나 혹은 원수를 죽이려 노리는 일

---

71) 신도의 관점에서의 히라타 아츠타네의 연구는, 무라오카 츠네츠구(村岡典嗣), 박규태 역, 『일본신도사』, 예문서원, 1998년을 참조.

72) 화혼의 획기적인 해석은 아츠타네에 의해 이루어졌는데, 그는 『영능진주(靈能眞柱)』의 서두에서 "여기 우뚝 세우는 기둥은 옛 학문(古道)을 하려고 뜻을 둔 사람들이 간직해야 할 야마토고코로(和魂)의 지주"라고 설명한다. 아울러 모든 일이 도리에 어긋나지 않도록 해주고 외국에 물들지 않은 고유의 아름답고 깨끗한 마음의 유지는 야마토고코로의 충분한 연마에 의해 가능하다고 설명한다. 이것은 앞서 본 노리나가의 설명의 연장으로 보인다. 박미경의 같은 논문, p. 394.

이 있어 원수를 갚지 못하면 조금도 당황하지 않고 이른바 아무렇지
도 않게 자신의 배를 과감히 베어 죽는다."[73]

"그토록 훌륭한 정(情)을 천신(天神)의 영에 의해 선천적으로 부여
받고 있어서 그대로 거짓을 말하지 않고 비뚤어지지 않으며 가는 것
을 인간의 참된 길이라 한다. 또한 그 선천적으로 얻은 도(道)를 사심
(邪心)이 나오지 않도록 갈고닦아, 가까운 예로 들자면 일본인은 저절
로 용감하고 올바르고 곧게 태어난다. 이것을 야마토고코로(大和魂)라
고도 미쿠니다마시이(御國魂)라고도 말한다."[74]

위의 인용에서 알 수 있듯이 아츠타네는 일본인의 우수성을 강조함
과 동시에 야마토고코로(大和魂)를 일본인의 용감함, 강인함, 용맹함과
결부시키며 강조한다. 이러한 대화혼(大和魂)을 지닌 만세일계의 천황
을 섬기고 영원히 충의를 다할 것을 역설한다.[75]

즉, 19세기 초 서양 열강의 통상 요구에 대한 위기상황이 고조되면
서 종래 일본인 고유의 심성을 의미했던 화혼(和魂)관념은 외국에 대항
하는 일본이라는 관점을 강조함으로써 일본의 정체성을 상징하는 이

---

73) 『古道大意』, 박미경의 같은 논문, p. 390.

74) 『古道大意』, 박미경의 같은 논문, p. 392.

75) 그는 대화혼(大和魂)을 지닌 사람은 "홀로 절개를 지키고, 홀로 진정한 도(道)를 배우는"
사람을 "진정한 호걸·영웅이라고도 하며 또한 야마토고코로(大倭心)라고"(『伊吹於呂志』) 하
여 야마토고코로의 소유자는 영웅호걸이고, "황통(皇統)이심을 분별하여 오로지 삼가 받들
어 옛 전승을 지켜 신기(神祇)를 존경하고 야마토고코로의 용감하고 씩씩함을 제일로"(『伊吹於
呂志』) 하여 만세일계의 천황을 섬기고 영원히 충의를 다할 것을 역설한다. 화혼의 해석사상
아츠타네의 의의는 노리나가와 같이 우아하고 고상한 수동적 야마토고코로가 아니라 능동
적이고 행동적인 '용무(勇武)'의 야마토고코로를 설명한 것에 있다. 박미경의 같은 논문, pp.
393~395.

념으로 도약하고, 그 내용은 서양 열강의 도전에 대해 목숨을 다해 용맹스럽게 대처해야 하는 무용(武勇)정신으로 채워진다. 그 결과 고전학적 전통과 더불어 신도사(神道史)적 전통에서 일본 문화의 본의를 찾고자 한 국학(國學)의 화혼 개념은 존왕양이론(尊王洋夷論)의 사상적 토대가 되고, 또 그에 토대한 국체론(國體論)[76]은 천황에 대한 충성과 메이지유신의 성공을 위한 중심 이데올로기로 자리하게 된다.

---

76) 국체(國體, 고쿠타이) 개념은 미토(水戶)의 번사(藩士)인 아이자와 야스시(會澤安)의 『신론(新論)』(1825년)에 의해 부상하는 획기적인 계기를 마련하고, 조칙(詔勅)에 사용된 '국체'라는 말은 1868년 「오쿠하 처분에 대한 조칙(奧羽處分の詔)」에 보이는 "정권의 길, 인심이 일정하지 않으면, 무엇으로 국체를 유지할 것인가"에서 처음 나온다. 앞의 가노 마사나오(鹿野政直) 저의 같은 책(2004), p. 115, p. 118.

3장 일본의 근대화와 유교담론의 전개 양상

12세기부터 19세기 후반까지 일본에서 정치적 실권을 장악한 것은 가마쿠라(鎌倉)·무로마치(室町)·에도(江戸)에 본거지를 두고 있던 막부였다. 그러나 막부의 지배는 미국 흑선함대를 이끌고 일본에 개국을 강요한 페리(Perry)의 내항으로 인해 위기에 처하고 일본 사회는 마침내 1858년에 불평등 조약인 미일통상조약을[77] 체결한다. 미일통상조약의 체결은 일본이 외압에 굴복하는 과정인 동시에 막부가 정치적 대표기관으로서의 자격을 상실해가는 과정이었다. 1858년에 체결한 불평등 조약은 막부의 외적에 대한 방어 능력의 부재를 백일하에 드러내고, 이로 인한 도쿠가와 막부의 무능함과 외세의 침입으로 인해 싹트기 시작한 위기의식은[78] 일본 사회에 존왕양이(尊王攘夷) 운동

---

77) 1853년 함대를 이끌고 내항한 페리(M. C. Perry)가 무력시위를 벌이며 일본에 개국을 강요하자 1858년 미국 측 함상에서 미일통상조약이 조인된다. 미일통상조약은 가나가와, 하코다데, 나가사키, 니가타, 효고 등의 개항, 영사재판권 설정과 자유무역 등을 승인하는 불평등 조약이었으며, 이후 막부는 영국, 러시아, 네덜란드 등과도 화친 조약을 맺음.

78) 일본의 충격과 위기의식은 존왕양이 운동의 시조로 일컬어지는 요시다 쇼인(吉田松陰, 1830~1859)이 흑선함대의 강대한 군사력을 실감하며 그의 친구에게 쓴 '배도 대포도 적수가 안 된다'는 편지의 내용을 통해서도 짐작할 수 있다. 그 결과 쇼인은 일본을 지키기 위해 번

을 낳음으로써 이는 결국 1868년에 도쿠가와 막부의 몰락으로 이어진다.[79]

막부 말기 존왕양이 사상의 전개 과정에서 막부를 대신해 등장하게 된 조정과 천황의 존재는, 격변하는 시대적 상황 속에서 일본 내부의 분열된 권력체계를 통합하고 새로운 질서의식을 구축하는 구심점

을 단위로 하는 체제 또는 신분 질서를 근간으로 하는 체제를 사람들이 신분에 상관없이 참가할 수 있는 통일적인 정치체제로 바꾸어야 한다고 생각했다. 이런 정치체제를 위한 상징으로서 유효적절하게 대처할 능력이 없는 막부 대신에 천황 또는 조정(朝廷)의 관념이 급속도로 부상하게 되어 존왕양이 사상이 탄생한다. 일본 신화를 절대적인 사실로 믿고 서양 여러 나라는 야만인으로 추방해야 한다는 존왕양이 사상은 언뜻 보기에 시대착오적인 사고로 비치기 쉽지만 그것은 개명성(開明性)과는 대조적인 외견 속에 '존왕'이라는 개념으로 통일을 지향하며 '양이'라는 개념으로 독립을 지향한다는 핵심을 지닌다는 점에서 새로운 질서에 대한 전망이라고 할 수 있다. 가노 마사나오(鹿野政直) 지음, 이애숙·하종문 옮김, 『근대 일본의 사상가들』, 삼천리, 2009. pp. 32~33. 요시다 쇼인이 주재한 교육기관인 쇼카손주쿠(松下村塾)에는 이후 메이지 헌법을 입안하고 민권에 대항하는 국권의 장치로 국가를 구성하려고 한 일본 최고의 국가주의자인 이토 히로부미(伊藤博文, 1841~1909)가 입문해 그에게 수학함.

79) Benedict Anderson, 윤형숙 역, 『상상의 공동체』, 나남출판, 2002. p. 129. 메이지 정권이 수립되기까지의 일본의 역사적 사건들을 시대순으로 정리해보면, 19세기 중반 미국은 페리 제독을 일본에 보내 개국을 요구하고 이후 서구 열강들의 일본 침투가 가열된다. 덴포개혁(天保改革, 1841~1843년) 이후 대두한 유한(雄藩, 유력한 번) 세력이 서구 세력과 연결되면서 도쿠가와 체제는 점차로 분열된다. 1858년 다이로(大老, 에도시대에 쇼군을 보좌하던 가장 높은 직위) 이이 나오스케(井伊直弼)가 천황의 칙령을 받지 않고 미일수호조약을 조인한 것을 시작으로 5개국 조약을 조인함에 따라 막부와 조정(즉 궁성 귀족인 公家)이 정치적으로 충돌한다. 쇼군 도쿠가와 이에사다(德川家定)의 계승문제를 둘러싼 도쿠가와 요시토미파와 히토쓰바시 요시노부파의 암투, 그리고 조정과 막부의 제휴에 의한 정국안정을 꾀하려는 공무합체론(公武合體論)이 격렬해지면서 막부와 유한의 대립이 첨예화된다. 이후 막부 체제의 모순을 심각하게 받아들인 하층무사들을 중심으로 존왕양이 운동이 전개되지만 '8월 8일의 정변' 곧 사쓰마 번 등의 공무합체파가 조슈 번을 중심으로 한 존왕양이파를 경도(京都)에서 추방함으로써 존왕양이 운동이 일시 좌절된다. 한편, 공무합체운동의 거점인 사쓰마 번은 사쓰에이 전쟁(1863)을 계기로 점차 막부에서 멀어져 1866년부터는 막부 타도 운동을 추진하기 시작한다. 1867년 10월, 도사 번·아키 번이 쇼군 요시노부에게 대정봉환(大政奉還, 에도 막부가 천황에게 국가 통치권을 돌려준 사건으로 당시 쇼군은 봉환 후에도 실질적인 통치력이 유지될 것으로 보고 이를 수락함)을 건의해 이것이 수락됨으로써 봉환의 상표(上表)가 조정에 제출됨과 동시에 막부 타도의 밀칙(密勅)이 내려진다. 12월 9일에는 이와쿠라 도모미 등의 왕정복고파가 은밀히 사쓰마 번의 막부 타도파와 결합해 왕정복고 쿠데타를 단행하고, 같은 날 '왕정복고의 대호령(大號令)'이 발표됨으로써 조정을 중심으로 사쓰마 번, 도사 번, 에치젠 번 등이 연합한 메이지 신정권이 수립된다.

으로 작용한다. 이 과정에서 일본 유교는 한편으로 서구의 근대문물을 받아들이는 일본의 지적 토대를 제공하고 다른 한편으로 근대에 들어서 조정과 천황에 대한 충성을 강조하는 존왕양이 사상을 점차 대체하며 천황 이데올로기의 중심적 논거로 작용한다.

즉, 유교적 소양을 갖춘 계몽지식인들은 백성이 아닌 국민 형성과[80] 유교사상을 중심으로 국민도덕의 회복에 힘쓰고, 다른 한편으로 메이지유신으로 시작된 일본 근대국가의 성립과정에 있어서 국민의식을 통합할 수 있는 사상적 중핵과 이를 가치화하기 위한 이데올로기 작업을 수행한다.

근대화 시기 일본 정부가 내세운 강력한 지도력과[81] 이와 성격을 공유하던 유교 지식인들이 수행하는 역할은 또한 '개명성(開明性)과 전제성(專制性)이 함께 동전의 양면을 이루는 것'과 같았다. 이로써 존왕양이 운동 이래로부터 메이지 시기를 경과하는 동안 '국민은 그것을 각자의 내면세계를 통해서 가치화해감으로써 비로소 통일된 일본 국가

---

80) 메이지유신 직후까지도 '국민'은 일상적으로 사용되지 않은 낱말이며 J. C. Hepbum의 『화영어림집성(和英語林集成)』 제3판 1885년에 이르러 등장한다. 가노 마사나오(鹿野政直) 지음, 같은 책(2009), p. 51.

81) "왕정복고 · 메이지유신을 이룩한 일본은 근대국가를 만들어 가기 시작한다. 판적봉환(版籍奉還, 1869년 7월 각 번주의 판도=영지와 호적=백성을 천황에게 반환시킴)과 폐번치현(廢藩置縣, 1871년 8월에 번을 없애고 부 · 현을 설치함)에 의한 중앙집권 체제 수립, 의무교육과 같은 학교제도나 징병을 바탕으로 한 상비군, 지조(地租)를 축으로 하는 조세제도의 창설, 질록처분(秩祿處分, 1876년 8월 무사를 포함한 모든 녹봉을 폐지함), 폐도령(廢刀令)의 실지, 엔(円)으로 통화 통일, 화족제도(華族制度)의 설정, 태정관제(太政官制, 메이지유신 후 고대 율령제를 본떠 설치된 관료제의 총칭)를 대신하는 내각제도의 발족, 대일본제국헌법과 제국의회에 의한 입헌제도의 창출, 그와 병행해 교육칙어에 의한 천황 중심 관념의 강화, 구미열강과의 조약 개정, 이렇듯 19세기 후반부터 20세기 초에 걸쳐 일본은 근대국가 건설을 향한 '공사중'이라 부를 만한 시기를 보낸다. 이런 과정을 통해 정부는 강력한 지도력을 내세웠고 개명성(開明性)은 전제성과 함께 동전의 양면을 이루었다. 그중에서도 1889년에 공포된 제국헌법이 나라의 형태를 결정했다." 이애숙 · 하종문 옮김의 같은 책(2009), p. 50.

를 이룩할 수 있었고,'[82] 그 결과 짧은 시간 내에 일본 사회에 집단주의적 성격을 정착시킨다. 이로써 일본 사회는 막부의 몰락에 따른 여파와 그에 따른 일본 사회의 충격을 최대한 최소화하는 가운데 근대화를 진행한다.

1. 메이지 시기의 유교적 소양의 실업가 정신과 입헌주의

일본 사회에서 유교는 근대 시기에 접근할수록 정치 및 경제 사상적인 측면이 강화되지만 큰 틀에서 볼 때 메이지유신 이전에는 주로 윤리·도덕 제도로써 기능한다. 기본적으로 전통적 질서관념을 반영하는 유교의 문벌제도 문화는 일본이 본격적으로 근대화의 길로 들어설 초엽 무렵에는 부정적인 사상으로 비판받는다. 그러나 다른 한편에서 일본의 유교문화는 서양의 영향으로 인한 일본 사회의 근대화의 물결 속에서 또 다른 형태로의 변환을 시도하며 그 생명력을 존속한다.

메이지 시기 일본의 대표적인 계몽주의자는 후쿠자와 유키치(福澤諭吉, 1834~1901), 니시 아마네(西周, 1829~1897), 카토 히로유키(加藤弘之, 1836~1916), 니시무라 시게키(西村茂樹, 1828~1902), 모리 아리노리(森有禮, 1847~1887) 등인데, 이들은 모두 유교의 소양을 충분히 갖춘 인물들로 모두 명육사(明六社)[83] 출신이다. 이들은 비록 서구의 기술과 사

---

82) 김필동, 『근대일본의 출발』, 일본어뱅크, 1999. p. 21.

83) '메이로쿠샤(明六社)'라는 명칭은 건립한 해가 메이지 6년인 것에서 유래한다. 건립한 이듬해에 작성된 '명육사제규(明六社制規)'에서 밝힌 메이로쿠샤의 '주지(主旨)'는 첫째, '우리나라의 교육을 진척시키기 위해서 뜻있는 사람들이 모여서 그 수단을 서로 논의할 것', 둘째, '뜻을 같이 하는 사람들이 모여서 다른 의견을 교환하고 지식을 넓히고 밝힐 것'이다. 메이로

상의 수용을 통해 일본의 부국강병을 도모한 신지식인들이지만, 기본적으로는 어릴 때부터 유교교양을 쌓은 유교 지식인으로 그들은 바로 유교적인 지식과 소양을 바탕으로 유럽의 사회정치문화를 섭취한 인물들이다.

1) 유교적 소양의 실업가 정신

메이지 이전부터 일본 사회에 근대적 지식을 계몽하며 명분(名分)을 중시한 유교적 전통문화를 강력하게 비판하고 또 다른 한편으로 유교적 소양의 실업가 정신을 강조한 인물은 후쿠자와 유키치[84]이다. 그는 유학에 심취한 아버지의 영향으로 어려서부터 한문을 배운 유교적 소양을 지닌 인물이자 유교를 봉건제도의 유물로 비판하며 탈아론(脫亞論)을 주장한 근대 일본을 대표하는 계몽 사상가이다.

그는 메이지유신 이전 네덜란드 어학교인 난학숙(蘭學塾)을 열고 막부의 사절로 해외를 순방하면서 새로운 문물을 접한다. 메이지유신 이후에는 모리 아리노리 등 9명의 계몽 사상가들과 함께 1873년 명육사

쿠샤는 지식인 상호간의 의견 교환에 머물지 않고, 넓은 의미의 교육 다시 말해서 '민심의 개혁'을 추구하는 단체였다. 가노 마사나오(鹿野政直) 지음, 김석근 옮김, 도서출판 소화, 2004, pp. 41~42. 메이로쿠샤의 지식인들은 「명육잡지(明六雜誌)」의 발행 및 번역, 저술 활동과 각종 연설회와 후원회를 여는 등의 계몽 활동에 힘쓰다가 메이지 10년 메이로쿠샤가 해체된 후 일부는 자유민권론 운동을 일부는 국권론 운동을 펼쳤으며, 국권론의 경우 유교주의와 결속한다.

84) 후쿠자와 유키치는 일본 최초의 대학인 현 게이오(慶應) 대학의 전신인 경응의숙(慶應義塾)의 설립자이면서 일본의 변혁과 부국강병·관민조화론·남존여비의 철폐와 여성의 해방 등을 주장하여 민주주의 및 일본 근대문명 발달의 선구적 역할을 한 것으로 추앙받는 인물이다. 그의 저술활동은 정치·사회·교육·경제 등 거의 모든 분야에 걸쳐 있으며, 대표적인 저서로는 『서양사정(西洋事情)』, 『학문의 권유(學問のすすめ)』, 『문명론의 개략(文明論之槪略)』, 『후쿠자와 자서전(福翁自傳)』 등이 있다.

(明六社)를 창설하고 교육과 언론 활동에 전념한다. 그는 명육사를 창설한 후에 실학(實學)을 통한 부국강병을 주장하면서 향후 일본 자본주의 발달의 사상적 근거를 마련한다.

그는 동시대의 다른 계몽지식인들 중 가장 강하게 유교를 비판하는데, "문벌제도는 부모의 적이다."[85]라고 유교적 신분제를 강하게 비판하면서 서양의 기술과 사상을 적극적으로 수용해야 한다고 주장한다. 하지만 그의 사상의 저변에는 전통유교의 흔적이 강하게 자리하는데, 그의 저서 『복옹자전(福翁自傳)』을 보면 그가 청소년기에 유교적 소양을 충분히 쌓았음을 보여준다.[86] 특히 도쿠가와 막부의 하급무사 계급 출신인 그의 아버지는 유학에 심취한 인물로 그의 학문 성향에 지대한 영향을 준다.[87] 비록 그가 청소년기 이후 하찮은 일을 경시한 유교의 명분(名分)사상을 비판하면서 자신의 계몽사상을 펼쳐 나가지만, "후쿠자와 유키치는…… 개인과 국가의 평등, 자유 등의 권리는 어디까지나 천(天)의 도리에 기초하고 있다고 인식한다."[88]라는 왕지아화(王家驊)의 지적에서도 알 수 있듯이, 그의 계몽사상에는 유교의 천(天) 관념이 계승되고 그가 강조한 실학 개념 또한 전통 유교문화와의 연속성을 지닌다.

즉, 후쿠자와 유키치는 유교의 천관념을 계승하는 가운데 일본 국민에게 "하늘은 사람 위에 사람을 만들지 않고, 사람 밑에 사람을 만들지 않는다."(『학문의 권유(學問のすすめ)』, 1872)라고 주장한 민권운동가이다.

---

85) 福澤諭吉, 『福翁自傳』, 講談社, 1971. p. 15.

86) 福澤諭吉, 같은 책, pp. 16~17.

87) 임종원, 『후쿠자와 유키치(福澤諭吉) 연구: 文明思想』, 제이 앤 씨, 2001. pp. 24~27.

88) 王家驊, 『儒家思想與日本的現代化』, 浙江人民出版社, 1995. pp. 32~33.

"하늘은 사람 위에 사람을 만들지 않고 사람 밑에 사람을 만들지 않는다고 한다. 그 뜻은 하늘이 사람을 만들었을 때 누구에게나 다 똑같은 지위를 부여했으므로 태어날 때부터 상하귀천의 차이가 없다는 것이다. 그리고 인간은 만물의 영장으로 심신의 활동을 통해 천지지간에 있는 모든 것을 이용하고 의식주를 해결하고, 자유로이 생활하며, 서로의 생활을 방해하지 않고, 각자 편안하고 즐겁게 살아가도록 했다는 뜻이다. 그러나 오늘날의 인간 세계를 널리 보면, 현명한 사람이 있는가 하면 어리석은 사람도 있으며, 가난한 사람이 있는가 하면 부유한 사람도 있고, 귀한 사람이 있는가 하면 천한 사람도 있다. 이토록 현상이 천차만별한 것은 무슨 까닭인가. 그 이유는 아주 명백하다. 실어교(實語敎)에 사람은 배우지 않으면 지혜를 얻을 수 없으며 지혜가 없는 사람은 어리석다라고 쓰여 있다. 그러므로 현명한 사람과 어리석은 사람의 차이는 배움의 유무(有無)에 달려 있는 것이다. 또한 이 세상에는 어려운 일도 있고 간단한 일도 있다. 어려운 일을 하는 사람은 신분이 높은 사람이라고 하며 간단한 일을 하는 사람은 신분이 낮은 사람이라고 한다. 정신적으로 해결하는 일은 어렵고 손과 발을 사용하는 육체적인 일은 쉽다. 그러므로 의사나 학자, 정부의 관리, 또는 큰 장사를 하는 초닌(町人) - 많은 호코닌(奉公人)을 거느리는 큰 백성(大百姓)들은 신분이 중하고 귀한 사람이라고 할 수 있다. 신분이 높고 귀하면 자연히 그 집안이 부유하게 된다. 신분이 낮은 사람들에게는 그것이 전혀 이루어질 수 없는 것처럼 생각되지만, 그 이유를 잘 생각해보면 오직 그 사람에게 학문의 힘이 있느냐 없느냐에 따라 생긴 차이일 뿐 태어날 때부터 하늘이 정해준 것이 아니다. 속담에 '하늘은 부귀를 인간 자체에 부여하는 것이 아니라 인간의 활동에 부여한다.'라는 말이 있다. 그러므로 앞에서도 말한 것처럼 사람에게는 태어날 때부터 빈부귀천의 구별이 없다. 오로지 학문을 열심히 닦아 사물에 대해 잘 아는 사람은 귀한 사람이 되고 부자가 되며, 무학인 사람은 가난하고 천한 사람이 된다."[89]

위 인용문은 모든 부분이 현재 일본의 교과서에 반드시 나오는 것으로 인간은 선천적으로 평등하다는 것과 그럼에도 불구하고 현실로 존재하는 인간 사이의 다양한 차이는 배우느냐 배우지 않느냐에 결정된다는 두 가지 점이다.[90] 또한 그는 「일본 문명의 유래」에서 일본 사회의 병폐를 윗사람에 대한 비굴함과 아랫사람에 대한 오만함이라고 지적하며 "일본에서 권력의 편중이라는 것은 널리 사람의 교제 속에 침윤하여 이르지 않는 곳이 없으며", "일본에는 정부는 있고 국민(國民, nation)은 없다"(이상 『문명론의 개략(文明論之槪略)』, 1875)라고 말하면서, 일본을 근대국가로 만들기 위해서는 '국민'의 창출을 첫째로 삼는 국가관의 확립이 필요하다고 역설한다.[91] 그리고 그의 이러한 계몽사상은 『학문의 권유』의 3년 뒤에 출판한 『문명론의 개략』에서 도덕과 정치를 일치시키는 유교 비판으로 이어진다.

"공맹(孔孟)은 일세의 대학자이며 고래로 드문 사상가이다. 만일 그

---

89) 미야지마 히로시(宮嶋博, 史), 「후쿠자와 유키치(福澤諭吉)의 유교인식」, 『한국실학연구』 제23권, 한국실학학회, 2012. pp. 391~392. 남상영 사사가와 고이치 옮김, 『학문의 권장』, 2003. pp. 21~22.

90) 그의 이러한 주장은 "송학(宋學) 이후의 유교, 즉 신유교의 기본 명제이기도 하다는 점이다. ……누구나 올바르게 배움으로써 본연지성(本然之性)을 충분히 발휘할 수 있는 인간=성인(聖人)이 될 수 있다고 주장하는 사상이었다. 따라서 후쿠자와의 주장은 원래 신유교의 입장과 같은 것이었다." 이상 앞의 미야지마 히로시의 같은 논문, p. 392.

91) 가노 마사나오(鹿野政直) 지음, 같은 책(2009), p. 56.

들이 탁견을 품고 당시의 정치풍토를 벗어나서 하나의 별세계를 개척하여 인류의 본분을 밝히고 만대에 걸쳐 보편타당한 가르침을 베풀었다면 그 공덕은 반드시 넓고도 큰 바가 있었으리라. 그러나 그들은 평생을 두고 정치의 테두리 속에 농락되어 한 발자국도 빠져 나오지 못하고 그 가르침 때문에 도리어 체면을 잃고 순수한 이론을 제시한 것이 아니라 태반은 정치적인 이야기를 섞어넣었으니, 이른바 필로소피(philosophy)의 품위를 떨어뜨린 것이다. 그런 정치의 길로 접어들려는 자들은 비록 만권의 책을 읽었다 해도 정부의 윗자리에 서서 일을 하지 않으면 소용이 없는 것으로 생각하는 것 같았고, 물러서서는 저 혼자 불평을 일삼을 따름이다. 이것을 어찌 비열하다고 말하지 않을 수 있겠는가. ……또한 이렇게 배움의 길을 정치에 적용하겠다는 것 자체에 크나큰 불합리성이 있다. 원래 공맹의 교설은 수심윤상(修心倫常)의 길이다. 결국 무형의 인의도덕을 논한 것으로 이것을 마음의 학문이라고도 할 수 있을 것이다. 물론 도덕도 순수하고 잡티가 없으면 이를 가볍게 여길 수 없다. 그러나 사인(私人)으로서의 자아에 있어서는 효능이 매우 큰 것이지만, 덕은 한 사람의 내부에 존재할 따름이라 유형의 외적 사물에 접하는 작용을 할 수는 없다. 따라서 무위혼돈(無爲混沌)하고 할 일이 적은 세상에서는 그것은 국민을 다스리기에 편리한 것이지만, 문명이 발달함에 따라서 그 힘을 잃지 않을 수 없다. 한데 내부에 존재하는 무형의 것을 외부로 나타나는 유형의 정치에 적용하고, 옛날의 도(道)로써 오늘날 세상의 일을 해결하며 마음속으로써 서민을 다스릴 수 있다고 생각하는 것은 혹닉(惑溺)치고도 대단한 혹닉이다. 이렇듯 때와 장소를 모르는 것은 마치 배를 타고 육지를 달리거나 삼복더위에 털옷을 요구하는 것과 같다. 그것은 도저히 실행될 수 없는 계획이다. 오늘날에 이르기까지 수천 년 동안 오랜 세월에 걸쳐 공맹의 가르침을 정치에 적용해서 능히 천하(일본에 한정되어야 함 - 필자의 주)를 다스린 자가 없다는 사실이 그 분명한 증거가 될 것이다."[92]

위의 인용은 후쿠자와 유키치 자신이 어려서부터 수학한 원시유학, 성리학, 양명학, 노장과 관련된 개념들을 인용하며, 유교란 본래 개인의 도덕적 실천과 마음의 수양에 힘쓰게 하는 교학(敎學)으로 정치와는 분리된 것임을 밝히고 덕치(德治)에 입각한 기존 유교의 도덕정치론은 잘못된 것임을 비판한 내용이다. 그는 개인주의적 수양과 심학 및 선학을 비롯한 서구 관념론의 철학적 관점에 이르기까지 현학적 차원에서 모든 것을 동원해 일본 유교에서 정치와 윤리는 분리되어야 하는 것임을 강조하고 유교는 본래의 모습에 입각해 실제 정치보다는 수신과 이데올로기적 기능을 수행하는 것이 마땅하다고 주장한다. 실제로 그는 평생 정치에 관여하지 않고 계몽과 교육에 힘쓴 삶을 살았는데, 반면 이것은 어떤 측면에서 그의 삶이 근대 계몽주의적 사고에서 비롯한 것이라기보다 자신이 비판한 유교적 삶이 아닌 진정한 유교적 삶에 입각한 것이라는 볼 수 있다. 이 점은 전통과 근대 사이에서 방황하는 그의 모습을 반영해주는데, 이러한 모습은 또 한편으로 그가 탈아(脫亞)의 근대화를 주장하면서도 근대화를 일방적으로 지향한 메이지유신 체제를 부정적으로 대하는 그의 모습을 통해서도 드러난다.

이뿐만 아니라 이러한 후쿠자와 유키치의 전근대와 근대를 방황하는 불철저한 모습은 그의 계몽사상에 대한 동아시아 각국 학자들의

---

92) 정명환 옮김, 『문명론의 개략』, 홍성사, 1986. pp. 73~74. 미야지마 히로시의 같은 논문, pp. 395~396.

부정적인 시각을 통해서도 확인된다. 이는 그가 창간한 「시사신보(時事新報)」에서 탈아론(脫亞論)을 주장하면서 유교문화에 사로잡혀 있다는 사실로 조선을 능멸하고 아시아 국가의 민권을 멸시한 데서 비롯한다. 조선에 관한 그의 인식은, "아시아 중 하나의 작은 야만국(一小野蠻國)으로, 그 문명의 형세는 우리 일본에 한참 미치지 못하기" 때문에, "이와 무역하여 이익(利)이 있는 것이 아니고, 이와 통신(通信)하여 이익(益)이 있는 것이 아니며, 그 학문은 취하기에 족하지 못하고, 그 병력은 두려워하기에 족하지 않다. 그뿐 아니라 가령 그들이 내조(來朝)하여 우리나라의 속국이 된다 해도, 또한 이를 즐거워하기에 족하지 못하다"라는 식이었다. 구미 = 문명·아시아 = 야만이란 이원론에 입각해 있던 양학자(洋學者) 후쿠자와에게, 일본의 '독립'에 관해 사활이 걸린 문제는 '문명화(文明化)'였으며, 이는 아시아의 소국(小國)인 조선과 하등의 이해관계를 갖지 않는 것이었다. 이러한 문명관 및 조선관은 후쿠자와가 초기부터 지니고 있었던 것으로[93] 그의 문명화론의 관심 대상은 아시아 국가가 아닌 구라파였다. 그러나 그는 또한 갑신정변에 실패한 김옥균·박영효 등이 망명해 오자 자신의 집에서 기거토록 배려하는 과정에서 조선의 내정에 간접적으로 간여하기도 한다.[94] 또한 그의 '아

---

93) 福澤諭吉, 「亞細亞諸國과의 和·戰은 우리의 榮辱과 關係없다」, 『郵便報知新聞』, 1875년 10월 7일자. 그는 중국에 대해서도 노골적인 혐오감을 드러내며 "支那人처럼, 자신의 나라 이외에 나라가 없는 것처럼 행동하고, 외국 사람을 보면 오로지 夷狄이라 말하여 네 발로 걷는 畜類와 같이 천시하고 이를 嫌하며, 自國의 힘도 計하지 않고 함부로 외국인을 내쫓으려 하다가, 도리어 그 夷狄에게 괴롭힘을 당하는 꼴은, 실로 나라의 분수를 모르는 것이니, 한 개인에 비유해 말하자면, 天然의 自由를 達成하지도 못한 채로 버릇없이 放蕩에 빠져있는 자라 해야 마땅할 것이다."라고 말한다. 쓰키아시 다쓰히코(月脚達彦), 「朝鮮開化派와 후쿠자와 유키치(福澤諭吉)」, 『한국학연구』 제26집, 인하대 한국학연구소, 2012. p. 311~312.

94) 1885년 3월 16일 자신이 경영하는 신문 『시사신보』에 발표한 사설 「탈아론」으로 인해 아시아 침략론자로서의 평가 또한 받고 있다. 그런데 「탈아론」은 김옥균 등 급진개화파의 쿠

시아 개조론'에 의하면 무력을 사용해서라도 한국과 중국을 문명화시 켜야 한다고 주장한다.[95]

후쿠자와 유키치가 주장한 탈아론(脫亞論)의 요지는 일본이 아시아 나라들의 한 구성원이라는 데서 벗어나 아시아의 서양이 되어 일본의 세력권을 아시아 사회에서 확장하는 데 있다. 그는 『외교론』(1883)에 서 "옛날부터 세계 여러 나라들이 서로 대치하여 다투는 상황은 금수 가 서로 붙어 잡아먹는 것과 다르지 않다. ……우리 일본국은 잡아먹 는 자의 대열에 끼여 문명국 사람들과 더불어 같이 좋은 먹이를 찾아 야 한다."[96]라고 말한다. 이를 통해서도 그가 전개한 민권운동의 한계 와 탈아론의 궁극적 목적을 확인할 수 있다. 그는 또한 청일전쟁을 앞 두고 승리에 대한 회의감으로 여론이 전쟁을 반대하는 방향으로 흐르 자 일본 민족의 강인함을 보여주자고 주장하며 여론을 개전 무드로 전환시키기도 한다.

대타인 갑신정변(1884년 12월 4일)의 실패, 그에 대한 일본 정부와 조선 정부 사이의 사후처리 인 한성조약(漢城條約, 1885년 1월 9일), 일본 정부와 청국 정부 사이의 사후처리인 톈진조약(天 津條約, 동년 4월 18일)이란, 조선을 둘러싼 정세 변화의 흐름 속에서 발표된 것이다. 당연한 것 이지만, 「탈아론」을 읽을 때에는 그 배경에 있는 이러한 정세 변화를 고려해야 한다. 이와 관 련해 일본 근대정치사 연구자인 반노 준지(坂野潤治)는, 일찍이 「탈아론」은 1880년대 초 이 래로 '조선개조론(朝鮮改造論)'을 주장해온 후쿠자와가, 갑신정변의 실패로 인해 자신의 주장 이 패배했음을 선언한 것이라는 해석(坂野潤治,「解說」, 富田正文 編,『福澤諭吉選集』第7卷, 岩波書店, 1981年)을 내린 바 있다. 앞의 쓰키아시 다쓰히코의 같은 논문, p. 309.

95) "동양제국(東洋諸國), 특히 우리의 근린(近隣)인 지나(支那)·조선(朝鮮) 등이 지둔(遲鈍)하 여 그 위세에 대처할 수 없음은, 목조판옥(木造板屋)이 불에 견디지 못함과 마찬가지이다. 따 라서 우리 일본의 무력(武力)으로 이들을 응원(應援)하는 것은, 단지 타인을 위함이 아니라 자 신을 위함임을 알아야 한다. 무(武)로 이들을 보호하고 문(文)으로 이들을 유도하여, 신속히 우리나라의 예(例)를 본받게(倣)하여 현재의 문명에 진입하게끔 해야만 한다. 혹은 어쩔 수 없 는 경우에는, 힘으로써 진보하게끔 협박해도 좋다." 慶應義塾 編,『福澤諭吉全集』第5卷 岩波 書店, 1970年 再版. pp. 186~187. 앞의 쓰키아시 다쓰히코의 같은 논문, p. 315.

96) 가노 마사나오(鹿野政直) 지음, 같은 책(2009), p. 59.

후쿠자와 유키치가 주장한 경제계에 종사하는 사람들의 윤리적 자세에 대한 여러 주장은 시부사와 에이치(澁澤榮一)가 주장한 일종의 유가적(儒家的) 무사도(武士道) 정신과도 비슷한 측면이 있다. 후쿠자와의 전 사상을 관통하는 핵심 개념인 '문명개화'에 내포된 의미 중 중요한 내용은, 상공업이 입국(立國)의 근본이고 인간의 '귀천빈부(貴賤貧富)'는 태어날 때부터의 신분에 의한 것이 아니라 직업상의 성공에 의해서 결정된다는 점이다. 후쿠자와는 '일상생활에 필요한 실학'[97]의 학문을 강조하며 경제활동이 천한 것이 아니라고 주장한다. 즉 그는 종래처럼 학식이 없고 자기 이익만 아는 비굴한 '장사꾼(素町人)'이 사업에 종사하면 그 사업은 천한 것이 되고, 교육을 받은 '군자(君子)'가 그 일을 하면 군자의 사업이 된다고 주장한다.[98] 그러나 1863년부터 1871년까지의 게이오의숙 입학자 1,329명 중 평민출신이 겨우 40여 명이고 무사계급 출신이 93%를 차지한 것을 볼 때, 그가 부국(富國)에 필요하다고 생각한 인재는 무사계급이었음을 알 수 있다.

후쿠자와 유키치는 식산흥업(殖産興業)과 부국강병을 위한 '실업'은 문명을 위해 필요 불가결한 것이라고 생각한다. 그는 일본 사회의 근대화는 사적(私的) 이익에만 매몰되어 있는 일개 장사꾼에 불과한 '상인(素町人)'을 대신한 무사계급 출신의 새로운 경영자 즉, '실업가'가 담당해야 한다고 주장한다. 부국강병에 필요한 실업은 지금까지의 상인보다는 무사계급 출신의 신(新)지식인들이 담당할 필요가 있다고 그는 생각하면서, 상인계급과는 다른 기업 활동을 할 수 있다는 의미의 '실

97) 富田正文, 『福澤諭吉選集』, 岩波書店, 1981. pp. 234~240.
98) 藤森三男 外, 『企業成長の理論』, 千倉書房, 1992. p. 222.

업가'라는 용어를 탄생시킨다.

그가 생각한 기업을 운용하는 실업가는 전통사회에서 사회적 지위가 높았던 사람들이 갖춘 유교적 소양의 덕성(德性)을 갖춘 인물이다. 여기서 말하는 덕성의 핵심은 자기 자신만의 이익이 아닌 '공(公)의 이익', 즉 '국가의 이익'을 생각하는 것이며, 이는 곧 일본의 기업 내셔널리즘의 발단이 된다.

2) 유교적 소양의 입헌주의

니시 아마네(西周)는 막부 말기 쓰와노(津和野) 번(藩)에서 출생해 에도 말기부터 메이지 초기에 걸쳐 정치·경제·사회 분야에서 두루 활동하며 후쿠자와 유키치와 함께 일본의 근대화를 위해 노력한 인물이다. 주자학의 정당성을 확신하면서 내적 수양법을 중시한 니시 아마네[99]의 사상적 출발점은 안사이학(闇齋學)[100]이나 이후에 쇼라이학(徂徠

---

99) 니시 아마네(1829~1897)는 메이지유신 이전인 1862년 네덜란드에 유학해 라이덴 대학 교수 시몬 피셔링으로부터 법률학·경제학·철학 등을 배운다. 일반적으로 니시 아마네는 지금 사용하는 '개념', '객관', '이성', '감성', '심리', '귀납' 등을 비롯해서 영어의 'philosophy'를 '철학(哲學)'으로 번역한 인물로 일본 근대철학의 아버지라고 불린다.

100) 야마자키 안사이와 그의 문인들로 이루어진 일본 주자학을 암제학(闇齋學 - 안사이 학파)이라고 한다. 이 학파의 가장 큰 특징으로 학문 방법에 있어 철저한 주자(朱子) 중심주의를 택한 점을 들 수 있다. 이들이 선배 주자학자들 중에서 인정한 학자는 명(明)의 설경헌(薛敬軒)과 조선의 이퇴계(李退溪) 등 극히 소수에 불과하다. 안사이는 다음과 같이 말한다. "주자학문의 거경궁리(居敬窮理)는 공자의 설을 본받아 밝힌 것(祖述)으로 공자(孔子)와 조금도 차이가 없다. 때문에 주자(朱子)를 배워서 잘못되었다고 하면, 이는 주자와 함께 잘못된 것이니, 이에 어떤 유감이 있겠는가?(吾意朱子之學, 居敬窮理, 卽孔子而不差者. 故學朱子而謬, 與朱子共謬也. 何遺憾之有?)"『山崎闇齋先生年譜』, 日本敎育思想大系『山崎闇齋』, 日本圖書センター, 昭和 54年 (1979). p. 10.

學)[101]을 수용함으로써, 그는 주자학의 리(理)를 부정하고 객관적인 규범인 예(禮)를 강조하는 가운데 개인의 욕망을 긍정한다. 또한 니시 아마네는 자연법(自然法) 사상과 근대적 사회과학이 발흥하던 네덜란드에서 서구 학문을 수용하면서 학문·제도·경제 등 모든 부분에서 서양이 동양을 앞선다고 생각한다. 그의 저서인『백학연환(百學連環)』은 서양 학문의 총체적인 모습을 일본 사회에 소개하는 데 기여하였는데, 그는 모든 학문이 상호 연관성을 맺고 있다고 생각하며 철학으로 그 연결고리를 삼고자 했다.

특히 그는 네덜란드 유학 당시 접한 콩트의 실증주의와 경험적·귀납적 방법과 인간의 자연성을 기초로 한 기본적 인권사상에 주목한다. 메이지유신 이후 그는 '형기가(形氣家)의 도리'(자연법칙)와 '성리가(性理家)의 도리'(윤리규범)를 구별하고, 자연과학의 절대화에 반발해 윤리규범으로서의 유교 개념인 천(天)을 근거로 한 오륜(五倫)의 도(道)를 강조한다. 그리고 건강·지식·부유함의 공리론을 토대로 인의(仁義)·충신(忠信)·효제(孝悌)·자애(慈愛) 등의 유교윤리를 절충해 일본의 근대 윤리규범을 세워야 할 것을 주장한다.[102] 이처럼 니시 아마네 사상은 유교와 서양사상의 절충형이라고 평가할 수 있는데, 그가 천황제 국가의 중추에 가까이 있었다는 점을 감안할 때 이러한 그의 사상적 성향이 당시 정치에 어느 정도 영향을 주었는지 충분히 가늠할 수 있다.

니시 아마네의 유교적 사유와 관련한 사상은 그의 저서인『백일신론(百一新論)』(1874)을 통해 살필 수 있다.『백일신론』은 니시 아마네의

---

101) 오규 소라이 학파를 말함.
102) 山田芳則,『幕末·明治期の儒學思想の變遷』, 思文出版, 1998. p. 10.

근대적인 의미의 입헌(立憲)사상을 보여주는 주저이다. 그는 법률과 종교의 차이, 나아가 법률·도덕·예악의 상호간의 차이를 명확하게 할 것을 주장한다. 치국(治國), 평천하(平天下)의 도(道)는 수신(修身)·제가(齊家)와 같은 방법으로는 불가능하며, 법에 따라야 한다고 주장한다. 그는 여기서 '법은 원래 사람의 성(性)에 근거한 것'이라고 주장하면서 사람의 성으로부터 군신(君臣) 부자(父子)뿐만 아니라 보편적 윤리로서의 교(敎)와 인간관계의 교제상에서 일어나는 이해관계의 규범으로서의 법(法)을 구분하고, 교가 선(善)에 근거하는데 대해 법은 정(正)·공평(公平)에 근거한다고 말한다.[103] 전자는 '의(意)'(의지), 후자는 '지(知)'(이성)에 의거한다고 말하며, '의(意)의 질(質)은 인(仁)', '지(知)의 질(質)은 의(義)'라고 구별하고, 인(仁)해야 할 의(意)를 만들어내는 원리로서 '선미능호(善美能好)'라고 하는 사고(考)가 가르침의 근본'이라고 말한다.[104]

그에 의하면 정(正)·공평(公平)의 판단과 관련된 '인간의 성에 갖추어진 것'이야말로 '자애자립(自愛自立)의 마음'[105]이며, 그런 마음에서 '자주자립의 권(權)'과 '소유의 권'이 생겨나고, 나아가 '무리를 지어 살아가는 본성'과 '서로 길러주는 도'에 근거해 권(權)·의(義)가 정해진다.[106] 그리고 그는, '그 권과 의라는 것은 사람의 성(性)에 갖추어진 자애자립(自愛自立)하는 마음과 서로 조화를 이루는' 것이며, 이 권(權)과

103) 大久保利謙 編,『西周全集』第1卷, 宗高書房, 1981. p. 263.

104) 大久保利謙 編, 같은 책, p. 265. 민주식,「니시 아마네(西周)의 서구 미학(美學)의 이해와 수용」,『日本研究』제15집, 고려대 일본학연구센타, 2011. p. 364.

105) 大久保利謙 編, 같은 책, p. 273.

106) 大久保利謙 編, 같은 책, pp. 282~284.

의(義)야말로 인간의 문화가 열리고 인간의 지혜가 늘어나 문명의 정치를 형성하는 '법의 근원'이 된다고[107] 생각한다.

특히 그는 선진제자(先秦諸子) 중 '법가(法家)의 법관념'을 지시해 '군주를 존경하고 신하를 천시하는 지독한 법으로서, (법가의) 법을 만드는 방식은 정말 꺼려야 할 법'이라고 비판한다.[108] 그런데 흥미로운 사실은, 니시 아마네가 『백일신론』의 서두에서, 법(法)·정(政)·교(敎)는 모두 '그 백성으로 하여금 산 자를 기르고 죽은 자를 장사지내서, 일생 동안 안락하게 지내게 하고 죽은 후에도 유감이 없게' 하는 유교의 이상적 통치·왕정을 지향하는 점에서 일치하지만, 동시에 양자는 서로 방식이 다른 두 가지라고 말하며[109] 한대(漢代)로부터 주자학에 이르는 유학자들을 비판한 점이다. 여기서 그는, 주자학의 정치관 및 학문론은 성의(誠意)와 정심(正心)이 되면 천하가 평안해진다고 생각하고 위정자의 도덕적 완성이 피치자를 자연스럽게 교화시킨다고 보는데, 이는 오로지 개인의 도덕적 수양에 기울어져 통치의 학문을 경시한 것이라고 비판한다.[110]

여기서 주목할 점은 정(政)과 교(敎)를 혼동하는 훗날의 유교의 정치관·학문관은 본래의 공자의 학문이 아니라는 니시 아마네의 논의이다. 그에 의하면 공자는 무엇보다도 천하와 국가를 다스리는 기강이 되는 제도, 즉 후세에 이른바 국법이나 법률에 해당하는 예(禮)를 깊게 통달해 사람들과 대화를 나누는 형태로 문인들에게 자신의 학문을 가

---

107) 大久保利謙 編, 같은 책, pp. 273~274.

108) 大久保利謙 編, 같은 책, p. 261.

109) 大久保利謙 編, 같은 책, p. 237.

110) 大久保利謙 編, 같은 책, pp. 236~238.

르친 '정사학자(政事學者)'이다.[111] 다만 시대가 내려오면서 자사(子思)·맹자(孟子)에 이르러 공자 본연의 사상이 왜곡된다.[112] 따라서 그는 "때문에 지금 세상에서 진정으로 공자를 배우려고 하는 사람은, 우리 일본은 물론이고 중국 22대의 문헌을 연구하고, 근래에는 서양 각국의 제도와 방법도 강구해 현재의 일에 실시함으로써, 무엇이 가장 편리한지 또한 무엇이 이득이고 무엇이 불이익인지를 살펴서 눈앞에서 만나는 것처럼 해야 할 것"[113]이라고 주장한다.

이러한 니시 아마네의 공자론 및 주자학 비판은 오규 소라이로부터 유래하는데, 그가 밝힌 오규 소라이 유교의 특징은 위정자의 도덕적 완성과 정치를 연속시키면서 도덕적 수양의 학문에만 전념하는 주자학을 비판하고, 선왕(先王)이 만든 예악형정(禮樂刑政)의 탐구를 중시하고 이를 유교의 중심적 과제로 삼는 데에 있다. 그는 바로 오규 소라이의 예악(禮樂) 사상을 서양의 실정법 사상을 통한 법학적 태도로 일반화시킨 인물이다.

이상과 같이 메이지유신 시기의 계몽지식인들의 사상 속에는 많든 적든 간에 유교적인 소양이 직·간접적인 영향을 미치고 있으며, 대표적으로 후쿠자와 유키치와 니시 아마네를 통해서 일본의 근대화 과정 초기에 주로 정치 사상적 맥락의 유교 소양을 지닌 계몽지식인의 면모를 확인할 수 있다.

---

111) 大久保利謙 編, 같은 책, pp. 238~246.

112) 大久保利謙 編, 같은 책, p. 242~245.

113) 大久保利謙 編, 같은 책, p. 242.

2. 유교문화와 자본주의 논리의 초기 결합 양상

자본주의 체제가 보다 본격적으로 일본 사회에서 자리 잡기 시작한 다이쇼(大正) 시기부터 활동한 대표적인 유교 지식인은 시부사와 에이치(澁澤榮一, 1840~1931)와 야스오카 마사히로(安岡正篤, 1898~1983)이며, 이들은 현대 일본의 자본주의 논리와 관련한 유교를 논할 때 빼놓을 수 없는 인물이다.

1) 유가적 무사도

일본의 자본주의 논리와 유교의 연관관계를 논한 가장 핵심적인 인물은 시부사와 에이치[114]이다. 그는 현재의 일본에서도 재계의 왕, 혹은 기업왕으로 불린다. 시부사와 에이치는 메이지 6년 33세의 나이로 관직을 그만두고 제일국립은행을 비롯한 500개 회사를 설립하고 일본 재계에서 활약하며 일본 최초의 주식회사라고 할 수 있는 상법회

---

114) 도쿠가와 시대 말기인 천보(天保) 11년(1840)에 태어난 시부사와 에이치는 자신의 가업에 대해서 '반농·반공(半農·半工) 또는 반상(半商)과 같은 업체(業體)'(澁澤榮一, 『論語講義』第二卷, 講談社, 1977, p. 60)라고 하고 있다. 이러한 가정에서 자란 시부사와 에이치는 어려서부터 여러 유교경전들을 배우면서 자란다. 그는 20대 중반에 막부의 가신이 되고, 1867에는 민부대보사절단(民部大輔使節團)의 일원으로서 '파리만국박람회' 시찰을 위해 유럽으로 건너간다. 메이지유신 이후에는 메이지 정부의 관리가 되어 대장성(大藏省)에서 화폐제도·은행조례(條例)·회사조직 등의 정비에 종사한다. 메이지 6년(1873) 33세의 나이로 관직을 그만두고 그 이후에는 제일국립은행(第一國立銀行, 후에 第一銀行)을 비롯해 500개의 회사를 창립한다. 그는 후에 당시의 상황에 대해서 "나는 메이지(明治) 6년에 관직을 그만두고, 실업에 몸을 담게 되었다. 그리고 나라를 강하게 하려면, 우선 부유한 나라로 만들어야 한다. 나라를 부유하게 하려면, 우선 농공상 등의 실업을 융성시켜야 한다. 특히 나는 상공업을 융성시키기 위해서 소자본을 모아 대자본으로 삼는 '합본주의'를 행하였다."라고 술회한다. 澁澤榮一의 같은 책 (1977), p. 20.

소(商法會所)를 설립하고 일본의 금융제도를 설계한 인물이다. 특히 그가 기업을 만드는 방식은 소위 모두가 사이 좋게 협력하는 가운데 소자본을 모아 대자본을 형성하는 일본적 '합본주의(合本主義)'인데, 훗날 이 방식은 기업의 담합 체질의 원형으로 일본 사회의 문제점으로 지적되기도 한다.

(1) 유교의 도덕관과 경제활동의 합일

시부사와 에이치는[115] 관계(官界)에서 경제계로 자리를 옮길 때부터 시작해 사망할 때까지 약 60여 년간에 걸쳐 도덕과 경제의 합일을 주장한다. 그는 『논어(論語)와 산반(算盤, 경제)』[116]을 저술하면서부터 본격적으로 유교와 자본주의의 융합 논리를 제시하기 시작하면서 '도덕경제합일설(道德經濟合一說)'을 주장한다. 그 또한 『실업의 세계』에 연재한 글에서 자신의 주장한 '한 손에 『논어』를, 한 손에 산반을 들어야' 한다는 것에 대해 스스로가 '경제도덕설(經濟道德說)', '논어경제설(論語經濟說)'이라고 지칭한다.

> "주자학의 세력은 도쿠가와 15대의 천하를 풍미하고, 인의도덕(仁義道德)은 사대부가 정치를 펴나가는 데 필요한 것으로, 주판(算盤)을 가지고 장사를 하는 장사치나, 괭이를 가지고 논밭을 가는 농부에게는, 인의도덕 따위는 전혀 불필요한 것처럼 보이는데, 이것이 도쿠가

---

115) 시부사와 에이치의 '도덕경제합일설'과 관련된 내용은 古藤友子, 「日本 近代實學思想에 있어서의 道德과 經濟 - 澁澤榮一의 道德經濟合一說 -」, 『한국실학연구』 제5호, 한국실학학회, 2003년(pp. 79~100)을 주요 참고자료로 삼아 재구성함.

116) 澁澤榮一 著, 梶山彬 編, 國書刊行會, 1985, 大和出版, 1985(초판은 1928년).

와 시대부터 메이지 초년에 걸친 대세였던 것이다. 그러나 나는 상인에게는 역시 신념이 없으면 안 된다고 생각하였으므로, 장사(算法)의 기초를 『논어』 위에 두라고 한 것인데…… 이후 40여 년 나의 이 신념은 추호도 동요된 바 없으며, 마치 마호메트가 한 손에 검을, 또 다른 한 손에 경전을 들고 세상에 임했듯이, 한 손에 『논어』를, 한 손에 산반을 들고 오늘에 이르게 된 것이다. 이러한 연유로, 굳이 말하자면 '경제도덕설(經濟道德說)'이라고 말할 만하다. 또한 이 '경제도덕설'을 '논어경제설(論語經濟說)'이라고도 말하고 있다."[117]

시부사와 에이치는 유교는 본래 실천을 위한 학문이었음에도 불구하고, 후대 주자학에 이르러 무익하게 사색만을 일삼는 윤리철학처럼 되었다고 한탄한다. 그는 '사(士, 武士)' 외에 '농·공·상'에게도 학문 및 인의(仁義)도덕과 신념이 필요하다고 역설하며 그 신념으로서의 행동규범을 『논어』에서 찾는다. 그는 자신이 관직을 그만두고 실업계에 종사하게 된 이유를 설명하면서 『논어』를 받들게 된 이유에 대해 다음과 같이 말한다.

" 나는 메이지 6년에 관직을 그만두고 실업에 몸을 담게 되었는데, 나라를 강하게 하려면 부유한 나라로 만들어야 하며, 나라를 부유하게 하려면 상공업을 융성시키지 않으면 안 된다고 믿었기 때문이다. 당시는 아직 '실업(實業)'이라는 말이 없어 이를 '상공업(商工業)'이라

117) 澁澤榮一, 『實驗論語處世談』, 實業之世界社, 1922, pp. 210~211. 『實驗論語處世談』은 大正 5년(1915)에서 11년(1922)까지 매월 1, 2회씩 『實業之世界』에 연재한 원고를 한 권의 책으로 정리한 것임. 古藤友子의 같은 논문, pp. 82~83.

칭했지만, 나는 상공업을 육성시키려면 소자본을 모아 대자본으로 하는 합본(合本)조직, 다시 말해 회사법에 의거해야 한다고 생각해서 이 방면에 힘을 쏟기로 한 것이다. 그렇다면 마침내 회사를 경영하게 되었을 때, 우선 첫 번째로 필요한 것은 인재(人才)이다. ……회사의 당사자에게 그 인재를 얻어, 사업에 실패하지 않고 성공하고자 한다면, 그 사람으로 하여금 의지하게끔 충분한 어떤 '규구준승(規矩準繩, 사물의 준칙)'이 없으면 안 된다는 것을 알게 된 것이다."[118]

이와 같이 그는 부강한 국가를 위해서는 실업이 발전해야 하고, 실업이 발전하기 위해서는 인재가 요구되며, 그 인재에게는 또한 활동의 준칙이 필요했기 때문에 『논어』를 준칙으로 받들게 되었다고 밝힌다. 그에 의하면, 국가의 부강은 경제에 달려 있으며, 경제의 발전은 대자본을 경영할 수 있는 전문 인재를 확보하는 데 달려 있고, 그 인재는 '일상 처세의 실제 생활에서 응용이 가능하고' '아침에 이를 들으면 저녁에 바로 실행할 수 있는'[119] 실용적인 『논어』의 인의도덕 관념을 활동의 준칙으로 삼는다는, 즉 경제, 대자본을 경영할 수 있는 자본주의적 전문지식을 갖춘 인재, 『논어』의 도덕의식 실천이 국가를 부강하게 만드는 3대 요소라는 것이다.

시부사와 에이치는 '도덕경제합일설'이 아담 스미스의 주장과 궤적을 같이 한다고 하며, "내가 듣기에는, 경제학의 시조인 영국인 아담 스미스는…… 동정주의(同情主義)의 윤리학을 창시하고, 이어 유명한

---

118) 澁澤榮一, 같은 책(1922), p. 4. 古藤友子의 같은 논문, p. 83.

119) 澁澤榮一의 앞의 『實驗論語處世談』, p. 3.

부국론(富國論)을 저술해 근세경제학을 부흥시켰다는 것인데, 이는 소위 위대한 성인은 시대가 달라도 그 주장은 궤도를 같이 한다는 것이다. 리(利)와 의(義)의 합일은 동서양 모두에게 합당한 불변의 원리라고 믿는다."[120]라고 서술한다.

그는 『논어』「이인(里仁)」의 "이익에 따라 행동하면 원한이 많다."[121]에 대해서 "이(利)는 사람의 본성이므로 이를 꾀하는 것은 당연한 일이지만, 자신에게만 편중되지 말고 공리(公利)에 피해가 가지 않도록 배려하며, 도리에 비추어 의(義)에 따라 일을 행하면 무엇보다 원한 살 일이 없다."[122]라고 해석하며, 그는 이익의 추구 자체는 인정하면서도 이익은 어디까지나 공리에 입각해 이루어져야 한다고 주장한다. 그는 "공리·공익만을 추구하려는 마음이 도덕이다. 사리·사익만을 꾀하는 것은 부도덕하다."[123]라고 말하는데, 여기서 시부사와가 말하고 있는 사리·사익이란 곧 투기를 가리킨다. 시부사와가 말하는 공리와 공익이란 "상거래의 도덕은 파는 이도 사는 이도 모두 이익을 얻어 기뻐하는 데에 있다."[124]는 것이다.

---

120) 澁澤榮一, 『靑淵先生演說撰集』, 龍門社, 1937. p. 307. 古藤友子의 같은 논문, p. 89.

121) 『論語』「里仁」: 放於利而行, 多怨.

122) 澁澤榮一, 『論語講義』第二卷, 講談社, 1977. p. 43.

123) 澁澤榮一 著, 井口正之 編, 『靑淵修養百話』二卷, 東京同文館, 1915. p. 413. 그는 『논어』의 "군자는 의(義)에 밝고, 소인은 이(利)에 밝다."(『論語』「里仁」: 君子喩於義, 小人喩於利)라는 내용 해설에서 오를 것이 확실한 철도채권을 자신은 사들이지 않았다는 체험담을 이야기하며 투기는 절대로 하지 않는다는 자신의 신조를 역설한다. 그는 또한 "사업은 이를 이(利)에 비유하지 않고 의(義)에 비유하여, 국가에 필요한 사업은 이익 여하를 이차적인 것으로 생각하고, 의에 있어 일으켜야 할 사업이라면 이를 부흥시켜, 그 주식을 가지고 실제로 이익을 올림으로써, 그 사업을 경영해 나가야 할 것이라고 생각한다."고 하면서 '의(義)'를 강조한다. 澁澤榮一, 『論語講義』第二卷, 講談社, 1977. pp. 54~55. 古藤友子의 같은 논문, p. 90.

124) 澁澤榮一, 『實驗論語處世談』, 實業之世界社, 1922. p. 218.

또한, 시부사와 에이치는 『논어』가 모든 경제활동의 기초가 되어야 함은 물론 그것은 모든 생활 활동의 규범이 되어야 함을 강조한다. 즉, 메이지유신 이후로 일본 사회는, 다이묘(大名), 공가(公家), 무사(武士)를 각각 화족(華族), 사족(士族), 졸(卒)로 일반 평민과 달리 분리했지만 사농공상의 신분제도를 폐지하면서 기본적으로는 사민(四民) 평등정책을 전개한다. 당시 일본 정부는 국민 모두의 의무교육인 '국민개학(國民皆學)'을 내세우며 1871년에 문부성(文部省)을 창설하고 1879년에 '교육령'을 공포하고 그 이듬해에 국가에 의한 교육 통제를 강화시킨 '개정교육령'을 공포한다. 또한 1889년에는 제국헌법을, 1890년에는 '교육칙어(敎育勅語)'를 반포한다. 이와 같은 메이지 정부의 일련의 정책이 실행되는 가운데 시부사와 에이치는 학문이나 도덕의 측면에서 민간 사업가와 정부 관리는 서로 대등한 지위를 확보해야 한다고 주장하면서, "도(道)란 특정 부류만을 위한 것이 아니라, 모든 사람에게 주어진 보편적인 대도(大道)이다. 귀족도, 평민도, 관리나 공리(公吏)도, 군인이나 학자도, 농공상인도 똑같이 걸어야 할 길이다."[125]라고 말한다. 그는 『논어』의 내용은 제자의 성격이나 환경을 보고 교훈을 제시하는 '응병여약(應病與藥)의 도'[126]를 지녀서 각자의 실생활에 맞게 실천하기 쉽기[127] 때문에, 이 점에서 『논어』를 당시 모든 일본 국민이 도덕실천의 준거로 삼는 데 실용적이고 유익하다고 그는 생각한다. 그는 "공자

---

125) 澁澤榮一, 『論語講義』 第六卷, 講談社, 1977. p. 152.

126) 澁澤榮一, 『論語講義』 第五卷, 講談社, 1977. p. 20.

127) 시부사와가 활동하던 당시 『논어』의 언설들에 대해 일본 학계의 관점은 크게 종교라는 입장과 단지 윤리도덕이라는 입장의 두 가지로 나뉘었는데, 이에 대해 그는 이노우에 데쓰지로(井上哲次郎)가 주장하는 유교는 종교라는 설과 사카타니 요시로(阪谷芳郎)가 강조하는 실천윤리라는 유교관을 소개하면서 그 시비에 대해서는 확답할 수 없다고 말한다.

의 가르침을 종교라고는 생각하지 않는다. 실제로 처세하는 데 있어서의 규구준승을 설명한 것으로 공자의 가르침을 준수하며, 『논어』에 따라 이의 실천궁행에 힘쓰고 있는 것이다."[128]라고 주장하면서 이러한 『논어』는 가공의 공론(空論)을 설명한 서적이 아니라 '실학(實學)'의 가르침이라고 말한다.

(2) 공리(公利)의 강조와 국가 중심 논리

시부사와 에이치는 기업 활동에 종사하는 이들의 이익만이 아니라 사회·국가, 나아가서는 세계와 인류 전체의 이익 모두를 공리와 공익이라는 개념으로 설명한다. 그는 국민 전체·사회 전체·세계 전체의 이익이 공리이고 공익이라는 것, 게다가 공리와 공익은 일시적인 것이 아니라 영원한 것이어야 한다고 주장한다. 이 인류 전체의 영구적인 이익을 꾀하는 것이 바로 의(義)이고 강자가 약자의 이익을 꾀하는 것이 인(仁)이므로, 인의(仁義)를 행하면 이익(利)이 자연히 그 안에 포함된다면서[129] 가장 현실적인 목표로서 '국가의 이익'이라는 관점을 제시한다.

"오늘날 상공업에 종사는 하는 이가, 말하는 바는 모두 정직하고 진실하며, 게다가 국가적 관념을 기초로 삼아, 국가를 사랑하는 마음

---

128) 澁澤榮一, 『實驗論語處世談』, 實業之世界社, 1922. pp. 7~9. "사실을 떠나 있으면 학자도 필요 없고 학문도 그 무엇도 필요 없다. 학문은 반드시 실제 생활에 도움이 되기 때문에 필요한 것으로, 이 실제로부터 교육이나 학문도 모두 분리되어 성립되어 가는 것으로 보아, 이 학문과 사실과는 필수 불가결한 것이다. 지금 배우고 있는 것은 지금 바로 행해야 하는 것이다." 澁澤榮一 著, 井口正之 編, 『靑淵修養百話』, 東京同文館, 1915. pp. 221~222. 古藤友子의 같은 논문, p. 88.

129) 앞의 澁澤榮一 의 『靑淵修養百話』 二卷, pp. 414~415.

으로 자신을 사랑하는 것이, 다름 아닌 국가에 최선을 다하는 것이라 생각을 가지고 한다면, 그것이야말로 완비된 상업도덕(商業道德)의 실행이다."[130]

이러한 시부사와의 주장은 부국강병을 목표로 식산흥업 정책을 펴고 있던 메이지 정부의 방침과 정확히 일치한다.

"인간사가 복잡하여 다스리기 어려운 한 집안을 잘 다스려 갈 수 있는 사람이라면, 하나의 단체, 하나의 회사 또한 잘 통치할 수 있을 것이다. 하나의 단체, 하나의 회사를 잘 총괄할 수 있는 사람이라면, 한 나라도 잘 다스릴 수 있을 것이다."[131]

즉, 일신(一身)·일가(一家)·일단체(一團體)·일회사(一會社)·일국가(一國家)의 이익이 하나가 되는 경제활동이 곧 공리와 공익을 위한 것이고 당시 시점에서 가장 우선시 되어야 하는 것은 바로 국가의 이익이라는 것이다. 이러한 시부사와의 관점은 『대학(大學)』의 '수신(修身)·제가(齊家)·치국(治國)·평천하(平天下)'라는 유교의 확장 논리와 그 궤를 함께하면서 또 한편으로 청일전쟁(1894~1895) 이후에 고양된 국가주의와도 궤적을 같이 한다.[132]

시부사와 에이치는 "부모에게는 잘 순종하고, 천황각하를 받들어 모

---

130) 澁澤榮一 著, 井口正之 編, 『靑淵百話』 二卷, 東京同文館, 1912. p. 192.

131) 澁澤榮一, 『論語講義』 第七卷, 講談社, 1977. p. 52.

132) '공익'이라는 개념은 메이지 23년(1890)에 반포된 「교육칙어」에서도 "적극적으로 공익을 늘리고 세상에 대한 소임을 펼쳐야 한다."라고 나온다.

시어 충의를 다하며, 각자의 직업에 있어서 일신의 이익만이 아니라, 일국의 공리공익에 해가 되지 않도록 충성을 다해 일해야"[133] 한다고 하면서, 천황에 대한 충의를 근본으로 한 각자의 직무 수행이 곧 일국의 공익의 실현으로 이어진다고 주장한다. 이는 「교육칙어」의 "천황의 신민은 충과 효를 다하며…… 그대 신민은 부모에게는 효, 형제에게는 우애, 부부는 서로 화목하고, 공손과 검약을 나의 신조로 삼으며, 박애를 민중에게 베풀고, 학문을 익히고 일을 배움으로써 지능을 계발해…… "와 부합한다.

시부사와는 「교육칙어」 반포 이듬해에 「가훈(家訓)」을 쓰며 "첫째, 항상 애국충군(愛國忠君)의 의지를 강건히 해 공공(公共)을 위해 몸을 바치는 것을 도외시하지 말 것"[134]이라고 밝히는데, 이 글귀에 대해 시부사와는 '상인(町人)'인 자신이 '무사'와 마찬가지로 충군애국의 한 항목을 덧붙인 이유에 대해 다음과 같이 서술한다.

"사회의 일원, 국가의 한 국민인 이상, 누구나 한 나라 한 고향에 대해 나의 것이라는 각오를 가져야 한다고 생각한다. 모든 사람은 자신이 태어나 살아 온 조국에 대하여 자연히 고유(固有)의 권리와 의무가 주어질 것이다. ……따라서 국민은 자연스럽게 국가를 생각하며, 자국이 타국보다도 강대해질 것을 바라며, 부유해지는 것을 진심으로 바라는 것은, 국민의 국가에 대한 자연스러운 정(情)이다. 이것이 즉 애국심이라는 것으로 국민에게 있어 이 마음의 강약후박(强弱厚薄)의

---

133) 澁澤榮一, 『論語講義』第一卷, 講談社, 1977. p. 48.

134) 澁澤榮一 著, 井口正之 編, 『靑淵百話』二卷, 東京同文館, 1912. p. 86.

여하에 따라서 또한 그 나라의 강약빈부(强弱貧富)도 저절로 만들어지는 것이라 할 수 있겠다. ……그러므로 일본인으로서 일본에 태어난 이상 스스로 국민의 권리와 의무로서 충군애국(忠君愛國)의 마음이 두터워야 한다."[135]

시부사와는 메이지 정부 수립 후 종래의 사농공상 계층의 사람들은 모두 똑같이 국가와 황실에 대해 충의를 다해야 할 국민·신민으로 평가되어야 한다고 인식한다. 관료에 대한 민간 실업가의 지위 향상을 꾀한 시부사와의 '도덕경제일치설'은, 한편으로 자신의 직분을 국가나 황실에 충의를 다하는 도덕에 따라 수행한다는 점에서 지금의 관료·국민이나 이전 시기의 무사(武士)·상인(町人) 모두가 동등하게 권리와 의무를 부여받는다는 것을 의미한다.

곧 문벌제도의 타파를 주장한 후쿠자와 유키치에 의해 일본 상층부의 사(士)계급은 실업가로 양성되어 자신의 고유한 상층의 지위를 안정적으로 누리게 되고, 시부사와 이래로 상인을 비롯한 일본의 일반 국민은 사(士)와 동등한 권리와 의무를 부여받게 되는데, 상부는 하부가 담당한 장사의 일을 담당하고 하부는 자신의 고유한 업무에 종사하면서도 상부가 누린 권리가 의무를 수행하게 됨으로써 일본의 근대화에 필요한 전 국민적인 동력을 일본 사회는 확보하게 된다.

다시 말해 그는 국가를 부유하게 하는 실업가, 곧 과거 사무라이 계급이든 상인 계급이든 출신에 상관없이 도의를 지니고 새롭게 탄생된 실업가야말로 새로운 시대의 '사(士)'이기 때문에 무사도(武士道) 정신

---

135) 澁澤榮一 著, 같은 책(1912), pp. 92~94. 古藤友子의 같은 논문, p. 93.

을 가지고 경제활동에 매진해야 한다고 주장한다.

"무사도의 정수(精髓)는, 정의(正義), 염직(廉直, 청렴하고 곧음), 의협
(義俠), 감행(敢爲, 敢行, 곧 과감히 나아가는 것), 예양(禮讓) 등의 미덕을
가미한 것으로, 한마디로 이를 무사도라 주장하는데, 그 내용은 상당
히 복잡한 도덕이다. 그리고 내가 심히 유감스럽게 생각하는 것은, 이
일본의 정수다운 무사도가, 옛날부터 오로지 무사 사회에서만 행해지
고, 식산공리(殖産功利)에 몸을 맡긴 상업자들 간에 그 기풍이 매우 결
여된 한 사실이다. ……요컨대 이 무사도는, 단지 유학자라든가 무사
라는 측근 사람들에 의해서만 행해지는 것이 아니라, 문명권의 상공
업자가 근본으로 삼아야 할 길도 여기에 존재한다고 생각한다."[136]

그에 의하면 『논어』는 일본 전통의 무사도 문화와 일본 사회에 새
롭게 전개되는 자본주의 정신문화를 매개하는 사혼(士魂) 양성의 공통
적인 도덕적 구심점으로 삼기에 충분한 것이었다. 그는 '도덕경제일치
설'과 연결시키며 『논어』가 사혼양성(士魂養成)의 근본토대임을 다음과
같이 밝힌다.

"인간이 입신하기 위해서는 무사적 정신이 필요하다는 것은 당연
한 말이지만, 그러나 무사적 정신에만 편중되어 장사의 재능(商才)이
없으면, 경제에서 자멸을 초래하게 된다. 따라서 무사의 혼(士魂, 氣槪)
과 상인의 재능(商才)이 있어야 한다. 그 무사의 혼을 키우려면, 많은

---

136) 澁澤榮一 著, 같은 책(1912), pp. 200~202. 古藤友子의 같은 논문, pp. 93~94.

서적이 있겠지만 역시『논어』가 가장 사혼양성(士魂養成)의 근본토대가 된다고 생각한다. 그렇다면 상인의 재능은 어떠한가 하면 상인의 재능도『논어』에서 충분히 키울 수 있다."[137]

이와 같은 시부사와 에이치의 논리에 대해서 위잉스(余英時)는 자신의 저서『중국근세의 종교윤리와 상인정신』의 일본어판 서문(平凡社, 1991년)에서, "나는 그가 창조한 '사혼상재(士魂商才)'라는 개념이 상당히 마음에 들었다. 명과 청도 일종의 '사혼상재'의 시대였다고 할 수 있겠다. 하지만, 중국의 '사(士)'는 '무사(武士)'가 아니라 '유사(儒士)'인데, 내가 보기에는 중·일 양국의 근세사와 현대에 있어서, '사혼상재'는 하나의 공통되는 중요한 과제이며, 역사가가 공동으로 연구해 서로 실증할 가치가 있을 것이다."[138]라고 평한다.

이와 같이 시부사와 에이치는 자본주의 발전을 위해 상공업자들의 육성을 중요하게 생각하면서도 다른 한편으로 일본의 경제성장에 대응할 수 있는 새로운 자본주의 정신을 일본 전통사회의 무사도 정신에서 찾고 있는데, 일본 전통의 무사도 정신을 기계적으로 새롭게 수입된 자본주의 문화에 결합시키기보다는『논어』를 통해 상호 소통시키며 일본 자본주의 문화의 새로운 도덕적 내지 정신적 구심점을 궁구한다. 이는 중국이 아편전쟁 이후 서구 자본주의 문화에 대응하기 위해 자본주의 경영원리에 대해 전문적인 교육을 받지 않은 유교적 소양을 지닌 관료들에게 사업을 감독하게 하는 기계적인 관독상무(官

---

137) 澁澤榮一 著, 梶山彬 編,『論語と算盤』, 大和出版, 1985. p. 3.
138) 古藤友子의 같은 논문, p. 94.

督商務)의 대처 방법과는 분명한 차이를 보인다.

그러나 시부사와 에이치의 "왕도(王道)는 황도(皇道)가 되어 우리나라에서 행해지는데, 무사도도 이 황도의 감화를 받아 유일한 것이 되었다."[139]고 한 말을 통해서도 알 수 있듯이 그가 『논어』의 학습을 통한 무사도와 상인적 재능의 배양을 주장하는 근본적인 이유는 곧 천황에 대한 충성과 충의를 견지하기 위한 일환이었음을 쉽게 간파할 수 있다. 즉, 그는 청일전쟁과 러일전쟁의 과정에서 "신민(臣民)다운 자가 누구인가? 황실을 앙모해 충의를 다하지 않을 자가 있겠는가? 청·일, 러·일 두 전쟁에 거국일치해 완전한 승리(全勝)를 올린 것도 당연한 일이다. 청년제군은 앞으로도 황실을 중심으로 더욱 더 일치단결해 충성을 다하는 마음가짐이어야 한다."[140]라고 하며 일본의 군국주의의 지향을 지지하면서, 동시에 사회주의와 아나키즘에 반대하는 입장을 표명한다.[141]

또한 시부사와 에이치의 합본주의(合本主義)는 『논어』적 발상 즉, 실업가로 탄생한 상류계급 협조주의라고 할 수 있다. 그는 『논어』의 "나라를 소유하고 집을 소유한 자는 (백성이) 적음을 근심하지 않고 고르지 못함을 근심하며, 가난함을 근심하지 않고 편안하지 못함을 근심한다."[142]라는 말에 의거해서 모든 사람이 각각 자신이 속한 계층의 위상에 걸맞는 역할을 해야 한다고 강조한다. 그의 이러한 협조를 통해 더

---

139) 澁澤榮一 著, 井口正之 編, 『靑淵修養百話』 二卷, 東京同文館, 1915. p. 415.

140) 澁澤榮一, 『論語講義』 第一卷, 講談社, 1977. pp. 187~188. 古藤友子의 같은 논문, p. 94.

141) 澁澤榮一, 『論語講義』 第五卷, 講談社, 1977. pp. 136~137. 古藤友子의 같은 논문, p. 94.

142) 『論語』 「季氏」: 有國有家者, 不患寡而患不均, 不患貧而患不安.

나은 것을 모색하는 합본주의 방식은 향후 일본 경제에 '연공서열' 제
도로 구체화된다.

이렇듯 시부사와 에이치는 기본적으로 기업인이었지만 유교의 도
덕정신을 토대로 일본의 근대자본주의 문화의 길을 열고자 한다. 그
는 경제사상에서 활용할 수 있는 유교를 모색해 그 나름의 독특한 유
교 해석을 하면서,『논어와 산반』,『청연백화(靑淵百話)』를 저술하며 의
리양전(義利兩全) 및 도덕과 경제의 합일을 주장한다. 또한 그는『입회
약칙(立會略則)』에서 기업체가 사권(私權)에 기초한다는 점을 강조하면
서도 국가와 사회는 대사(大事)이며 사권에 기초한 기업체 또한 국가를
위해 공적인 일을 우선시해야 한다고 주장한다. 시부사와 에이치는 다
이쇼 시기의 일본 경제계를 유교의 도덕적 색채가 짙은 사상과 도덕
으로 이끌었는데, 이러한 그의 영향은 오늘날의 일본 기업문화에도 상
당 부분 온존된다.

2) 유교적 소양의 자본주의와 반공의식

일본의 자본주의 논리와 유교를 연결해 말할 때 우선 언급할 수 있
는 인물은 야스오카 마사히로(安岡正篤, 1898~1983)[143]이다. 그는 평생
을 동양사상의 연구와 후진 육성에 종사하면서 오랜 세월 동안 일본
정·재계의 실력자들에게 지대한 영향력을 행사한다.

그는 양명학의 입장에서 마음의 중요성을 일관되게 설명한다.

---

143) 야스오카 마사히로는 동경제국대학 법학부 정치학과를 졸업했고, 20대 후반부터 양
명학자로서 정치계·육해군 관계자들에게 널리 알려졌고, 1927년에는 금계(金鷄)학원과 일본
농사학교를 창립하기도 했다. 그는 1949년에는 사우회(師友會)를 설립한 이후 일본의 정재계
인사들에게 큰 영향을 끼친다.

" ……인간이 마음을 올바로 완성시킨다는 것은 인간을 위하는 일임과 동시에 천지(天地)를 위하는 일이다. 사실은 천지가 마음을 창시했던 것이다. ……인간이 마음의 세계를 연다고 하는 것은 천지의 임무이다. 인간이 천지를 대신해서 행하는 것이다. ……대대로 성현이 물려주었으나 지금은 끊어져버린 학문(絶學)을 계승하고 홍기하지 않으면 안 된다. ……그래야만 비로소 만세를 위해 태평을 열 수 있는 것이다."[144]

이러한 기본 전제를 바탕으로 그가 내놓은 '사물을 보는 세 개의 원칙'은 일본 유수의 경제인에게 일종의 지침서로 작용한다.

"사물을 보는 데에는 '세 개의 원칙'이 있습니다. 첫째로는 될 수 있는 한 목전에 얽매이지 않고 긴 안목으로 본다. 둘째로는, 될 수 있는 한 한 면에 사로잡히지 않고, ……전면적으로 본다. 셋째로는, 지엽 말단으로 나아가지 말고, 근본적으로 본다. 이 세 개입니다. 그래서 한 사물의 옳고 그름을 보아 큰 체계의 옳고 그름을 묻지 않거나, 일시적인 이해에 관계하여 먼 장래의 이해를 헤아리지 않는다고 하는 것은, 결국 전면적으로 보지 않는 것이고 긴 안목으로 보지 않는 것이며 근본적으로 보지 않는다고 하는 것입니다. 이러한 상태로 정치를 하면, 나라가 위태로운 것은 당연합니다. 일시적인 이해에만 구애되어 먼 장래의 이해를 생각하지 않는 정치가 아니고, 더욱 ……힘이 있는 정치를 하지 않으면 안 됩니다. 이것은 국가의 정치뿐만 아니라, 사업의

---

144) 安岡正篤, 『師と友』 7月號, 昭和 47年(1972).

올바름과 그릇됨도 우리들의 사생활도 모두 같은 것입니다."[145]

또한 야스오카 마사히로는 유교의 핵심 개념인 충(忠)과 서(恕)에 대한 설명에서 마치 남녀 간의 생래적인 사회적 역할의 차이를 암시하듯 발언을 한다. 그에 따르면 충(忠)이라는 글자에서 중(中)은 현실의 모순과 대립을 통일하고 해결해 조금이라도 높은 차원으로 진보 향상시키는 것이므로, 충(忠)은 그렇게 하려는 마음(心)이라고 볼 수 있다. 서(恕)라는 글자에서 여(如)는 女(여자)와 口(경계)로서 여자의 천분(天分)을 뜻한다. 즉 여자의 천분은 포용하고 낳고 기르는 데에 있다.

야스오카 마사히로는 생전에 많은 저서를 남기는데 이 책들은 일본 경제인들의 필독서가 되었다. 일본 유수의 경제인들의 사고에 유가사상을 부가시킨 대표적인 인물은 바로 야스오카 마사히로라고 말할 수 있는 한편, 이데올로기적인 측면에서 볼 때 그에 대한 일반적인 평가는 일본 우익의 사상적 거목이라는 점이다.

특히 그의 한국과 관련한 여러 활동은 일본 우익의 사상적 거목이라는 부정적인 평가에 매우 잘 부합한다고 볼 수 있다. 야스오카 마사히로는 박정희가 한일국교정상화를 할 때 막후에서 한국 정치인들이 일본 정·재계의 실력자들을 접촉할 수 있게 알선한다. 5·16 이후 야스오카 마사히로의 생각은 한국 국민들이 민주주의와 군사정권 중 어느 것을 선택하느냐 하는 것은 그들 자신들의 문제이고 군사정권이 반공정책을 견지하는 한 도와야 한다는 것[146]이었다. 실제로 박정희가

---

145) 安岡正篤, 『先哲講座』, 到知出版, 昭和 63年(1988). p. 192.

146) 조갑제, 「한일회담 관계: 장면총리와 야기 노부오」, 『월간조선』, 2002. pp. 723~730.

군사 쿠데타 직후에 국가재건최고회의 의장이 된 이후 제일 먼저 한 일은 야스오카 마사히로와의 접촉을 시도하는 일이었다. 박정희가 일본에 갔을 때 가장 처음 만난 사람도 바로 야스오카 마사히로였으며, 여기서 그는 박정희에게 한국의 경제발전을 위해서는 수출주도형·재벌 육성으로 가야 한다는 충고를 하기도 한다.

3. 화혼양재(和魂洋才)와 유교의 지위 변화

화혼양재(和魂洋才)의 개념이 출현하기 이전, 일본 전통사회에서는 이미 9세기 말 이후 한학(漢學)과 한학의 교양이 중요하더라도 현실 일본 정치사회의 본질이 아님을 의미하는 화혼한재(和魂漢才)라는 용어가 나온다. 일본 고대 화혼(和魂)의 용례는 『원시물어(源氏物語, 겐지모노가타리)』를 시작으로 헤이안(794~1188) 중기 이후의 작품에 나타나며, 대략 '어떤 상황에 직면한 문제를 판단하고 분별해 처리할 수 있는 임기응변의 지혜, 재주와 같은 실질적인 능력'이란 의미로 사용되어 '한재(漢才)'와 대비되는 형태로 사용된다.[147] 헤이안시대의 저명한 정치가이자 학자이면서 한문과 서법(書法)에 정통해 후에 일본 학문의 신적인 인물로 추앙받은 스가와라노 미치자네(菅原道眞)는 그의 저서인 『관가유계(菅家遺誡)』에서 화혼한재라는 용어를 사용해 "중국 유학의 학설만 배운다면 신국(神國) 일본의 무궁한 현묘함을 충분히 미루어 알 수 없고", "화혼한재라는 뜻을 확실히 파악해 혁명적 국풍(國風)문화를[148] 발

---

147) 박미경, 같은 논문, p. 377.

전시키는 것이야말로 일본 고유의 민족정신을 분명히 할 수 있다"고 강조한다.[149]

이후 등장한 화혼양재(和魂洋才)의 '화혼'은 따라서 화혼한재(和魂漢才)의 '화혼'뿐만 아니라 한문화(漢文化)를 받아들인 후의 '화혼' 곧 화혼한재의 총체에 해당한다. 이와 같이 화혼의 의미는 시대의 흐름에 따라 그 내용이 변화하는 것인데, 외국의 가치를 의식하지 않을 정도로 자기 것으로 만들어 동화시킨 정신 내용은 모두 화혼 안에 담겨져 있다.[150]

화혼양재라는 개념이 출현한 시기와 사용한 최초의 인물은 정확하지 않지만, 메이지 중기 이후부터 통용되기 되기 시작했으며, 사쿠마 쇼잔(佐久間象山, 1811~1864)의 '동양도덕(東洋道德), 서양예술(西洋藝術)'이라는 말에서 유래한 것으로 보는 것이 통설이다. 모리 오가이(森鷗外, 1862~1923)는 일본의 서구 문화의 수용 과정에 대해, 제1기는『난학사

---

148) 섭관정치가 진행된 10세기 이후 12세기 무렵까지의 문화를 후지와라(藤原) 문화라고도 한다. 이 시대에 견당사 파견이 중지되자 일본은 먼저 유입되어 있던 당(唐)의 문화를 일본 고유의 문화에 동화시켜 일본적 색채가 짙은 문화를 만들어낸다. 이 문화는 전 시대의 문화에 비해 역동적인 면은 없지만 미적 감각의 측면에서 특징적인 문화를 형성한다. 가나 문자를 만들어 일본인의 감정을 자유롭게 표현하게 됨으로써 국문학이 융성하고, 일본의 풍물을 그리는 야마토에(大和繪)가 발달한다.

149) 이 저서가 무로마치 시대(1338~1573)의 위서일 가능성도 있다는 주장도 있지만, 헤이안 시대는 일본의 민족적인 자각이 융성한 시대였다. 이때는 중국의 과학기술의 교류는 비교적 적었지만 일본 독자적인 '국풍문화'의 발전이 이루어졌고, 이러한 '국풍문화'의 특색은 화혼(和魂)을 찬양하고 한학(漢學)을 경시한 점에서 찾을 수 있다. 앞서 살펴본『겐지모노가타리』에서 '야마토다마시이'와 같은 말이 나오기 시작하는 등 국학과 한학의 관계 문제가 나타나고 있었는데, 이 문제를 해결하는 수단이 곧 '화혼한재'였던 것이다. 李廷擧,「「中體西用」과「和魂洋才」の比較」, 吉田忠, 李廷擧 編,『科學技術: 日中文化交流史叢書』8, 東京, 大修館書店, 1998. pp. 350~352를 참조 정리.

150) 平川祐弘,『和魂洋才の系譜』, 東京: 河出書房, 1987. p. 35.

실(蘭學事始)』[151] 시대부터 메이지 초년까지, 제2기는 메이지 초년부터 메이지 10년대까지의 구화주의(歐化主義), 제3기는 구화주의(歐化主義)에 대한 반동기라고 구분한다. 1870년대 중반부터 국학황도연구가 시작되지만 당시 시대의 대세는 구화주의(歐化主義)였으며 메이지 20년에는 그 절정기에 이르는데, 이러한 사상계를 국가주의 사상으로 통일한 것이 「교육칙어」의 반포이다. 따라서 일본이 적극적으로 서구 문화를 수용한 메이지 초기를 지나 중기 이후에 화혼이 자각되는 가운데 화혼양재적 근대화의 논리가 형성되고, 그 후에 화혼양재라는 조어가 탄생한 것으로 보인다.[152]

메이지 중기 이래 화혼은 "자유민권운동의 퇴조 후에 확립된 절대주의적 천황제의 한 이데올로기적 표현"이었으며,[153] 화혼양재가 성립될 수 있던 사상적 토대는 역시 사쿠마 쇼잔에서 찾을 수 있고 그의 영향이 가장 컸다고 볼 수 있다.

사쿠마 쇼잔[154]은 서양의 무력 위협의 방지책을 심각하게 생각한 끝

---

151) 스기타 겐파쿠(杉田玄白, 1733~1817)가 일본의 난학의 연혁과 『해체신서(解體新書)』 번역의 경위를 서술한 책. 스기타 겐파쿠는 난학을 일본에 전파한 선구자로 네덜란드 의학을 배운 의사였고, 그의 최대 업적으로 『해체신서』의 완성이 손꼽힌다. 『해체신서』는 쿨무스(J.A.Kulmus, 1687~1745)의 해부도 『타펠 아나토미(Tafel Anatomie)』의 기술이 극히 정확함에 놀라고 서양 의학의 실증적 정신에 감복한 겐파쿠가 그것을 번역한 책.

152) 윤소영, 「한말기 조선의 일본 근대화 논리의 수용」, 『한국근현대사연구』 29, 한국근현대사연구회 2004, p. 139.

153) 古在由重, 「和魂論ノート」, 古田光, 生松敬三 編, 『日本の哲學』, (東京: 岩波書店, 1970), p. 267. 고자이 요시시게(古在由重)는 '대화혼'은 피상적인 구화주의에 반발하는 국수주의적인 측면이 있었지만 본질적으로는 자유민권에 대한 방파제이자 반격의 노력이었다고 본다.

154) 이하 사쿠마 쇼잔에 대해서는 植手通有, 「佐久間象山における儒學·武士精神·洋學 – 橫井小楠との比較において」, 佐藤昌介他 編, 『渡邊崋山·高野長英·佐久間象山·橫井小楠·橋本左內』(日本思想大系 55), 東京: 岩波書店, 1971. 미야카와 토루·아라카와 이쿠오 엮음, 이수정 역, 『일본근대철학사』, 생각의 나무, 2001, pp. 36~38에 의거한다. 사쿠마 쇼잔은 메이지유신의 지도자를 길러낸 요시다 쇼인의 스승일 뿐 아니라 후에 메이지 초기 사상계를 이끈

에 일본을 개국할 것을 주장해 서양 지식을 탐구한다. 그는 서양문물을 일본적인 전통과 관련지음으로써 그 도입을 어떻게 가능케 하고 촉진할 것인가 하는 문제에 대해, '동양도덕, 서양예술'의 관계로 파악하면서 서양이 발명한 실리가 일본의 성학(聖學)인 공맹의 도(孔孟之道)를 보강한다고 믿었다. 난학(蘭學)을 배우기 전의 사쿠마는 주자학을 유일한 '정학(正學)'으로 신봉하지만, 중국의 아편전쟁을 비롯해 페리호의 내항 등을 계기로 대외적인 위기를 깨닫고 서양문물 즉, 이전에 이미 일본에 수용되고 있던 난학, 그 중에서도 과학기술에 주목한다.[155] 그는 격물궁리(格物窮理)의 관념을 매개로[156] 근대 서양의 자연과학을 이해하고 섭취하지만 그 과정은 역으로 주자학의 격물궁리를 근대과학의 실험적·실증적 방법으로 재해석해 가는 것이다.

츠다 마미치(津田真道, 1829~1903), 니시무라 시게키(西村茂樹, 1828~1902), 가토 히로유키(加藤弘之, 1836~1916) 등의 스승이기도 하여 그의 영향이 높이 평가된다. 요시다 쇼인은 난학을 배웠고 사쿠마 쇼잔 밑에서 병학을 익혔으며 양학 연구에 전념한 사상가, 교육자. 네덜란드에 유학하기도 했으며 귀국 후 법률용어를 창안하는 동시에 서양 법학의 소개, 보급에 공헌했다. 일본 최초의 계몽단체였던 메이로쿠샤의 결성에 참여하면서 사민평등과 천부인권 사상의 보급에 힘써 계몽사상가로 활약했다. 가토 히로유키는 사쿠마 쇼잔의 문하에서 병학과 양학을 배웠고, 독일의 정치학을 연구하기 시작하면서 일본의 이른바 독일학의 창시자가 되었다. 메이로쿠샤 일원으로 계몽사상을 전개하기도 했지만 사회진화론을 받아들이면서 국가주의 사상가로 변모해 자유민권사상과 기독교를 공격하는 등 메이지 정부의 충실한 관료학자가 되었다.

155) 사쿠마 쇼잔은 사물의 법칙성을 추구한다는 의미에서 격물궁리를 학문의 기본으로 중시했고, 격물궁리를 도덕적 실천의 전제조건으로 보았다. 즉, 주자학자로서 똑같이 격물궁리를 중시하면서도 그것을 대상적인 지식의 획득으로 파악하고 그 독자적인 의미를 보다 중시한 것이다. 도덕성과 물리성, 규범성과 법치성이 연속해있는 주자학의 이치를 쇼잔은 후자에 초점을 맞추고 있는 것이다.

156) 쇼잔은 해상방위문제에 깊은 관심을 기울이고, 네덜란드어와 더불어 병학의 학습에 힘쓴다. 쇼잔은 현실적인 현상 인식에 기초해 근대과학을 철저하게 기술학에 한정시켜 섭취한다. 그러나 그의 서양 과학기술에 대한 평가는 국방에 직접적으로 유용한 성과의 측면뿐만 아니라 그 기초 내지는 방법의 측면에까지 향해 있었고, 이러한 태도의 밑바탕에는 격물궁리를 "위학(爲學)의 요체"로서 중시한 그의 주자학이 있었던 것이다.

그가 난학을 수용함에 따라 이전부터 그에게 이미 갖추어진 주지적·합리적인 사고 태도는 더욱 현저하게 전개되어 자연과학적 합리주의의 경향을 띤다. 따라서 그가 한 '동양도덕, 서양예술'이라는 말은 동양정신을 기초로 그 위에 서양의 과학기술을 접목한다는 의미로 해석할 수 있다. 확실히 그가 전통적인 학문관을 암묵적으로 전제하고 있음을 고려할 때 '동양도덕, 서양예술'의 의미는 도덕이 '본(本)'이고 기예는 '말(末)'이라고 의도의 연장선상에서 기인한 것임을 알 수 있다.[157]

화혼양재의 '양재'가 '화혼'과 상호보완적인 관계에서 파악된다는 점에서, 이는 앞에서 언급한 아츠타네의 화혼한재의 관점과 일맥상통한다.[158] 이와 같이 주자학을 깊게 신봉한 사쿠마 쇼잔은 거의 마지막까지 막번 체제의 명분질서를 '천지자연의 질서'로 존중한다. 당시 그가 제시한 대외 위기의 제도적 대응으로는 시세의 변화를 좇는 인재 등용이나 공무합체설(公武合體說: 조정과 막부의 통일을 이루자는 주장) 정도를 꼽을 수 있는데, 그는 역설적으로 유교의 보편성을 깊게 신봉했기 때문에 서양의 충격을 단순히 국가체제의 위기로 인식하지 않고 그것을 유교의 본래적 의미에 대한 사상적 도전으로 받아들임으로써 유교의 재해석을 통해 이 도전에 응한다.[159]

---

157) 그러나 다른 한편으로 '자연과학은 만학의 기본이다'라고 한 그의 말을 놓고 볼 때 도덕학이 아닌 자연과학을 학문의 기본으로 한다는 의도를 읽을 수 있다는 점에서 자연과학에 대한 그의 태도는 본말을 역전하는 경향을 보이기도 한다. 植手通有, 앞의 논문, pp. 666~667.

158) 李廷擧는 "동양도덕, 서양예술"이라는 슬로건이 동양도덕에 대해 존숭하는 것처럼 보이는 것은 당시 양이파(攘夷派)와의 충돌을 피하기 위한 도구에 불과했기 때문이라고 간주한다. 李廷擧, 위의 글, p. 355.

159) 과학기술을 조작하는 주체가 사회제도를 변혁하는 주체는 결코 아니었다. 그에게 있

후키자와 유키치의 경우, 일본인이 너무 훌륭하게 한학(漢學)을 철저히 하지 않았기 때문에 오히려 양학(洋學)에 바로 들어갈 수 있었다고 말하는데 이것은 진리의 일면만으로 짐작한 것이다.[160]

확실히 근대에 들어서서 서양적인 지식·기술·제도 등이 한학과 유교를 부정함으로써 양학과 한학의 사이에 비양립적·상호부정적인 관계가 생겨난 것만은 확실하다. 그러나 또 한편으로 한학과 양학을 단지 이율배반의 관계로만 생각하는 것도 그릇된 것인데, 이는 서양지식을 수용한 한학자이자 영국 사상을 공부한 나카무라 마사나오가 말하듯이, 한학을 기초로 하거나 이것을 응용함으로써 서양 지식의 수용이 가능하게 되었던 점은 많았다. 한학이 지나치게 강력했다면 양학의 수용을 저해했을지도 모르고 반면 한학의 축적이나 역할이 없었다면 서양의 지식을 수용하는 것이 또한 훨씬 곤란했을 것이다.

서구화의 근대화 물결은 거대했지만 1880년대 후반 무렵부터 일본 사회에서는 국민에 대한 사상·도덕적 시책이 문제가 되는 것과 동시에 한학이나 유학은 국가·국민의 통일을 위해서는 오히려 필요한 자원이라는 생각이 점차 강해진다.[161] 이러한 생각이 일본 사회에 강화

어서 도리 즉, 도덕규범과 사회질서는 주자학적 자연법사상에 근거한 계층적인 신분 질서에 다름 아니었다. 따라서 구미 열강의 극동 진출에 의해 촉발된 대외적 위기의식과 구미에 대한 대항의식을 기초로 한 국방문제야말로 그에게 어디까지나 첫째가는 관심사였다. 개인이 처해 있는 사회 양상, 그리고 이것을 변혁하는 주체의 문제는 거의 그의 관심을 끌지 않았던 것으로 보인다. 그러므로 정치의 세계에 대한 그의 시야는 매우 좁은 것이었고, 그의 세계의식과 인식의 날카로움은 주로 테크놀로지(기예) 분야에 한정되고 사회체제의 차원에 침투되지 않았다.

160) 이하의 내용은 黑住眞, 앞의 논문, pp. 49~51 참조.

161) "막번 체제를 하나의 국가로 통합해 서구 열강의 위험에 대처해 나가려는 메이지 정부는 '국민형성'을 서두르지 않을 수 없었고 이에 대응하는 '국민문화'를 형성하기 위해 무가적(武家的)·유교적 가족주의를 공통의 이데올로기로 채용go 메이지 민법으로 법제화했다." 유용태의 같은 논문(2001), p. 275.

됨으로써 1890년대 이후에는 초·중등교육에 유교도덕이나 한학을 도입하는 조치가 확대된다. 이러한 조치의 기초인 「교육칙어」에서는 도덕의 핵심을 천황의 신도적 전통에 구하고 더욱이 그것을 유교적 도덕으로 보강하려고 한다.

즉, 근대일본의 '국가', '국민'은 국가신도를 중심으로 이것을 유교가 떠받친다는 이데올로기적 도식에 의해서 구축되는데, 이러한 이데올로기를 주입하기 위해 메이지 국가가 구축한 학제는 도쿠가와 시대에 성립되지 않았던 과거시험을 메이지 시대에 들어서서 어느 정도 실현한 것으로도 볼 수 있다. 그러나 대학 등 고등교육은 전적으로 양학이 점령했고, 유교·한학적인 것은 교육제도의 저층을 차지했다. 유교·한학이 고등교육 속에서 어느 정도 기반을 확립한 것은 근대의 대학 아카데미즘의 내부에서였다.

1900년 무렵부터는 대학의 강좌에 동양철학·지나학(支那學)·지나철학(支那哲學) 등의 학과가 정착되어 점차 큰 업적을 낳는다. 다른 한편으로 1890년대의 국가도덕은 일본이 제국주의적 양상을 드러내기 시작함에 따라 더욱 팽창함으로써 '비대한 민족주의', '동아(東亞) 이데올로기'를 낳고 유교는 이를 위해 봉사한다. 이는 후쿠자와 유키치와 더불어 1873년에 일본 최초로 근대적 민간학교인 명륙사를 결성한 니시무라 시게키의 화혼론(和魂論)에 잘 드러난다.[162]

메이지유신 이래 국가의 건설이 시작되면서 무엇보다 서양을 따라잡기 위한 속도가 요구됨으로써 메이지 초기의 일본의 근대화 정책은 정부 주도의 위로부터의 강제된 개혁으로 나타났다. '문명개화(文明開

---

162) 이하 니시무라 시게키에 대해서는 윤소영, 앞의 논문(pp. 145~153)을 주로 참조함.

化)'는 이렇게 다급해진 국가건설에 즈음해 외관에서 내적 요소에 이르기까지 규정한 양식이었다.[163] 이 과정에서 메이지 화혼론을 일원화시키는 계기는 1879년 메이지 천황이 스스로 밝혔다고 알려진 「교학대지(敎學大旨)」의 반포이다. 「교학대지」에서는 교학의 근본을 인(仁)·의(義)·충(忠)·효(孝), 군신부자의 대의에 두고 이를 기반으로 지식, 재예를 궁구해야 함을 밝히면서 유학의 중요성을 역설한다. 니시무라 시게키는 1881년에 「교학대지」의 이념에 입각한 『수신(修身)』교과서를 저술하고 이의 실천을 주창한 인물이다. 실제로 그의 저서인 『일본도덕론(日本道德論)』(1887)은 동서양의 사상과 역사적 경험을 인용하면서 유교적 실천덕목을 완성시킨 저작으로 메이지 시대의 기본 교육이념을 구현한다.

니시무라 시게키는 네덜란드어와 영어로 된 유럽의 역사서를 일본 최초로 번역하는 등 유럽의 역사와 사상을 연구한 학자로서, 그는 서양의 우수한 학술·정치·법률과 서양의 우수함을 능가하는 것이 많은 동양의 도덕·풍속·습관 등을 살펴서 일본의 장점은 양성하고 서양인의 우수한 것은 취해야 한다고 주장한다. 그는 '도덕의 교'에는 '세교(世敎)'와 '세외교(世外敎)'가 있는데, 전자는 동양의 유교와 서양의 철학이고 후자는 불교와 기독교라고 말한다. 그는 불교와 기독교를 '하등사회의 백성'의 신앙이라고 하여 물리치고, '상등사회의 인물'의 도덕인 유교와 서양의 철학에서 국민의 정신적 지주를 찾아야 한다고 주장한다.

즉 그는 유교와 서양철학 쌍방의 '정수를 취하고, 그 조잡을 버림'으

---

163) 가노 마사나오 저, 앞의 책, p. 40.

로써 '천리(天理)'에 합하고 인정에 '협(協)'하는 천지의 진리를 짜내고 이것을 '일본 도덕의 기초'로 삼고자 한 것이다.[164] 그리고 그는 오로지 유교만으로 일본 도덕의 기초를 세우고자 하는 것은 현실적으로 불가능하므로, '충효의 가르침'은 유교에서 배우고 '연구의 극히 정미한' 점은 서양철학에서 배워야한다고 생각한다. 이와 같이 그는 주관적으로 유교와 서양철학의 종합을 지향하고 있었다고 할 수 있지만, 실제로 서양철학의 파악은 그 순수한 이론적 정치함과 고도한 방법론적 유효성에만 초점을 맞춘다. 일찍이 사쿠마 쇼잔의 문을 두드린 시게키답게 그는 서구의 장점을 본받아서 일본의 단점을 보완하려는 채장보단(採長補短) 방식의 학적 태도를 견지한다. 이는 그가 시도하려 한 동서철학의 종합 통일이 단순한 절충의 차원에 머물지 않을 수 없었던 이유이다.[165]

한편, 니시무라 시게키는 유교에 대해 우리나라의 사인(士人)이 300년의 태평을 유지하고 외국과 교제를 엶에 이르러 큰 낭패를 보지 않고 문명의 기초를 세운 공이 있다고 하면서 사회와 개인의 실천윤리로서 유교이념의 효용성을 지적하는 한편, 일본이 메이지 문명의 기초를 세울 수 있었던 저력도 원래 유교에서 나왔다고 단언한다.[166]

> "이 교는 인륜오상의 도를 중시하고 사회의 질서를 존중하고 사람의 지조를 견고히 하여 경박한 풍조를 억제하는 이로움이 있다. ……

---

164) 시게키는, 철학에는 '행을 논하기에 가벼운' 점, '치심(治心)의 술'을 결여하고 있는 점 등의 결점은 있으나, "근대에 이르러 철학의 진보가 심히 현저하고, 프랑스의 철학자 콩트가 실리철학의 설을 제창하고부터 그 연구(考究)가 일층 정밀해지고, 그 학리의 미묘함은 천고무비의 경지에 달"하기에 이르렀다고 보았다. 윤소영, 앞의 논문, pp. 145~153.

165) 미야카와 토루·아라카와 이쿠오 엮음, 앞의 책, pp. 95~97.

166) 윤소영, 앞의 논문, p. 148.

특히 오늘날 학교를 흥하게 하고 전국의 사(士)로 하여금 문명의 교
육을 받게 한 것도 모두 유도(儒道)를 배운 사인(士人)이 한 바이다. 그
렇다면 우리나라(吾邦)의 사인(士人)이 300년의 태평을 유지하고 외
국과의 교제를 엶에 이르러 큰 낭패를 보지 않고 문명의 기초를 세운
것은 모두 유학의 공(功)이라 하지 않을 수 없다."[167]

이러한 인식의 토대 하에 그는 "동·서의 학(學)을 절충해 고금의
이·동(異·同)을 생각해 우리나라 국민의 품성을 만들고자" 일본 국민
들이 일상생활에서 실천할 수 있는, '근면'과 '절검',[168] '강의(剛毅)', '인
내', '신의', '진취의 기상',[169] '애국심',[170] '만세일통의 황실을 존봉할
것' 등의 여덟 가지 덕목을 제시한다.[171] 즉, 그가 제시한 덕목에서 확
인할 수 있듯이 시게키의 『일본도덕론』은 유교 덕목의 효용성을 확신
하면서 그 위에 일본 전통을 강조하는 한편, 거기에 스마일스의 『자조

---

167) 西村茂樹, 『日本道德論』, pp. 18~19. 윤소영, 앞의 논문, p. 148.

168) '근면'과 '절검'은 스마일스(Samuel Smiles, 1812~1904)의 저서 『자조론Self-Help』에
토대한 덕목으로 주목할 만하다. 영국의 스마일스는 작가, 정치개혁자, 저널리스트, 의사, 도
덕주의자이다. 수년간 의사활동을 하다가 자유주의 경향의 신문인 〈리즈 타임즈〉에서 편집
일을 하면서 정치개혁을 부르짖기도 한다. 그는 "단순한 정치 개혁만으로는 오늘날 사회 곳
곳에 펼쳐져 있는 악을 제거하지 못한다."고 주장하며 '개인 개혁'의 중요성을 강조하며 '자
조(self help)'의 정신을 설파한다. 근면, 절약, 자기계발을 논하는 그의 책 『자조론』은 1859년
출간되어 전 세계로 번역되었다.

169) 시케키가 제시한 '강의(剛毅)', '인내', '신의', '진취의 기상' 등의 덕목을 통해서, 일본인
의 우수성을 강조함과 동시에 야마토고코로(大和魂)를 일본인의 용감함, 강인함, 용맹함과 결
부시키며 강조한 히라타 아츠타네의 대화혼(大和魂) 사유를 공유하고 있음을 엿볼 수 있다.

170) 애국심에 대해서는 일본인으로서 청나라를 위해 일하는 자가 있다고 하면서 이는 애
국심이 쇠퇴한 증거이고 만국이 대립하고 있는 상황에서 애국심이 없이는 결코 그 나라를 보
존할 수 없다고 강조했다. 즉, 일본 국민의 애국심 또한 이미 존재했던 것이 아니라 메이지
시대의 도덕론 속에서 강조된 덕목이었다고 할 수 있다.

171) 윤소영, 앞의 논문, pp. 148~149.

론』등 서구 유럽의 산업사회의 시민윤리 덕목을 결합시킨다는 점에서 화혼양재의 사상적 면모를 밝힌 저서이다. 1890년에「교육칙어」에 이르러 천황에 대한 '충(忠)'을 강조한 '충효일본론(忠孝一本論)'의 단일화 형태는 메이지 시기의 화혼론이 확립됨을[172] 보여준다.

메이지 시대의 '충효일본론'의 특징은 1912년 사범학교 생도용으로 발행된『교육칙유술의』에서 살필 수 있는데,『교육칙유술의』에서는 국민의 천황에 대한 충성은 단순히 국헌상의 의무가 아니라 국민과 천황은 근본을 거슬러 올라가 같은 가계를 지닌 동족관계에 의거한 것이다. 이 때문에[173] 일본 사회에서 천황에 대한 효도는 충성과 일치하는 것이고, 이 충효일치야말로 국민도덕의 근간임을 피력한다. 또한 그는 일본의 충(忠)과 다른 나라의 충(忠)과의 차이점에 대해서 "우리 군신(君臣) 사이에는 단지 국법상의 관계뿐만 아니라 혈통상의 관계도 있기 때문에 우리 신민이 황실에 충성하는 것은 신민으로서의 의무를 이행하는 것만이 아니라 실로 그 충심(衷心)에서 일종의 경애(敬愛)하는 정(情)이 자연스럽게 분출하는 것으로 저절로 군주를 생각하고, 군주의 하신 바를 따라 하기에 이른 것"[174]이라는 논리로 나아간다. 이러한 면은 니시무라 시게키에 이르러 화혼이 양재를 압도하게 되었음을 보여준다.

---

172) 윤소영, 앞의 논문, pp. 149~151. 그는 황실의 안태함이며 민심을 천황에 대한 충성심으로 귀일하게 한다면 새삼 종교의 힘을 빌릴 필요가 없다고 주장하는 한편 황실에 대한 존경심이 없는 자가 있다는 것을 우려하고 있는 점을 볼 때 1887년의 시점에서 화혼론의 획일성은 아직 약했고, 1890년「교육칙어」에 의해 화혼론은 완성되었다고 볼 수 있다. 또한 1902년『武勇的國民/前途』(東京: 育成會, 1902)에서는 일본 전통의 상무정신에 깃든 무사도를 강조함으로써, 화혼의 내용은 충효일본론과 더불어 일본 국민에게 일본 전통의 상무정신에 깃든 무사도를 강조한다. 이후 애국정신은 '대화혼'과 '무사도'로써 설명된다.

173) 이에 대해 선행하는 이론적 작업은 앞서 살펴본 아마테라스 오오미카미를 정점으로 하는 일본 신(神)의 가계와 천황의 가계를 일치시킨 아마가 소코의 작업을 통해 이루어졌다.

174) 윤소영, 앞의 논문, p. 150.

이와 같이 화혼의 지도 하에 유교 또한 신도와 결합해 천황에 대한 충성을 강조하는 이데올로기로 활용된다. 즉, 일본은 역사적 정체성을 가나에 의한 국문학이나 신도에 구하는 경향이 강하다는 것을 간과해 서는 안 되듯이,[175] 유교 또한 일본 천황제를 강조하는 화혼의 논리를 보조한다. 이러한 경향은 이미 화혼한재에서 화혼양재까지 변화를 거 치면서 일본인의 유교를 포함한 외래문화에 대해 보여준 독특한 태도 를 통해 확인할 수 있다.

4. 일본 근대화시기의 천황제(天皇制)와 이에(家)제도

일본 근대 이전의 막부사회에서 권력의 중심으로 자립하지 못한 상태에서[176] 형식적인 권위를 지닌 존재에 지나지 않던 천황은,[177] 1800년대 초반까지도 주로 막부의 권위를 인정하는 상징적이고도 종 교적인 기능을 담당한다. 천황의 정치적 역할이라야 단지 일본 최고의 봉건영주인 동시에 실제 통치를 맡은 쇼군(將軍)에게 그 권력을 정당화 시켜주는 것뿐이었다.[178] 그러나 도쿠가와 시대의 천황은 쇼군에게 정 권을 위임하는 형식을 취하고 있다는 점에서 천황은 막부 지배 하에

---

175) 구로즈미 마코토(黑住眞), 앞의 논문, pp. 51~52.

176) 스즈키 마사유키(鈴木正幸), 류교열 역, 『근대일본의 천황제』, 이산, 2001. p. 9.

177) 나카이 미치오 외, 서병국 역, 『세계사의 흐름으로 본 메이지유신』, 교문사. p. 22.

178) 이론상 쇼군은 오랫동안 천황이 행사해오지 못한 실권을 장악하고 있는 천황의 대리 인이었다. 대부분의 일반 백성들에게 있어서도 천황이란 문학이나 연극을 통해서나 알고 있 는 먼 존재일 뿐이었고 생활에 직접 영향을 주는 정치적 존재는 아니었다. Peter Duus, 김용 덕 역, 『일본근대사』, 지식산업사, 1983. p. 34.

있어서도 그 정통성과 권위는 부여받고 있었다고 볼 수 있다.[179] 또한 고학(古學)의 이론적 작업을 통해 막부의 상위에 위치하며 전 일본 사회의 종가(宗家)의 위치를 사상적으로 검증받은 천황가는 언제든지 막부를 대신해 일본 정치의 핵심으로 등장할 수 있는 사상적 배경을 갖추었다.

일본의 개국을 강요한 미국 페리(Perry)의 흑선함대의 내항은 1858년 미·일 통상조약의 체결로 이어진다. 이 조약은 사실상 막부가 정치적 대표기관으로서의 자격을 상실하고 명목적인 상위자에 위치한 조정(公家)이 실질적인 상위자로서 정치 결정의 장으로 부상하는 계기를 마련한다.[180] 서구의 침입에 따른 개국이라는 상황 하에서 놓인 일본은 근대화의 구심점을 위한 방편으로 그동안 막부에 가려 있던 천황의 전통을 부활시키는데, 천황은 메이지유신 후 전면에 등장하는 가운데 새로운 일본 근대국가의 역사적인 정통성을 상징하는 기능을 담당한다. 이 배경에는 천황을 일본 민족을 낳은 신화적 조상과 동일화시키는 고학 및 국학파의 이론적 작업과 더불어, 일본의 고유한 가족제도인 '이에'(イエ, 家)제도가 있었는데, 이를 활용한 일본 정부의 정책은 천황제라는 결과물을 낳는다. 일본의 천황제는 서구의 근대화 과정과는 차별화된 아시아 최초의 근대화의 핵심으로 평가받으면서 중국과 한국의 근대화 과정에도 막대한 영향력을 행사한다. 그러나 일본 고유의 천황제와 천황제에 입각한 근대화의 성공 경험은 중국이나 한국 사회에 상당히 오랜 시간 동안 영향을 미치며 실질적인 근대화의

---

179) 김필동,『근대일본의 출발』, 일본어뱅크, 1999. p. 16. 公家, 즉 궁성 귀족을 가리킨다.
180) 스즈키 마사유키, 류교열 역,『근대일본의 천황제』, 이산, 2001. p. 21.

정상적인 경로를 이탈하게 하는 부정적인 요소로 작용한다.

메이지 시기 일본의 천황제[181]는 충·효(忠·孝)라는 유교적인 윤리에 근대적인 국가주의를 덧씌운 형태로 작동된다. 즉, 천황제가 만세일계(万世一系)라는 국체론(國體論)으로 이데올로기화할 수 있었던 근저에는 일본의 전통적 가족제도인 '이에'제도가 있고, '이에'제도를 이용한 유교적 충효 개념의 확대는 이후 가족국가관을 주축으로 하는 천황제 국가 통치체제의 기초가 된다. 일본의 천황제는, 위로부터는 국가에 대한 절대적인 복종을 강조하는 국가유기체론을 전개하면서 밑으로는 농촌경제의 환경적 요인을 바탕으로 한 유교적 가족주의를 가지고 국가절대주의를 지원하는 천황 이데올로기의 모습을[182] 띤다. 천황은, 일본 사회의 전통과 근대를 잇는 다리로 작용하는 가운데, 일본 국민의 주체적 자각과 그것에 동반한 안도감의 상징으로 선전되어지고 받아들여진다. 천황 이데올로기인 국체론을 구체적으로 확립시킨 「교육칙어」의 내용은 학교 교육을 통해 국민의 내면까지 깊숙하게 침투하는 한편, 한층 더 공고화된 이에(家)와 국가(國)의 개념은 이후 정통적인 가족제도로 법제화되면서 중요한 국민교화수단으로 작용한다.

---

181) 이전에도 물론 '텐뇨(天皇)'라는 단어는 존재했지만 그것이 체제나 정치제도로서의 의미를 새롭게 갖게 됨으로써 이후 '천황제, 천황제국가'라는 개념으로 굳어지게 되는데, 즉 원래 '천황제'라는 용어는 '군주제'를 의미하는 독일어 'Monarchie'를 일본어로 번역한 것으로 본래 마르크스주의자들이 사용하던 조어(造語)였다. 1922년 일본 공산당이 비밀리에 결성되어, '군주제 폐지'를 슬로건으로 내걸었다. 1932년 코민테른에 의한 '일본 정세와 일본 공산당의 임무에 관한 테제'에서는 일본에서 공산주의 혁명을 실행하기 위해 일본의 군주제를 러시아제국의 절대자인 짜리즘(tsarism)에 견주어 '천황제'라 표기 규정한다. 후지타 쇼조 지음, 김석근 옮김, 『천황제 국가의 지배원리』, 논형, 2009. p. 7. 마루야마 마사오는 메이지 천황제의 형성에 대해 "몇 겹으로 겹쳐지던 봉건적 충성을'정령(政令)의 귀일(歸一)'을 통해 국민적 통일의 상징으로서의 텐노오(천황)에 집중시켜 간 과정"이라고 말한다. 마루야마 마사오, 박충석·김석근 역, 『충성과 반역』, 나남출판, 1998. p. 40.

182) 한배호 외, 『현대 일본의 해부』, 한길사, 1978. pp. 10~13.

1) 「교육칙어」와 천황 이데올로기의 확립

메이지유신 이후 전면에 등장한 천황은 국가 전통의 핵심으로 자리하면서 충효의 유교적 가족윤리를 국가적인 지배 이데올로기로 확대시킨다. 그 결과 모든 집단에서 충효일치(忠孝一致)의 가족주의를 강조한 국민도덕론은 천황제 가족국가 이데올로기를 지탱하는 중심축이 된다.[183] 이를 위해 일본 정부는 유럽의 많은 나라들보다 시기적으로 앞선 1872년(메이지 5년) 의무제도에 기초한 의무교육을 통해 본격적으로 국민교화정책을 시행한다.[184] 천황의 절대권한은 학교에서 「교육칙어」에 근거한 가족국가관과 신민(臣民)교육을 추진하는 가운데 확고하게 자리매김한다. 당시 일본 정부는 고등교육보다 초등교육에 힘을 더 쏟는데,[185] 이는 어린 시절부터 천황제 이데올로기에 부합되는 인간을 양성하기 위한 목적에 기인한다.[186] 1890년 10월 30일 반포된 「교육칙어」의 목적은,[187] 국가의 사상적 근간과 정신으로써 천황제 국체론(國體論)을 정식화하고 천황에 충성하는 신민(臣民)을 육성하는 데

---

183) 마루야마 마사오, 박충석·김석근 역, 『충성과 반역』, 나남출판, 1998. pp. 95~96.

184) Peter Duus, 김용덕 역, 『일본근대사』, 지식산업사, 1983. p. 102.

185) 나카이 미치오 외, 서병국 역, 『세계사의 흐름으로 본 메이지유신』, 교문사, 1999. p. 199.

186) 이로 인해 교육을 통해 사람이 자유로워질 수 있다는 이념은 교육을 통해 사람은 길들여진다는 논리를 충실히 실천한 교육 속에서 퇴색되고 만다. Peter Duus, 같은 책, p. 129.

187) 「교육칙어」의 실질적인 집필자인 이노우에 데쓰지로(井上哲次郎, 1855~1944)는 「교육칙어」의 목적에 대해, 일본과 천황의 선조이신 황조황종께서 나라를 건국하고 백성들에게 베푼 큰 덕에 대응해 이를 뒷받침할 신민(臣民)의 충(忠)과 효(孝)를 확립하는 데 있다고 말한다. 즉, 「교육칙어」는 천황 이데올로기인 국체론을 그 근본에서 지탱할 수 있는 국민 개개인이 천황을 위한 신민으로서의 적극적인 각오와 자발성이 내포되어 있는 것이다. 姜尙中, 임성모 역, 『내셔널리즘』, 이산, 2004, pp. 98~100.

있다.

즉, 교육의 기본방침을 제시한 메이지 천황의 칙어인 「교육칙어」에서는 충효의 유교적 덕목을 기초로 충군애국을 지향하는 것이 궁극적인 국민도덕임을 밝힌다.[188]

"짐이 생각하기를, 우리 황조(皇祖)·황종(皇宗)께서 국가를 처음 시작하심에 크고 멀리 덕(德)을 심은 것이 깊고 두꺼우며, 우리 신민(臣民)은 능히 충(忠)과 효(孝)에 억조(億兆)의 마음을 하나로 하여 대대로 그 아름다움을 이루어 온 것, 그것은 우리 국체(國體)의 정화(精華)이고, 교육의 연원이 실로 여기에 있다. 너희 신민(臣民)은, 부모에게 효도를 다하고, 형제자매는 우애가 있어야 하며, 부부는 사이 좋게 지내고, 친구 사이에는 서로를 믿어야 한다. 겸손함으로서 방자하게 행동하지 말고, 모든 사람들에게 박애(博愛)를 베풀며, 학문을 닦고 직업교육을 충실히 받아, 지식과 재능을 배양하고, 도덕심을 높이 기르며, 나아가 공익을 넓혀 세상을 이롭게 하고, 항상 헌법과 법률을 지키고, 만약 위급한 상황이 생긴 경우에는 대의(大義)에 기초하여 용기를 발휘하고, 한 몸을 황실국가(皇室國家)에 바쳐야 한다. 그리고 이것은 짐의 충성스러운 신민(臣民)으로서 당연한 것일 뿐만 아니라, 또한 너희들의 선조(先祖)가 지금까지 물려준 전통적 미풍을 한층 밝게 하는 것

---

188) 한영혜, 『일본 사회개설』, 한울아카데미, 2001. p. 236. 「교육칙어」에서 보이는 충효 일치와 조상들의 가르침, 가족국가 등의 강조는 천황제에 대한 충성의 상징을 사회화시키고 정치적인 국가를 공동체적인 이미지의 배후로 밀려나게 한다. 마루야마 마사오의 같은 책 (1998), pp. 95~96. 학교의 식전 등에서 이루어지는 「교육칙어」의 봉독식에는 지역의 행정 책임자 및 관료들을 비롯해 의원이나 지역 유지, 그리고 학부모, 지역 주민 등도 참가하도록 하여 민심교화의 기회로 활용되기도 했다. 김필동의 같은 책, p. 42.

이다. 이 도(道)는 우리의 선조가 남긴 유훈으로써 황조황종(皇祖皇宗)의 자손(子孫) 및 신민(臣民)이 함께 지켜야만 한다. 이 도(道)는 고금(古今)을 통해 영원토록 잘못이 없는 것이며, 또한 우리나라는 물론이고 외국에서 사용해도 정당한 도(道)이다. 짐은 너희 신민(臣民)과 함께 이 도(道)를 소중하게 지키고자 하며, 모두가 이 도(道)를 체득하고 실천하기를 간절히 바라노라"(「교육에 관한 칙어(교육칙어)」, 메이지 23년 10월 30일).[189]

일본 고유의 국체관이 교육의 근본임을 밝힌 「교육칙어」에서는, 먼저 일본 건국의 유래와 역사에 나타난 국체의 아름다움을 교육의 근원으로 선언하고, 이어서 효행, 우애, 부부의 화합을 비롯해 준법, 의용에 이르는 12가지 덕목의 실천 내용을 밝힌다.[190] 국민은 천황을 보필하는 신민으로서 자리매김하고, 신민이 지켜야 할 실천방침은 곧 신의 유훈으로, 이는 인간의 도리에 마땅한 것이기 때문에 일본을 넘어 어떤 나라에서도 널리 행해야만 하는 도라는 것이다.[191] 이와 같은 「교육칙어」는 전국 학교에 배포되고 조회와 각종 국가의례에 봉독되는데,

---

189) "朕惟フニ我カ皇祖皇宗国ヲ肇ムルコト宏遠ニ徳ヲ樹ツルコト深厚ナリ, 我カ臣民克ク忠ニ克ク孝ニ億兆心ヲ一ニシテ, 世々厥ノ美ヲ済セルハ此レ我カ国体ノ精華ニシテ, 教育ノ淵源亦実ニ此ニ存ス. 爾臣民父母ニ孝ニ兄弟ニ友ニ夫婦相和シ朋友相信シ恭儉己レヲ持シ博愛衆ニ及ホシ学ヲ修メ業ヲ習ヒ以テ智能ヲ啓発シ德器ヲ成就シ進テ公益ヲ広メ世務ヲ開キ常ニ国憲ヲ重シ国法ニ遵ヒ一旦緩急アレハ義勇公ニ奉シ以テ天壌無窮ノ皇運ヲ扶翼スヘシ是ノ如キハ独リ朕カ忠良ノ臣民タルノミナラス又以テ爾祖先ノ遺風ヲ顕彰スルニ足ラン / 斯ノ道ハ実ニ我カ皇祖皇宗ノ遺訓ニシテ子孫臣民ノ倶ニ遵守スヘキ所之ヲ古今ニ通シテ謬ラス之ヲ中外ニ施シテ悖ラス朕爾臣民ト倶ニ拳々服膺シテ其德ヲ一ニセンコトヲ庶幾フ."(「教育に関する勅語(教育勅語)」, 明治二十三年十月三十日)

190) 김순전 외, 「日本 明治·大正期의 修身교과서 연구」, 『일본어문학』 21, 한국일본어문학회, 2004. p. 288.

191) 김필동의 같은 책(1999), p. 39.

「교육칙어」는 바야흐로 수신(修身)이나 국사의 교과 내용을 지배할 뿐만 아니라 학교 교육 그 자체의 목표가 되어 어린 시절부터의 철저한 사상교육을 국민들에게 강제하게 된다.[192]

「교육칙어」가 반포된 이듬해 「교육칙어」의 실질적인 집필자인 이노우에 데쓰지로는 「교육칙어」의 해설서에 해당하는 『칙어연의(勅語衍義)』를 통해, 천황과 백성의 관계를 부모에 대한 자손의 입장으로 정식화하면서 일국(一國)은 일가(一家)를 확충한 것(日本家)이기 때문에 일국의 군주가 백성인 신민에게 지휘명령을 하는 것은 일가의 부모가 자애로운 마음으로 분부하는 것과 다름이 없다고 강조한다. 즉, 국가 수준의 천황과 국민의 관계가 가족 수준의 부모와 그 자손의 관계로부터 유추되는, 곧 천황이 부모로 국민이 그 자식으로 의제화되는 것이다.[193] 따라서 일본의 가족국가 형태는 총본가인 황실의 가장인 천황이 가족과 국가의 중심이 되는데, 일본 사회 전체는 위로는 아버지 격인 천황에서 시작해 밑으로는 각 가정에까지 이르는 하나의 거대한 가족단위로 이해된다.[194]

일본 유교는 충·효 일본(一本)의 이데올로기적 차원에서 일본의 국체사상에 부합하는 형식으로 발전한다. 일본 유교는 일본 문화 특유의 습합(褶合)의 과정을 통해 자신들의 필요에 의한 유교로 변모하는 과정을 통해 발전한다.

192) 김순전 외의 같은 논문, p. 288.

193) 임경택, 「일본의 천황제와 촌락사회구성에 관한 사회민속학적 고찰」, 『일본사상』 6, 한국일본사상사학회, 2004. p. 63.

194) Peter Duus의 같은 책, p. 132.

"세계에서 발생한 어떠한 사상도 일본에 섭취될 때는 일본의 국체와 모순하는 일이 있어서는 안 된다. 모순되는 것은 섭취될 수가 없는 것이다. 유교는 천부의 양심을 근본으로 하여 도덕과 정치의 실행을 강조하는 것이다. (그것은) 특히 충효에 정점을 두고 또 화(和)와 '마코토(誠, まこと)'를 설(說)하며 그 목적하는 바는 거의 우리나라 교육칙어의 취지와 가까운 것이지만 지나(支那)에서 발생하여 그 민족적 색채를 다분히 띠고 있기 때문에 이를 우리나라에 섭취하는 데는 충분한 비판을 요하는 것이다."[195]

이와 같이 일본인의 의식 속에서 유교는 유교 자체로서의 의미보다는 일본화되는 과정을 거쳤을 때 비로소 의미를 지니는데, 그 과정은 일본 국체의 '화(和)'와 '마코토(誠, まこと)'를 지니고 일본의 민족적 색채에 부합하도록 하는 것이다.

2) 이에제도의 확장과 가족국가관

근대 일본의 천황제를 가족국가제도로서 가능하게 된 근간에는 일본 사회 특유의 '이에(家)제도'에 근간한다. 일본 문화 특유의 전통적인 이에제도는[196] 메이지유신 이후 최고조에 이르러[197] 호주제로 법제화

---

195) 이이지마 다다오(飯島忠夫), 『日本の儒教』, 教學局, 1937. p. 1. 강해수, 『'황도유학'과 '도의' 담론, 그리고 식민지조선』, 『한국학연구』 제28집, 2012. p. 19.

196) 일본에 일정한 형태의 가족제도가 등장한 것은 헤이안 시대부터라 볼 수 있다. 전통 일본의 기초적 사회집단은 '이에(家)'로, '이에'제도는 가마쿠라 막부 이후 무가(武家) 집단에서 등장한 조직의 계승과 관련한 고유 제도를 의미한다. 무가 집단에서는 상속인으로 인정받은 적자(赤子)가 집안을 단독으로 상속했고, 무가의 가장으로서 분가를 포함한 가족 구성원과 집안의 고용인들을 통제했다. 이러한 형태의 무가 집단을 '이에'라고 불렀으며, 이러한 무가

되면서 가족국가라는 천황 지배 이데올로기를 정당화하는 중요한 국민교화수단으로 사용된다. 이에(家)의 집합과 확대된 형태가 곧 천황제 국가이다.

일본 사회는 메이지유신 이후의 자본주의 도입과 도시화에도 불구하고 도작(稻作) 농촌의 성격을 지속적으로 지니고 있었으므로[198] 백성들 상호간에 긴밀한 협력 및 의존관계가 형성되고 있었다. 또한 지진이나 태풍, 화산 폭발 등 자연재해가 잦은 일본에서 그 뒤처리나 대책에서도 주민의 상호협력은 필수적이었으므로 '무라(村)'공동체를 중심으로 한 이에(家)의 결속은 강해질 수밖에 없었다.[199] 일본의 이에(家) 가족제도는 한국과 중국과는 달리 비(非)혈연자인 하인이나 고용인도 공식적인 가족으로 대접받는다.[200] 일본에서 이에는 생활 집단이고,

---

집단이 계승되고 관리·운영되는 방식이 '이에'제도이다. 정형·이이범 저, 『일본 사회문화의 이해』, 보고사, 2004. pp. 88~89.

197) 도쿠가와 시대에 들어서게 되면서 '이에'제도는 엄격한 신분제 하에서 가부장적 가족제도와 혼합되어 본격적으로 발전한다. '이에'제도가 최고조에 달한 것은 도쿠가와 막부 말기에서 메이지에 걸친 기간이었으며, 제2차 세계대전 이후에는 급격히 붕괴했다. 문옥표 외, 「일본의 가족: 전통적 제도와 현대적 변용」, 『동아시아 문화전통과 한국 사회』, 백산서당, 2001. p. 63.

198) '이에'는 원칙상 혈족(일본의 경우에는 양자에 의한 것도 가능)으로 구성되는 가족이 그 가산·가업·가명을 유지하기 위해 가장의 지휘와 감독에 따라 생활하는 조직이다. 일본의 농업은 거의 대부분이 소(小)경영으로, 가업인 농업을 가장의 지휘 하에 가족이 자기 '이에'의 가산(토지)에 경영하는 것이었으므로 이에는 농촌공동체인 '무라(むら, 村)'에서 널리 형성된다. 이러한 농업경영 방식은 근대에 들어서도 변함이 없었으며, 메이지유신기에는 인구의 80%, 그리고 태평양전쟁 직전에도 인구의 약 50%가 농민이었다. 농촌은 '이에'의 집합체였으므로 '이에'와 그 질서는 뿌리 깊게 존재하고 있었다. 스즈키 마사유키(鈴木正幸), 류교열 역, 『근대 일본의 천황제』, 이산, 2001. p. 70.

199) 한배호 외, 『현대 일본의 해부』, 한길사, 1978. p. 303.

200) 이런 상황은 양자제도에서도 보인다. 일반적으로 가계를 계승할 친아들이 없을 때 양자를 들이게 되는데 한국과 중국에서는 동성(同姓)의 친척 중에서 양자를 얻는 것을 선호하지만 일본에서는 동성(同姓), 이성(異姓)에 관계없이 양자로 맞아들인다. 더 나아가 친아들을 분가시키거나 다른 집에 양자로 보내고 사위로 하여금 가계를 계승시키는 경우도 있었다. 한남

'이에'에 소속되어 함께 생활하는 집단이 가족이다.[201] '이에'라는 관념을 기본으로 하는 일본 사회의 최소단위는 개인이 아니라 본가(本家)나 분가(分家)라는 '이에'가 되므로, 일본 민족의 구성단위는 개인이 아니라 이에(家)라는 집단이고, 동족이라는 의미는 본가와 분가에 의해 구성되는 '이에'들의 통합을 의미한다.[202]

이와 같이 이에(家)는 가족과 사회가 연속선상에 위치한 개방된 조직이었고, 이러한 일본 가족제도의 독특한 성격은 메이지유신 이후 가족국가관에 기초한 천황 이데올로기를 확대시키는 원동력으로 작용하는데,[203] 이에(家)질서에 비유된 천황통치의 정당성이 국체론으로 부각되었을 때 국체론은 황실과 정부 간에 모순됨이 없이 사회질서에 뿌리를 내릴 수 있었다. 황실은 이상적인 '이에'로서 부각되고, 천황은 이상적인 가장으로 부각되고, 천황과 황실은 일본의 사회질서인 '이에'질서를 이상적으로 체현함으로써 '이에'질서로 편성된 사회에 군림할 수 있게 된다.[204]

제, 『한국가족제도의 변화』, 일지사, 1997. pp. 139~141. '이에'가족제도는 그 구성의 면에서 볼 때 비(非)친족원을 포함할 수 있다는 측면이 일본의 이에가 가지는 중요한 특징인 것이다. 문옥표 외의 같은 논문(2001), p. 59.

201) 핵가족을 중심으로 한 혈연집단은 친족일 뿐이며 가족은 아니다. 따라서 어느 정도 가까운 혈연자이더라도 '이에'를 떠나면 친족이더라도 가족이 아니며, 반대로 혈연자가 아니더라도 '이에'의 일원으로서 생활을 하면 가족이 되는 것이다.; 일본인은 다른 어떤 사회에서도 그 사례를 찾아볼 수 없는 논리적인 일관성으로 비(非)가족적인 사회집단을 가족제도에 흡수·조직하는 전통을 발전시켰다. 김선영, 「'일본적 집단주의'의 사회적 기반에 관한 연구」, 계명대 국제학대학원 석사학위 논문, 1997. pp. 18~24.

202) 김선영의 같은 논문, p. 24.

203) 문옥표 외의 같은 논문, p. 74.

204) 스즈키 마사유키, 류교열 역의 같은 책, p. 74. 가부장제적 가족질서는 가장의 권위를 중심으로 하여 가족 구성원이 복종하는 형태로서 권력관계를 이루고 있으며, 이렇게 가족 구성원들이 가부장제적 틀 안에서 유교적 가족규범을 내적으로 체화해 자발적으로 복종하는

근대에 들어서 일본의 천황제는 천황통치의 정당성을 국민의 총본가의 가장(家長)은 천황이라는 이에제도의 확대에서 구한다. 즉, 일본의 가족국가론은, 근세 이래 사회제도로서 정착한 이에를 확대해석해 천황과 국민의 관계를 동일한 선조를 갖는 본가와 분가의 유추로서 파악하고, 또한 천황을 대가장(大家長)으로 국민을 천황의 적자(赤子)로 선전해 천황 중심의 국체론을 정당화시킨 이데올로기이다.[205] 국체론이 사회에서 이에(家)질서적인 토대로 움직일 경우에는 국체론의 유효성은 매우 원활하게 달성될 수 있다.[206]

청일전쟁의 승리 후 천황제의 기반인 이에제도를 공고화하기 위해 일본 정부는 이에제도를 법제화한다. 1898년 이에제도는 가족법을 중심으로 하는 민법(民法)의 형태로 공포되어 시행된다.[207] 또한 호적법에 의한 호적제도의 시행은 가족, 촌락공동체, 국가를 강력하게 결합시킴으로써, 근대 일본에서 천황제 국가체제가 확립되어 가는 데 지대한 역할을 하게 된다.[208] 호주는 이에의 구성원을 통솔할 권리를 가지

것이 근대 일본 정치의 중요 목표였다. 이수진, 「조선과 근대 일본의 가족국가관의 형성과 가부장제적 권력구조」, 이화여대 대학원 석사학위 논문, 1999, pp. 10~11. 개별가족국가의 윤리로서 효(孝)를, 또 종합 가족제도의 윤리로서 충(忠)이 동일시되는 것에 천황이데올로기라는 일본 국체의 존재 이유가 생성될 수 있었던 것이다. 김선영의 같은 논문, p. 42.

205) 임경택, 「일본의 천황제와 촌락사회구성에 관한 사회민속학적 고찰」, 『일본사상』 6, 한국일본사상사학회, 2004. p. 61.

206) 스즈키 마사유키(鈴木正幸)의 같은 책(2001), p. 94.

207) 민법은 국민을 이에(家) 단위로 파악했으며 이에를 단위로 호적을 편제하고 거기에 따라 징세·징병 등을 시행하고, 호적법과 민법을 통해 모든 국민은 하나의 이에 집단에 소속시킨다. 호적제도는 이에와 그 구성원(호주와 가족)의 신분관계를 일괄 등록하고 이를 공증하는 것으로, 이를 통해 국가는 국민을 파악하고 가족 내의 질서와 윤리를 확보한다.

208) 尹建次, 하종문 외 역, 『일본 그 국가, 민족, 국민』, 일월서각, 1997. p. 147. 또한 새로운 국가가 채용한 호적제도는 인민의 하층에 이르기까지 보편적인 가(家)를 승인한다. 국민은 처음으로 선조(先祖)와 혈연의 관념을 지닐 권리를 지배계급과 함께 하는 것이 허락된다. 이때

며, 이러한 호주의 권한 강화는 일본국민에 대한 천황가의 절대 권력이 인정되는 것과 유사한 원리로 작용하는데, 천황가의 권위가 국민들에게 인정되고 천황을 중심으로 국민을 통합시켜가는 과정에서 그들은 그들의 '소세계(小世界)'에서의 '소(小)권위'로서의 지위, 그에 동반하는 권한과 의무를 국가적인 것으로 의식하고, 가족원의 그들을 향한 굴종을 국가를 향한 굴종으로 연결시키는 매개 역할을 한다. 백성은 이들 무수한 소천황(小天皇)에게 매개되어 천황을 위한 국민이 되었다.[209] 가족국가의 이름하에 일본은 '일대가족(一大家族)'으로 표상됨으로써, 바야흐로 일본의 천황은 효(孝)와 충(忠)이 통일되는 곳에서 국체(國體) 개념으로 존재할 수 있었다.[210] 즉, 가족과 국가의 관계가 통제를 위한 효율적인 메커니즘으로 작동하기 위해서는 부분에 해당하는 가족이 안정되고 적절히 위계화된 사회적 단위로서, 즉 국가에 상응하는 것으로서 이해되어야만 했던 것이다.[211]

이와 같이 메이지 이후 법제화된 이에제도는 막부 체제 하의 가족제도와는 다른 의미를 지닌 근대화 과정의 산물이며, 가족국가관을 주축으로 하는 천황제 국가의 통치체제의 핵심적 원리이다. 가족국가를 운용하기 위한 이에제도의 원리는 점차 일본의 제국주의 정책과 맞물려 확장되는 가운데, '국가가 곧 이에'라는 '국즉가(國卽家)', 주군과 신하가 함께 이에를 이루는 '군신일가(君臣一家)'라는 충효일치(忠孝一致)

가부장, 즉 호주(戶主)는 가(家)를 조직하는 주체가 된다. 그것은 동시에 가족에 내포되어 있는 에너지를 국가적 정책에 연결시키는 책임자로서의 지위와 임무를 부여받은 사명이 된다.

209) 이토 아키라(伊藤晃), 『天皇制と社會主義』, 勁草書房, 1988. pp. 19~20.

210) 임경택의 같은 논문(2004), p. 64.

211) 다카시 후지타니, 한석정 역, 『화려한 군주』, 이산, 2003. p. 239.

의 천황 이데올로기를 쇼와(昭和)시기까지 강력하게 이끈다.[212)

"대동아 건설이란 무엇이냐고 하면 그것은 대동아를 한 집안(家)처럼 하는 것이다. - 이렇게 말하는 것이 우리들 일본인에게는 무엇보다도 가장 납득이 간다. ……한 집안처럼 하는 것이라고 들으면 그것만으로 무엇보다도 잘 아는 기분이 된다."[213)

일본 제국주의의 천하를 천황의 가호 하에 두겠다는 Pax Japan 곧, '천하(세계)를 덮어 한 집안으로 만든다'는 '팔굉일우(八紘一宇)'[214)의 슬로건은 가족적 질서를 세계적 규모로 확대하는 것으로 설명되고 이는 일반 국민들에 의해 쉽게 이해될 수 있었다.[215)

---

212) "메이지유신 이래 서구화론에 맞서 국체론을 내세우는 국수주의가 하나의 흐름을 형성하다가 경제공황으로 인해 조성된 위기를 타고 급속히 강화되었고, 제2차 세계대전 패전 때까지 천황일가의 집단주의로 서구의 퇴폐한 개인주의와 자유주의에 맞서자는 문화 보수주의는 계속 강화되었다. 그것은 메이지 국가가 법제를 통해 세밀하고 집요하게 집단주의를 고취한 결과였다." 유용태의 같은 논문(2001), p. 275. 1930~40년대 일본의 집단주의는 급속한 산업화의 폐단을 동아시아 유교문화로 치유하자는 이른바 아시아적 가치론이나 유교부흥론과 다를 바 없다. 실제로 대동아공영권론으로 이어지는 동아협력체론에는 아시아적 가치론이 명확하게 나타나 있다." 미키 키요시, 「신일본의 사상윤리」, 최원식 백영서 엮음, 『동아시아인의 '동양'인식: 19~20세기』, 문학과지성사, 1997. pp. 54~62. 유용태의 같은 논문(2001), p. 276.

213) 이소노 세이이치(磯野誠一) 外, 『家族制度』, 岩波新書, 1958. 한배호 외, 『현대 일본의 해부』, 한길사, 1978. p. 300.

214) 일본의 대외정치의 천황제적 특수 양식은 일본이 도덕을 독점함으로써 해외 국가들을 도덕 바깥의 국가들로 만들어 국제관계는 도덕국가인 일본과 비(非)도덕세계의 교섭으로 파악되는데 이른다. 이후 적극적으로는 세계교화는 '천황의 교화(皇化)에 의한 팔굉일우'와 소극적으로 '교회 바깥(化外)의 국가'에 대한 말살이 천황제 일본의 세계관의 논리적 핵이었다. 후지타 쇼조(藤田省三) 지음, 김석근 옮김, 『천황제 국가의 지배 원리』, 논형, 2009. pp. 45~46.

215) 한배호 외의 같은 책, p. 300.

국체(國體)라는 단어로 귀결되는 천황 이데올로기의 형성은 이에(家)라는 일본의 전통적인 가족주의에 의해 뒷받침되는데, 일본의 가족국가관은 천황과 백성들의 이에(家)와 이에(家)와의 계보를 중시한 것이지 단순히 감상적 차원에서 가족적임을 강조한 것이 아니다. 천황은 서술적 의미로서만 아버지가 아닌, 모든 이에가 생산되고 하나로 모아지는 총(總)본가의 아버지로서 표상된다.

현대에 들어서도 일본 사회에서 이에제도는 한동안 기업이라는 또 다른 의미의 공동체에서 그 힘을 떨친다. 과거의 이에제도가 농촌경제 환경에서 무라(村)라는 촌락공동체에 생계를 의존하고 있었던 것과 마찬가지로 현대의 이에(家)는 기업이라는 거대한 공동체에 그 생계의 기반을 두고 있다.[216] 근대 일본을 제국주의 전쟁으로 치닫게 했던 천황제와 가족국가관[217] 또한 일본의 패망 이후 사라지는 듯이 보였지만, 최근 일본의 신보수화 경향을 통해 천황제와 가족국가관이 현대적으로 변용되어 '문화적' 코드로 탈바꿈함으로써 언제든 다시 나타날 가능성을 예비하고 있음은 주목할 필요가 있다.

---

216) 문옥표의 같은 논문, p. 85.

217) 일본의 가족주의는 일본 파시즘의 사회적 존재 방식을 규정할 만한 중요한 모멘트로 주목되었다. 마루야마 마사오, 「일본 파시즘의 사상과 행동」, 차기벽, 박충석 엮음, 『일본현대사의 구조』, 한길사, 1982. p. 281.

4장 일본의 자본주의 문화 성격과 유교문화 전통

제2차 세계대전이 끝난 이후 중국보다 앞서 한국에서는 유교 질서를 둘러싼 논의가 상부 정치권으로부터 진행되고, 중국 대륙에서는 문화대혁명을 기점으로 다시 한번 전통 유교와의 단절을 꾀하고 사회주의의 완성을 위해 매진한다. 1980년대 중후반의 절대 사회주의 체제의 붕괴 현상과 이에 따른 냉전체제의 소멸을 배경으로 한국과 중국에서는 유교부흥 기조가 확산되는데, 그것은 또 한편으로 서구의 신보수주의 혹은 신자유주의가 보다 적극적으로 자신의 정치 경제적 이념을 동아시아 제국(諸國)에 강제하는 과정에서 그것에 대한 보수적인 대응 논리 차원에서 형성된다. 즉, 동아시아 각 나라의 일부 진영에서는 서구의 신보수주의 혹은 신자유주의적 공세에 대응이라는 명목 하에 유교를 핵심으로 한 동아시아 가치에 대한 관심을 고조시킨다. 일본 사회의 유교 르네상스 기조는 보수주의 성향의 서구 학자들로부터 우선 촉발되고 이후 한국과 중국에서 일어난 유교 재평가 운동 과정에서 같은 유교문화권이라는 이유로 휩쓸리는 양상을 통해 전개된다.

1. 공익의 추구를 향한 도덕과 경제의 합일

　서구적 가치관과 문화는 산업혁명의 성공을 기점으로 이후 200여 년 동안 전 세계를 휩쓴다. 그런데 전후 일본이 빠른 경제성장을 통해 세계 경제대국으로 부상함으로써 그 원인에 대한 서구 학자들의 관심이 주목된다. 서구의 일부 학자들이 일본 경제의 고도성장과 동아시아 발전 모델의 근간이 되는 일본식 유교문화에 주목함으로써 일본의 가족공동체적 자본주의에 내재한 유교적 가치는 메이지유신 이후로 다시 주목을 받는다.

　우선, 일본이 아시아에서는 유일하게 성공적으로 서구 근대문물을 받아들이고 자본주의의 발전을 이룬 원인 중 하나는, 유교적 소양의 전통적 엘리트들을 국가적으로 흡수했다는 점을 꼽을 수 있다. 메이지유신 당시 일본의 엘리트들은 무사계급이면서 유교적 교육을 받았으며 개국 이후에는 발 빠르게 서구의 학문을 공부하고 익혀 나간다. 이런 점은 일본이 같은 유교 문화권에 있으면서도 한국 및 중국과는 다른 일본만의 고유한 유교적 가치를 일본 근대화에 성공적으로 접목시킨 원인 중 하나이다. 일본식 유교는 유교의 본산으로부터 지리적으로 떨어져 있었기 때문에 나타난 결과일 수도 있다. 즉, 유교의 본산과 지리적으로 변방에 자리한 일본은, 한국과 중국처럼 근본주의적 유교가 아닌 느슨하고 유연한 유교가 발달할 수 있었으므로[218] 사변적인 주자학의 유교문화가 한국처럼 일본 사회에 절대적인 영향력을 행사하며 정착되지 못했다.

---

218) 최은봉의 같은 논문, p. 189.

일본의 도쿠가와 막부, 조선, 청나라는 유교문화를 중심으로 발전하지만, 조선은 중국보다 더 철저하게 주자학 중심으로 유교가 발달하고, 사무라이 문화가 지배한 일본은 실리적 차원에서 유교를 받아들이면서 중국과 한국처럼 학문 중심의 학자, 선비제도와 과거제도 등을 받아들이지 않는다. 즉, 일본의 실리적 유교의 목적은 유교의 통치이데올로기를 통해 무사계급의 통치기반을 튼튼히 하기 위한 것이다. 예를 들면 조선의 엘리트 계층은 학자가 중심이 되고 무사계급의 서열은 학자 다음에 위치한다. 그러나 일본의 경우에는 무사를 중심으로 정치체제가 성립하고 무사 출신의 학자들이 행정을 보조한다. 특히 전국시대 이후 무사들이 따랐던 명분과 실리를 목적으로 하는 주군과 신하의 임무 등을 통해 유교는 이상적인 철학보다는 실리적인 철학 중심으로 발전한다.[219] 이런 맥락에서 유교의 핵심 개념인 충효(忠孝)에 대한 입장도 조선과는 다르게 나타나는데, 조선의 경우는 상대적으로 효(孝)를 중시하는 반면 일본의 경우는 충(忠)에 보다 더 많은 가치를 두었다.[220]

또한, 도쿠가와 시대에 치자(治者)와 피치자의 세계는 분명히 구분되고 상업과 상인에 대한 평가는 낮은 상황이었다. 치자인 사무라이 계급은 모든 정치적인 권리를 독점한 것은 물론이고, 사회적 내지 문화적으로도 자신들의 생활방식을 서민들의 생활방식으로부터 확실히 구별했다.[221] 사무라이 이하 농·공·상의 서민들은 오로지 사무라이들

---

219) 이덕훈, 「근대 일본 기업가와 무사정신의 변용 – 일본 무사의 기업가로의 전환과정」, 『한일경상론집』 15, 한일경상학회, 1998. pp. 170~171.

220) 김태영, 『유교문화의 돌연변이 일본』, 보고사, 2002. p. 33.

221) 예를 들면, 사무라이에게는 세 가지의 특권이 있었다. 그것은 기리스테고멘(切捨御免)의 특권과 다이토(帶刀)라는 특권, 그리고 묘지(名字)의 특권이다. 기리스테고멘은 평민이 사

에게 봉사하고 그들을 봉양하기 위해서만 생존이 허용되고 있었다고 볼 수 있다.[222]

도쿠가와 시대의 상인은 신분제의 최하위에 위치해 있었고, 상인은 오로지 이익(利)만 알지 의리(義)는 알지 못하고 자신의 몸을 이롭게 하는 것만을 생각하는 존재로 평가되었다. 즉, 도쿠가와 시대 상인들은 공공(公共)적인 의무라는 의식을 가지지 못하고 오로지 개인적 영리를 추구하는 윤리 외적인 존재로 간주된다. 그들이 정치적으로 '무(無)' 화되는 것은 당연한 일이고, 봉건적 이데올로기 속에서 그들은 기껏해야 악(惡)으로만 용인될 수 있었다.[223]

그러나 본격적인 근대화를 추구한 메이지유신 이후 일본 경제의 중심은 기존의 농업이 아닌 상공업으로 옮겨갈 수밖에 없었는데, 이러한 근대화를 주장한 신분은 상인을 오로지 개인적 영리를 추구하는 윤리 외적인 존재로 간주한 지배 엘리트 계급이다. 막부 당시의 상황으로 미루어볼 때 일본의 지배계급이 아무리 실리적인 유교철학을 추구했다 하더라도 메이지 이후의 상공업에 기존의 지배 엘리트 계급이 뛰어들었다는 것은 매우 아이러니한 일이라고 할 수 있다.

이 과정에서 기존의 지배계급은 그들이 천시했던 상공업을 흡수할 수 있는 이론적 작업을 진행하는데, 이것은 주로 앞서 살펴본 시부사와 에이치의 '도덕경제합일설'에 근거한 것이다. 후쿠자와 유키치에서 비롯해 시부사와 에이치에서 완성된 '유가적 무사도(儒家的武士道)'를

무라이에게 잘못을 범했을 때 그 자리에서 목을 칠 수 있는 특권이며, 다이토는 칼을 허리에 차고 다닐 수 있는 특권, 그리고 묘지는 성(姓)을 가질 수 있는 특권을 말한다. 김태영의 같은 책, 2002. pp. 35~36.

222) 마루야마 마사오, 김석근 옮김, 『일본정치사상사연구』, 통나무, 1995. p. 470.

223) 마루야마 마사오, 김석근 옮김의 같은 책, pp. 471~472.

앞세운 '도덕경제합일설'은 '공리공익을 추구하려는 마음이 도덕'이라는 『논어』의 '공리' 주장을 확대시킨다. 이는 지배계급의 영리 추구의 정당성을 사상적으로 뒷받침하는 계기를 부여하고 지배계급이 자본가 계급으로 편입될 수 있는 길을 마련해준다.

'도덕경제합일설'의 유포는, 일본 사회의 산업발전과 근대화를 위해서는 개인적 이익 활동이 필수불가결한 사안으로 등장하고 자본주의 발전에는 개인적인 이윤 획득 동기가 요구될 수밖에 없다는 점을 지배층 내부 스스로가 자각한 결과물이다. 이와 더불어 근대화를 이루기 위해서는 모든 사사로운 일이 나라와 국익을 위한 공익으로 선전되어야만 했으며, 이는 결과적으로 전전(戰前) 메이지유신과 전후(戰後) 경제재건 시기의 일본 공동체 자본주의의 핵심적 가치로 작용한다. 즉, 일본의 전전의 경영가족주의나 전후의 경영복지주의는 모두 대체로 이러한 가치를 지향한다는 점에서 일본 자본주의를 일관하는 공통적 요소로 볼 수 있다.

시부사와 에이치에 앞서 메이지 시기 계몽지식인인 후쿠자와 유키치 또한 부국강병을 위한 무사계급의 역할과 새로운 정치를 강조한다. 그는 일본 사회를 위해 일한 주체는 사족임을 강조하며 전쟁에 나가 싸우는 자는 사족이고, 나라를 다스리는 것도 사족이며, 유신을 일으켜 새로운 정치를 하는 자도 사족임을 밝힌다. 그는 초닌(町人, 도쿠가와 시대의 상인 계급)들은 새로운 정치를 방관하고 사리사욕만을 추구하는 존재로 바라보면서도 문벌제도의 타파를 주장하는 한편 근대화를 위해서는 기존의 나라를 위해 일했던 사무라이 계급이 상공업의 발전에 뛰어들어야 한다고 강변하다. 그에 의하면 사족이 근대화를 위한 비즈니스를 거부하는 것은 곧 나라를 위한 일(公益)을 거부하는 것과 마찬가지이기 때문이다. 따라서 그는 사무라이 계급이 자본주의식 경영기법을 익혀 실업가로 거듭나야 한다고 강조하고, 그 또한 그 일에 전념을 기울인다.

또한 후쿠자와 유키치는 신교육을 받은 사람들을 기존의 사무라이 계급과 동일시하는 방법을 통해 국익을 위한 자부심을 고취시킨다. 이는 메이지유신 이후의 신분제 철폐로 이어지고 특히 이 시기에 나타나기 시작한 서양식의 고등교육을 받은 집단은 일본 산업사회의 역군으로 자리매김한다. 이들 집단의 정체성은 긴밀하게 연결된 두 개의 요소—서구식의 학력과, 서구화의 선봉인 국가와의 긴밀한 관계—에 의해 만들어진다.[224]

일본 사회가 총력을 기울여 수행한 근대화는 초기에 곧 서구화와 동일한 것으로 인식되고, 이를 위해 과거 일부에게만 독점되던 교육의 해방을 가져온다. 이는 모든 국민에게 신분의 상승이 가능한 것임을 뜻했으므로 일본 하층 신민의 폭발적인 기대를 모으고 반응하게 한다. 바야흐로 서구화된 교육을 받는다는 것은 국가가 가장 최우선에 두고 있는 최고선에 가장 가까이 갈 수 있다는 것을 의미한다. 야나기타 구니오(柳田國男)에 따르면 일본인은 메이지유신 이후 그때까지는 일본 전체에서 아주 조금밖에 차지하지 않았던 사무라이 계급의 생활방식 이상을 국민 전체가 채용하기에 이르렀다고 한다.[225]

메이지유신 이후 천황을 중심으로 국가에서 주도하는 본격적인 자본주의 체제가 가동되면서 개인적인 사사로운 이익들을 공익(公益)으로 환원시키는 노력이 국가 차원에서 진행된다. 즉, 메이지 23년

---

224) 민병일, 「산업화 사회에서 신분집단―베버, 부르디외, 전전일본의 샐러리맨」, 『국제정치론집』 42, 한국국제정치학회, 2002. p. 313.

225) 쓰루미 슌스케(鶴見俊輔), 최영우 역, 『전향』, 논형, 2003. p. 131.

(1890년)에 반포되어 일본의 패전까지 전 국민을 총동원시킨 「교육칙어」에서도 "……모든 사람에게 박애를 베풀며, 학문을 닦고 직업 교육을 충실히 받아, 지식과 재능을 배양하고, 도덕심을 높이 기르며, 나아가 공익을 넓혀 세상을 이롭게 하고……"라고 하여, 공익을 넓혀 세상을 이롭게 해야 할 것을 밝힌다. 천황에 대한 충의를 근본으로 하면서 개개인의 일을 수행하는 것이 바로 공익의 실현으로 이어진다는 사상인데, 이는 곧 일본 고유의 위계를 전제한 집단주의를 통해 발현된다.

일본의 집단주의에서 개인의 역할은 단지 집단 속에서만 의미를 지닌다는 점에서, 일본 국민들은 국가를 위한 일을 통해 개인의 의의를 확보한다. 일본의 근대화를 위해 사익을 공익으로 환원시키는 지배계급의 발상은 천황의 절대화가 진행되면서 더욱 심각해지는데, 이는 1941년 일본 문부성이 편찬해 일본 전역에 배포한 「신민의 도」에 더욱 잘 나타나 있다.

> "일상적으로 우리들이 사생활이라고 부르는 것도 필경 이 신민(臣民)의 도(道)의 실천이며, 천업(天業)을 도와서 인도하고 신민이 영위하는 업으로서의 공적 의의를 지니는 것이다. '하늘에 있는 구름 저쪽에 아스라이 보이는 끝, 골짜기의 두꺼비가 건너는 끝'(萬葉集), 모두 천황(天皇)의 땅이 아닌 곳은 없고 황국신민이 아닌 사람은 없다. 그렇다면 사생활을 내세워 국가와 관계가 없고 자신의 자유라고 생각하여 사사로운 이익을 추구하는 것은 허용될 수 없다. 한 그릇의 음식, 한 벌의 옷도 누구나 간단하게 자기 자신만의 것이라고 할 수는 없고, 또한 놀거나 자는 사이에도 국가로부터 떨어진 나라는 존재는 있을 수 없으며, 모두 국가와 관계가 있는 것이다. 이렇게 우리는 사생활의 와중에서도 천황에 귀일하고 국가에 봉사한다는 생각을 잊어

서는 안 된다. 우리나라에서는 관직에 있는 것, 가업에 종사하는 것, 부모가 자식을 키우는 것, 자식들이 학문을 하는 것이 모두 자신의 본분을 다하는 것이며, 그 몸으로써 힘을 다하는 것이다. 우리나라 국민 생활의 의의는 바로 이와 같은 데에 있다"²²⁶⁾(문부성 편찬, 「신민의 도」, 1941년).

위의 내용에서 보이듯이 개개인의 모든 사적인 일들은 결국 나라와 천황을 위하는 공익을 추구하는 활동이라고 선전하며 그것이 바로 국민생활의 의의라고 말한다. 이와 같이 사적인 일을 공익으로 환원시키는 집단주의적 사고방식은 전후의 산업 발달 과정에서도 일본 사회에 그대로 활용된다. 전후 일본의 경제성장의 원동력은 개인·기업·국가가 유기체적으로 이어진 시스템에서 나타나는데, 즉 개인과 기업 및 국가는 공통적인 이해와 목표를 달성하려고 하고 이러한 기업과 국가의 상호작용이 전후 일본 경제의 복원에 필요한 충분한 에너지와 탄력 및 적응력을 제공한다.

"일본에서 국가는 사회의 기둥이거나 초석에 그치는 것이 아니다. 그것은 핵심적인 뼈대이다. 국가와 사회의 관계는 수세대에 걸쳐 융

---

226) "日常我等か私生活と呼ぶものも, 畢竟これ臣民の道の實踐であり, 天業を翼贊し奉る臣民の營む業として公の意義を有するものである.「天雲の向か伏す極み, 谷蟆のさ渡る極み」皇土にあらざるはなく, 皇國臣民にあらざるはない. されば, 私生活を以つて國家に關係なく, 自己の自由に屬する部面であると見做し, 私意を恣にするが如きことは許されないのである. 一椀の食, 一着の衣と雖も單なる自己のみのものではなく, また遊ぶ閑, 眠る間と雖も國を離れた私はなく, すべて國との繋がりにある. かくて我等は私生活の間にも天皇に歸一し國家に奉仕するの念を忘れてはならぬ. 我か國に於ては, 官に仕へるのも, 家業に從ふのも, 親が子を育てるのも, 子か學問をするのも, すべて己の分を竭くすことであり, その身のつとめである. 我か國民生活の意義はまさにかくの如きところに存する."(文部省編纂,「臣民の道」, 1941).

성해온 가계(家系)가 핵가족에 대해 갖는 관계와 같다. 그것은 공동의 정체성을 가져다주고, 사회적 지속성을 보장해주며, 결속과 통일의 원천과 갈등 해결의 기제를 제공한다. 또 국가는 공동 이익의 수호자이고 공동 목표를 달성하는 수요 수단이다. 국가는 서구에서 종종 간주되는 바와 같이 개인 권리를 보호하고 규칙과 규범을 제시하고 자원을 배분하는 행정적 부속물이 아니다. 일본에서 국가는 국가적 공동체의 연대성을 상징하고 이를 기능적으로 확인하는 존재이다."[227]

일본의 유교는 한때 막부 지배체제를 위한 새로운 이론으로 받아들였지만 근본주의적 학문이 아닌 사무라이 문화에 맞는 실리적 학문으로 발전한다. 특히 자본주의 체제가 아직 충분히 발달하지 못했던 메이지유신 시기를 맞이해 일본의 실리적인 유교는 당시 인텔리 계급이던 무사계급이 국가의 산업 발전을 중심으로 형성된 경영 내셔널리즘에 뛰어들면서 사사로운 이익이 아닌 공익을 강조하는 사고방식으로 현저하게 발현된다. 이러한 사고방식은 개인의 모든 활동의 상위에 도덕의 극치로 표상되는 국가를 상정시켜 기업(곧 국가)을 위한 희생정신을 개개인에게 요구할 수 있었다. 개인에서 조직, 조직에서 국가로 이어져 있는 일본의 모형은 유교문화 전통의 가장 실리적인 변용이라고 할 수 있다.

---

227) 김영명, 「일본과 한국의 발전모델 비교연구」, 『아시아문화』 제10호, 한림대 아시아문화연구소, 1992. p. 369.

2. 이에(家)형 조직 원리와 공동체 정신

일본의 경제 시스템에서 외국과 현저히 다른 특징으로 지적되는 것은, 신자유주의의 금융자본 체제가 본격화됨으로써 현재에는 퇴색되었지만, 바로 종신고용제와 연공서열제이다. 그리고 이것들은 일본의 전통제도를 기업에 적용시킨 고유한 특징이라고 일컫는다. 흔히 '이에(家)'형 조직제도로 설명되는 일본적 가족 공동체주의는 일본의 사회적 근본 구조의 반영이다.

일본에서 전통사회의 '이에'형 조직 원리는 메이지유신 시기인 1896년 법적으로 제도화된 이후 급속한 근대화 과정에서 발전한다. 앞서 보았듯이 '이에'는 막부와 농촌문화에서 정착된 일본의 전통적 가족제도지만, 단순한 가족이 아니라 일정한 목적의 계속적인 수행이나 가업의 경영 등 기능적 성과를 추구하는 경영체적 집단의 성격을 가진다.[228]

사회적인 근대화의 한 형태로는 가계와 경영의 분리, 가족의 핵가족화 등을 비롯한 기업이 주식회사로 전환하는 것을 들 수 있는데, 막스 베버는 일본의 근대사회 형태를 '가(家) 게마인샤프트(Gemeinschaft)'[229]라고 말하는데, 일본 농가와 상가에서 보이는 전통적

---

228) 한경구, 「일본의 근대조직의 발전과 한계 : '이에'형 조직과 운명공동체」, 『아세아 연구』 제42호, 고려대 아세아문제연구소, 1999. pp. 87~88.

229) 게마인샤프트(Gemeinschaft)는 공동사회(共同社會)라고 번역한다. 퇴니스의 주장에 의하면 게마인샤프트란, 선택의지(Kruwille)와 상대되는 본질의지(Wesenwille)에 입각한 사람들의 목적적·전인격적(全人格的) 결합체를 의미한다. 본질의지란, 사고 작용보다 의지의 작용이 지배적인 것으로, 구체적으로는 공감(共感)·습관·요해(了解) 등으로 나타나고, 또 그 복합적·사회적 형태는 일체성(一體性)·관습·종교 등으로 구체화된다. 이와 같은 본질의지에 따른 사람들의 결합관계는 감정적이고, 또 매우 긴밀한 성질을 가진다. 감정의 대립이나 증오와 같은 분리적 요소를 가지면서도, 본질적으로는 사람들이 항상 결합해 있는 사회를 게마인샤프

'이에'제도는 이러한 형태의 게마인샤프트라고 할 수 있다. 베버는 바로 일본 사회가 근대에 들어서 이러한 형태가 해체되기는커녕 정부에 의해 오히려 재편되고 강화되었음을 지적한다.[230] 메이지 민법을 통한 '이에'제도의 부활은 가족이라는 사적 영역에 대한 공적인 통제와 조직화일 뿐만 아니라 근대 조직의 형성 과정에서 매우 커다란 의의를 갖는데,[231] 일본의 상당수 기업을 비롯한 근대 조직들은 이 '이에'를 상징으로 하여 조직화하게 되는 계기를 마련하기도 한다.

이와 같이 일본 사회에 '이에'제도가 전면에 나서게 된 여러 원인 중하나로 정부주도에 의한 급속한 산업화를 들 수 있다. 메이지유신 이후 전개되었던 일본의 근대화는 빈부격차의 심화와 재벌기업의 형성, 공장노동자들이 처한 열악한 노동환경 등을 비롯한 많은 사회 문제를 양산했으므로, 정부는 이러한 급속한 근대화에 따른 인민의 저항과 반감을 억누르고 자발적인 애국심을 고취할 필요성을 느꼈으며, 이를 위해 근대화와는 상반되는 전통적 요소들을 새롭게 창출한다. 일본 근대화 과정에서 혈연집단으로서의 '이에'와 지연집단으로의 '무라(村)' 사회가 일관되게 유지되고 보존된 것은 정부의 주도하에 재창출된 전통

트라고 말하는 이유도 바로 그 점에 있다. 퇴니스는 게마인샤프트를 생명 발전의 식물적·동물적·인간적 3단계에 대응시켜 피(血緣)의 게마인샤프트로서의 집(Haus), 땅(地緣)의 게마인샤프트로서의 마을(Dorf), 마음(心緣)의 게마인샤프트로서의 도시(Stadt)를 들어 이 3가지가 게마인샤프트 시대의 발전단계를 나타낸다고 한다. 전통이나 관습·종교가 강력히 지배하고, 정서적 일체감 속에서 사람들이 융합적으로 생활하고 있는 게마인샤프트는 폐쇄적인 작은 사회에서 성립되고 지속될 수 있으며, 사회가 확대되고 개방됨에 따라 게젤샤프트(利益社會라고 번역되며 선택의지에 입각한 사람들의 수단적·일면적(一面的) 결합체) 시대로 이행하게 된다.

230) 류교열, 「일본의 근대화와 기업조직의 구조」, 『대구사학』 61, 대구사학회, 2000. p. 172.

231) 한경구의 같은 논문(1999), p. 95.

적인 사회 구조의 온존을 단적으로 보여준다.[232]

일본의 패전(敗戰) 이전 일본에서의 천황 숭배와 '가족국가' 개념에 대한 커다란 인기는 도시라는 근대화된 환경 속에서 전개되던 전통의 상징인 '니세무라(僞村, 가짜촌락)'의 구성과 확대의 결과로 인한 것이다. 도시와 농촌을 막론하고 전 국가적 차원에 걸쳐 만들어진 이러한 공동체의 재창출은 전통적인 사회에서 촌락과 친족 네트워크가 제공한 기존의 기능을 충족시키는 것 이상의 역할을 했다. 이러한 공동체의 재창출에서 훨씬 더 중요하게 작용한 것은 바로 사회심리학적 욕구의 만족, 즉 급격하게 산업화·도시화하는 사회에서 나타나는 불안감과 소외감에 대처할 수 있게 하는 것이다. 바로 전통적인 공동체가 흔히 지닌다고 생각되는 온정적인 관계들의 유형이 이러한 불안감과 소외감의 문제점을 해결해줄 것이라는 기대에서 비롯한 것이다.

1960년대 이후 일본의 기업들이 내세운 가족 공동체주의는[233] 역시 이러한 맥락에서 해석될 수 있는데, 즉 근대 이전의 전통적인 모델인 '이에'가 가지고 있던 요소를 차용해 현대적으로 변용한 것이다.[234]

---

232) 박진우, 「일본근대화론의 이론적 검토」, 『일어일문학연구』 43, 한국일어일문학회, 2002. p. 369.

233) "'공동체'는 19세기에 이르기까지 일본에서 존재하지 않은 어휘"로 이 용어는 "서구 개념을 번역하기 위해 창조된 것이다." ; "일본에서 산업화 초기에는 공동체라는 용어가 그리 널리 사용되지 않았다. 산업화 초기에는 오히려 '가족'이나 '일가(一家)' 혹은 '양속미풍' 등의 보다 낯익은 상징들이 사용되었다. 이는 합리적이고 인위적으로 만들어진 근대적 조직체의 틀 안에서 조직의 구성원들에게 조직에 대한 충성심과 상호 융화협력의 정신, 조직의 업무에 대한 자부심과 보람을 일으키고 이를 통해 조직 전체에 활력을 주기 위해 '의도적이며 계획적으로 만들어진 경영관행'인 것이다. 일본에서 '산업 가족주의(industrial familism)' 혹은 '온정적 코포라티즘(paternalistic corporatism)'은 이렇게 시작된다." ; "공동체라는 개념은 급격한 도시화와 노동운동의 확산을 경험하던 1930년대의 일본에 서구(나치 독일)로부터 수입되어 예찬되기 시작했다." 한경구의 같은 논문(1999), pp. 101~103.

234) 한경구, 「일본의 문화와 일본의 기업 – 문화론적 설명의 허와 실」, 『동방학지』 86, 연

특히 농촌으로부터 도시로 유입되는 대규모 이동의 결과로 기존의 전통적인 친족관계와 근린관계는 더 이상 유지될 수 없었으며, 이에 대한 여타 대안들의 결여는 기업에 종사하는 피고용자들로 하여금 기업이 마련해주는 보호에 의존할 수밖에 없게 만든다. '산업가족'으로 표상되는 기업공동체에서 회사는 일하는 고용자들 각자의 삶에 개입하고, 종업원들은 서로를 잘 알거나 회사가 제공해준 사택이나 숙소에서 생활한다. 또한 회사에서는 새로운 사람을 충원할 때 기존의 연고관계에 의존함으로써 가족의 사적인 이해관계는 회사의 공적인 이해관계에 자연스럽게 종속된다.[235]

일본 기업공동체에서 가장 강조되는 윤리적 덕목은 '내적인 조화'로, 회사라는 전체 아래에서 회사 내적으로 노동자들이 상호 협동함으로써 내적인 조화를 추구하는 것이다. 현대 일본의 기업에서 보이는 이러한 모습은 전통적인 가부장주의, 다시 말해 기존의 혈연 또는 지연에 의한 것만은 아니며 근대적 합리주의를 효과적으로 전통적 위계질서요소 위에 포장해 나타난 형태이다.

우선, 일본 기업 내에서의 조화의 특징은 수평적 관계의 조화는 물론이고 상하간의 수직적 조화에서도 두드러지게 나타난다. 수직적 조화에 선행해 우선 요청되는 것은 지배적 엘리트 사이의 강한 공동체의식이고 메이지 시기에는 엘리트의 공동체의식이 학교에서부터 배양되기 시작한다.[236] 비록 1920년대에 일본에서는 도시를 중심으

세대학교 국학연구원, 1999. pp. 257.

235) 한경구의 같은 논문(1999), p. 100.

236) 가장 우수한 학생들이 다니는 8개의 고등학교에서는 공동체로서의 국가에 대한 의식교육을 철저히 실시했다. 이들 고등학교에서 가장 우수한 졸업생들이 몇 개의 국립대학에 진학하고, 이들 국립대학 졸업생들 중 최우수생들이 정부의 관리가 되거나 주요 기업체에 진출

로 개인중심주의가 급속하게 퍼져나가기는 했지만, 이러한 움직임은 1930년대의 경제적 어려움과 1931년의 만주사변을 기점으로 진행되는 제2차 세계대전까지의 흐름 속에서 소멸되고, 오히려 극단적 공동체중심주의인 군국주의가 태동한다. 역사적 흐름도 개인중심주의가 정착하는 데 방해요소로 작용한 것이다. 전후(戰後) 미군정 시기(1945~1952)가 되면 일본의 거의 모든 측면에서 민주화의 바람이 일어나지만, 일본인들이 다시 통치권을 회복하면서부터 미군정 기간 진행되던 여러 가지 변혁들 중 일본의 전통적인 공동체 중심주의와 상충되는 요소들은 점차 제거되어 나간다.

또한, 일본 기업문화의 조직 원리는 근대적 합리주의를 효과적으로 전통의 요소 위에 포장해서 나타난 형태라는 측면에서 볼 때, 효율성을 중시하는 근대적 합리주의가 일본의 전통적 요소인 '이에'문화와 큰 무리 없이 섞일 수 있었던 요인은, 바로 일본 '이에'문화 자체에 이미 이러한 유사한 내용이 배태되어 있었기 때문이다. 전통적으로 일본에서는 '이에' 자체가 하나의 경제적 조직체로서 대대로 존속하는 것이 강조됨으로써 가업을 잇는 일을 매우 중요하게 여겼다. 따라서 상속제도에서도 '이에'의 경영을 책임지는 호주의 지위를 잇는 것이 가장 중시되는데, '이에'를 경제적으로 성공시키기 위해서는 혈연이 아닌 사람도 호주의 지위를 물려받을 수 있게 했고 남자 쪽 후손이 아닌 사위도 호주의 지위를 이어받을 수 있게 했다. 그래서 엄격한 의미에서 '이에'는 혈연집단인 가족이 아니라 '공동거주집단'이며 경제공동체인 '가구'라 할 수 있다. 경제조직체로서 '이에'의 사회적 지위는 '이

한다. 특히 이러한 형태의 정부 관리의 구성은 정부의 의사결정은 항상 현명하고 국가목표 달성에 가장 잘 부합되는 것으로 일반 국민들에게 인식되었다.

에'의 경제적 부(富)에 따라 결정되고 전통적인 농촌 부락에서 '이에'의 지위를 높이기 위한 경쟁 또한 매우 치열했다. 그리고 경제적 조직체로서의 집안의 대를 이어갈 후계자는 '이에'의 재산이 분산되는 것을 막기 위해 '이에'의 모든 재산을 단독 상속하며 다른 자식들은 분가하는 것을 원칙으로 삼는다.

이뿐만 아니라 일본에서의 '이에'제도는 농업뿐만 아니라 상공업 발전의 근간을 이룬다. 가업을 경영하는 호주의 능력이 중요시되어 장남이 아닌 사람도 능력만 있으면 처가의 후계자가 될 수 있기 때문에,[237] 개인은 다양한 분야에서 가업을 성공시킴으로써 사회에서 자신의 영역을 확보할 수 있게 된다. 이것은 똑같이 '가'를 중시하는 한국의 전통적 가족주의가 집안의 도덕적 명예를 가장 중요시한데 반해 경제적인 활동을 통해 가산을 증식하는 행위에는 별 가치를 두지 않은 사실과는 큰 차이가 난다.

또한, 현대에 이르러 일본 자본주의 사회에서도 사회적 계급은 어려서부터의 교육과정에서 어느 정도 결정되는데, 메이지 시기의 사회 엘리트 창출이 계획적이고 치밀한 교육과정을 통해서 이루어진 것과 마찬가지로, 현재 일본의 관계(官界)·재계(財界) 등의 고위 인사들도 유사한 과정을 거쳐서 선발된다. 초등학교에서부터 시작되는 경쟁은 좋은 중학교 및 좋은 고등학교로의 진학시험을 치르는 과정에서 점점 치열해지며, 좋은 대학에 진학하기 위한 경쟁에서 그 정점에 달한다. 어떤 대학에 입학하느냐에 따라 이미 어느 정도의 사회적 계급은 결정된다. 기업체에 진출한 뒤에도 이런 경쟁은 계속 유지되나 일단 기업조직

---

237) '이에'의 대를 이어가기 위하여 양자로 맞아들이는 사위를 '무코요시(婿養子)'라고 함.

내에서 각자의 사회적 계급이 결정되고 나면 각자는 상대방의 위치를 적극적인 입장에서 수용하며 인정한다. 마루야마 마사오는 자신이 처해 있는 '자리'의 수용과 상대방 '자리'에 대한 인정이라는 일본 사회의의 특징에 대해 미국과 같은 '하는 사람들의 사회'가 아닌 '있는 사람들의 사회'라고 지적한다. 이러한 특징의 발생 원인을 거슬러 올라가 보면 가장 가깝게는 메이지 이후로 강화된 위계를 강조한 집단주의 성격에서 비롯한 것임을 알게 된다.

이와 같이 자신이 처해 있는 '자리'의 수용과 상대방 '자리'에 대한 인정이라는 일본 문화의 특징으로부터 야기될 수 있는 문제는 가족적 의미가 강조된 공동체를 허락한 일본인의 의식과 문화를 통해 용이하게 해소된다. 곧 기업 조직의 하위 계층들에 속하는 사람들에게서 발생할 수 있는 인간적 욕구불만 문제들의 경우 상위가 가족적 관점에서 하위계층의 의사를 끊임없이 청취하고 배려하는 가운데 해소시키는데, 이것이 바로 일본 기업문화의 특징이자 기업윤리의 핵심이다. 즉, 일본의 기업문화는 회사나 관공서 등 모든 조직의 상위계층의 사람들이 하위계층의 의사를 끊임없이 청취하면서 하위계층의 복지를 배려한다. 왜냐하면 상위계층의 사람들 자체가 공동체의식이 강하며, 공동체 목표의 달성을 위한 그들의 의무가 그들이 속한 조직을 잘 관리하는 데 있다고 보기 때문이다. 정부 또한 사회적 위화감의 해소를 위해서 지역사회마다 복지문화 시설들을 골고루 설치해 놓음으로써 개인용 시설의 부족을 공동 시설을 통해 해결해주려고 노력한다. 이러한 상위계층과 하위계층 간의 컨센서스는 가족주의적 관점에 입각한 상하 소통관계를 구축한 일본 사회문화의 독특한 특징을 드러낸다.

기본적으로 일본의 기업 조직에서 가장 높이 평가되고 있는 덕목은 바로 전통적으로 계승되어 온 충성심이다. 회사는 일단 입사한 피고용자들에 대해 주택 및 자녀 교육 등 여러 배려를 아끼지 않음으로써, 피고용자들에 대한 거의 모든 사회적 복지 혜택은 정부가 아닌 일을 하는 직장에서 주어지고 부족한 부분의 경우에 한해서 국가가 보조해 나간다.

이 같은 상·하위 간의 컨센서스는 전후부터 오늘날에 이르기까지 일본 정부의 주요 국가적 목표인 지속적인 수출증대 정책을 최우선적으로 시행할 수 있게 만들었고, 모든 경제 주체 사이에 진행되는 생산·교환·소비의 경쟁도 수출증대라는 공적인 국가적 목표를 저해하지 않는 범위 내에서 조정된다. 정부와 재계의 지배 엘리트들은 조건 지워진 경쟁체제의 한계를 벗어나 활동하는 기업에 대해 그 존립을 어렵게 함으로써, 그들이 설정한 국가목표가 일관성 있게 추구될 수 있는 여건을 조장한다. 동시에 일본의 소비자들은 국제시장에서의 수출 가격보다 훨씬 높은 가격이라도 국산품을 사용함으로써 일본 기업들이 해외시장에서 값싸게 수출할 수 있도록 지원하는데, 이러한 소비자들의 국가목표의 성취를 위한 일방적인 희생은 오늘날에도 계속된다. 수출대국인 일본의 국내 물가가 세계적으로 제일 높은 수준에 있는 것도 바로 이러한 이유에 기인한다.

사회 모든 구성원이 이렇듯 강력한 구조적 네트워크(망)를 형성하게 된 근본적인 요인에 대해, 미국의 인류학자인 루스 베네딕트(1946)는 마루야마 마사오와 같이 일본 문화의 특징으로 '각자 알맞은 위치 갖기'를 강조한다. 부연하면 이는 천황·막부·영주·마을공동체(무라, 村)·가족에 이르기까지 모든 사람은 조직화되어 있고, 각자는 자신의 알맞은 위치를 찾고 그 속에서 최선을 다해 나가는 것이 그들에게는 가장 큰 도덕률로 자리 잡고 있는 점을 지적한 것이다. 특히 이러한 '각자의 제자리 지킴'의 일본 문화는 도쿠가와 막부 이래로 일본 사회에서 정착되기[238] 시작해, 일본이 태평양전쟁으로 돌입할 때 그 도덕적 기초로서 전 세계적인 계층질서를 확립해야 한다는 것을 강조하는 데로 나아간다. 더 나아가 이는 당시의 세계적인 무정부적 상태를 극복하기 위해서는 적절한 계층제도를 재확립시키는 것이 필요하며, 이 질서의 지도자는 물론 일본인이 되어야만 한다는 논리로 발전한다.

또한 베네딕트에 의하면 일본은 위로부터 아래로까지 계층적으로[239] 조직된 유일한 나라이다.[240] 그리고 이러한 계층구조 형성의 핵심은, 일본적 국가 이데올로기의 저류에 흐르는 신도의 신들의 계층구조에서 최고의 지위를 점유한 아마테라스 오오미카미를 정점으로 하고, 그 체계의 현실적 체현인 천황을 정점으로 한 사회적 계층구조와도 맞물려 있는 데서 찾을 수 있다. 그리고 천황을 중심으로 한 계층 구조 형성에는 혈연적인 유대와 조상 숭배를 중시하는 유교의 '나'로부터 '천하'로 나아가는 확장 논리가 일정한 조력자로서 역할을 한다.

---

238) "역사학자 비토 마사히데는 이런 '각자의 제자리 지킴'을 '역(役)의 시스템'이라는 개념으로 설명하고 있다.(尾藤正英, 『江戸時代とはなにか』, 岩波書店, 1992) 비토가 보기에 일본 근세사회의 가장 큰 특징은 역의 원리가 지배적인 시스템으로 형성된 사회라는 점에 있다. 이런 역의 원리를 달리 말하자면 각 개인이 자신에게 주어진 '직분'을 중시하고 자신의 분수를 알아서 주어진 직분 수행에 전력을 기울이는 데에서 삶의 보람을 찾는 사회구성 원리라고 할 수 있다." 박규태, 「일본근세의 종교와 국가권력 – 도쿠가와 막부의 '사원법도'를 중심으로」, 『유교문화연구』 제4집, 성균관대학교 유교문화연구소, 2002. p. 189.

239) 이러한 계층적 구조는 경어(敬語)가 발달된 일본어의 구조 속에서도 잘 나타나는데, '나'를 나타내는 단어의 경우 상대방과 자신과의 상하관계에 따라서 わたくし, ぼく, おれ, わし, おら 등으로 다양하게 나타남.

240) 루스 베네딕트, 김윤식·오인석 역, 『국화와 칼』, 을유문화사, 2002. 2장 참조.

3. 유교와 자본주의의 문화담론

유교부흥론자들의 대부분은 동북아시아 사회가 유교적 전통에 입각한 독자적인 규범질서를 갖추고 있으며, 이를 토대로 1970년대 이후 급속한 경제성장을 이룰 수 있었다고 주장한다. 1990년대 후반 아시아 국가 전반에 경제적 위기상황이 초래되기 전까지 이른바, '유교자본주의' 또는 '유교 르네상스'[241]라고 불리는 유교부흥의 주장은 아시아의 인권 상황에 대한 우려와 비판에도 불구하고 상당한 영향력을 행사하며 확산해 나간다.[242]

동아시아 사회의 유교자본주의론의 발원지는 일본으로, 최초로 '유교자본주의'라는 개념을 사용한 사람은 일본의 모리시마 미츠오(森嶋通夫)이다. 그는 일본 자본주의의 발전을 바라보면서 베버의 종교적 자본주의 논의에 대응되는 논리를 편다. 그는 일본 자본주의를 충(忠)·효(孝)·신(信)·경(敬) 등의 유교적 윤리에 기초한 '유교자본주의'라 칭한다. 이 견해의 핵심은 일본 자본주의 발전의 토대가 된 서구의 과학지식 수용에 지식을 중시하고 개방적인 일본 유교가 긍정적 역할을 했다는 것이다.

---

241) 유교가 경제성장 계기로 주목을 받던 시기는 1980년대 후반인데 그 요인은 1985년 미국과 일본 간의 '플라자 합의'를 통한 엔고 정책 채택 이후 일본인의 실질소득이 증가하고 자신감이 상승했기 때문이다. 유교자본주의에 대한 논의가 활발해지는 시기 유교에 대한 관심은 확대되어 유교에 대한 전반적 재조명으로 확대 재생산되었는데 이를 '유교 르네상스'라 불리기도 한다. 그러나 1990년부터 일본 경제의 거품이 사라지자 일본식 경영에 대한 반성이 증대되고 유교자본주의는 그 성립의 근거를 위협받고 점차 관심의 대상에서 멀어진다.

242) 신유교 윤리의 주창자인 뚜웨이밍(杜維明)은 "동아시아 공업 문명은 유가 문화로부터 영향을 받았다."라고 하면서 교육의 중시, 가족 중심의 기업 경영, 경제에 대한 정치적 영도 등의 공통된 특징을 바탕으로 동아시아 국가들의 경제발전과 유교문화를 연결시켰다. 최형식, 『유교 윤리와 인도주의』, 한울 아카데미, 2000. pp. 200~201.

1978년에 일본의 경제학자 모리시마 미치오가 유교문화와 자본주의 상관관계에 주목해 추출된 유교자본주의라는 용어를 최초로 사용하지만,[243] 1970년대 후반 당시에는 일본을 제외한 유교문명권에서 일본과 같이 경이적인 경제발전을 성취한 국가는 없는 상태였고, 일본의 유교문화 또한 지리적·문화적 위치 등으로 인해 역사적으로 동아시아의 유교문명권 변방 내지 주변적인 것으로 취급되었다. 이와 더불어 일본 자체의 천황제, 신도(神道)사상 및 봉건제, 서구 문물의 적극적 수용에의 성공 등의 특수한 역사적 체험은 이를 동아시아 사회의 보편적인 유교담론으로 발전시키기에는 여건상 시기상조의 상황이었다. 그러나 모리시마 미츠오에 의해 일본 자본주의의 특성을 설명하기 위해 제시된 견해는, 일본의 국가 경제가 급속히 성장하자 주목을 받고 이후 일본 이외의 동아시아 국가의 경제성장을 유교자본주의라는 용어로 설명하는 토대를 제공한다.

　　동아시아 후기 유교문화권 지역에서 자본주의가 급속하게 발전함에 따라서, 1988년 이에 주목한 시마다 겐지(島田慶次)가 유교 자본주의를 동아시아의 신흥공업국에 확대 적용하는 과정에서 '유교자본주의'라는 유교가설은 학계에 널리 퍼지기 시작한다. 시마다 겐지는 프로테스탄트 금욕주의와 경제적 이윤추구의 결합이 가능하다면,[244] 송

---

243)　김홍경,「유교자본주의론의 형성과 전개」,『동아시아 문화와 사상』2, 1999. p. 15.

244)　중국 분야의 내용을 부연해 밝히면, 베버는 기업경영과 기업의 계속적 발전을 위해 일생을 헌신하는 기업가(자본가)들의 자본주의 발전에 중요한 역할을 해왔다고 믿었다. 이러한 기업가들은 기업의 성공과 발전을 위해 합리적 사유와 치밀한 계산으로 경영에 임함은 물론 근면, 성실, 절약, 금욕적인 생활 자세를 가지고 있다. 즉 그들은 기업의 성공을 위해 매우 엄격하고 체계적인 생활 태도를 영위한다. 이러한 생활 태도는 그들이 계속 기업 활동을 하는 한 버려질 수 없는 것이다. 그러면 도대체 무엇이 기업인으로 하여금 인간 본래의 자연적 성향을 포기하고 그러한 길을 택하게 했을까? 그들로 하여금 어려운 길을 일생을 통해 견지하도록 한 동기는 무엇일까? 이러한 의문에 대해 베버는 다음과 같은 결론을 내렸다. 칼뱅주의

대(宋代) 유학의 금욕주의와 경제적 이윤추구의 결합 역시 가능하다고 보았다.[245] 예컨대 시마다 겐지는 1988년에 "퓨리터니즘(Puritanism)과 돈벌이의 결합이 가능하다면 송대(宋代) 유학의 금욕주의와 돈벌이도 결합될 수 있다. 나는 유교자본주의의 설을 긍정할 수 있다."라고 말하면서 유교자본주의를 NICs(신흥공업국 즉, 한국, 타이완, 홍콩, 싱가포르) 현상을 설명하는 적절한 개념으로 인정한다.[246] 그는 유교윤리를 다음과 같이 큰 틀로 나눈다.

"유교에는 옛날부터 '부자천합(父子天合, 부자 등 가족관계는 하늘이 맺어준 것이다)'에 대해서 '군신의합(君臣義合, 군신 등 사회적 관계는 의로 맺어진 것이다)'이라는 명제가 있다. 『예기』 「곡례」에서는 만약 부

의 교리는 이들의 생활 태도가 조직적이고 금욕적인 것이 될 수 있도록 형성하는 데 결정적인 영향을 미쳤고, 이 생활 태도야말로 서구 자본주의 발전에 큰 역할을 했다. 칼뱅주의의 예정설에 의하면 첫째, 인간의 모든 운명은 신이 이미 결정했고, 결정된 운명은 어떠한 인간의 노력으로도 변경될 수 없다는 것이다. 따라서 불안에서 벗어날 수 없는 인간들은 끊임없는 노동을 통해서 이를 극복하려 한다는 것이다. 두 번째 논거는 인간의 존재 이유가 신의 영광을 나타내기 위함이라는 것이다. 신은 인간에게 직업적 성공과 사회적 업적을 요구하고 있으며, 인간은 이를 달성함으로써 신의 영광을 증대시키고 구원에 이르게 된다는 것이다. 베버는 이러한 칼뱅의 주장을 인용해서 합리적인 생활 태도를 기반으로 하는 자본주의 윤리 사상을 정립했고 이는 자본주의 형성에 중요한 기여를 했다고 평가된다. 김필년, 『자본주의는 왜 서양 문명에서 발전했는가』, 범양사, 1993. pp. 26~35.

245) 청중잉(成中英)도 유교의 인(仁)을 화해의 원리로 의(義)를 도(道)의 원칙으로 규정하고, 일본의 성공적인 기업 관리제도 및 일본 경제의 성장이 바로 인의를 산업화 과정에서 흡수, 활용했기 때문이라고 생각했다. 홍콩 중원(中文) 대학의 리우슈시엔(劉述先) 역시 동아시아 경제발전에 유교가 미친 영향을 적극적으로 평가하면서, 가정과 교육을 중시하는 풍토, 근면과 절약의 정신 등을 강조한다. 국내의 조혜인은, 유교가 가진 '금욕주의'가 현실 생활에서 절개와 청빈을 추구하게 함으로써 발전을 가능하게 했다고 주장하면서도, 이것이 한국의 경우는 일본에 의한 서구화로 인해 일시적으로 잠복해 있다가 '신분적 금욕주의'로 부활해 경제성장을 이끌어낸 힘이 되었다고 지적한다. 조혜인, 「유교적 금욕주의와 한국의 경제발전」, 『전통과 현대』 겨울호, 1997. pp. 105~113.

246) 김홍경, 「유교자본주의론의 형성과 전개」, 『동아시아문화와 사상』 2, 1999. pp. 15~17.

모가 잘못된 행위를 할 경우, 자식은 '세 번을 간청해도 듣지 않으시면 울면서라도 그에 따르고', 그러나 임금에 대해서는 '세 번을 간해서 듣지 않으면 그를 떠난다.'는 구절이 있다.[247] 유교적인 세계(天下)는 이른바 국가와 가족(개인)과의 두 개의 중심을 갖는 타원형이다."[248]

이와 같이 시마다 겐지는 유교윤리가 중심을 두 개 갖는 타원형이라고 보는데, 그의 국가에 대비되는 가족(개인)의 설정은 보편적 이득에 대한 개인의 특수한 이익을 긍정하는 논리로 연결될 가능성을 내포하고 있었다.

또한 스즈키 유키오(鈴木幸夫)는 일본의 경우 확실히 유교윤리가 구미의 프로테스탄티즘을 대신해 자본주의의 정신적 기반으로 작용했던 것이 사실이지만, 일본의 유교는 신도나 불교와 혼합되어 있고 일본인 특유의 실리주의나 에도 시대에 형성된 무사도 정신과도 연결되는데, 이러한 요소들이 혼합되어 공동체 존중, 조직으로의 충성, 질서 존중 등의 사상적 기반이 되었다고 말한다.

한편 유교에 대한 다른 입장을 가진 미조구치 유조(溝口雄三)는 유교 자본주의라는 개념 사용에 이의를 제기하면서 일본의 자본주의는 유교가 아니라 일본의 전근대사회와 연관 지어 설명할 때 더 적절하다고 지적한다. 이에 덧붙여 유교는 중국의 사회주의와 더 잘 결합할 수 있다고 주장하며 '유교사회주의'라는 용어를 제시하기도 한다.

---

247) 『禮記』「曲禮」: "子之事親也, 三諫而不聽, 則號泣而隨之", "爲人臣之禮, 不顯諫, 三諫而不聽, 則逃之."

248) 시마다 겐지, 김석근 등 역,『주자학과 양명학』, 까치, 2001. p. 38.

또한 미래세계가 유교문화권을 주축으로 하는 아시아일 것이라고 예상하는 일부 연구의 주장들은 경영에 운용될 수 있는 유교의 덕목으로, 일군만민(一君萬民)의 중앙집권체제, 충효(忠孝) 일치의 인간관계, 농본주의의 경제관 극복, 평화주의의 경향과 교육의 중시 등을 제시하면서, 유교적 경영문화로는 집권적인 질서에 의한 동원체제의 가동, 계획 선도적인 혼합 경제체제의 운용, 사회적 질서의 안정성, 가족 중심의 집단적 공생주의문화, 연공서열, 종신고용, 사내 복지와 온정주의 요소 등을 든다.[249] 이에 덧붙여 유교의 현대화 방안을 다음과 같은 다섯 가지로 제시한다.

"첫째, 유교의 역사·자연·인간 간의 조화의식을 계승하여 역사-인간, 자연-인간, 인간-인간 간의 조화를 도모하기.

둘째, 가족집단주의의 질서와 윤리를 계승하여 기능공동체인 기업을 운명공동체로 인식되게 하기.

셋째, 덕치주의와 경제윤리를 조화시켜 자신의 관리를 통한 근면·청빈·위민의식 등 중요 덕목을 나타낼 수 있도록 하기.

넷째, 유교적 집단주의에서 가족집단주의 제도, 민족의식, 발전의지, 공동체 원리, 상호부조의 정신 등을 배워 경제문화에 의한 사회통합 이루기.

다섯째, 유교의 덕본재말(德本財末)론을 계승하여 금욕윤리와 집단윤리를 보존하여 마음의 안정과 평화를 도모하고 정신적 기쁨을 얻

---

249) 김일곤(金日坤)은, 『儒教文化圏の秩序と經濟』, 名古屋大學出判會(1984), 『유교문화권의 질서와 경제』, 한국 경제신문사, 1985년에서 유교자본주의를 통해 만들어질 수 있는 미래의 비전을 내놓기도 한다.

는 것이 진정한 행복이라고 느끼도록 하기."[250]

이처럼 유교적 덕목들이 서양적 시스템과 조화를 이뤄야 한다는 주장은, 모리시마가 일본의 경제발전은 서구의 개인주의를 정착시키지 못했기에 부분적 성공일 뿐이라고 한 주장과는 차이가 있다.

유교자본주의자들의 주장을 대체적으로 개괄해보면, 동아시아 경제성장의 동력으로 지목한 유교문화에 내재된 문화적 요인으로는, 높은 교육열·근면과 절약·강력한 국가주도력·우수한 관료·가족주의·집단주의 등이 거론된다. 이러한 요인들과 연결되는 본연의 유교문화 요소로서는 교육중시·중앙집권제의 유풍·절용사상·공동체 의식·가족에 대한 헌신·기강과 절약·화해의 중시 등이다.[251]

일본의 경우 유교의 문화적 속성에서 기인한 '일본적 경영'의 대표적인 형태로는 모리시마 미츠오가 지적한 연공서열제도(Seniority System)와 종신고용제도(life-time employment system)이다. 이는 대부분의 유교담론에서 일반적으로 유교 자본주의의 모델로 간주되는데, 기업의 경우 '기업일가(企業一家)'와 광산의 경우 '일산일가(一山一家)'라는 재벌계 대기업이 주도한 일본의 사회문화적 특성에서 기원한 것으로 일컫는다. 즉, 연공서열 조직에서는 업무 능력의 차이나 창의성보다는 협조성이나 충성심 곧 인간성이 평가의 대상이 되는 경향이 있음으로써 개성이 강하거나 돌출적인 하급 조직원은 어느 정도 '알아서 기지 않으면' 장래가 위험한 반면, 현재의 노력이나 능력에 대한 보상

---

250) 홍원식, 「'유교문화권'과 자본주의의 발달」, 『현대신유학연구』, 동녘, 1994. p. 230.
251) 박재술, 「유교자본주의 담론을 통해 본 공동선」, 『철학연구』 29, 고려대 철학연구소, 2002. p. 134.

이 연기됨에 따라 종신고용이 강화된다.[252] 이러한 일본적 경영 방식은 자본주의적이라기보다는 오히려 일본의 전통의 가족주의 문화에서 비롯한 것이다. 즉 조직원[253] 각자의 능력에 대한 평가보다도 가족적 위계질서 관념에 의거한 종신고용제도는 조직원의 미래에 대한 불확실성을 제거해 심리적 안정감을 부여하는 한편, 조직원 또한 자신의 인생이 회사와 평생을 함께한다는 깊은 애착을 느끼게 함으로써, 더욱 조직원의 책임감을 이끌어내는 일본의 기업문화를 낳는다.

이와 같이 일본의 자본주의 문화는 메이지 이래로 자신의 전통문화를 기반으로 서구의 자본주의 경영원리를 습합(褶合)하는 과정을 겪으며 형성되고 전후에도 일본 사회에 다시 재생된다. 이는 곧 일본 자본주의의 정신이 이중적 의미를 지닌 양가적(兩價的)인 가치관에[254] 입각해 형성된 것임을 의미한다.

즉, 일본 기업가들은 서양의 서구적인 경영제도나 기술을 받아들이는 데 적극적이어서 1910년대에 이미 테일러의 '과학적 관리법'[255]을 도입해 적용하는 한편, 다른 한편으로는 '도조쿠(同族) 경영'을 영위하는 매우 보수적이고 완고한 모습을 보인다. 이는 곧 일본이 근대화의 주축으로 상인자본가를 택하지 않고 사무라이 계급 출신의 관료들을

---

252) 한경구의 같은 논문(1999), p. 115.

253) '연공서열제도'는 근속년수에 의거한 급여 지급제를, '종신고용제도'는 근로자가 치명적인 잘못을 하지 않는 한 정년퇴직 시까지 지속적으로 고용되고 퇴직 시 퇴직금을 일괄 지불받는 제도를 말함. 일본 사회에서 종신고용제가 확대됨으로써 공원(工員) 또한 직원과 같이 모두 사원(社員)으로 불리게 되며, 여기서 조직원이라는 표현은 둘 사이의 경계가 모호한 경우도 포함시키기 위한 것임.

254) 일본 자본주의 정신의 양가적 가치에 대한 내용은, 김필동, 「일본 자본주의 정신의 역사적 전개와 특징」, 『사회과학논총』 제10권, 충남대 사회과학연구소, 1999. pp. 31~36.

255) 間宏, 『日本的經營の系譜』, 文眞堂, 1989. p. 123, p. 182. 앞의 김필동의 같은 논문, p. 35.

택해, 일본의 전통적 '이에'제도 및 '무라' 생활 속의 관습과 그 속에서 길러진 집단주의를 실제 경영에 활용한 데서 기인한다. 선택된 사무라이 계급 출신의 관료들은 충효를 중시하는 유교적 가치관을 자신들의 신조로 삼아 국가의식을 강화하고 이를 자부심으로 삼아 일본의 근대 기업문화 정신을 조성한다. 이러한 이중적인 양가적 가치가 일본 자본주의 정신으로 자리할 수 있는 데에는 화혼양재(和魂洋才)에 입각한 '일본의 경영'에 있다. 서양 지향적인 '진보성'과 전통주의적인 '보수성'은 앞서 살펴본 메이지 시기에 특징적으로 나타나는 일본 사회의 '개방성'과 '전제성'의 경우와 마찬가지 경우로, 이는 시대 상황의 변화에 따라 그 중심축을 옮기는 일본 자본주의의 혼합주의적인 성격을 결정하는 요인으로 작용한다.

그런데 일본적 기업의 특성이라 간주되는 이러한 성격들은 같은 유교 문화권에 들어 있는 한국과 중국과는 좀 다른 일본적인 전통 속에 존재한다. 앞서 밝혔듯이 역사적인 측면에서 볼 때 일본은 동아시아 유교문명권에서 차지하는 지리적 · 문화적 위치가 주변적이었고, 또한 메이지유신 이후 서구 문물의 적극적 수용에 성공함으로서 천황을 중심으로 한 국민의 총동원, 신도(神道)의 국교화 등 아시아에서 일본 사회만이 가질 수 있었던 특수한 역사적 체험이 존재한다. 즉 동아시아의 핵심이라고 하는 유교적 전통문화의 성격 속에서도 사회에 따라 일정한 특성이 반영되는 것으로, 공통적으로 유교의 영향 하에 놓여 있었지만 그 유교의 환경 하에서 만들어진 전통문화는 각기 다르다고 할 수 있다.[256] 따라서 일본만이 지니는 문화적 특색이라고 할 수 있

---

256) 최은봉, 「일본 정치사회의 변동과 문화적 특질 : 연고주의의 작동과 한계」, 『아시아문화』 제15호, 한림대학교 아시아문화연구소, 1999. p. 194.

는 '일본적 경영론'은 일본의 사회문화적 배경을 고찰하는 가운데 규명되어야 한다. 일본 기업을 성공하게 만들었던 일본적 경영은 일본의 전통적인 문화와 일본인의 전통적인 심리 특성에 그 원인이 존재하기 때문이다.

그러나 한편으로 일본의 자본주의와 유교문화는 식민지 시대와 개발독재 시대를 경험하는 한국 사회에 절대적인 영향력을 행사한다. 왜냐하면 한국 사회는 식민지 기간 동안 비자발적 형식으로 일본식 문화를 강요받았을 뿐만 아니라 개발독재 시기에는 자발적으로 일본의 경험을 본받았기 때문이다. 따라서 현재 문화담론에서 일본 자본주의의 문제점으로 지적되는 것이 한국 자본주의에도 그대로 적용되는 경우가 흔히 발견된다. 예컨대 일부 연구에서는 종종, 일본과 한국은 공동체적 자본주의와 발전주의 국가의 특징을 공유하고 이를 통해 고속 성장과 국가 경제력의 팽창을 달성했으며, 또한 이 체제를 떠받드는 것은 다름 아닌 유교적 문화, 집단주의 논리, 위계질서의 사회규범 등이라는 점에서, 일본과 한국의 경우는 매우 유사한 경험을 공유하고 있다고 지적된다.[257]

이러한 유사성은, 해방 후에도 한국 사회에 강력하게 영향력을 행사하며 잔존한 황도유학(皇道儒學)과 더불어, 사실상 한국 개발독재 시기에 두 나라 사이에 존재하는 문화적 속성의 문맥을 사장시킨 가운데 일본의 유교문화와 메이지 시대의 근대화 방식을 일방적으로 한국 근대화에 차용한 개발독재 군사정권의 노력에 기인한 결과이다.

또한 일본에서는 1980년대 들어서 과거 1960년대의 일본 경영

---

[257] 앞의 김영명의 같은 논문, p. 362.

을 찬양하는 입장에 대해 '우려할 만한 사태'라는 인식에 이르지만, 한국 사회에서는 도리어 1960년대 일본형 경영을 과대평가하면서 1980년대에서 1990년대 중반까지 광범위하게 '기업문화 운동'의 형태로 확산시키는 가운데 이를 무비판적으로 수용한다.[258] 즉 한국의 정치와 기업이 공통적으로 한국을 일본화하기 위한 노력은, 현재 한국 사회의 경영문화의 문제점이 일본과의 큰 차이가 없는 결과를 낳게 되고 결과적으로 과거 일본 자본주의가 낳은 문제점으로 지적되는 것들을 현재 한국 사회가 아울러 떠안는 현상을 낳았다. 즉 현재 한국 자본주의는, 20세기에 들어와 일본의 기업가들은 전문경영자 체제의 확립과 경영 합리주의의 성취라는 변화를 이룩했음에도 불구하고 정경유착, 봉건적 관행 및 관념에의 의존(과 활용), 그리고 내셔널리즘에의 과잉 경도(역시 이용)라는 특징을 내재하는 불구적인 체질을 온존시킨 일본 자본주의의 정신의 특징과 한계를[259] 그대로 떠안고 있다.

이와 더불어 현대 유교담론에서 한국적 자본주의와 결합한 유교문화의 문제점으로 지적되는 것들은 대체로, 과거 개발독재 시기의 정치권에서 일본식 유교문화와 결합된 공동체 자본주의와 경영기법을 모방하는 과정을 경유해서 8, 90년대 한국 기업들에 의해 일본 경영론이 모방되는 과정에서 발생한 것이다. 결과적으로 한국 유교문화와 자본주의는 일본과의 경계가 모호해짐으로써, 서구의 유교담론에서 한국과 일본은 같은 성격의 고도 경제성장을 이룩한 같은 유교문화권

---

258) 앞의 한경구의 같은 논문(1999), p. 86.
259) 앞의 김필동의 같은 논문(1999), p. 31.

국가로 분류되어 논의되곤 한다.

제Ⅲ부

한국 사회와
유교문화담론의
사유지평

유학이 한국에 최초로 전래된 시기는 중국 연나라 유민인 위만(衛滿)이 고조선 준왕(準王)의 왕위를 찬탈하고 세운 고조선 마지막 왕조인 위만조선(衛滿朝鮮, 기원전 195년~108년) 내지 한사군(漢四郡)시대로 추정되는데, 중국 유학은 삼국시대에 이르러 중국과의 문화 교류가 활발해지면서 한국 사회에 본격적으로 수용된다. 삼국 중 중국과 지리적으로 인접한 고구려가 유교를 가장 빨리 수용하는데 소수림왕 2년(372)에는 중앙에 태학(太學)이 설립되고 5경(經)은 『사기(史記)』, 『한서(漢書)』, 『문선(文選)』 등과 더불어 교과서로 채택되어 널리 읽혀지고 지방에서도 또한 경당(扃堂)이 설치되어 유교경전을 학습했다. 백제의 경우에도 건국 초기부터 유학을 수용해 4세기에 이르러 유학 교육기관을 완비해 고구려와 비슷하게 자(子), 사(史)와 더불어 5경(經)을 가르치고,[1] 유학박사 왕인(王仁)은 『천자문(千字文)』과 『논어(論語)』를 일본에 전파하기에 이르고 무령왕 때에는 오경박사라는 관직이 설치되기도 한다. 신라는 6세기부터 유학을 적극적으로 수용해 국호와 연호를 유학의 방식에 따르고, 통일신라시대의 원성왕(元聖王) 때에는 독서삼품과(讀書三品科)를 설치해 유교경전의 소양에 따라 인재를 발탁한다.

고려시대에는 불교문화가 전성기를 맞이하지만 4대 광종 때에 이르러 과거제도가 실시되면서 유교경전에 대한 관심이 높아진다. 유교적 이상주의를 추구한 6대 성종 때에는 억불숭유(抑佛崇儒)를 주장한 최승로(崔承老)의 건의에 따라 유교의 정치이념화에 박차를 가해 국자

---

1) 『舊唐書』「東夷列傳」: 其書籍有五經子史, 又表疎幷依中華之法.

감을 설치함으로써 고려 유교문화 발전의 기반을 다지고,[2] 8대 현종 때에 이르러 유교문화가 국가적 차원에서 장려됨으로써 유교문화국가의 체제를 갖춘다. 또한 사학(私學)도 발달해 최충(崔冲)의 문헌공도를 비롯한 십이공도는 한국 사회에 유교문화를 확산시키는 데 큰 역할을 한다. 14세기 고려 말에는 불교와 정주학(程朱學)이 치열하게 투쟁하는데, 사회개혁파들이 조선을 창건하는 데 신유학은 강력한 이론적 무기가 되었고 조선의 개국 이후에도 유학, 특히 성리학은 정치뿐만 아니라 학술, 문화, 도덕 등을 비롯한 모든 분야에서 한국 사회를 지배한다.

특히, 조선시대에는 과거시험제도를 강화해 중국보다도 더욱 철저하게 지배계층의 관심을 유교의 경전과 문화에 집중시킴으로써 유교적 학문과 사상의 습득은 곧 자신의 명성과 성공은 물론 가문을 위한 권력과 특권을 획득하는 길이 된다. 따라서 조선 시기는 한국 유교 특히 성리학의 발전이 가장 절정에 이른 시기로써 유교경전에 대한 연구가 집중적으로 진행된다. 한국 사회는 어떤 측면에서 볼 때 일본은 말할 것도 없고 유교의 본고장인 중국보다도 더 모범적인 유교사회로 나아갔다고 할 수 있다.[3] 한국의 유교문화는 '도덕과 정치의 결합', '가족주의적 서열의 강조' 등의 중국 유교문화의 내용을 전반적으로 수용

---

2) 한국사특강편찬위원회(편), 『한국사특강』, 서울대학교 출판부, 1990. p. 359.

3) 이에 대해 "사실 한국은 여러 면에서 거의 모범적인 유교사회가 되었으며, 중국에서 나타난 것보다 더 극단적인 모양으로 유교적 정치 형태의 강점과 약점을 함께 보여주게 되었다." 라는 평가가 있다. 존 K. 페어뱅크 외 지음, 김한규 외 옮김, 『동양문화사』(상), 을유문화사, 2008. p. 377.

하지만, 또 다른 한편으로 중국 유교문화와는 달리 더욱 철저하게 성리학에 대한 교조적 입장을 견지하며 수양을 강조한다는 점에서 중국 유교문화와는 차별성을 지닌다. 이 점에서 조선은 '개량된 중국형'[4]의 유교사회 내지 동북아시아 국가 중 가장 모범적인 유교사회였다고 평가할 수 있다.

그러나 한국사회는 일본의 식민 지배를 경험하는 동안 황도유학의 본격적인 공세를 받는다. 즉, 일본의 지배 기간 동안 천황 내지 국가 공동체를 강조한 일본식 유교문화의 강력한 영향을 받음으로써 한국의 전통 유교문화는 고유한 자기수양의 형이상학적 색채가 완전히 탈색되는데 이러한 현상은 이승만 정권의 독재를 위한 유교문화 정략과 메이지유신을 모방한 박정희 정권의 충효 일본(一本)의 일본식 유교문화의 선전 작업을 통해 해방 후 한국 사회에 지속적인 영향력을 행사한다. 특히 학문적으로는 최근까지 '공동체' 의식의 강화라는 미명하에 - '대동(大同)'(『예기(禮記)』「예운(禮運)」) 개념은 묵가(墨家)나 도가(道家)의 이상인지 아니면 유가의 이상인지 여전히 현재에도 학계에서 의론되는 문제임에도 불구하고 - '대동(大同)' 이상의 실현이 한국 유교문화의 중요한 본질이라고 논의하는 자리를 어렵지 않게 접한다. 일본 유학에 경도된 한국 유교문화의 공동체 의식에 대한 애착은 IMF 이후 사회 구성원 개개인의 자존적 문제나 자아실현의 문제보다는 한동안 한국 사회에 유행한 공동체라는 집단 곧 국가의 전체적인 부(富)만을

---

4) 존 K. 페어뱅크 외 지음의 같은 책, p. 376.

중시한 유교자본주의를 통해서도 쉽게 확인된다. 유교자본주의 논쟁을 비롯한 한국 유교문화의 공동체 의식을 다룬 일부의 논의를 접할 때면 현재 한국 사회에는 과거로부터 이어온 한국의 고유한 전통유교문화라는 것이 과연 존재하고 있는가라는 회의마저 들게 한다.

1장 한국 전통사회 유교문화의 특징

1. 배불(排佛)의 유교문화

일본의 유교문화가 토착적인 신도(神道)문화와 과거 외부로부터 전래된 불교문화와의 공존과 융합을 통해 발전한 반면, 한국의 유교문화는 배불의식에 입각해 기존 불교문화의 폐해를 강력하게 비판하면서 세력을 확장시키며 발전한다. 즉, 고려 말에 안향(安珦, 1243~1306)이 성리학을 수입한 이래로 신흥계급들에 의해 적극적으로 수용된 성리학은 고려 후기에 들어 극도로 타락한 양상을 보이던 불교문화의 폐단을 극복하기 위한 새로운 개혁이념과 문화로 등장한다. 즉, 한국 성리학의 배불의식은 고려 말기 신흥세력이 불교문화의 폐해를 들추어내는 이념적 무기로 사용되면서 점차 강조된다. 이윽고 신흥세력의 성리학은 고려 말 불교문화의 폐해를 극복하는 성공적인 역할을 수행함으로써 조선의 개국과 더불어 유교문화는 한국 사회에 그 세력을 더욱 확장한다. 고려 말기부터 강조된 성리학의 배불의식은 조선의 개국 이후부터 조선 후기에 이르기 까지 한국 사회에 지속적으로 관철된다.

한국 역사에서 조선왕조의 개국과 더불어 정치 전반을 주도한 신홍세력은 성리학의 유교문화로 국가의 동질성을 확립하기 위해 과거 고려왕조의 사상 및 제도적 기반이었던 불교문화를 더욱 철저하게 배격한다. 예컨대 조선 개국의 핵심 인물 중 하나인 정도전(鄭道傳, 1342~1398)은 『불씨잡변(佛氏雜辨)』을 통해 "이단을 물리치는 것으로써 나의 임무로 삼은 것은 위로 여섯 성인과 한 현인의 마음을 계승하려는 것이 아니라 세상 사람들이 그 이단의 설에 미혹되어 모두가 빠져버려 사람의 도가 없어지는 데 이를까 두려워하기 때문이다."[5]라고 말하면서 불교문화의 배척이 자신의 평생 임무임을 밝힌다. 이에 대해 권근(權近, 1352~1409) 또한 『불씨잡변』의 서문을 통해 "사람들이 불교에 미혹되는 것이 사생(死生)의 교설보다 더한 것이 없는데 선생 스스로가 불교를 물리침으로써 죽어도 편안하다고 했는데, 이는 사람들에게 그 미혹됨을 물리치게 하려고 한 것으로 사람들에게 보인 뜻이 역시 깊고도 절실하구나!"[6]라고 말하면서 배불의 입장을 확고하게 밝힌다. 정도전의 불교 비판론은 극단적인 불교 배척론이라 할 수 있는데, 그는 적극적으로 유교문화의 우월성을 역설하며 유학의 인륜주의와 현세간주의, 현실적 합리주의, 현실경영 논리에 입각해 불교의 반인륜성과 이단성, 비합리성, 무용성과 폐해성을 지적하는 가운데 자신의 배불(排佛) 주장의 타당성을 역설한다.[7]

조선 전기 세조(世祖)의 왕위 찬탈을 비롯한 통치계급의 권력투쟁에 불만을 품고서 유교경전을 불태우고 승려 복색을 하고서 전국을 유랑

---

5) 『佛氏雜辨』「闢異端辨」: 而以闢異端爲己任者, 非欲上繼六聖, 一賢之心也, 懼世之人, 惑於其說 而淪胥以陷, 人之道至於滅矣.

6) 『佛氏雜辨』「序」: 人之惑佛 莫甚於死生之說 先生自以闢佛爲死而安 是欲使人祛其惑也 示人之意 亦深切矣.

7) 한국철학사상연구회 지음, 『논쟁으로 보는 한국철학』, 예문서원, 1995. p. 105.

한 김시습(金時習, 1435~1493) 또한, "어찌 건(乾)·곤(坤)이 있는데 하늘 (天)과 땅(地)의 바깥에 다시 하늘과 땅이 있겠는가!"[8]라고 말하면서 "불교란 오랑캐의 한 법(法)일 뿐이다. 부처가 죽은 지 이미 2천여 년이 지났는데도 그 자취가 없어지지 않은 것은 어리석은 자들을 유혹하는 것이 크기 때문이다."[9]라고 하며 배불의 당위성을 적극 주장한다. 또한 기론(氣論)의 유학자인 서경덕(徐敬德, 1489~1546)은 "선가(禪家)에서는 공(空)이 큰 깨달음 속에서 생기는 것은 마치 바다에서 한 물거품이 일어나는 것과 같다고 운운하고 어떤 때는 '진공(眞空)'이니 '완공(頑空)'이니 하는 것을 말하는데, 이는 하늘이 커서 끝이 없다는 것을 알지 못하고 허(虛)가 곧 '기(氣)'임을 알지 못한 것이다."[10]라고 하며 철학적 측면에서 불교의 선종(禪宗)문화를 비판한다.

이와 같이 조선 전기 유교와 불교의 극단적인 대립 상태는 유학이 조선사회에서 자신의 확고한 영역을 확보할 때까지 지속된다. 임진왜란과 병자호란 등의 양난을 겪으면서 성리학이 예학화(禮學化)되고 향약이 널리 실시된 이후로, 유교와 불교는 세간법과 출세간법의 역할 분담에 따른 각자의 영역을 인정하며 상대적으로 양립 상태를 유지하게 된다.[11] 그러나 조선의 성리학 사회는 매우 강하고 지속적으로 배불(排佛)정책을 견지하는데, 이러한 정황은 조선 중기 이후로도 성리학 사회의 팽배한 배불의식의 기운을 우려한 불교계 내부의 억불(抑佛)정

---

8) 『金鰲新話』「南炎浮州志」: 豈有乾坤, 天地之外更有天地乎.

9) 『金鰲新話』「南炎浮州志」: 佛者夷狄之一法耳. 佛之死也, 已二千餘年, 而莫有滅沒其迹者, 以其誘愚之多也.

10) 『花潭集』「原理氣」: 禪家云空生大覺中, 如海一漚發, 有曰眞空頑空者, 非知天大無外, 非知虛卽氣者也.

11) 앞의 한국철학사상연구회 지음, 『논쟁으로 보는 한국철학』, p. 108.

책에 대한 대응방법을 통해서도 확인된다.

예컨대, 16세기 명종(明宗) 시대에 보우(普雨)는 불교와 유교가 하나에서 유래했다는 '일정론(一正論)'[12]을 제출하고, 17세기 백곡(白谷)은 조선 후기 현종(顯宗)의 척불정책에 대하여 폐불(廢佛)의 부당성을 항변한 상소인 「간폐석교소(諫廢釋敎疏)」를 통해 유교의 불교문화 배척의 부당함을 강조한다. 그는 상소에서 중국의 대유학자들이 불교이론에 정통한 사례 등을 들어서 적극적인 유(儒)·불(佛)의 조화를 항변한다. 이러한 불교계 내부의 적극적인 대응 상황을 통해 볼 때 조선의 건국과 더불어 중후기에 이르기까지 지속적으로 진행된 성리학의 배불(排佛)정책에 대한 불교계 내부의 위기의식을 보여준다.

이와 같이 유(儒)·불(佛)의 조화 논리는 당시 팽배하던 성리학의 배불의식 강도가 불교문화 존립기반 자체까지 위협할 수 있다는 불교계 내부의 심각한 위기의식에서 말미암은 것이라고 할 수 있는데, 이러한 상황은 조선 후기에 이르기까지 지속된다. 예컨대 그 대표적인 사례로는 조선 후기의 실학자인 홍대용(洪大容, 1731~1783)이 불교 등의 종교가 사람을 속이고 사람을 미혹시킨다고 비판한 것이다.[13] 이와 같이 기학(氣學), 성리학, 실학(實學)에 이르기까지 유교의 다양한 장르와 관계없이 강조된 조선 유교자들의 배불(排佛)의식은, 양반계급을 견제하기 위해 불교와 다소 우호적인 관계를 형성하던 세조(世祖, 1455~1468)의 통치 시기를 제외하고는, 조선 유교문화의 전반에 지속적으로 관철된다.

---

12) 일정론(一正論)은 불교와 유교가 하나에서 유래한다는 유·불 절충론으로써, '일(一)'은 우주 원리, '정(正)'은 도덕 원리로 '일(一)'이 곧 '정(正)'이고 '정(正)'이 곧 '일(一)'이기 때문에 불교의 일심(一心)과 유교의 중(中)은 소통한다는 주장(無碍)이다.

13) 홍대용은 불교는 물론 천주교와 도교 등에 대해서도 기만적이고 사람을 미혹시키는 것이라고 비판한다. 『湛軒書』 『外集』 卷2, 「乾淨洞筆談」 참조.

2. 벽이단(闢異端)의 유교문화

조선 초기 성리학자들의 배불의식은 정치적으로 과거 고려사회를 지배한 불교이념과의 단절을 통해 새롭게 등장한 조선조 신흥세력의 이념적 토대를 굳건히 구축하기 위한 것이다. 그리고 이것은 한편으로 성리학 자체에 내재한 도통(道統)의식에 입각한 벽이단(闢異端)의 사고가 발현된 것이기도 하다. 한국 성리학에서 특히 강조된 도통론(道統論)에 입각한 벽이단 의식은 비단 불교는 말할 것도 없고 주자학의 정형성에서 벗어난 여타 유교문화의 다양한 장르마저 용납하지 않는 선명성과 균일함을 견지한다. 이 또한 배불의식과 더불어 조선시대 유교문화 전반에 걸쳐 나타나는 현상이라 할 수 있다.

본래 벽이단의 도통(道統) 관념은 맹자에서 비롯해[14] 당나라의 한유(韓愈)[15]와 이고(李翱)[16]를 경유해 송(宋)대 주희(朱熹)에 이르러 완성된다. 주희 이후 유교문화의 도통 관념은 원(元)대 유학자들에 의해 명맥을 유지하다가 고려 말기에 한국으로 전파된다. 주자학(朱子學)이 한국

---

14) 『孟子』「滕文公下」: 我亦欲正人心, 息邪說, 距詖行, 放淫辭, 以承三聖者, 豈好辯哉. 予不得已也.『孟子』「盡心下」: 孟子曰 由堯舜至於湯 五百有餘歲 . ……由孔子而來 至於今, 百有餘歲, 去聖人之世, 若此其未遠也, 近聖人之居, 若此其甚也, 然而無有乎爾, 則亦無有乎爾.

15) 『韓昌黎集』卷11,「原道」: 曰斯道何謂也? 曰斯吾所謂道也, 非向所謂老與佛之道也. 堯以是傳之舜, 舜以是傳之禹, 禹以是傳之湯, 湯以是傳之文武周公, 文武周公傳之孔子, 孔子傳之孟軻 軻之死不得其傳焉. 荀與揚也, 擇焉而不精, 語焉而不詳. 한유(韓愈)는 요·순·우·탕·문·무·주공·공자·맹자로 계승되는 유학의 도통을 밝힌다. 앞의「중국 전통사회 유교문화의 특징」참조.

16) 李翱,『復性書』上: 昔者聖人以之傳于顔子, 顔子得之拳拳不失不遠. ……子思, 仲尼之孫, 得其祖之道 述中庸四十七篇 以傳於孟軻. ……遭秦滅書 中庸之不焚者一篇存焉 於是此道廢闕. 이고(李翱)는 공자에서 자사, 그리고 맹자로 계승되는 유학의 도통 관계를 밝힌다. 앞의「중국 전통사회 유교문화의 특징」부분 참조.

에 수용된 이후로 한국의 유교문화는 점차[17] 정통(正統)과 이단(異端)을 더욱더 명확하게 구분하는데, 이로써 조선의 유교문화는 중국의 유교문화보다도 더욱 도통관념을 강조하는 유교로 나아간다. 따라서 한국 유교 지식인의 학문적 관심은 성리학의 범주에 제한되어 더욱더 협소화됨으로써 한국 사회에서는 성리학의 맹신 현상이 나타난다.

즉, 성리학의 도통 의식에 입각한 벽이단의 사고는 조선의 유교문화에 일관된 영향력을 행사함으로써 중국과 일본의 유교문화에 비해 성리학의 정통을 더욱 엄격하게 보존한다. 이는 한국 성리학이 불교는 말할 것도 없이 같은 유학의 범주에 속하는 양명학(陽明學)마저 정학(正學)이 아니라고 부정하고 배척하는 현상을 통해 확인할 수 있다. 이와 같이 한국 사회의 성리학 유교문화의 단조로움은, 시대의 흐름에 따라 성리학, 양명학, 고증학 등의 학풍으로 전개되는 중국의 유교문화와, 그리고 일본 고유의 신도(神道)문화, 그리고 이와 결합한 외래 종교인 불교문화를 흡수하는 일본 유교문화의 발전 양상과는 매우 대비되는 특징이다. 예컨대 중종(中宗) 재위 시기에 사림파를 대표한 조광조(趙光祖, 1482~1519)의 경우 모범적인 유교적 이상국가 건설을 위한 지치주의(至治主義)를[18] 주장하는데, 그가 주장한 지치주의는 유학의 여러 학

---

17) 조선의 성리학자들은 조선을 유교적 이상사회로 만들기 위해 유교적 문물과 제도의 정비는 물론 수많은 유교 경전들을 편찬하여 유교의 보급에 힘쓴 결과 양난 이후에 유교적 의례는 백성들의 생활문화에까지 일반화된다.

18) 조광조의 '지치주의'란 맹자의 왕도정치에서 한 걸음 더 나아가 개인의 내적 수양을 지극히 강조하는데 사회의 구성원인 개인이 각각 수양을 통해 성인(聖人)이 됨으로써 이상적 사회 상태에 도달하게 하는 지극한 정치를 말한다. 모두가 성인이 되는 것이 현실적으로 불가능할 때 먼저 성인이 된 사람이 왕이 되어 다른 사람을 깨우쳐 성인이 되도록 인도한다. 즉, 지치를 이루는 가장 효과적인 방법은 왕이 성군(聖君)이 되어 백성들을 교화한다는 이상주의를 표방한 것이다. 조광조의 지치주의를 계승해 정치적 실천철학을 완성한 사람은 바로 이이(李珥)인데, 그는 당시 왕인 선조를 성군으로 만들기 위해『성학집요(聖學輯要)』를 편찬하고 수

설을 성리학으로 통일시키고 성리학만이 국가를 경영하는 유일한 진리라는 인식으로부터 발원한 것으로, 이러한 조선 성리학의 벽이단 의식은 이황(李滉, 1510~1570)에 이르러 더욱 강화된다. 그는 자신의 학문 목적이 사악한 것을 물리쳐서 바른 것을 드러내는 데 있음을 천명하고 성리학 이외의 모든 학설, 예컨대 양명학과 선학(禪學)은 물론 한당(漢唐)의 유학과 기(氣) 일원론 등도 또한 모두 이단의 학설로 규정하고 배척한다.[19]

이와 같이 오직 성리학만을 정통으로 인정하고 그것을 강요한 조선조 유교문화는 당연히 경전에 대한 자유로운 해석을 허용하지 않고 주자의 주석만을 따를 것을 강요하는 상황을 조성한다. 예컨대 주자의 설을 비판하거나 주자의 주석을 따르지 않았다는 이유로 사문난적(斯文亂賊)으로 몰린 윤휴(尹鑴)와 박세당(朴世堂)의 경우가 그 대표적인 사례이다. 윤휴는 『경전주석(經傳注釋)』에서 의리(義理)는 천하의 공정한 것인데 어찌 주자만 알고 나는 모른다는 것인가라고 반문하면서 만약 공자나 맹자가 생존했다면 자신의 학설을 승인했을 것이라고 말한다. 또한 그는 『중용주해(中庸註解)』에서 주희의 『중용』 해석을 비판하며 주희의 주석을 삭제하고 자신의 견해를 적은 『중용독서기(中庸讀書記)』를 짓는 한편 한당(漢唐)시대의 고주(古注)를 참조해 자신의 관점을 내세우다가 송시열(宋時烈) 등에 의해 홍수나 맹수보다도 그 폐해가 심각하다고 비판받는다. 그는 결국 정치적인 문제와 연관되어 이단(異端)의 사문난적으로 지목되어 죽는다. 박세당 또한 『사변록(思辨錄)』에서 『대

많은 상소와 저술을 통해 정치와 교육의 개혁을 주장하는 한편, 향촌향약을 조직해 좁은 지역에서나마 이상적 정치를 펴기 위해 노력한다.

19) 朱紅星 외 지음, 김문용 외 옮김, 『한국철학사상사』, 예문서원, 1993. p. 185.

학장구』와『중용장구』를 주희의 주석을 따르지 않고 자신의 견해에 따라 주석하는 한편 노자(老子)와 장자(莊子)에 대한 주석을 냈다는 이유로, 노론의 김창협(金昌協)에게 양명학을 따르는 이단과 같다고 하여 사문난적으로 몰린다. 이와 같이 당시 한국 유교문화의 벽이단 관념은 거의 종교적인 마녀사냥의 성격을 띠면서 학자들의 생사마저 결정하는 상황을 연출하는 데까지 이르렀음을 보여준다.

　주자학에 대한 교조적인 한국 유교문화의 기풍은, 주자학 이외의 어떠한 학문도 정통으로 인정하지 않으려는 상황뿐만 아니라, 중국보다 더욱 철저하게 시행한 과거시험에서도 주자의 해석만을 유일하게 인정함으로써 한국 사상문화를 더욱 척박하게 하는 원인으로 작용한다. 이러한 벽이단 사상에 발원한 한국 유교문화의 단조로움은 결과적으로 사상계에서 유가 경전 이외에 그나마 있는『노자와『장자』에 대한 불완전한 주석서를 모두 합쳐도 7권에 불과한 조선 유교문화의 척박한 상황을 조장하기에 이른다.[20]

3. 사변적 주자학의 유교문화

　주자학 자체에 내재한 사변적(思辨的) 철학 성향은 조선에 수입된 후

---

20)　이러한 성리학에 대한 교조적 분위기는 성리학과 다른 장르의 유학인 양명학 학자들이 드러내놓고 양명학을 연구하지 못하는 상황을 연출한다. 당시 양명학자들이 음으로는 양명학을 연구하더라도 양으로는 주자학을 연구한다고 말할 수밖에 없었고 이러한 상황은 조선의 유교문화에 일관해 지속적으로 영향력을 유지한다. 즉 조선 사상계의 성리학에 대한 교조적인 분위기는 정제두(鄭齊斗)를 비롯한 한국 양명학자들이 정치의 중심지를 벗어나 외진 강화도에서 음으로 양명학을 연구해 강화학파를 형성하는 원인이 되었다.

더욱 만개한다. 한국의 유학자들은 중국보다도 더욱 협소한 차원에서 주자학을 대면함으로써 주자의 본의가 왜곡되지 않도록 신중하고 세세한 자세를 취하며 접근하는 조선 유교문화의 학문기풍을 조성한다. 한국 유학자들이 주자보다 더 주자답게 성리학에 접근하는 자세는 성리학 자체에 내재한 사변적 성향을 더욱 강화시키고 이러한 상황은 후기 실학사상이 출현할 때까지 지속된다.

조선 초기 유학자인 김시습(金時習, 1435~1493)과 서경덕(徐敬德, 1489~1546)의 기(氣)론의 전개, 정조(正祖)로부터 주자학을 정통으로 이해했다는 평가를 받은 회재(晦齋) 이언적(李彦迪, 1491~1553)과 망기당(忘機堂) 조한보(曺漢輔)의[21] 논쟁 등은 조선 초기의 비교적 유연하고 개방적인 사상계의 모습을 보여준다. 그러나 명종 및 선조 때에 이르러 한국에서는 많은 유학자들이 배출되고 성리학이 일대 전성기를 맞이하면서 이러한 상황은 달라진다. 성리학의 전성기를 거치면서 조선 유학자들의 관심은 누가 주자(朱子)의 본의를 더 잘 이해했는가에 집중되고 주자학의 한계를 직시하기보다는 주자학 자체에 노정된 모순을 어떻게 합리화하는가 등의 문제로 집중한다. 이와 같은 상황은 조선 유학사에서 성리학 발전의 주요 사건으로 인식되는 3대 논쟁의 주제를 통해서도 확인할 수 있다.

예컨대 조선 유학사상사의 중대 논쟁으로 일컬어지는 내용을 볼 때 예송논쟁을 제외하고는 논쟁의 핵심이, 첫째, 주자학 자체에 내재된 이(理)·기(氣)가 서로 떨어질 수 없다는 '이기불상리(理氣不相離)'의 이

---

21) 이언적이 주자학을 신봉했음은 그의 호에서 확인할 수 있는데 그는 주희(朱熹)의 호인 회암(晦菴)을 본떠 회재(晦齋)라 했고, 그와 태극논쟁을 펼친 조한보의 경우 그의 망기당(忘機堂)이란 호를 통해서 조한보는 노장이나 불교 사상에 관심이 높았음을 알 수 있다. 앞의 한국철학사상연구회 지음, 『논쟁으로 보는 한국철학』, p. 123.

기일원론(理氣一元論)과 이(理)·기(氣)가 서로 섞일 수 없다는 '이기불상잡(理氣不相雜)'의 이기이원론(理氣二元論) 사이의 간극을 어떻게 해소할 수 있는가의 문제이고, 둘째, 이일분수(理一分殊)의 관점에 내재한 추상적 원리에 입각해서 인간과 사물에 내재한 이(理)의 동이(同異) 문제를 논하는 것이다. 이러한 조선 유학 논쟁의 핵심 문제와 내용을 통해서 조선의 유교문화가 성리학 자체에 내재한 사변적 성격을 어떻게 더욱 강화시키고 있는가에 대해서는 그리 어렵지 않게 확인된다.

조선 성리학의 발전은 이황(李滉, 1501~1570)과 기대승(奇大升, 1527~1572), 이이(李珥, 1536~1584)와 성혼(成渾, 1535~1598) 간에 벌어진 사칠이기논쟁(四七理氣論爭)을 거치면서 절정에 이른다. 이황과 기대승이 8년간 서신을 주고받으며 진행한 사칠이기논쟁의 개요를 살펴보면, 우선 이황이 사단(四端)은 이(理)의 발동이고 칠정(七情)은 기(氣)의 발동이라고 말한 것에 대해, 이기일원론(理氣一元論)의 입장에 있던 기대승이 칠정(七情)이 발해서 절도에 맞으면 그것이 사단이 되는 것이라고 반박함으로써 시작된다. 이황은 재차 기대승에게 반론하여 이(理)가 작용해 기(氣)가 이(理)에 따르기도 하고, 기(氣)가 작용하여 이(理)가 그 위에 타기도 한다고 하여 이기이원론(理氣二元論)적인 이기호발(理氣互發)설로 수정하며 논쟁은 계속 진행된다. 이후 이이는 기일원론적 관점에서 스스로 활동하는 것은 기뿐이라고 주장하며 이황의 이기호발설을 부정한다.

사실상 이 논쟁은 주자학 자체에 근본적으로 내재한 '이기불상리(理氣不相離)'의 이기일원론(理氣一元論)과 '이기불상잡(理氣不相雜)'의 이기이원론(理氣二元論) 사이의 논리적 간극을 어떻게 사변적으로 보완할 것인가의 문제를 다룬다는 점에서, 주자학의 불철저함을 합리화하고자 하는 조선 유교문화의 특징을 단편적으로 보여준다. 이황과 이이 학문의 절충론의 성격을 지닌 경우도 있지만 대체로 조선 유학의 대강은, 이황 계열의 영남학파의 경우 이황의 이기호발설을 지지하는 양상으로, 이이 계열의 기호학파는 기발이승일도설(氣發理乘一途說)·칠정포사단설(七情包四端說)을 지지하는 양상을 나타난다. 이 점은 학연에 따라 조선 유학의 학문 성향이 양분되는 조선 유교문화의 특징을 보여준다.

또한 성리학 자체에 내재한 사변적 성격을 더욱 강화시킨 조선 유교문화의 또 다른 특징은, '이일분수(理一分殊)'의 관점에 대한 인간과 사물에 내재한 이(理)의 동이(同異) 논쟁을 통해 나타난다. 이 논쟁은 조선 말기까지 이어지며 조선 유교문화의 중요한 특징으로 자리한다. 즉, 불교 화엄종의 '이사무애설(理事無碍說)'을 차용한 성리학의 '우주원리는 하나이지만 나뉘어 만물이 된다는 이일분수'의 내용은, 인간과 사물에 내재한 이(理)의 동이(同異)논쟁을 야기한다. 이 논쟁이 시작된 계기는 처음 이이 이후 기호학파를 계승한 권상하(權尙夏, 1641~1721) 문하의 이간(李柬, 1677~1737)과 한원진(韓元震, 1682~1751)의 논쟁에서 비롯한다. 이후 이 논쟁은 지지자가 양분되어 지역에 의거한 집단적 논쟁의 성격을 띠면서 조선 말기까지 진행된다. 이간과 한원진은 모두 같은 기호지역 사람들이지만 그들이 거주한 지역의 위치에 따라 학연이 양분되는 양상을 띤다는 점에서 호락(湖洛)논쟁으로 불린다. 즉, 서울 부근의 낙론(洛論) 계열은 이간의 동론(同論)의 설을 지지하고 충청지역의 호론(湖論) 계열은 한원진의 이론(異論)을 지지한다는 점에서 이 또한 각자 거주한 지역의 위치에 따라 학연이 양분되는 모습을 보인다.

이와 같이 한국 유학자들은 성리학 자체에 근본적으로 내재한 논리적 간극의 추상적인 문제를 보완하고 합리화하기 위한 사변적 논쟁에 집중한다. 또한 논쟁의 양상이 지역에 따라 지지하는 입장의 차이를 보인다는 점에서 한국 유교문화가 이후 지역과 학통에 의거한 붕당(朋黨) 및 집단적 성격을 동반하며 발전하게 될 것이라는 점은 어렵지 않게 추측할 수 있다. 영·정조 시대를 전후해서 박제가(朴齋家)·정약용(丁若鏞) 등의 실학 사상가들이 활동하며 이기심성론(理氣心性論)과 예론(禮論)의 대립을 지양하고 경세치용(經世致用)·이용후생(利用厚生)·실사구시(實事求是) 등을 주장하는 가운데 근본 유교문화의 회복을 도모하지만, 이 또한 19세기에 들어선 세도정치를 계기로 사변적 성리학의 세력이 다시 득세하는 국면을 맞이한다. 이후로도 서학(西學) 세력이 날로 확장해 조선의 개화와 개혁을 주장하지만 이 또한 위정척사사상(衛正斥邪思想)이 대두함으로써 빛을 보지 못한다. 이 점에서 조선 성리학의 사변화 현상은 한국 유교문화의 전 시기에 걸쳐서 지속적으로 영향력을 행사하고 있음을 알 수 있다.

4. 성리학의 예학화

조선은 모범적인 유교문화 국가로 정치·경제·사회·문화 등 제 방면에 걸쳐 유교가 영향을 미치지 않은 곳이 없었다. 조선 전기를 성리학이 한국 사회에 정착되는 단계라고 한다면, 조선 후기는 성리학의 예학(禮學)과 예제(禮制)가 널리 보급되어 사회구조적 측면에서 유교문화의 뿌리를 공고히 한 단계이다. 조선 후기에 들어서 사회제도적 측면에서 성리학의 예학과 예제는 더욱 공고화되는데, 이것에 결정적인 계기가 된 것은 1592년과 1636년에 발발한 임진왜란과 병자호란의 양난이다. 조선사회는 양난을 전후해 이념적, 제도적, 경제적으로 국가는 거의 해체 상태에 놓이는데, 양난을 겪으면서 외세의 침략에 대응하는 지배계급의 무기력한 모습은 당연히 하부 피지배 계급에게 상부의 통치이념에 대한 동요와 회의를 수반하게 마련이다. 외세의 침략에 적극 대처하지 못한 상부의 상황은 곧 기존 양반 지배계급은 물론 조선의 성리학적 국가이념 문화에 대한 하부의 회의와 반발로 이어질 수 있는 매우 심각한 사회정치적 상황을 조성하는 계기로 작용한다. 따라서 성리학적 소양을 지닌 지배계급은 양난으로 해체된 사회질서를 회복하기 위해 다양한 방법을 강구하지 않을 수 없었다. 예컨대 상부의 지배계급은, 경제적 방편으로는 부세를 미곡으로 통일해 농민의 유망을 방지하고 국가 수입원을 안정적으로 확보하기 위한 대동법(大同法)과, 토지의 소유관계와 조세 부담자를 조사하는 양전(量田)을 본격적으로 실시해 허물어져 가는 봉건 경제를 되살리고자 하는 한편, 정치 제도적 측면에서는 성리학의 예학을 강화해 사회질서의 수직적 관계를 공고히 하는 방편을 모색한다.

한국 사회에 성리학이 수입된 이래로 예(禮)는 기본적으로 『주자가례(朱子家禮)』에 의해 행해졌는데 조선 초기 태종과 세종은 『주자가례』를 실천하는 모범적인 유교국가의 왕실 모습을 몸소 보여준다. 하지만 한국과 중국의 문화적 습속의 차이로 인해 『주자가례』가 한국 사회에 토착화되는 일은 쉽지 않았다.[22] 17세기 들어서 조선의 유교문화에서 주자학의 예악이 흥성하게 된 가장 큰 이유 중 하나는 바로 양난으로 인해 흐트러진 사회통치 질서의 강화와 봉건질서를 회복하기 위한 사회정치적 목적에 기인한다. 이러한 목적에 부합해 조선의 유학자들은 『주자가례』를 조선사회의 현실에 맞게 보완하려는 노력을 하고, 이러

---

22) 고영진, 『조선중기예학사상사』, 한길사, 1995. p. 43.

한 일련의 노력은 정구(鄭逑)의 『오선생예설분류(五先生禮說分類)』, 『예기상례분류(禮記喪禮分類)』, 김장생(金長生)의 『가례집람(家禮輯覽)』, 박세채(朴世采)의 『남계예설(南溪禮說)』, 『육례의집(六禮疑輯)』 등을 비롯한 주자학의 예학에 관련된 많은 저술을 낳게 했다. 주자학의 예학화를 통해 사회를 안정시키고자 한 이러한 노력은 점차 『주자가례』에 의한 유교문화가 조선 후기 사회에 뿌리를 내리는 결실을 거둔다. 그러나 주자학의 예학화 현상은 사회질서의 안정이라는 당초의 목적과는 달리 당파 간의 극단적인 대립을 합리화하는 방향으로 나아감으로써, 성리학의 예학은 붕당(朋黨)정치에 의한 당쟁이나 개인의 정치적 목적을 실현하기 위한 도구로 변질된다. 즉 예학이 당쟁과 깊이 연관되면서 예학은 본래의 목적과 기능이 탈색된 채 당파와 학파 간에 소모적인 대립을 거듭하는[23] 현상을 낳는다.

이와 같은 대표적인 예가 바로, 서인 계열의 김장생이 주모자가 되어 인륜을 부정했다는 명분을 내걸고 광해군(光海君)과 정인홍(鄭仁弘)을 비롯한 북인 계열을 제거한 1623년 인조반정(仁祖反正), 그리고 1659년에 인조의 차남으로 왕위에 오른 효종(孝宗, 1619~1659)의 효종비가 1674년에 사망하자 인조의 후비(后妃)인 자의대비(慈懿大妃) 복상기간(服喪期間)을 둘러싸고 벌어진 제1차 기해예송과 제2차 갑인예송 논쟁이다.[24] 예송논쟁은, 왕을 비롯한 누구에게나 예외 없이 주자학의

---

23) 한국철학사상연구회 지음, 『강좌 한국철학』, 예문서원, 1995. p. 170.

24) 제1차 기해예송은 1659년 효종이 죽자 자의대비의 복상기간을 기년(朞年)으로 할 것인가 3년으로 할 것인가에 대한 서인과 남인의 논쟁이다. 서인인 송시열은 『의례(儀禮)』의 적자이지만 장자가 아닌 경우에 해당하는 체이부정(體而不正)의 내용에 입각해서 효종은 인조의 차자이므로 1년상이 옳다고 주장하고, 남인인 윤휴는 장자가 죽으면 적처(嫡妻) 소생 제2자를 장자로 세운다는 『의례』의 내용을 인용해 효종은 비록 둘째아들이나 왕위를 계승했기 때문에 차장자설(次長子說)에 입각해 3년상을 치러야 한다고 주장하며 논쟁한다. 제2차 갑인예

핵심 내용인 종법이 적용되어야 한다는 입장에서 왕일지라도 사대부의 예와 같아야 한다고 주장한 송시열을 위시한 서인(西人)의 주자정통주의자들과, 반면 왕만은 예외로 사대부와 같은 예법을 따를 수 없다고 주장한 윤휴를 비롯한 남인 계열이 대립한 사건이다. 이 논쟁의 이면에는 주자학의 핵심 내용인 종법을 왕과 사대부에게 동일하게 적용해 군주의 전제를 견제하려는 서인 계열의 정치적 의도와, 군주만을 예외로 하여 군주의 권위를 강화하는 가운데 자신들의 권력 기반을 확장하려는 남인 계열의 정치적 의도가 담겨 있다. 즉, 이는 당쟁이나 개인의 정치적 목적을 달성하기 위한 주요 명분이자 정치적 도구로 성리학의 예학을 활용하는 한국 유교문화의 단면을 잘 보여준다.

5. 붕당(朋黨)과 당쟁(黨爭)의 사림문화

'주자학', '서원', '사림', '당쟁'은 조선의 유교문화를 개괄하고 이해하는 데 필요한 필수적인 용어라고 해도 과언이 아니다. 조선의 건국이념인 주자학적 이념을 충실히 익히고 실천한 인물들을 '사림'이라 하는데 '서원'은 그러한 사림을 양성하는 대표적인 교육기관이다. 또한 사림들이 수학한 서원이 위치한 지역이나 사승관계의 학통에 따라 '붕당'이 형성되고 붕당의 정치적 갈등은 '당쟁'으로 이어진다.

조선의 중후기 정치를 주도한 '사림(士林)'이란 본래 유교적 소양과

송은 1674년 효종비가 죽자 『주자가례』에 근거해 효종비를 장자부(기년)로 볼 것인가 차자부(9개월)로 볼 것인가, 장자부든 차자부든 모두 기년으로 규정하는 『국조오례의(國朝五禮儀)』에 따를 것인가에 대한 문제를 두고 벌인 논쟁이다.

지식을 쌓고 그것을 실천하는 독서지식인 내지 문사계급을 가리킨다. 사림이 붕당(朋黨)을 짓고 중앙정치에 등장하기까지 사림파는 훈구파의 많은 정치적 탄압을 감내하는 과정을 거쳐야만 했다. 사림파는 왕의 두터운 신임을 받으며 중앙 정치무대에 본격적으로 진출하지만 그들의 향촌자치제(향약)와 왕도정치 등에 관한 이상적 정치주장은 훈구파와 많은 정치적 갈등 문제를 야기한다. 이것은 결국 연산군 4년(1498)부터 명종 원년(1545) 사이의 짧은 기간에 무오사화(戊午士禍),[25] 갑자사화(甲子士禍),[26] 기묘사화(己卯士禍),[27] 을사사화(乙巳士禍)[28] 등 무려 네 차례의 사화(四大士禍)가 발생하는 원인이 된다. 4대 사화의 발생 원인은 모두 다르지만 대체로 사림파가 정치의 중앙무대에 등장함으로써 기존 훈구파와 겪게 되는 정치적 갈등관계로 인해 비롯된 것이다.

사림파는 조선 제14대 왕 선조(宣祖, 1552~1608) 때를 기점으로 중앙 무대에 전면적으로 등장해 서원(書院)을 근거지로[29] 동인(東人)과 서

---

25) 1498년(연산군 4년) 김종직의 제자 김일손이 사관으로 있으면서 김종직이 지은 조의제문(弔義帝文)을 사초에 올린 일이 빌미가 되어 훈구파가 사림파를 죽이거나 귀양 보낸 사건.

26) 1504년(연산군 10년) 연산군이 그의 생모인 윤씨의 폐출사건을 들추어서 훈구파와 사림파의 잔존세력을 죽이거나 귀양 보낸 사건.

27) 1519년(중종 14년) 조광조의 지치주의 정치에 불만을 품은 훈구파가 위훈 삭제 사건을 계기로 조광조 일파를 제거한 사건.

28) 1545년(명종 원년) 인종과 명종의 왕위 계승문제를 둘러싼 외척 간의 파벌 싸움에 비롯한 것으로 인종이 즉위 후 죽자 뒤이어 명종이 즉위하면서 외척이 집권에 반대한 반대파를 제거하는 과정에서 사림파가 많은 피해를 입는 사건.

29) 조선 유교문화의 대표적인 특징은 관학(官學)의 위치를 대신한 서원이 발달해 유학을 크게 진흥시킨 데 있다. 한국의 서원은 1543년 풍기군수 주세붕(周世鵬)이 최초로 백운동서원(白雲洞書院)을 세운 이후로 16세기가 다 가기 전에 이미 100여 개 이상이 세워진다. 선조에서 현종 말기까지 106년 약 200여 개소가 설립되었고 이중 91개소가 사액된 것이며, 지역별로도 경상도 일변도에 벗어나 전라·충청·경기도는 물론, 한강 이북지역까지 확산된다. 서원

인(西人)으로 붕당(朋黨)을 짓고 조선 정치를 주도한다. 사림세력이 붕당정치를 전개할 수 있었던 인적 토대는 바로 향촌사회의 서원이다. 영남학파니 기호학파니 하는 학파의 형성 또한 서원을 통한 학자들 간의 사승(師承) 및 학통관계를 통해 이루어진다. 사림파가 집권한 이후 얼마 되지 않아서 발생한 붕당정치는 대체로 학연을 매개로 학파에 따라 결정되는 측면이 강했는데 이것은 정치권력을 다투는 당파의 형성과 맥락을 같이 한다. 이는 퇴계문인이 중심이 된 영남학파가 남인(南人), 화담이나 남명의 학맥이 북인(北人), 율곡과 우계의 문인들인 기호학파가 서인(西人)인 점을 통해서도 확인할 수 있다.[30]

15·6세기 조선 유교문화의 특징이 사림파와 훈구파의 정치적 대립 관계로 인해 사화(士禍)가 빈번하게 발생한 것이라면, 훈척(勳戚)세력의 시대가 막을 내린 17세기 이후 조선 유교문화의 특징은 서원을 근거지로 학통과 지연에 의거한 붕당정치가 전개되어 사림 세력들 간의 정치적 대립 양상이 격화된 데서 찾을 수 있다. 선조 때를 기점으로 사림은 중앙정치의 주도권을 장악하지만 중앙의 한정된 관직의 수는 중앙과 지방의 사림관계를 악화시키고 붕당정치가 발생하는 원인을 제

은 바야흐로 사림(士林)을 양성하는 주요 교육기관이자 사림의 정치활동의 근거지로 정착된다. 서원은 숙종 말까지 장려되다가 영조 때 붕당정치의 폐해를 제거하기 위한 탕평책의 일환으로 173개소의 서원을 훼철하는 강경책의 실행을 기점으로 급격하게 위축되기 시작한다. 18세기 이후 사림이 퇴조하면서 사족 지배체제가 무너지자 혈연적으로 보다 가까운 족적 결속 쪽으로 사림은 눈을 돌리게 된다. 따라서 서원은 문중적인 성격이 강해지고 족보(族譜)의 성행과 문중계, 동성촌락의 발달 등이 현저하게 나타난다. 흥선대원군 시기에 이르러서는 실추된 왕권의 회복과 지방 세력을 통제해 강력한 중앙집권적 국가체제를 정비하기 위한 일환으로 대대적으로 서원을 정리한다. 국립제주박물관 편, 「조선시대 사림의 정치와 서원」, 『한국인의 사상과 예술』, 서경, 2003. p. 250~255.

30) 위의 국립제주박물관 편, 『한국인의 사상과 예술』, 「조선시대 사림의 정치와 서원」, p. 251.

공한다. 붕당정치의 시발은 선조 8년 1575년에 관리의 인사권을 쥐고 있는 이조전랑직(吏曹銓郎職)을 두고 남명의 문인인 김효원(金孝元)과, 이이와 성혼(成渾)과 친분이 두터웠던 심의겸(沈義謙)의 대립이 결국 동인과 서인의 분열로 이어지면서[31] 발생하는데, 붕당정치는 19세기 세도정치가 실행되기 전까지 조선 정치 상황에 지속적으로 관철된다.[32]

조선 사림파의 붕당정치는, 붕당을 통해 지배 정치권력의 상호 견제와 비판이라는 긍정적인 역할을 수행했다는 평가도 있지만, 이보다는 당파의 이익을 우선시해 관직을 쟁탈하거나 정치적 보복을 반복하는 전개 양상을 통해 볼 때 조선 유교문화 발전에 부정적인 영향을 미

---

31) 조선시대에 관리의 등용은 과거(科擧) 이외에도 천거(薦擧)의 방법을 병행한다. 관원의 천거는 오직 이조(吏曹)의 정랑(正郎, 정5품)과 좌랑(佐郎, 정6품)만이 그 권한을 가지고 있었고 홍문관(弘文館), 사헌부(司憲府), 사간원(司諫院) 등과 같은 탄핵기구의 관리들도 전랑(銓郎)에 의해 임명이 좌우되기도 했다.

32) 동인(東人)은 다시 북인(北人)과 남인(南人)으로 나누어지고 임진왜란 후에 화의(和議)를 주장한 유성룡(柳成龍)이 실각함으로써 남인은 몰락하고 북인은 다시 대북(大北)과 소북(小北)으로 분열한다. 광해군 때는 대북파가 득세하고 인조반정을 거치면서 권력이 서인의 수중에 들어감으로써 대북파는 제거된다. 이후 숙종 때까지 서인과 남인의 공존과 대립 양상이 계속되다가 효종 즉위 후 서인인 송시열파가 현종(顯宗) 초까지 득세하다가 제2차 예송 논쟁에서 패배한 후 남인이 다시 득세하고 남인은 다시 송시열 등에 대한 처벌을 둘러싸고 극형을 주장하는 청남(淸南)이라 불리는 과격파와 이에 반대하는 탁남(濁南)이라 불리는 온건파로 분열한다. 남인이 득세한 지 얼마 되지 않아 경신환국(庚申換局)으로 송시열을 비롯한 서인이 재등용되는데, 서인은 다시 송시열을 중심으로 한 노론(老論)과 윤증(尹拯)을 중심으로 한 소론(少論)으로 갈린다. 1689년(숙종 15년) 송시열이 사사(賜死)되는 기사환국(己巳換局)으로 남인이 다시 등용되지만 1694년(숙종 20년)에는 서인이 재등용된다. 숙종의 후사문제로 인한 신임사화(辛壬士禍)가 일어나 노론의 김창집(金昌集)·이건명(李健命) 등이 죽음으로써 노론은 타격을 받지만 탕평책을 내세운 영조 재위 52년간 권력은 노론의 수중에 있게 된다. 1762년(영조 38년) 사도세자(思悼世子)를 둘러싸고 임오사건(壬午事件)을 계기로 세자를 동정하는 홍봉한(洪鳳漢) 계열의 시파(時派)와 세자의 실덕(失德)을 지적하고 영조의 처사가 옳다고 보는 김구주(金龜柱) 계열의 벽파(僻派)가 대립하는데 남인과 소론의 경우도 또한 시파와 벽파로 나뉘어 대립한다. 즉 남인은 천주교를 믿는 신서교파(信西敎派) 곧 시파와 천주교를 믿지 않는 반서교파(反西敎派) 곧 벽파로 나뉜다. 정조는 남인 시파에 속하는 정약용(丁若鏞)을 비롯해서 남인 세력을 옹호했지만 순조(純祖)가 즉위하고 노론의 벽파가 대거 등용되자 순조 즉위 1년인 1801년에 신유사옥(辛酉邪獄)이 발생해 남인 시파가 대대적으로 처형된다. 어린 나이로 즉위한 순조 때부터 노론 외척의 세도정치가 시작된다.

친 것이라고 평가할 수 있다. 중국 또한 붕당정치로 인한 당쟁이 되풀이되고 그 상황이 매우 심각한 정도까지 이른 일이 있었지만 한국의 당쟁과 비교할 정도의 수준은 아니었다. 즉, 한국의 당쟁은 중국에 비할 수 없이 그 강도가 강하고 그 지속 기간이 또한 매우 길었다는 점에서[33] 조선 유교문화 발전에 긍정적인 기능을 수행했다고 평가할 수 없다.

---

33) 송대(宋代) 왕안석(王安石)의 개혁에 대한 커다란 논쟁 과정에서 특히 위험스러운 수준에까지 다다른 적은 있었지만 중국의 당쟁 문제는 그 강도나 지속 기간이 이조시대 한국의 당쟁만큼이나 심각하지 않았다. 존 K. 페어뱅크 외 지음의 같은 책, p. 393.

2장 전환기 한국 사회의 근대화 지향성과 유교의 지위

한국의 조선 중후기의 사회 상황은, 대내적으로 17세기 이후부터 대략 2세기 동안 사상계 한편에서 실학이 발전함으로써 조선 유학의 실용주의적 학문 경향과 민족의식을 고취시키는 역할을 하지만, 이에 대응해 상부의 정치세력은 오히려 변화를 강력하게 거부하는 일관된 정책을 견지한다. 즉, 17세기 이후로 한국 사회에는 변화의 기운이 있었지만 상부의 정치권은 중국에 비해 더욱 강한 경직성을 지니고 유교 체제의 사소한 점까지 집착함으로써 '변화가 없는' 중국보다 더 정체되고 유동성이 없는 상태로[34] 조선 사회를 내몰아간다. 19세기에 들어서 한국 정치는 외척을 비롯한 정치적 기득권층에 의해 좌지우지됨으로써 관료사회는 더욱 부패해진다. 특히 관료를 선발하는 과거제도는 본래의 의미를 상실한 채 권력이 있는 가문과 이와 관계된 자들의 정치적 등용문의 역할을 함으로써 백성을 착취하는 벼슬아치를 선발하는 제도로 전락한다. 상부의 정치적 부패는 백성의 생활을 극도로

---

34) 존 K. 페어뱅크 외 지음의 같은 책, p. 403.

피폐하게 했고, 설상가상으로 19세기 초에 발생한 홍수는 서민 사회를 더욱 황폐화시킴으로써, 한국 사회에서는 1811년(순조 11년) 홍경래(洪景來, 1771~1812)의 봉기를 필두로 연이어 수많은 민중 봉기가 발생한다.

대외적으로 한국 사회는 19세기 중후반 프랑스가 침공한 병인양요(丙寅洋擾)와[35] 미국이 침공한 신미양요(辛未洋擾)를[36] 통해 무력으로는 최초로 서구 자본주의 문화와 맞닥뜨린다. 그러나 한국 사회에 자본주의의 폭력성을 더욱 강력하고도 직접적으로 체감할 수 있게 해준 계기는 서구가 아닌 화혼화(和魂化)된 서구 문화 곧 일본 자본주의의 무력 침공이었다. 1867년 메이지 왕정을 수립한 이후로 근대화에 매진한 일본 정부는 자신들이 미국의 흑선함대에게 당했던 방식을 그대로 한국 사회에 적용한다. 즉 일본은 1875년 운요호(雲揚號) 사건을[37] 빌미로 1876년 강제로 한국과 불평등한 강화도조약을 체결한다.[38] 그런데 한국이 최초로 맺은 근대 조약인 강화도조약은 일본의 무력에 굴복한 불평등한 조약으로, 앞선 프랑스나 미국이 한국에 벌인 무력시위

---

35) 천주교인과 프랑스 신부를 처형한 1866년 병인박해에 대한 책임을 묻기 위해 같은 해 10월 프랑스가 군함 7척을 이끌고 강화도를 공격한 사건.

36) 1866년 대동강에서 당시 국법에 위배되는 통상무역을 강제로 요구한 미국의 제너럴 셔먼호를 불태운 사건의 책임을 묻고 조선의 개항을 요구하기 위해 미국이 1871년 강화도를 침공한 사건.

37) 1875년 일본 군함 운요호가 강화도에 무력으로 불법 침략한 사건으로 조선군의 무기력한 패배를 목격한 일본 정부는 다시 군함을 파견해 자국 군함의 공격에 대한 사과를 요구하며 1876년 강화도에서 조선과 전문 12조로 된 한일수호조약을 체결한다.

38) 강화도조약은 조일수호조약, 병자수호조약이라고도 하는데, 체결한 12개 조항의 주요 내용은 조선을 자주국으로 인정해 청의 종주권을 부인함으로써 일본이 조선에 침략할 발판을 마련하는 가운데 부산 이외의 두 항구의 개항, 일본의 조선 해안 측량의 허용, 일본인의 치외법권 인정, 일본 화폐의 통용과 무관세 무역을 인정하도록 하는 것이다.

와는 차원이 다른 것이었다. 이는 곧 강화도조약의 체결을 통해 한국 사회가 바야흐로 본격적인 외세의 각축장으로 전락하는 길로 들어서게 되었음과 동시에 일본에게 이후 지속적으로 한국을 침략할 수 있는 발판을 제공했음을 의미한다. 강화도조약을 계기로 한국 사회는 본격적으로 세계 자본주의 질서에 편입되는 길로 들어서는데, 이를 계기로 한국 사회 내부에서는 개화와 수구 세력의 대립이 정치사상계 전면에 표출되기 시작한다. 결과적으로 한국 사회는 정부와 정치사상계가 각 계파의 정치적 이해관계에 따른 분열과 대립 양상을 극복하지 못함으로써 마침내 일본의 식민지로 전락한다.[39]

1. 동도서기(東道西器)

일본과의 굴욕적인 강화도조약 체결은 한국 사회 전반에 매우 큰

---

39) 17세기 초 이수광(李睟光, 1563~1627)과 유몽인(柳夢寅, 1559~1623)에 의해 서구 문화가 한국 사회에 소개된 이래로 1876년 일본의 강압적인 무력에 의해 개항이 되기까지 서구인의 의식 속에 중국의 변방으로 인식되던 한국 사회는 서구 문화의 직접적인 침략으로부터 비교적 안전지대에 놓여 있었다. 즉, 서구가 동아시아를 침탈하는 당시 서세동점의 대체적인 상황은 한국보다 비할 수 없이 넓은 중국 시장 공략에 집중하는 가운데 중국 시장의 지배력을 확보하면 한국은 자연히 얻게 되는 부수적인 것이라는 서구인의 의식을 보여준다. 이 점에서 서구 문화가 수입된 17세기 초부터 화혼(和魂)된 서구 문화 곧 일본 자본주의의 무력에 굴복해 개항을 하기까지 한국 사회는 서구 문화의 충격을 흡수할 수 있는 거의 2세기 이상의 충분한 시간이 있었다. 그러나 한국의 상부 정치사회는 대내적으로 당파와 세도가들의 기득권 싸움과 더불어 주자학적 사회질서를 유지하는 데 골몰한 나머지 대외적으로 세계 정세를 주시하거나 외세에 대처할 여력이 없었다. 한국의 학문사상계에서는 서구 문화가 소개된 이래로 서구의 서적을 꾸준하게 연구하고 실학이 흥성하면서 한국 사회가 외세에 대처할 준비를 해나가는 것으로 보지만 결론적으로 이들의 노력은 상부의 성리학 주도의 지배문화를 극복하지 못하고 권력에 의해 재단됨으로써 결국 실패한 것이라고 이해할 수 있다. 이러한 판단은 결과론적인 평가라고 할 수 있지만 일본에 의해 한국 사회가 식민지화한 것은 부정할 수 없는 역사적 사실이다.

충격을 준다. 이 사건은 근대화는 선택의 문제가 아니라 하나의 필연적인 과제임을 사회 전반에 인식시키기에 충분한 계기를 한국 사회에 제공한다. 한국 사회에 대한 외세의 이권 침탈이라는 당시 대외적 상황과 더불어 근대화를 향한 한국 사회 내부의 갈등 양상은[40] 결과적으로 중국이나 일본의 근대화 방식을 답습하는 형식으로 전개된다. 즉, 1882년 임오군란 이후로 한국 사회의 근대화를 위한 접근 방식과 인식은 대체로 중국의 근대화 경험을 답습하는 온건파의 입장과 일본의 근대화 경험을 답습하는 급진파의 입장으로 분류할 수 있다.

한국의 온건파가 내건 동도서기(東道西器)의 주장은 주로 중국의 양무(洋務)운동을 본보기로 삼아 근대화를 추진하는 것으로[41] 중국 양무운동의 중체서용(中體西用)의 논리를 답습하는 데에 있다. 19세기 초반 실학자 이규경(李圭景, 1877~?)이 유학(儒學)을 형이상학으로 서학(西學)을 형이하학으로 구별해 동도서기의 이론적 구조를 세운 이후, 동도서기의 주장은 조선의 지배이념인 성리학의 정신문화를 골간으로 삼고서 서양의 근대 과학기술문물을 수용해 접목시키자는 입장을 대변한다. 이는 곧, 기존의 군주 지배질서 정치체제와 체제 이데올로기인 주

---

40) 강화도조약 이후 한국 사회는 임오군란(1882), 갑신정변(1884), 동학 농민봉기(1894), 갑오개혁(1894~1896), 광무개혁(1896~1904), 1904년의 애국 계몽운동 등이 일어나고 일본, 러시아, 중국 등의 외세의 본격적인 이권 쟁탈의 각축장으로 변모하는데 그 결과 만주와 한국에 대한 배타적인 지배권을 두고 1904년부터 1905년까지 진행된 러일전쟁에서 일본의 승리로 한국은 일본의 식민지로 전락하는 길을 걷는다.

41) 중국의 근대화 경험을 지향한 온건파는 개항 이후 중국의 양무운동을 본보기로 기존의 상부 지배질서 체계를 온존시키는 가운데 서양의 근대 기술문명을 기계적으로 결합하는 근대화 정책을 추진한다. 앞 장에서 살펴보았듯이 중체서용을 기치로 근대화를 추진한 중국의 양무운동은 새로운 생산관계에 조응한 새로운 지배질서 구조를 구축하지 못하고 서구의 근대 기술문명을 기계적으로 수용함으로써 실패한다. 그리고 이를 그대로 답습한 한국의 온건파의 개혁정치 또한 그 결과가 이미 예견된 것이었다.

자학적 세계관을 그대로 온존시키면서 서구의 근대 과학문명을 수용해 한국 사회의 근대화를 추진하자는 주장이다.

　실학사상이 초기 개화사상으로 이어지도록 교량 역할을 한 사람은 박규수(朴珪壽)인데[42] 그 이후로 동도서기를 주장한 대표적인 인물로는 갑오개혁을 주도한 김홍집(金弘集)과[43] 어윤중(魚允中)[44]을 비롯한 김윤식(金允植),[45] 신기선(申箕善)[46] 등이 있다.[47]

　동도서기는, 1882년 고종(高宗)의 교서(敎書)에 의해 정부정책의 기

---

42)　박규수(1807~1876)는 중국의 양무운동을 본받아 개국할 것을 역설하고 척화(斥和)를 주장한 최익현(崔益鉉) 등과 맞서 김윤식, 김옥균, 유길준, 박영효 등에게 실학자 박지원(朴趾源)의 『연암집(燕巖集)』과 중국의 위원(魏源, 1794~1856)이 세계 각국의 지리를 비롯한 정치·경제·인구·종교 등에 대해 설명한 『해국도지(海國圖志)』 등을 가르치며 개화사상의 필요성을 교육시키고 일본과 수교할 것을 주장한 인물. 그는 유교정신문화의 서구 근대 과학기술문명에 대한 우월성을 확신하는 가운데 개국통상론(開國通商論)을 주장하는 실학적 기풍을 지닌 유학자로 한국의 초기 개화사상의 형성에도 적극적인 역할을 함.

43)　김홍집(1842~1896)은 내각 총리대신으로 있으면서 홍범 14조를 발표해 갑오개혁을 단행한 인물로 아관파천으로 친러파에 의해 내각에서 밀려난 후 피살당함.

44)　어윤중(1848~1896)은 김홍집 내각의 탁지부대신으로 경제 분야의 개혁을 담당한 인물. 그는 일본의 국가통합 장치를 조선에 도입해 조선도 일본과 마찬가지로 정부가 중심이 되어 산업진흥 정책을 적극적으로 추진해야 한다고 주장함.

45)　김윤식(金允植, 1835~1922)은 서양의 법과 제도가 들어오더라도 유교적 교의로 감화시킬 수 있다고 주장한 인물로 갑오개혁 이후 외무대신을 지내고 흥사단을 조직함. 그는 중추원 의장으로 있던 당시 이면에서 한일합방 문서의 초안을 이완용과 작성함.

46)　신기선(1851~1909)은 1896년 을미사변 이후 친일개화파를 반대하는 의병활동을 진압하는 데 앞장섰으며, 1907년 유교를 근본으로 삼아서 서양의 근대학문을 수용하자고 주장하며 친일단체인 대동학회(大同學會)를 창립한 인물.

47)　이에 반해 일본의 메이지유신을 모델로 근대화를 추구한 급진파는 기존 유교적 계급 지배질서 체제를 타파하고 서양의 근대 과학기술문명은 물론 정신문화까지 수용할 것을 주장한 세력으로 대표적인 인물로는 김옥균(金玉均), 박영교(朴泳敎), 박영효(朴泳孝), 서광범(徐光範), 홍영식(洪英植) 등이 있다. 1894년 갑오농민전쟁은 봉건체제의 완전한 타파뿐만 아니라 외세의 강제적인 침탈 또한 거부했다는 점에서 외세(일본)에 의존해 정권을 장악하려는 급진파와는 양립할 수 없었다. 즉 급진파는 온건파가 견지한 청나라와의 사대관계 종식과 조선의 독립을 주장하지만 또 다른 외세인 일본에 절대적으로 의지하는 모순적인 면을 보여준다.

본이념으로 표방되고 한국 사회에서 갑오개혁과[48] 광무개혁을[49] 통해 서기(西器) 수용에 대한 논의가 서양의 법과 제도 범주로까지 확대되는 과정에서도, 한국 근대화의 중심 사상으로 자리한다. 그런데 당시 동도서기를 주장한 인물들이 수용하려고 한 것이 조선의 사회 정치질서 체제의 지속성을 보장할 수 있는 외국의 제도 일부와 과학기술이라는 점을 볼 때, 그들의 의식 속에서 전통적인 도덕과 그 연장으로서의 사회정치 질서 체제를 보존한다는 정신은 확고한 신념이자 당위적인 명제로 작용한다. 이는 중국의 도기론(道器論)자들의 주장과 마찬가지로 중국 고유의 도(道)인 유교적 명교(名教)윤리와 그것에 기초한 정치체제를 유지하고 이를 위한 보완적 도구로 서구의 기(器), 즉 과학기술을 수용하고자 한 것이다.[50]

또한 한국의 동도서기론(東道西器論)은 하나의 정형화된 철학적 논의를 통해 형성되기보다는, 당시 한국 사회가 외세에 의해 국가가 궁지로 몰리고 존립 자체가 위협당하는 상황에 이르자 상부의 정치적 차원에서 근대 서구 과학문명을 현실적으로 인정하지 않을 수 없다는 절차상의 형식적 내용을 담은 개혁이론이라고 할 수 있다.

---

48) 1894년 갑오농민전쟁이 발발하자 조선 정부의 요청으로 청군이 조선에 들어오자 일본은 1885년 청과 맺은 톈진조약을 구실로 조선에 출병한다. 조선에 들어온 일본은 조선의 내정개혁을 강요하는데 사실상 한국의 갑오개혁은 일본의 주도로 진행된다.

49) 아관파천(1896)과 을미사변(1895) 이후 외세에 대한 경계심과 국가적 위기의식이 고조되는 가운데 고종(1852~1919)은 1897년 대한제국을 선포하고 구본신참(舊本新參)을 내세우며 왕실 주도의 광무개혁(1896~1904)을 진행하는데, 동도(東道)의 선양 곧 유교 정치질서의 회복과 부흥에 대한 주장은 당시 한국 사회 상황을 고려할 때 이미 현실적 실효성을 상실한 것이다.

50) 조병한, 「중국근대의 형성과 문화」, 『동양사학연구』 115, 2011. p. 123.

"이른바 과거의 학문은 3대(三代)에 사람을 가르치던 법이 아닌가? 삼대에 사람을 가르치던 법은 6예(六藝) 바깥을 벗어나지 않는다. ……육예란 과거나 지금이나 구하여 쓰는 도구이고, 그 항목은 여섯으로 포함하지 않는 것이 없다. 도덕인의는 리(理)이고 육예는 기(器)이다. 도덕인의는 모두 육예 가운데를 쫓아서 생기기 때문에 '아래를 배워 위에 도달한다(下學而上達)'고 한다. 기를 버리고 리를 말하면 리가 앞으로 어찌 더해지겠는가? 이제 책을 읽는 선비는 모두 스스로 성문(聖門)의 학도라고 하는데, ……그 하는 바를 살펴보면 육예와는 절대로 가깝지 않다. 이러한 즉 신학문이 어떤 것인지 이해하지 못할 뿐만 아니라, 아울러 성문이 사람을 가르친 까닭이 어떤 것인지를 모르니 가히 탄식할 만하다."[51]

위에서 볼 수 있듯이 김윤식은 도(道) 곧 리(理)와 기(器)의[52] 상관관계를 적극적으로 강조하며 도덕인의의 체현은 기(器) 곧 하학(下學)인 신학문의 이해를 통해 이루어진다고 말한다. 즉 박규수는 "사람들이

---

51) 金允植, 「新學六藝論」(1907년), 『雲養集』下: "夫所謂古之學, 非三代教人之法乎. 三代教人之法, 不出於六藝之外. ……六藝者, 古今需用之具也, 其目有六而無所不包. 道德仁義理也, 六藝器也. 道德仁義皆從六藝中出 ,故曰下學而上達. 若捨器言理, 理將言附. 今讀書之士, 皆自謂聖門之道, ……察其所業 則與六藝, 絶不相近. 是則非徒不解新學問之爲何物, 幷不知聖門所以教人者爲何事, 可勝歎哉." 이희평, 「김윤식의 동도적 세계관 일고」, 『동양고전연구』 제3집, 동양고전학회, 1994. p. 652.

52) 당시 지식인의 세계 인식 속에서 동도서기적 논법은 유교적 언어와 논법 속에서 비교적 다양하게 제시되는데, 용법에 따른 용례를 보면, '敎·法', '敎·器', '道·器', '道·法', '正德·利用厚生', '本·末' 등으로 확인할 수 있다. 이상 김영호, 「개항 이후의 근대경제사상 : 동도서기론을 중심으로」, 『한국학입문』, 학술원, 1983. pp. 476~480. 이외에도 김윤식의 경우 '理·器'로 동도서기의 논법을 전개한다. 『易』의 도기 개념(形而上者謂之道, 形而下者謂之器)에서 비롯한 道器의 논법(道與器之相須而不離)은 儒敎史의 일관된 용법으로써 근대를 전후에 동양운명(道)과 서구문명(器)의 상호관계를 전제한 것이지만 사실상 당시 서구 문화의 수용이 피할 수 없는 것이라는 시대 상황을 반영해주는 것이기도 하다.

말하기를 서법(西法)이 동으로 오면 오랑캐와 금수가 됨을 면하지 못하게 될 것이라고 하지만, 내 생각하기에는 동교(東敎)가 서양에 미칠 조짐이 있어 장차 오랑캐와 금수가 교화되어 모두 사람이 될 것"[53]이라고 하며 동교의 서법에 대한 막연한 자신감을 피력한다. 그러나 그의 제자인 김윤식에 이르러서는 신학(新學)의 수용은 피할 수 없는 현실적 문제로 인식됨으로써 유학 자체에 내재한 도(道)·기(器)의 논법을 통해 자기합리화를 도모한다.

즉, "조선(東土)은 문명화된 곳이므로 다시 어떻게 '개화'를 한다는 말인가"라고 반감을 드러냈던 김윤식은 이후 "이용후생(利用厚生)은 우리 선성들이 이미 말씀하시고 시행한 것이지만, 후인들은 그것을 연구하고 추행하지 못했고, 마음과 생각을 다하여 더욱 정밀하게 함으로써 개물성무(開物成務)의 공을 이룬 것은 지금의 신학문이 바로 그것이다."[54]라고 하며, 비록 '이용후생'이라는 단서를 달았지만 개화의 주체가 신학(新學, 서구문명)에 있음을 시인하고, 또한 육예론(六藝論)의 연장선에서 이용후생의 원류가 동도에 있었음을 전제하지만 서구의 의절(儀節)이 동양보다 뛰어나다는 점을 시인하는데, 이 점은 그의 사유가 서도(西道)의 존재, 곧 도의 편재성을 인정하는 단계에까지 진전되었음을 보여준다.[55]

이와 같은 양상은 신기선에게서도 찾아볼 수 있는데 그 또한 "대개 동양 사람들은 형이상(形而上)에 밝기 때문에 그 도(道)가 천하에 독존하고, 서양 사람들은 형이하(形而下)에 밝기 때문에 그 기(器)가 천하에

---

53) 배항섭, 「동도서기론의 구조와 전개양상」, 『사림』 42호, 2012. p. 9.

54) 金允植, 「序一」 『대동학회월보』 1, 1908. p. 1.

55) 앞의 배항섭의 같은 논문, pp. 23~24.

무적이다. 동양의 도로써 서양의 기를 행한다면 지구의 오대주(環球五洲)를 평정하는 일도 대단한 것이 못 된다. 그런데 동양 사람들이 서양의 기를 행하지 못할 뿐만이 아니라 동양의 도 또한 유명무실할 뿐이어서 쇠약해져 장차 망할 형편이니, 이것이 매일 서양 사람들의 모욕을 당하면서도 막아내지 못하는 까닭이다"(『농정신편(農政新編)』「서(序)」), "일반적으로 개화라고 하는 것은, ……이용후생의 근원을 개발해 부국강병의 방법을 다하는 데 지나지 않는다. 어찌 관모(冠冕)를 망가뜨려 이적의 풍속을 따라간 뒤에야 개화가 될 것이란 말인가?"(『日省錄』, 고종 31년 10월 3일조)라고[56] 하면서 유교의 근본윤리 곧 동도의 우위성에 대한 확고한 의지를 표명하며, 동도서기를 바탕으로 서세동점의 질서를 재편해보겠다는 기개를 보인다.[57]

그러나 그 또한 김윤식과 마찬가지로 이후 서양의 과학기술문명의 수용에 대한 필연성을 인정하며 동양의 도와 서양의 기의 통일과 조화를 강조한다. 즉 그는 "영원히 변역될 수 없는 것이 도다. 수시로 변역되어 항상 같을 수 없는 것이 기이다. 도라는 것은 삼강오륜(三綱五倫), 효제충신(孝悌忠信)으로서 요(堯)·순(舜)·주(周)·공(孔)의 도이며 해와 달같이 빛나서 오랑캐의 나라(蠻貊之邦)라 할지라도 버릴 수 없으며, 기라는 것은 예악형정(禮樂刑政) 복식기용(服飾器用)으로써 이미 당·우(唐·虞) 시대와 하·은·주 3대(三代)에도 오히려 빼기도 하고 보태기도

---

56) 앞의 김영호의 같은 논문, p. 479.

57) "김윤식이나 신기선 등과 같이 본말론(本末論)에 입각한 동도서기론자들은 확실히 서양문명에 대한 우월감과 자신감을 가지고 있었거나, 역사적 경험과 사회적 환경에 맞는 서양문명의 수용을 주장하는 등 갑신정변을 주도한 문명개화론자들이 서양문명의 전면적 수용을 주장하던 것과 달리 서양문명을 상대적인 시각에서 바라보고 있었음을 알 수 있다." 앞의 배항섭의 같은 논문, p. 10.

하였으니 하물며 수천 년 뒤인 오늘날에 있어서는 말할 것도 없다. 진실로 시대에 알맞고 백성에 이로우면 이적(夷狄)의 법이라도 행해야 한다(『유학경위(儒學經緯)』).", "우리의 도를 행함은 덕을 바르게 하기 위해서이고 저들의 기를 배우는 것은 이용후생하기 위해서이다(『농정신편(農政新編)』)."[58]라고 말하는데, 곧 그는 동도와 서기는 둘이 아닌 상호 보완적인 관계에 놓인 것이면서 성격을 달리하는 것일 뿐이라는 관점에서 동도를 유지하는 가운데 서기를 적극적으로 수용함으로써 조선을 강한 나라로 만들자고 역설한다.

이와 같이 초기 동도서기론에 나타난 동도에 대한 확고한 우위 관념은 피할 수 없는 외세의 힘의 우위를 확인하는 과정에서 바야흐로 서기와의 조화와 절충을 모색한다. 그러나 그들의 온건한 개혁정신은 새로운 시대를 창출하기 위한 정치질서의 재편으로 진행되지 못한다. 즉, 그들의 유교적 봉건적 의식 속에서 조선의 군주제는 공맹(孔孟)이 강조한 요순(堯舜)의 왕도정치를 구현하는 나라로 이해되고 이미 문명이 개화된 땅으로 인식된다는 점에서 서기의 수용은 단지 동도의 발전에 필요한 시무(時務)로써 인식될 뿐이다. 이 점은 동도서기론자들이 지닌 시대 인식의 현실적 한계를 보여주는 것으로, 곧 그들 또한 위정척사파의 도기론의[59] 연장선상에서 놓여 있었고 단지 당시 현실을 대처하는 방식에 있어서 위정척사파와 차별적 태도만을 취한 것이었음

---

58) 앞의 김영호의 같은 논문, pp. 478~479.

59) 위정척사파의 대표적인 인물인 이항로(李恒老, 1792~1868) 또한 도(道)의 우월적 정통성을 강조한 도기비교론자(道器比較論者)로 도와 기의 상호 불가결성에 입각해 양자 간의 상하관계를 분명히 하는 도기론을 제시한 인물이다. 이광래 지음, 『한국의 서양사상 수용사』, 열린책들, 2003. p. 179.

을 보여준다.[60]

즉, 한국의 동도서기론자들의 뿌리 깊은 동도 보존 의식은 근본적 차원에서 기존의 유교적 가치이념과 체제에 대한 문제의식이나 반성 과정을 수반할 수 없었으므로 당연히 당시 서구 정신문명에 대한 정확한 이해나[61] 세계 정세의 변화에 대한 객관적 분석도 또한 동반할 수 없었다. 그들에게 유교적 교의에 입각한 이상적 전제 군주제의 보전은 동도를 수호하겠다는 확고한 의지의 또 다른 표현이었으므로 이 관계를 파괴할 위험성을 지닌 일체의 제도 개혁은 당연히 관심 밖의 사항이었고 더 나아가 부정되어야 할 문제로까지 인식된다. 동도서기론자들의 의식 속에 자리한 도의 절대 불변성에 의거한 이상적 군주제에 대한 확고한 신념에 근거해 볼 때, 기존 유교적 질서에 입각한 체제 변화에 대한 논의는 가능할 수 없었을 뿐만 아니라 서기에 대한 수용 입장 또한 마땅히 제한적 내용과 형식을 지니며 진행되어야 할 문

---

60) "갑신정변의 역적들은 서양을 칭찬하여 높이고 요순을 업신여기며 공맹을 폄하하고, 인륜의 도리(彝倫之道)를 야만이라 하며 그 도를 바꾸려 하면서 다투어 개화라 칭했으니, 이는 천리(天理)를 멸절시키고 갓과 신발을 바꾸는 것과 같다"고 하여 사실상 서도까지 포함하는 서구 문명의 전면적 수용을 주장한 개화파들을 혹평했다. 이상 金允植,『속음청사(續陰晴史)』1891년 2월 17일조, p. 156. 이는 당시 전통 유생들의 척사상소(斥邪上疏)와도 매우 흡사하다. 예컨대 송병직은 1898년에 올린 상소에서 "개화론을 주장하는 사람들은 으레 모두 성현을 얕잡아 보고 인의(仁義)를 하찮게 여겨서, 요 임금과 순 임금은 본받을 만하지 못하다는 둥, 경전은 배울 만하지 못하다는 둥, 역적이 나라를 사랑한다는 둥, 사설이 도리를 갖추고 있다는 둥 말을 하며, 중화와 이적으로 나누어 말하는 것을 금하고 사람과 짐승으로 구분하는 것을 싫어하면서 부모를 버리고 임금을 뒷전으로 하며 삼년상(三年喪)을 경시해 기필코 강상을 무너뜨리고 예법을 폐지하고야 말 것입니다"고 했다. 이상 「승정원일기」 고종 35년 11월 20일. 배항섭의 같은 논문, pp. 7~8.

61) 이러한 현상은 중국 현대 신유학 형성의 맹아라 할 수 있는 과학과 현학 논쟁에서도 그대로 드러난다. 즉, 현대 신유학이 형성되는 초기의 중국 유교 지식인들은 현학(玄學)을 중국 정신문명의 요체로 파악하는 가운데 그 비교되는 대상을 서구 문명의 기독교적 도덕윤리 내지 철학과 이성(理性)의 정신문명이나 민주적 가치가 아닌 서양의 자본주의가 낳은 과학과 물질문명에 국한해 논의를 전개하는 논리적 부정합성을 보여준다.

제로 인식된다. 따라서 김윤식을 비롯한 신기선 등의 동도 보존 의식은 '구본신참(舊本新參)'에 입각한 광무개혁이라는 복고적이고 퇴영적인 정책을 낳는[62] 원인으로 작용한다. 바야흐로 1882년 고종의 교서를 기점으로 일관되게 한국 정부의 근대화 정책의 중심 사상으로 견지된 동도서기의 입장은 결과론적인 차원에서 볼 때 한국 사회의 근대화를 가로막는 근본적인 장애물로 기능한다.

2. 동도서기의 개량 – 국혼(國魂)과 민족주의

한국의 조선왕조는 아관파천[63] 직후 1896년부터 보수 지배층을 중심으로 '구본신참'을 내세우며 왕실 주도의 광무개혁을 진행하는 가운데 1897년 대한제국을 선포한다. 그러나 광무개혁은 구본신참의 강령이 말해주듯 전근대적인 정치질서를 온존시킨, 즉 동도를 보존하는 구정치질서인 군주제를 근간으로 지주계급을 자본가 계급으로 전환시키면서 서구의 자본주의와 결합을 시도한, 이미 한계성을 노정한 지배계층 내지 보수 세력 주도의 개혁운동이다. 당시 대한제국의 상부 개혁 주도층은 미국과 러시아 등의 외세의 이권 침탈에 대해서는 무기

---

62) 동도서기의 주장은 결과적으로 이를테면 광무개혁의 복고적 성격, 중세적 형벌제도의 부활 시도, 그리고 독립협회에 대한 탄압 등 시대에 역행하는 정책들로 이어지는데, 동도서기론은 결국 지배층의 개혁 실패의 원인이자, 그 실패에 대한 자기합리화 수단으로밖에 기능하지 못했다는 비판을 받는다. 박정심, 「申箕善의 『儒學經緯』를 통해 본 東道西器論의 思想的 特徵」, 『역사와 현실』 제60호, 2006. pp. 315~343.

63) 1896년 고종과 왕세자가 궁궐을 떠나 러시아 공사관으로 옮겨감으로써 친일 내각이 무너지고 친러 내각이 형성되는 사건, 이후 한국을 두고 러시아와 일본이 본격적인 세력 다툼이 벌어짐.

력하게 대응하면서 다른 한편으로는 개혁의 재정 마련을 위한 자국의 농민에 대한 수탈을 강화함으로써 결국 이 개혁은 실패로 끝나게 된다. 1905년 러시아와의 전쟁에서 승리한 일본이 외교권을 박탈하기 위해 강제로 대한제국과 을사조약을 체결함으로써 사실상 한국은 일본의 식민지 상태로 전락한다.

1905년 러시아와 전쟁에서 승리한 일본의 역량은 한국의 지식인들의 의식 속에서 그 영향력을 더욱 확대해 나가는데, 동도서기론자들의 경우 광무개혁 시기에 진행된 신학과 구학 논쟁을 통해, 한편에서는 구학(舊學) 곧 유교적 가치에도 서구의 근대적 가치가 내포되어 있다는 논리를 기초로 화혼(和魂)된 서구 문화 곧 일본 문화를 지향하는 친일의 황도(皇道) 유학의 길을 열거나,[64] 또 다른 한편에서는 서구 문명에 대한 전향적 자세를 견지하며 국혼(國魂)과 민족주의 사상을 고취하는 방향으로 나아간다.

우선, 신기선 등이 중심이 되어 1907년에 친일을 가장하기 위한 허명(虛名)에 지나지 않는 '유도(儒道)를 체(體)로 삼고 신학문(新學問)을 용

---

[64] 대동학회는 대동교 등 민족 보존에 적극적인 유림의 공격이 거세지자 공자교(孔子敎)로 개칭한 후 이를 통해 유림을 친일파로 회유해 나가며 유림의 친일화에 앞장선 일제의 전위대 역할을 했다. 劉準基,「朴殷植의 大同思想과 儒敎改革論」,『한국독립운동사연구』제10집, 한국민족운동사연구회, 1994. pp. 53~60. 김윤식 또한 동양의 평화와 인민을 구제한다는 이유를 들어「역사적기초비안(歷史的起草秘案)」곧 한일합방조약의 초안을 작성하고(배항섭이 인용한 小松綠,『朝鮮倂合之裏面』, 中外新論社, 1920. p. 198) 황도유학 선전에 앞장선 경학원 대제학을 역임하는데, 이는 초기 동도서기에 입각한 한국의 근대화 정책을 주도한 두 대표적인 인물이 친일정책에 적극 동조했음을 보여준다. 1911년 조선총독부는 성균관을 경학원으로 격하시키고 그 부속기관과 조선유도연합회를 이용해 조선총독부의 통치와 황국신민의 교화 등에 필요한 친일정책의 사상을 선도하게 한다. 일제강점기 총독부의 지원으로 결성된 황도유학 단체로는 공자교를 비롯해 유도진흥회, 조선유교회, 대동사문(大東斯文)회, 대동유림회, 대성(大成)학회, 명륜(明倫)회, 유림단, 태극교회, 황도회(皇道會) 등 헤아릴 수 없이 많은 단체가 난립한다.

(用)으로 삼아 신(新)·구(舊)의 학문을 합일시키자'라는 명분을 내걸고 대동학회(大東學會)가 조직되는데, 이것은 한국에서 친일 황도(皇道) 유학을 여는 서막이 된다. 신기선 등이 중심이 되어 조직한 대동학회의 설립 목적은, 고종의 강제 퇴위와 군대해산을 계기로 의병운동 등의 범국민적 항일운동이 확산되자 일본 통감부에서 사회적으로 영향력이 있는 유림을 통해 민심을 수습하기 위한 것이었다. 신기선과 더불어 동도서기에 입각해 한국의 근대화 정책을 주도한 또 다른 대표적인 인물로 당시 중추원 의장이던 김윤식(金允植)의 경우, 동양의 평화와 인민을 구제한다는 이유를 들어 한일합방조약의 초안을 작성하기도 한다.[65]

반면, 박은식(朴殷植)과 신채호(申采浩) 등은[66] 모두 한국의 역사교육과 연구의 중요성을 역설하며 항일운동을 전개한다. 즉, 박은식의 경우 중국으로 망명한 후에 교육과 과학기술의 발전 및 외교를 통한 항일 독립노선을 견지한 반면, 신채호는 1910년 중국으로 망명한 후 박은식과 다르게 항일 무장투쟁의 독립운동노선을 견지한다.

우선, 박은식의 경우를 살펴보면 그는 1909년 「유교구신론(儒敎求新

---

65) "유교개신론자들이 전통 지식 체계를 강조한 것은 어디까지나 거기에서 근대적 가치가 내포되어 있다는 논리에 입각한 것이었다."(남명진, 「동서철학에 있어서의 시간의 문제」, 『동서철학연구』 48, 2008년 ; 이행훈, 「신구관념의 교차와 전통지식체계의 변용」, 『한국철학논집』 32, 2011년), "황성신문의 경우 독립신문과 달리 상대적으로 전통을 강조하면서 독립신문 등 문명개화론자들과 달리 전면적 서구문명 수용에 대해서는 비판적이었다." 이상 배항섭의 같은 논문, p. 24.

66) 박은식(1859~1925)은 유교의 개혁을 주장하고 민족정신을 고취했으며, 1911년 만주로 망명한 후 중화주의에서 벗어나 북방민족을 단군의 후예로 규정하는 민족사를 연구했으며, 1915년 신한청년당을 조직해 항일활동을 하고 임시정부 제2대 대통령을 역임한 인물로 주로 교육과 과학기술의 발전을 통해 독립을 성취할 수 있다는 노선을 견지함. 신채호(1880~1936)의 사상 경향은 유학에서 민족주의로, 민족주의에서 무정부주의로 전환하는 경로를 거치는데, 그는 자주적 사학 연구를 강조하고 중국 망명 후에는 항일 무장투쟁의 독립운동노선을 견지하고 외교론 중심의 상해 임시정부의 독립운동에 대한 비판적인 입장을 취함.

論)」을 발표해 "오늘날의 유학자가 각종의 과학 이외에 본령의 학문을 구하고자 한다면, 양명학에 종사하는 것이 실로 간단하고도 긴요한 법문(法門)이다."[67]라고 하면서 진취적이고 실천적인 양명학적 입장에서 유교의 개혁을 주장한다.[68] 그는 시대의 요구에 부응하지 못한 세 가지 한국 유교문화의 폐단을 다음과 같이 제시한다.

"하나는 유교파의 정신이 오로지 제왕의 편에 서 있고, 인민사회에 보급할 정신이 부족한 것이다. 또 하나는 여러 나라를 돌면서 천하의 주의(主義)들을 강구하려 하지 않고 내가 어진 이를 구하는 것이 아니라 어진 이가 나를 구한다는 주의만을 지키는 것이다. 다음 하나는 우리 한국의 유가에서는 간이(簡易)하고 직절(直切)한 방법을 쓰지 않고, 오로지 지리(支離)하고 한만(汗漫)한 공부만을 숭상하는 것이다."[69]

---

67) 朱紅星 외 지음, 김문용 외 옮김, 『한국철학사상사』, 예문서원, 1993. p. 529. 『朴殷植全集』(下), 「儒教求新論」

68) 중국으로 망명하기 전인 1911년 이전에는 그는 일본을 침략국이면서도 동시에 한국이 본받아야 할 모범적인 문명국으로 간주했다. 그는 서구 문명의 수용 창구로 일본을 적극 권장했으며, 그가 양명학을 제창한 이유 가운데 하나도 양명학이 일본 메이지유신에 기여해 근대국가 형성의 기초를 세웠다고 보았기 때문이다. 그래서 그는 일본 양명학회와 교류를 시도했고, 한국에서 활동 중인 일본인과도 접촉했다. 박은식은 1904년 『학규신론(學規新論)』을 출판할 때 가토 마스오(加藤增雄)의 제정 원조를 받았으며, 1906년에는 오가끼 다케오(大垣丈夫)가 조직한 남산문사(南山文社)의 회원이기도 했다(오가끼 다케오는 한·일·중 삼국동맹을 주장하고 우리나라를 위해 가장 양심적으로 일한 인사로 널리 알려져 있었지만 일제 침략의 첨병으로서 한국의 식민지화를 재촉한 일제의 일등공신이었다. 趙鍾煥, 『朴殷植의 愛國啓蒙運動的 國權回復思想 研究』, 경희대 박사학위 논문, 1992. pp. 43~44). 특히 그는 오가끼(大垣)가 저술한 『청년입지편(靑年立志編)』의 한국어판 서문에서, 오가끼(大垣)를 동아시아의 황인종의 문명복지 증진을 위해 노력하는 안목이 뛰어난 인물로 평가하고, 그의 저서는 '한국을 광명(光明)한 무대(舞臺)로 오르게 하려는 것'이라고 소개하기도 했다. 박정심, 「朴殷植 大同思想의 理念과 現實的 具現」, 『동양철학연구』 제27집, 2001. p. 295.

69) 『朴殷植全集』(下), 「儒教求新論」, 朱紅星 외 지음의 같은 책, p. 528.

위의 인용문에서 그는 주자 교조주의 내지 획일주의에 입각해서 옛
것만을 익히고 시대의 변화에 부응하지 못하면서 공담적인 담론에만
몰두하는 당시 유교 지식인의 폐해를 지적한다. 그는 뜻을 같이한 인
사들과 함께 1909년 대동교(大同教)를 창건해 신기선 등이 중심이 되
어 설립한 친일 유교단체인 대동학회에서 주장한 유교확장론이 친일
매국에 지나지 않음을 폭로하는 가운데 유림이 국권회복 운동에 적극
동참해줄 것을 호소한다.[70] 1909년 그는 대동교의 개교식 강연에서
대동교의 종지가 대동사상임을 천명하고 대동교의 포교 방법은 국민
계몽과 세계를 향한 선교(宣教)에 있다는 유교구신(儒教求新)의 두 가지
방향을 제시한다.

"첫째는 '국민을 개도함(開導國民)'이니, 종전(從前) 유교의 학습은
중등 이상에 그치고 중등 이하의 사람에게는 미치지 못하였다. 국민
의 수로 말하면 중등 이하가 많으니 이전의 교육방법이 완비하지 못
하여 중등 이하에 미치지 못한 것은 가장 큰 결점이다. 이제 경전 가
운데 좋은 말과 착한 행동 그리고 본교(本教)에서 새로 저술한 책을
한글로 번역하여 일반 남녀동포로 하여금 이해하게 하고 신앙케 하
여야 대동교(大同教)의 교화를 이룰 수 있을 것이다. 둘째는 세계에 선
포함이니, 본인이 일찍이 일본인이 발행한 어떤 잡지를 열람하니 우
리나라 퇴계학(退溪學)을 존숭하는 언론이었다. 그 잡지에 '서양인에
게 한국에 퇴계학이 있다는 것을 알게 하면 국가의 광휘를 더할 수
있게 하리라' 하였다. 또한 서양의 이학가(理學家)들이 동양의 불교원

---

70) 《대한매일신보》 1909년 6월 16일자, 「儒教擴張에 對한 論」, 앞의 박정심의 같은 논문,
p. 286.

류를 수집 편찬하는데 중국과 일본의 불교 역사만 채록(採錄)하고 우리나라의 불교는 거론하지 않았다. 그러나 불교로 말하면 우리나라의 불교가 일본보다 선진이니, 이것은 우리가 서양 이학가에게 소개하지 않았기 때문이다. 유교 또한 그러하니 우리가 이미 대동교를 발기한 이상에는 퇴계(退溪)와 율곡(栗谷)을 비롯한 여러 선생들의 학론(學論)과 대동교에서 새로 저술한 문자를 지나(支那)와 일본 학계에 한문으로 전파하여 의사를 소통하고 영문으로 번역하여 서양 학계에 파급할 방침을 실행하면, 우리 대동교의 광명을 세계에 보급하는 영향이 있을 것이니, 우리의 국광을 발표하며 우리의 도덕을 발휘함이 어떠한 효력이 있을 것인가?"[71]

그는 중국으로 망명한 후 민족의 역사를 보존하는 것이 나라를 부활시키는 유일한 길이라 생각하고 1915년 『한국통사(韓國痛史)』를 서술하면서 1906년 강조한 '대한정신'[72]을 체계화시키고 국혼(國魂)사상을 주장한다. 그의 국혼사상은 "역사는 국가의 정신이고 영웅은 국가

<hr>

71) 『朴殷植全書』(下), 「孔夫子誕辰紀念會講演」; 박은식은 "지식층 중심으로부터 벗어나 대중 속으로의 확산을 추구하고, 교육과 지방지회 설치 등을 통해 유교 조직을 강화하고자 했다. 이러한 조직 강화나 강습소를 설치하는 것은 대동교가 종교적 포교의 성격을 띠고 있었음을 엿보게 한다. ……그러나 당시 제국주의 침략이 경제적 정치적 성격을 강하게 띠고 있었음을 고려한다면, 이러한 종교적 대응은 실패할 수밖에 없었다. ……유교가 종교적 각성을 통해 유교의 정체성을 재확인하려는 시도는 비서구 지역에서 기독교의 전파가 제국주의 침략의 전령사 역할을 했던 것에 대한 인식이 명확하지 않았음을 보여주는 것이며, 동시에 이에 대한 명확한 대응 방식을 도출해낼 수 없었던 한계를 드러내는 것이다[이러한 오류는 경술국치 이후 이병헌(李炳憲)의 공자교(孔子敎)운동에서도 여실히 드러난다]." 앞의 박정심의 논문, pp. 286~288.

72) 박은식이 역설한 '대한사상'의 요지는, 조선인은 모두 큰 가족이고 한 핏줄이며 사천 년의 역사는 내 가족의 역사이기 때문에 서로 덕업(德業)을 권하고 의리를 닦아 생사를 같이 하자는 것이다. 朴殷植, 「대한정신」, 《대한자강회월보》 제1호, 1906년 7월. p. 61.

의 원기(元氣)이다."[73]라는 명제로 집약되는데 여기에는 민족주의적 역사의식과 영웅주의 등이 혼재되어 나타난다.

그의 국가혼백론(國家魂魄論)에서 국혼(國魂)은 국교(國敎), 국학(國學), 국어(國語), 국문(國文), 국사(國史)를 의미하고 국백(國魄)은 경제(錢穀), 군대(卒乘), 성곽(城池), 군함(船艦), 무기 체계(器械)를 의미한다. 혼은 백에 좌우되어 죽고 사는 것이 아니라는 관점에[74] 입각해서 국혼을 보전하면 실제로 국가의 부활을 이끌 수 있다고 주장한다.[75] 그는 "국혼(國魂)이 강한 국가는 국백(國魄)이 사라져도 다시 재건될 수 있지만, 국혼이 약하고 국백만 강한 나라는 시대가 흘러 그 강함이 사라지면 국가가 사라져도 다시 재건할 수 없다"고 주장한다.[76] '한 국가는 혼백(魂魄또는 形神)을 동시에 가지고 있다'는 논리에서 출발한 박은식의 국가혼백론에서 '정신을 의미하는 혼(魂)과 형체를 의미하는 백(魄)'은,[77] 중

---

73) 『朴殷植全集』(下), 「讀高句麗永樂大王墓碑譽本」, 앞 朱紅星 외 지음의 같은 책, p. 531.

74) 朴殷植, 김승일 옮김, 『한국통사』, 범우사, 1999. p. 438.

75) "이러한 인식은 박은식에 국한된 것은 아니었다. 신채호는 천병만마(千兵萬馬)가 그 나라의 산하를 짓밟거나 그 나라의 인민을 속박하더라도 국민의 혼은 훼손하지 못하며 혼만 있으면 나라는 망하지 않는다고 했다. 신규식은 1914년에 저술한 『한국혼(韓國魂)』에서 개인의 마음에 대한 혼만 잘 간직하면 나라는 망한 것이 아니라고 역설했다. 한편 일본에서 만들어진 태극학회에서는 조선에도 역사적으로 상무정신(尙武精神)이 존재했었다고 강조해 이를 '조선혼'이라고 부르기도 했다. 대한자강회 회원인 김성희(金成喜)가 일본혼을 무사도라고 하면서 '일본인이 존왕(尊王)을 대의(大義)로 하고 상무(尙武)를 정신(精神)으로 하여 유신 후에도 이 두 가지를 교육의 종지(宗旨)로 삼아 애국심이 이로써 발현되고 자강의 정책이 이로써 더욱 굳게 되었다.'고 소개하는 점으로 보아 상무정신을 '조선혼'으로 보는 논의에는 일본의 '일본혼'이 상당히 의식되어 있었다고 보인다." 尹素英, 「한말기 조선의 일본 근대화 논리의 수용 – '和魂'論과 '國魂'論의 비교를 통하여 – 」, 『한국근현대연구』 제29집, 2004. p. 162.

76) 金賢優, 『梁啓超와 朴殷植의 '新民說'과 '大同思想'에 관한 연구』, 성균관대 박사학위 논문, 2012. p. 120.

77) 혼(魂)이란 인간의 정신을 주재하는 양(陽)의 기운을 백(魄)이란 인간의 육체와 오관의 기능을 주재하는 음(陰)의 기운을 의미하는 것으로 모두 정신의 범주에 속하는데, 박은식의 경우 "개체인간에게 적용하던 혼백개념을 국가 차원에 확대 적용하면서 의도적으로 단순화

체서용(中體西用)의 '체(體)와 용(用)'과 동도서기의 '도(道)와 기(器)', 그리고 일본의 메이지유신 중기에 유행한 화혼양재(和魂洋才)의 '혼(魂)과 재(才)'[78] 등과 같이 유사한 논리적 구조와 의미를 지닌다. 단지 일본의 화혼(和魂)론이 천황의 가계(家系)를 중심으로 일본 천황가의 혈통이 단한 번도 단절된 적이 없다는 만세일계(萬世一系)에 입각해 역사적 계통성을 강조하고 아울러 충효의 유교덕목을 활용하는 가운데 천황에 대한 복종의식, 상무(尙武)정신과 일본 국민의 통합의식을 고양시켰다라고 한다면, 반면 주권을 잃은 조선 국혼(國魂)론은 조선왕조와 유교의 문약함을 비판하며 단군에서 역사적 계통성을 찾는 가운데 역사적 민족적 공동체로서 애국심을 호소하는 역할을 한다. 한국의 민족주의는 '실사구시(實事求是)'를 강조하며 중화주의에서 탈피를 시도한 실학파들에게서 그 맹아를 찾아볼 수 있는데, 이는 박은식이나 근대민족주의 사학을 정립한 신채호 이래로 일본 제국주의에 대한 실질적인 저항 이데올로기로 실체화된다. 즉 조선왕조가 몰락함으로써 그 왕조를 지탱한 주자학적 정치 이데올로기 또한 급속하게 해체되는 상황에 직면하자, 한국의 항일독립운동가들은 일본 제국주의의 이데올로기와 침략에 대항할 만한 한국 인민의 새로운 정신적 구심점을 모색할 수밖에 없었는데 이 과정에서 민족주의는 중화주의의 탈피가 아닌 항일의

시키는 가운데 국혼(國魂)사상을 주장한다." 김효선, 『백암 박은식의 교육사상과 민족주의』, 대왕사, 1989. p. 70.

78) "일본이 '화혼'정신을 발굴해내어 교육을 통해 국민에게 계몽했던 것처럼 조선의 '국혼' 도 조선 역사 속에서 그 정신이 발굴되어 이를 국민에게 계몽시키고자 하는 논리를 하고 있다는 점에서 양자는 그 논리 구조에 있어서 유사하다고 하지 않을 수 없다." 앞 尹素英의 같은 논문, p. 162. 일본혼(日本魂)은 1910년을 전후해서 조선의 지식인들의 근대화론에 광범위하게 영향을 미치면서 일본혼과 대비해 '조선혼(朝鮮魂)', '국혼(國魂)', '조선정신(朝鮮精神)', '대한정신(大韓精神)' 등으로 표현된다.

이데올로기로써 새롭게 생산된다.

박은식이 국백이 소멸된 상태에서 한국의 국혼(國魂)을 보존하기 위해 가장 중시한 것은 민족역사의 연구이다. 그에게 민족주의와 더불어 국사(國史)란 '독립투쟁에 가장 중요한 정신적 지주'[79]가 되는 신성한 정신으로 역사가 없으면 오랑캐나 다름없고 노예백성의 상태에 놓인다고 생각했다. 그러나 그는 국혼의 보전 곧 역사연구를 통한 민족정신의 보전을 강조하지만, 그에게 역사란 나폴레옹과 워싱턴과 같은 영웅에 의해 창조된 것이라는 점에서 한국의 독립 또한 민중의 역할보다는 영웅과 지사의 출현을 통해 해결될 것이라는 막연한 기대의식과 관념을 낳는 원천이었다.[80] 이와 더불어 그는 상무정신을 강조하는데, 당시 상무정신은 중국의 '중체서용'이나 일본의 '화혼양재' 등의 동북아시아 사회의 개혁담론 속에서 일반적으로 출현한다. 즉, 상무정신에 대한 강조는 당시 한중일 개혁담론에서 볼 수 있는 공통된 일반적 현상인데 이는 동북아시아 사회의, 국가 간 적자생존의 경쟁 구도에서 국가와 개인의 생존을 보장할 수 있는 것은 무엇보다도 군사력에 의해 결정된다는 공통된 인식에서 기인한 것이다.

---

79) 愼鏞廈, 「박은식의 역사관(상)」, 『역사학보』 제90집, 역사학회, 1981. p. 155.

80) 이는 신채호가 「朝鮮革命宣言」에서 역사 주체로서 민중을 내세우면서 그의 경제적 정치적 기반에 대한 인식을 분명히 보여주는 것과 대별된다. 박정심의 같은 논문, p. 298. 『丹齋申采浩全集』(下), pp. 40~41, 「朝鮮革命宣言」: "朝鮮民族의 生存을 維持하자면 强盜 日本을 驅逐할지며, 强盜 日本을 驅逐하자면 오직 革命으로써 할 뿐이니, 革命이 아니고는 强盜 日本을 驅逐할 方法이 없는 바이다. ……오늘날 革命으로 말하면 民衆이 곧 民衆 自己를 爲하여 하는 革命인 故로 '民衆革命'이라 '直接革命'이라 稱함이며, 民衆 直接의 革命인 故로 그 沸騰澎漲의 熱度가 數字上 强弱 比較의 觀念을 打破하며, 그 結果의 成敗가 매양 戰爭學上의 定軌에 逸出하여 無錢無兵한 民衆으로 百萬의 軍隊와 億萬의 富力을 가진 帝王도 打倒하며 外冦도 驅逐하나니, 그러므로 우리 革命의 第一步는 民衆覺悟의 要求니라." 박은식의 영웅주의 사관은 『朴殷植全集』(中), 「瑞士建國志序」 참조.

박은식 또한 이러한 의식의 연장선상에서 "총, 포, 칼, 창, 기계는 무기이며 충성, 믿음, 용감한 정신은 무(武)이다. 이는 기계의 사용은 반드시 정신에 의해야 한다는 진리이다. ……수나라 백만대군을 살수에 수장시켰으며 당나라 십만대군을 안시성에서 곤궁에 빠트렸으니 어찌 우리 민족에게 무(武)가 없었다고 하겠는가?"[81]라고 반문하면서 선조의 상무정신이 보존되지 않음으로써 한국은 나라를 잃게 된 것이라고 강조한다. 그러나 그가 중국으로 망명해 집필한 『몽배금태조(夢拜金太祖)』에서는 '배화주의로 인한 애국심의 부족', '세계 신조류 수용에 소극적인 태도', '과감성과 자신감의 부족' 등을 망국의 원인으로 지목하고,[82] 다른 한편으로는 동서양의 영웅과 모험정신의 행적을 나열하는 가운데 한민족 고대시대에 이미 있었던 영웅이 주는 교훈을 잘 배우면 국가의 독립을 획득할 수 있다는 영웅주의와 낙관주의를 피력하기도 한다. 그리고 이러한 내용들은 '세계 사조가 강권주의에서 평등주의(인도주의)로 변화된다는' 그의 세계 정세에 대한 주관적 판단과 신념에 기인한 것이다.[83]

즉, 그는 『몽배금태조』에서 "오늘날은 세계의 큰 기운이 평등주의(平等主義)로 기우는 시대이다. 하등(下等)사회를 끌어 상등(上等)사회로 나아가게 함은 천지간의 이치인 진화발전에 순종하는 것이므로 이를 실현하기 위해 노력하는 것은 또한 자연스런 추세이다."[84]라고 주장한다. 그는 "오늘날 세계의 인도주의로써 군국주의를 제거하고자 하

---

81) 앞의 朴殷植의 『한국통사』, pp. 310~311.

82) 앞의 金賢優의 같은 논문, p. 107.

83) 앞의 金賢優의 같은 논문, pp. 110~111.

84) 『朴殷植全書』(中), 「夢拜金太祖」

는 것은 인류 대다수의 의향"이기 때문에 "우리가 오늘날에 적과 싸워 이기는 능력은 오직 우리의 인도주의로써 적의 군국주의를 성토해 우리의 인(仁)을 가지고 적의 폭력(暴力)을 치며 우리의 바른 것을 가지고 적의 간사한 것을 정벌하면 결코 승리를 얻지 못할 이치가 없다."고[85] 주장하는데, 이것은 '인'을 가지고 '적의 폭력'에 맞선다는 세계 정세에 대한 그의 관념적 유교의식과 항일투쟁 방식의 특징을 여실히 보여준다. 그의 이러한 주장은 이미 중국 망명 전부터 인도주의에 경도되어 '구세주의(救世主義)의 대승법(大乘法)'이라고 '대동(大同)사상'을 주장한[86] 그의 과거로부터 노정된 인식의 한계였다. 이러한 인식은 후에 항일 무장투쟁에 대해서 소극적 태도를 견지하게 함으로써 항일무장투쟁을 주장한 신채호와 결별하는 원인을 제공하기도 한다. 이러한 그의 무장투쟁 방식에 대한 소극적 자세는 그 스스로가 임종에 이르러서 "독립운동을 위해서는 어떤 수단과 방법이라도 채택할 수 있다."[87] 라고 한 회한의 말을 통해서도 확인된다.

3. 식민지 한국 사회 내부의 화혼(和魂)의식[88]

경술국치(庚戌國恥) 이후 식민지 한국의 국내 사상계의 흐름은, 일

---

85) 『朴殷植全書』(下),「敵을 戰勝할 能力을 求하라」, 박정심의 같은 논문, p. 291.

86) 「大同學說의 問答」,《황성신문》 1909년 4월 16일.

87) 앞의 朱紅星 외 지음의 같은 책, p. 531.

88) 이 장에서 서술한 일제 식민지 시기의 한국 사상계의 흐름 개요에 대해서는 김예호, 「전환기 한국공연예술의 흐름과 근대화 지향성」, 『한국철학논집』 제20집, 2007. pp. 53~57.의 내용을 정리 인용함.

본의 무단정치와 문화정치의 강압과 회유의 방식이 점차 민족 내부의 분열을 야기함으로써 한국 지식인의 자강의식은 점차 희석되어 가는 현상으로 나타난다. 즉, 1905년 을사조약 이후부터 1910년대에 이르러 일본 제국주의의 무단정치는 3·1운동을 기점으로 전환되고 1920년대에 들어서는 문화정치를[89] 표방하며 식민지를 지배하는 책략으로 전환한다.

식민지 무단정치 시기인 1910년대 일본에 의해 진행된 '문명화'론은 한국인의 자발적인 개화 노력을 일본의 이익을 위한 개혁(日鮮融化論)으로 변형시키고[90] 이와 더불어 일본은 식민지지배 권력의 헤게모니를 장악하기 위해 한국 사회 중앙의 상층계급에 제한해 집중적으로 정략을 진행함으로써 친일 황도유학의 세력을 확장시켜 나간다.

반면, 1920년대에 들어서 일본은 문화정치를 통해 직접적으로 민중을 대상으로 하는 보다 확장되고 공공연한 성격으로 일본의 통치정책을 전개한다. 1920년대 초기에 등장한 한국의 문화운동은[91] '현대문

---

89) 총독 사이토 마코토(齋藤實)가 재임한 시기로 일본은 하라(原) 내각의 대정데모크러시를 배경으로 한 '내지연장주의' 정책을 시행하여 한편으로는 독립운동을 억압하면서 다른 한편으로는 조선인 관리를 임용해 민족주의 내부의 '식민지 체제 내에서의 자치론'을 주장하는 진영을 회유하는 방법을 통해 식민지 한국을 지배한다는 전략을 적극 진행한다.

90) 《매일신보》, 1915. 2. 18.

91) 일본에서 '문화주의'라는 용어는 구와키와 소우다 두 사람이 고안한 것으로 알려져 있다. 미야카와 도루, 아라카와 이쿠오 엮음, 이수정 옮김, 아라카와 이쿠오의 「1920, 30년대의 세계와 일본의 철학」, 『일본근대철학사』, 생각의나무, 2001. pp. 293~304. '문화주의'라는 용어를 최초로 사용한 구와키 겐요쿠(桑木嚴翼)는 '문화주의'를 '인격주의'에서 출발하며, 국내와 국제적인 '데모크러시'와 '민족자결주의'라는 시대정신을 실천하는 것이라고 말한다(《時事新報》, 1918. 11.). 또한 1920년 전후에 일본에 출현한 '문화주의' 담론은 제1차 세계대전의 정전회담이었던 파리 강화 회의와 '민족자결주의'라는 시대적 조류와 밀접하게 연관된다(金子筑水의 「文化主義」, 『早稲田文學』 제165호, 1920). 홍선영, 「1920년대 일본 문화주의의 조선수용과 파장」, 『화혼양재와 한국근대』, 학진지원과제 학술심포지엄자료집, 성균관대 비교사상실 외, 2005(8월 20일).

명의 수립'과 같은 추상성을 내포하고,[92] 이에 대항하는 민족적 차원의
의식마저도 일본의 자극적이지 않은 문화통치의 영향으로 분명한 분
열을 일으키게 된다. 특히 1920년대 전반기 문화운동은 '새로운 사회
의 수립'과 '고유한 민족적 전통'의 담론 간에 극단적인 대립 양상을 불
러오는데, 여기서 전통은 근대를 위한 장애로 인식되는 한편 '구(舊)·
악(惡)한 사회를 벗고 신(新)·선(善)한 사회를 작(作)'한다는 표현[93] 등
이 보여주듯이 식민지사회의 신(新)·구(究)문화에 대한 논쟁은 선(善)
과 악(惡)이라는 윤리적 가치판단의 문제로까지 발전한다.[94]

1920년대 일본의 문화정치에 경도된 민족주의 내부의 실력양성론
자들은 한국의 정치문제에 공통적으로 관심을 보이지 않고 의도적으
로 기피하는 경향을 보이면서 산업진흥과 신교육의 보급문제를 중점
강조한다. 예컨대 안창호(安昌浩, 1878~1938)의 경우에는 민족교육과
민족산업의 실행을 역설하고,[95] 이광수(李光洙, 1892~1950)는 민족개조
론을 주장하며 경제와 도덕, 지식의 중요성을 역설한다. 이 시기 문화
운동에서 '문화'는 식민지에서의 민족독립의 과제를 포함하는 '정치'
를 표상하지 않기 위한 선택된 측면이 있었다.[96] 민족개량주의 계열의
실력양성론자들은 자본주의 문명의 수립과 이를 통한 독립을 전망하
고 그 구체적인 실현방안으로 '문화운동'을 주장한다. 그리고 그들이
주장한 '문화'의 발견운동은 개인의 향상, 즉 수양으로 그리고 사회적

---

92) 김경일, 『한국의 근대와 근대성』, 백산서당, 2003. p. 44.

93) 《동아일보》, 1920. 4. 7. 1920년 《동아일보》는 창간이념의 하나로 '문화주의'를 표방한
다.

94) 앞의 김경일의 책, p. 44.

95) 《독립신문》, 1920. 1. 10.

96) 앞의 김경일의 책, p. 45.

수양기관인 '청년회'의 발흥으로 전개된다.[97)

　주권중심 사상이나 자강주의가 결여된 '실력 양성', '문화주의', '문화운동'이라는 구호를 상용하며 단순한 문화 개념만을 흡수한 일본 유학파 지식인들은 일제의 강권을 부정할 수 있는 사상적 시각을 견지할 수 없었다.[98) 1920년 6월 『개벽』에 실린 이돈화(李敦化)[99)의 「문화주의와 인격상 평등」[100)이라는 글은 일본 '문화주의'에[101) 경도된 식민지 지식인의 관점을 잘 보여준다.[102) 식민지 한국의 문화주의에 나타

---

97) 박찬승, 『한국근대정치사상사연구 – 민족주의 우파의 실력양성운동론 – 』, 역사비평사, 1992. pp. 168~288. 1920년대 계몽주의의 맹목적인 서구(일제) 일변도의 근대화 지향성과 일본의 문화정치가 결합됨으로써 한국의 문화적 통합 상태는 완전히 해체되는 국면을 맞이한다. 1920년대 일본의 '문명화'론과 더불어 전개된 문화통치 전략으로 인해 한국 문화는 끊임없는 역사와의 단절, 일본화된 서구 문화 양식을 강요받게 됨으로써 일부 한국 사상계에 무기력한 역사관을 서서히 잉태하기 시작한다.

98) 김진송, 「근대미술 형성기의 예술의식」, 가나아트, 1992. p. 165.

99) 이돈화(1884~?)는 함남 고원 출생으로 천도교 사상가. 1920년 6월 『개벽』, 1922년 잡지 『婦人』과 1926년 『新人間』을 창간함.

100) 如斯한 文化는 人格主義로부터 出한 것이라 하면 文化는 무엇보다도 먼저 論理上 國土時代의 經驗의 內容을 超越한 先天的 基礎의上에 立한 것일지며 그리하야 此를 有한 者는 論理上 먼저 先驗的 自我卽人格에 置치아니치 못할 지로다 故로 文化라 云하며 改造라 云함은 먼저 此와如한人格의上에는 平等觀이 成立치 아니치 못할 것이로다 (중략) 自國內에서 人民이 社會的 平等待遇를 受하며 政治上 平等의 權利를 有할만은 今日의 大勢이니 所謂 勞動問題 婦人問題라함도 畢竟컨대 此問題에 連結한 內面의 意義가 有할 것이로다(p.13) 所爲 「데모크라시」라 하는 것은 此人格을 基礎로하야 成立한 者이며 그리하야 此人格主義를 基礎로함에 依하야 往往히 平等主義의 流弊되는 平凡主義의 無法한 無差別平等觀念을 此로부터 除去할 수 잇나니 何者오 만일 「데모크라시」가 社會上의 平等을 期하야 事實上 多數를 占한 劣惡者의 水平線에 人을 引下한다하면 이는 到底 世界改造라文化라 云키 難할지오 「데모크라시」가 全然히 人格으로써 그 水平線의 標準이라하면 此精神으로 社會에 流行케함은 곳 그 時代에 한 高度의 文化에 民衆을 引上케하는 意味의 平等主義라 云할지니라(白頭山人, 「문화주의와 인격상 평등」, 《개벽》 6호 1920년 6월) 홍선영, 앞의 「1920년대 일본 문화주의의 조선수용과 파장」, p. 69.

101) 金昇黙, 「文化主義의 高調 – 世界改造의 一大基礎 – 」, 『新民公論』, 新民公論社, 1922. 홍선영의 앞의 논문. p. 69.

102) 여기서 확연히 드러나는 것은 「문화주의와 인격상 평등」에 나타난 '문화주의'론이 구와키 겐요쿠의 1918년 11월 논문 「문화주의와 사회문제」를 그대로 발췌했다는 사실이다. 문

난 문화의 강조는 정치문제를 문화적 문제로 은폐하려는 지배 권력의 의도에 부합한 것이었는데,[103] 이는 개화사상, 계몽주의, 민족주의 우파의 실력양성론으로 이어지는 사상계의 흐름을 통해서도 확인된다. 즉, 실질적으로 1910년을 전후해 동도(東道)의 사상적 계승을 주장하면서도 한편으로 한국의 전통문화를 폄하한 개화사상 계열이 점차 일본화(和魂)된 서구 문화(西器)에 경도되는 경향을 확인하기란 어렵지 않은 일이다.

개화사상 계열은 이후 문화운동을 장려하는 계몽주의 계열로 전화하고, 다시 이 계열은 민족주의 우파의 실력양성론으로 이어진다. 그들은 궁극에는 민족자결과 전통문화를 방기한 채 인격 완성이라는 새로운 도덕론을 식민지 백성들에게 전파한다. 즉 동도와 일본식 서구 문화의 결합을 통해 국권과 국력의 회복을 주장한 일제강점기의 개화세력(東道西器)은 이후 일본화된 서구 문화에 경도되어 문화통치 기간에 계몽주의 내지 문화주의를 표방함으로써 동도의식을 상실해 나가고, 이후 민족주의 우파의 실력양성론에 이르러 민족자결, 민족독

화주의가 '인격주의'로부터 출발하고 있음을 동일하게 천명하고 있으며 '인격상의 평등'을 전제로 '문화'가치의 실현과 '사회적 평등'을 주장하는 내용에서 구와키의 그것과 같은 내용임을 확인할 수 있다. 반면 '민족자결'을 주장하는 내용이 생략되어 있고, 민중계몽을 위한 '평등주의'에 귀결시켜 문화주의를 민중계몽의 문제로 연결시킨 점이 같은 시기 조선에서 전개된 문화주의 담론의 특징이다. 「문화주의와 인격상 평등」에서 일본의 '문화주의'가 파리 강화회의와 민족자결주의라는 특정 시기의 시대적 조류에 의거하고 있음에도 불구하고 오히려 조선의 지식인이 쓴 이 글에서는 '민족자결'을 주장하는 부분이 삭제되어 있다는 점이 석연치 않다. 게다가 이 글에서는 아직 '문화' 혹은 '문화주의'가 '민족'이라는 것과 결합되어 논의되고 있지 않으며 '조선 문화' 운운하는 대목도 전혀 발견할 수 없었다. 단지 이들 글에서 주장하는 '문화' 혹은 '문화주의'의 개념은 '인격의 완성'을 향해 추구하는 인간생활의 가치 있는 성과로서 설명되고 있다고 말한다(p. 70). "대정기의 일본의 문화주의는 문화의 독자적인 성격의 추구에서 문화적 순결성, 혹은 타 민족에 대한 배타적 우월성의 추구로 1930년대 '일본주의'의 기반이 될 가능성을 내포하고 있었다." 홍선영, 앞의 논문, p. 72.

103) 김경일의 앞의 책, p. 45.

립과 민족문화의 동도는 화혼으로 대체됨으로써, 1930년대 후반 곧 1936년 일본의 식민지에 대한 조선보호관찰령의 시행에 이르러 민족개량주의 계열(준비론·실력양성론·외교독립론)은 모두 친일노선으로 방향을 선회한다.

1936년 일본의 식민지사회에 대한 조선보호관찰령의 시행은 식민지 한국 사회에 대한 엄격한 사상 통제를 진행함으로써 민족개량주의 계열에 의해 주도된 한국의 사상계에서 서도(西道, 和魂)가 동도(東道)의 자리를 대체시키는 경향을 촉진시킨다. 서도가 동도를 대체하는 식민지 한국 내부의 사상계 상황은, 일본 다이쇼기(大正期)의 문화주의가 1930년대 '일본주의'의 기반을 조성했듯이, 식민지 한국 사회 내부의 민족개량주의 사상 계열이 일본의 이러한 흐름에 편승하는 흐름을 보여준다. 즉, 식민지 한국 사회 사상계의 특징은 일제강점기를 전후해 전개된 '개화사상(東道西器)'의 조류가 이후 '계몽주의(和魂洋才)'를 경유하고 다시 '민족개량주의(和魂和才)'로 전화되는 과정을 통해 알 수 있다.

1940년대에 들어서도 식민지 한국 사회 지식인들에게 화혼의식이 일반화된 정황은 한국 사회에 강압적으로 일본의 창씨개명 정책에 대한 그들의 미온적인 태도를 통해서도 확인된다. 즉, 해방되기 전까지 당시 한국 사회에서 일본의 창씨개명의 강압정책에 대항해 김창숙(金昌淑)을 비롯한 일부 민족주의 유학자 진영과 재야 민초들의 투쟁을 제외하고는 한국 지식인에게서 별다른 항일의 족적을 찾기 힘들다는 점이 이를 반증한다.

3장 한국적 자본주의의 성격과 유교문화 전통

1945년 일본의 패망과 함께 식민지 상태를 벗어난 한국(남한)은 미군정의 통치적 이해관계에 따라 정치 및 경제를 비롯한 사회 제반 영역에서 국가 제도적 기틀이 갖춰진다. 그러나 남한의 정치 및 경제 기틀은 미군정의 정치력과 미국의 무상원조에 의해 결정됨으로써 독립국가로서 당연히 수행되어야 할 친일잔재 청산작업이나 민주주의 발전은 정상적인 궤도를 이탈한다. 이는 미군정이 광복 이후 남한에서 자신들의 정치적 입지를 비롯한 사회질서의 안정을 위한 효과적인 방법으로 사법과 행정 등 제반 영역에서 일본을 위해 복무한 친일 세력을 이용하는 방법을 채택한 데서 비롯한다. 그 결과 북방 세력의 남하를 견제하기 위해 미군정은 친일 세력을 비호함으로써 그들이 '보편적(순수한)' 민족주의[104] 세력을 비롯한 민주주의 세력을 제거하는 일련의 과정을 묵인과 방조로 일관하는데 이러한 와중에 친미를 지향한

---

104) 여기서 '보편적(순수한)' 내용이 지시한 의미는, 이분법적 구도에 의해 민족 간의 우열주의를 선전하는 허구의식을 수행하는 민족주의가 아닌, 순수한 주체성에 입각해 민주적 원리와 인류애의 보편적 이상 실현에 벗어나지 않은 경계의 연장선상에서 순수한 내용이 실체적인 형식을 갖추어 발현되는 유형의 민족주의를 지칭함.

남한만의 단독정부가 1948년 8월 15일에 수립된다.

해방 후부터 한국의 자본주의는 군사정권 시기에 이르기까지 자율적인 자본주의적 확대재생산이 가능한 메커니즘을 마련하지 못함으로써, 자본주의가 필연적으로 동반하는 경제위기와는 또 다른 내용의 주기적인 경제위기를 노출시키는 상황을 연출한다. 즉, 재벌을 위주로 한 경제 구조, 자원의 재분배를 위한 내수 경제보다는 성장 위주의 수출지향 및 경제의 양적 팽창을 중시하는 경제 정책 등은 한국적 자본주의가 형성되는 일련의 과정에서 지속적으로 견지된 것으로써, 이에 대한 인식은 해방 이후부터 뿌리를 깊게 내린 한국적 자본주의 성격과 특징을 이해하고 설명할 수 있는 관건이 된다.

해방 후부터 1997년 12월 체결한 IMF(국제통화기금)협약의 위기까지 지속적으로 견지된 대외의존적인 한국적 자본주의의 비자립적 구조는, 경제력 집중, 개발독재가 남겨놓은 노동시장(노사갈등), 전근대적인 경영윤리와 정경유착 구조, 국가주도 내지 관료 개입에 의한 사적 자본의 견인, 대자본을 일방적으로 비호하는 법치질서 등과 관련된 문제를 비롯해서, 경제 정책 및 경제 시스템에 관한 근본적인 한계들까지도 표면적으로 노출시키게 된다. 결국 이러한 문제로 인해 한국 사회는 1997년 IMF협약의 경제위기를 맞는다. 그러나 한국 경제의 결정적인 위기 원인을 제공하며 IMF의 위기라는 결론에 이른 한국적 자본주의의 문제들은 WTO(세계무역기구)의 출범[105] 이후에도 여전히 개

---

105)　1990년 구소련의 사회주의 체제가 해체됨에 따라 냉전적 제동 장치가 해소되자 자본주의 세계 경제 안에서 선진국들 간의 치열한 무역 전쟁이 선포된다. 그동안 국제정치적 이익을 위해 경제적 이익을 양보하던 미국의 제국주의적 자본주의 속성이 주도적으로 드러나게 되는데, 미국은 UR(우르과이라운드) 협상을 주도하며 WTO를 출범시킨다. WTO는 세계 시장에서 자유경쟁을 제한하던 요소들을 축소하거나 제거하는 국제적 자유 무역원칙에 기반을

선될 여지를 보이지 않는데, 이는 궁극적으로 냉전체제와의 정치경제적 협력이라는 한국적 자본주의의 뿌리 깊은 전근대적 요소에서 비롯한다.

1. 한국적 자본주의의 형성과 성격[106]

1) 한국적 자본주의의 형성

해방 후 남한에서는 단독정부가 수립되고 미군정과 밀접한 교분을 쌓은 이승만 정권이 들어선다. 이승만은 자신의 정치적 지지기반을 확보하기 위해 친일 세력을 적극 수용하는데 이 점은 해방된 민족의 정서를 고려하지 않고 남한의 사회정치 질서를 효과적으로 통제하기 위해 친일 세력을 보호한 미군정의 의도와도 부합한 것이다. 이승만 정권을 구축하는 핵심적인 세력기반의 한 축은 친일관료,[107] 친일경찰,[108] 친일군부[109] 등 일제하의 정치적 경제적 지배 세력을 토대로 형

둔 것으로 수입 규제를 완화하고 무역을 촉진하는 협의 기구를 말한다.

106) 이 장은, 김예호, 「한국적 자본주의의 성격과 전근대적 유교담론 문화」, 『한국철학논집』 제18집, 한국철학사연구회, 2006년(pp. 372~385)의 내용을 일부 보완해 구성함.

107) 이승만 정부의 초대 내각은 이시영, 이범석 정도가 독립운동 경력을 지녔을 뿐 대부분이 일제 말기 친일단체인 임전보국단에서 활동하던 친일파로 구성됨.

108) 이는 1946년 11월 미군정 시기 경찰 간부 비율을 보면 경위 이상 1,257명 중 82%인 949명이 일제강점기 시절에 경찰 경력을 지닌 인물임을 통해서도 확인할 수 있는데 서울 시내 경찰서장 10중 9명이 친일 경찰로 이들은 이승만 정권 시기 한국 경찰의 핵심으로 자리하게 된다. 자세한 분류는 '군정 경찰에 재직 중인 친일 경찰의 분포(1946년 현재)'도 참조, 이종범, 최원규 편, 『자료 한국근현대사 입문』, 혜안, 1995. p. 400.

109) 이승만 정권에서 군대의 경우에도 광복군은 설자리가 없었으며, 일본군과 만주군에서

성된다.[110] 즉, 미군정과 이승만의 이해관계가 상호 부합함으로써 이로부터 한국 사회에서는 친미와 친일의 경계가 모호한 상태가 형성된다.

이승만 정권 시기의 남한 자본주의 경제의 특징은 대체적으로, 친일세력을 위주로 한 적산(敵産)불하, 유상몰수 유상분배 형식의 농지개혁을 통한 지주의 자본가 계급으로 전환, 미국의 무상원조에 의한 경공업 및 대체 산업의 육성 등으로 요약된다.

일제로부터의 해방은 적산불하와 토지개혁을[111] 통해 한국 경제가 식민자본주의를 청산하고 새로운 경제 구조를 건설할 수 있는 계기를 마련한다. 그러나 미군정에 의해 친일자본 주도로 한국 자본주의는 재편되고 토지개혁 또한 지주계급의 정권 참여로 농지에 제한한 강제 매수정책의 농지개혁으로 변형된다. 토지개혁은 일제강점기를 거치면서 친일 지주를 제외한 국민 대다수가 소작농의 형태로 남아 있는 상황에서 친일청산의 정치적 문제와 더불어 남한사회가 해결해야 할 주요한 경제 과제였다. 북한이 이미 1946년 무상몰수 무상분배 원칙에 의해 토지개혁을 단행한 상태였으므로 당시 남한 상부의 정치권은 남한 국민의 절대 다수인 농민들의 토지개혁에 대한 관심을 외면할 수 없었다.

이승만 정권은 친일지주의 이권을 보장하기 위해 토지가 아닌 농지

복무했던 친일파들이 군사의 요직을 완전히 독차지한다. 대표적인 예를 들면 만주군 중좌 출신의 원용덕은 초대 헌병 총사령관, 일본 육사 49기 출신인 채병덕은 육군참모총장, 친일경찰인 전봉직은 헌병사령관이 된다.

110) 장하진, 「이승만정권기 매판지배집단의 구성과 성격」, 『역사비평』 1989년 가을호. p. 89.

111) 일제 시기와 미군정 시기의 좌우익의 토지개혁에 대한 자세한 내용은 서중석, 「일제시기・미군정기의 좌우대립과 토지문제」, 한국사연구회 엮음, 『한국사 전환기의 문제들』, 지식산업사, 1993. pp. 267~323.

에 한해 유상몰수 유상분배 형식의 농지개혁을 채택한다. 이러한 농지개혁은 3정보를 초과하는 농지를 국가가 수매한 후 지주들에게 해당 농지의 연 수확량의 150%를 5년간 보상하는 지가증권을 발급하는 형식으로 진행된다. 그 결과 이는 한국 농촌사회에 지주제가 해체되고 소농제를 정착시키는 계기가 되지만, 이후 미국의 무상원조로 인해 생산원가보다 매출가가 더 낮아지는 곡물가의 하락 현상을 야기함으로써 소농들에게 이중의 고통을 부가하고 소농들은 다시 소작농으로 전환되거나 대거 이농하게 된다. 지주계급의 경우 농지개혁을 통해 산업자본가로의 전환을 시도했으나 "정부의 보상금 지불 지연과 산업자본으로의 전환 실패로 대부분 몰락하거나",[112] 일부는 다시 소농으로부터 농지를 매입함으로써 전근대적인 지주와 소작관계가 재생되는데 이러한 현상은 1980년대까지 이어진다.

무엇보다도 한국 국부의 8할이 넘는 일본 총독부와 일본인의 자산이 미군정과 한국 정부에 의해 운영되는 과정에서[113] 적산은 점차 이승만 정권의 정치적 기반인 친일 세력에 귀속된다. 적산 매수자의 대부분은 미군정기 귀속재산을 관리 임대하던 연고자들로 이들 일부는 매수가격, 매수기간 등에서 특혜를 받으며 1950년대 한국의 산업을 지배하는 재벌로 성장한다.[114] 이는 결과적으로 한국 사회에서 민족자본이 축적되어 자생적이고 정상적으로 발전할 수 있는 자본주의적인 토양을 심각하게 훼손함으로써 향후 한국 사회가 정상적인 자본주의

---

112)　한국농촌경제연구원, 『농지개혁사관계자료집』 III, 1984. pp. 52~53, 『농지개혁사연구』, 1989. p. 1029. 등과 이종범 외 편의 같은 책, p. 406.

113)　박현채, 「한국자본주의의 전개과정」, 박현채, 조희연 편, 『한국 사회구성체논쟁(I)』, 한울, 1989. p. 542.

114)　공제욱, 『1950년대 한국의 자본가 연구』, 백산서당, 1993. p. 117.

발전 궤도를 이탈하게 되는 원초적 발단을 제공한다.

6·25를 전후로 정치권력과 유착하며 성장한 상업적 관료자본이 산업자본으로 전환하는데, 이들은 주로 당시 미국의 원조를 기반으로 한 수입대체산업을 통해 경제적 부를 축적한다. 수입대체산업이란 원조된 기계와 원자재를 통해 소비재산업 분야의 상품을 가공해 판매하는 것으로 이는 당시 이승만 정권이 주도한 산업화 지향 정책의 주요한 경제 전략이다. 1950년대 한국 경제는 군사 원조적인 성격을 지닌 미국의 소비재 원자재 중심의 경제원조에 전적으로 의존하는데, 이는 한국의 공업 구조를 소비재공업으로 편중시키고 원조물자와 대출자금 융자의 특혜 배정으로 1950년대 재벌 성장에 큰 영향을 미친다.[115) 또한 1950년대 한국 사회에서 재벌의 성장은 농업의 희생을 배경으로 성장하는데, 곧 국내 양곡 부족분 이상으로 잉여농산물이 도입되어 저곡가 정책과 맞물려 한국 자본주의의 농업희생을 통한 자본축적 구조를 정착시킨다.[116)

수입대체산업을 주도한 대부분의 자본들이 당시 정치권력과 결탁해 원조와 각종 경제적 특혜를 누리면서 외형상 독점 내지 매판적 독과점 형태를 취한 점은 해방 후 초기 한국 자본주의 형태를 설명하는 주요 현상이 된다. 이 시기 한국의 재벌급 기업들이 대거 창립되는데 이들 소비재산업에서 형성된 독점자본은 이후 은행자본과 결합해 금융자본으로 전화됨으로써 사회적 빈부 현상의 불균형을 심화시키는 주요 원인으로 지목된다. 이승만 정권 시기, 무상원조에 의한 수입대

---

115) 장상환, 「해방후 대미 의존적 경제구조의 성립과정」, 『해방40년의 재인식』, 돌베개, 1985. p. 106.

116) 박현채, 「잉여농산물 원조의 경제적 귀결」, 『1950년대의 인식』, 한길사, 1981, 283.

체화산업이 경제성장률(57년 8.8%)의 상승을 주도하지만 오히려 국내 경제는 민족자본의 토착적 중소기업이 쇠퇴되는 결과를 낳았을 뿐만 아니라, 이후 미국의 원조가 무상에서 유상의 공공차관으로 바뀌게 됨에 따라 한국의 경제성장률은 큰 폭으로 하향하고 이에 대처하지 못한 이승만 정권은 몰락한다.

이와 같이 원조에 의존한 한국 경제는 무상원조의 대폭 축소와 더불어 1959년 이후 미국 자본의 본격적인 한국 진출로 인해 총체적인 난국에 빠진다. 어떤 측면에서 볼 때 이 시기의 원조 규모와 비례한 경제성장률은 한국적 자본주의가 낳은 자립경제의 부실 지표로도 이해할 수 있다. 사실상 이 시기에 미국 주도의 이식주의적인 성격에서 형성된 한국적 자본주의는, 이후 자생적 생산력의 발전 저해, 재벌 위주의 경제 유통구조 정착, 정경(政經)의 부조리, 국민경제의 대외의존도 심화, 미국 자본의 한국 경제의 주요 기간산업(비료, 석유, 화학, 전자 등) 분야에서의 불평등 조약 체결, 외국 자본에 대한 무기력한 한국 자본주의 경제 구조의 형성 등의 문제를 잉태하기 시작한다. 이 시기 한국적 자본주의의 성장은 미국에 대한 종속성을 전제로 한 독자적인 하나의 재생산 단위로 편입되는 곧 한국 경제의 미국화 과정이다. 제2차 세계대전 후 미국이 자신들의 지배력을 세계에 확장하기 위해 세운 전략의 주요 내용은, 전후 비축된 잉여물자를 제3세계에 무상 원조하는 전략, 유학 온 제3세계 학생들의 미국화를 통해 자신들의 지지 세력으로 확장시키는 것이 골자였는데, 한국은 이러한 미국의 세계 확장 전략에 가장 잘 부응한 국가 중 하나가 된다.

미국의 원조는 전후 세계 자본주의를 재편하는 중요한 수단이다. 따라서 무상의 원조에서 유상의 공공 차관 제공으로 한국의 원조 방식을 전환한 미국의 정책 변화는 종속적인 한국적 자본주의 경제 구조의 변화를 필연적으로 가져올 수밖에 없었는데, 정치 외적으로 경제적 측면만을 국한시켜 볼 때 이승만 정권은 이에 대응하지 못함으로써 몰락하는 결과에 이른다. 이후 한국 사회에서는 4·19를 좌절시키며 탄생한 5·16 군사정권은[117] 상환이 필요 없는 원조에 의한 수입대체화산업을 포기하고,[118] 대신에 제공된 차관을 상환하기 위한 성장위주 수출지향의 산업육성을 국가의 주요 경제 전략으로 삼는다. 미국의 원조지원 방식의 변화에 의한 불가피한 한국 경제 전략의 변화에 따라서, 1965년 한국의 군사정권은 미국의 후원 아래 한일 국교정상화를 맺게 됨으로써 한국은 외국 자본이 본격적으로 진출할 수 있는 길을 열어줌과 동시에 미국을 비롯한 일본 경제의 재생산권에 편입된다.

1960년대 세계자본주의 고도성장과 더불어 양적 성장을 시작한 한국의 자본주의는, 1970년대에 1973년 석유파동, 1974년, 1975년의

---

117) 여기서는 4·19가 성공적으로 완수되었다면 현재와는 다른 민중적 민주주의를 바탕으로 한 한국적 자본주의를 탄생시켰을 것이라는 추측성 판단은 배제한다. 다만 5·16 군사정권의 등장이 4·19를 계기로 민주주의를 바탕으로 한 한국적 자본주의의 발전전략의 가능성을 좌절시킨 것만은 분명하다. 4·19 이후 민족자주화 운동과 통일촉진 운동에 대한 급진전은 반공의 보루라고 자임한 세력들을 자극하기에 충분했다. 한국을 반공의 전초 기조로 삼으려는 이해와 한국전쟁을 통해 급성장한 군부의 이해관계가 맞물려 한국의 민주주의를 퇴보시키는 데 결정적인 계기가 되는 군사 쿠데타를 일으킴으로써 민주당 정권은 전복된다. 1961년 11월 15일 박정희는 방미해 미국의 케네디와 공동설명을 발표하는데 여기서 미국은 군사정권에 대한 공식적인 지지를 표명하고 공산주의의 확산 방지를 강조한다.

118) 이승만 정권이 차관에 의한 수출지향화산업화에 적합하지 못한 이유를 '반일주의'에 있다고 보는 견해가 있다. 신용옥, 「박정희 정권기 경제성장에 대한 비판적 고찰 - 발전국가론 및 '유교자본주의'론을 중심으로 - 」, 강만길, 『한국 자본주의의 역사』, 역사와 비평사, 2000. pp. 314~315. 그러나 당시 이승만 정권의 정치적 입지는 미군정의 지원과 친일 세력의 자본을 통해 이루어진 것으로써 이승만 정권이 직접적으로 반민특위를 탄압하고 친일자본을 옹호하는 일련의 과정을 통해 손쉽게 확인할 수 있는데 이에 관해서는 다음 장에서 논한다. 이승만 정권의 수입대체산업에서 박정희 정권의 일본 차관에 기반한 수출지향 산업구조로 전환하는 주요 요인은 미국의 국제수지 적자에 따른 원조의 감소와 일본 중심의 지역통합체제 정책에 기인한다.

세계 자본주의의 공황 시기를 제외하고 두 자리 수의 경제성장률을 기록하지만 1978년 8월을 기점으로 본격적인 불황 국면에 접어들더니 마침내 1979년에는 역성장을 하게 됨으로써, '노동지상주의에 입각한 개발독재'의 한국적 자본주의의 발전 전략을 추진하며 약 20년간의 장기집권을 유지한 박정희 정권은 막을 내린다.

1970년대 국제적인 경제질서(분업체계)의 재편 움직임은 경공업 수출을 근간으로 한 한국 경제에 위기를 가져온다. 이와 맥락을 같이해 1972년 10월 유신이 단행되는데, 이는 군사정권이 정권유지 차원에서 경제위기와 이에 수반한 민주화 요구를 동시에 차단하려는 독재적 발상에서 기인한다. 유신정권은 대내외적 문제를 동시에 해결하기 위해 1973년 중화학공업 정책을 제기한다. 그러나 대외적으로 1970년대 들어서 미국을 비롯한 세계 경제를 주도하던 국가의 신보호무역주의의 등장은, 자금과 시장을 해외에 의존하며 경공업 수출을 지향한 한국의 재생산 경제 구조에 큰 타격을 입힌다. 더욱이 경제 선진국이 기술과 지식집약형 중화학공업 위주의 경제 구조로 재편함에 따라 노동집약적 조립가공형 중화학공업을 후발국에 이전시킴으로써 국제 분업체계의 변화 또한 이에 대한 적응을 요구한다.[119) 따라서 대내적으로 민간 부분에서 완성된 독점 형태의 경제 구조는 축적된 자본을 기초로 중화학공업으로의 진출을 모색한다. 유신체제의 취약한 정치적 기반을 보완하기 위해 1973년 1월 대통령 연두교서에서 '중화학공업화선언'이 제기되고 소비재 부문에서의 독점 강화를 기초로 중화학공

---

119) 최용호, 「1970년대 전반기의 경제정책과 산업구조의 변화」와 이재희, 「1970년대 후반기의 경제정책과 산업구조의 변화 – 정치경제학의 관점에서 – 」, 『1970년대 전반기의 정치사상변동』, 백산서당. p. 86. pp. 101~102. 신용옥의 앞의 논문, p. 347.

업 정책을 본격적으로 실행하는데 이는 1960년대 이래의 경제개발전략 기조에서 크게 벗어나지 않는 방식으로 추진된다.[120] 그러나 상호경쟁적으로 진행된 재벌급 독점자본의 중화학공업 투자는 중화학 공업정책의 판단 착오와 중복 투자로 이어지고 그 결과 1979년에 정부 개입에 의한 조정이 불가피할 정도로 상황이 악화되기에 이른다.[121]

1980년대 세계 경제의 호황에 따른 한국 경제의 일시적인 호황은 한국적 자본주의의 비자립적 경제 구조의 문제점을 은폐하는 듯했으나 이미 한국 경제의 위기의 싹은 다 자란 상태였다. 즉, 소득의 재분배에 의한 잉여가치를 창출하는 내수경제의 안정성을 제고하기보다는, 일방적으로 성장 위주의 수출지향적인 한국 경제의 비자립적 구조는 경제 성장과 더불어 그에 비례하는 경제위기를 필연적으로 동반하기 마련이었으며, 그 결과 한국 자본주의는 세계 자본주의가 구조적 불안정기로 이행함에 따라 비자립적인 경제 구조가 겪을 수 있는 최악의 상태인 1997년 11월 IMF 위기를 맞는다.

1997년 11월 한국의 IMF 위기는 이미 20세기 초반부터 세계 경제의 주도권이 산업자본에서 금융자본으로 이동해 나가는 과정에서 예정된다. 세계 경제의 이러한 움직임이 한국 경제에 1965년 한일협정을 기점으로[122] 외국 자본이 유입되는 양상을 통해 직접적으로 반영된

---

120) 경제기획원, 『우리경제의 장기전망』, 1973. pp. 5~7과 pp. 47~48. 이종범 외 편의 같은 책, p. 444.

121) 여기서 중화학 공업정책의 판단 착오란 해외 수출을 전제로 국제적 규모의 수출산업으로 중화학공업을 육성하는 정책이다. 회임기간이 긴 중화학공업에 투자하면서도 국제적 상황 변동에 따른 장기적인 계획이나 수출에 따라 요구되는 차관 제공 등의 자본수출을 전혀 고려하지 않았기 때문에 국제 경제 변화에 따른 수출과 경영 상태의 악화로 이어진다.

122) 산업은행의 대일무역적자 보고서에 의하면 한국의 대일무역적자는 한일협정을 체결한 1965년에 44.7%, 1972년에 69.4%, 1976년에는 100%를 돌파(122.5%)하고 가장 적자폭

다. 산업투자 지원 방식의 금융자본의 성격이 본격적으로 투기적 목표에 몰두하는 방향으로 세계 경제의 흐름이 전개되는 상황에서도 IMF 위기가 오기 전까지 정경유착으로 인한 재벌의 과잉 축적과 발전국가론의 팽창 전략만을 지향한 한국적 자본주의의 전근대적 시스템은 굳건하게 유지된다.

한국을 비롯한 아시아의 경제위기는 세계 투기적 금융자본의 성장 과정에서 일어나는 과잉축적에 따른 필연적 순환기적 불황과, 이를 계산하지 못한 채 추진한 국내의 팽창 전략이 충돌하면서 발생한다. 따라서 한국 경제의 위기는 기본적으로 국제금융자본이 주도하는 세계 자본주의의 급변하는 현실에 치밀하게 대비할 수 없는 한국적 자본주의의 전근대적인 성격에서 비롯한 결과이다. 한국의 IMF 위기는 관치 내지는 정경유착으로 대변되는 재벌 구조, 이에 지배된 한국적 자본주의 자체의 정치경제적 관성의 경직된 기득권과, 세계 자본주의 자체의 신자유주의의 국제금융 공세가 한꺼번에 결합한 데서 비롯한 것이다. 시장이 국제금융자본의 영역에 종속적으로 편입되는 현실로 이어지지만 전근대적이고 경직된 한국의 자본주의 구조에서 비롯된 무기력한 대응 방식은 예견된 결과이자 개발독재기 이래로 한국 사회에 만연한 노동지상주의의 결과물이었다.

IMF 위기는, 결국 금융시장의 개방을 통해 세계 자본주의를 주도하는 국제금융자본의 이윤확보 장치를 강화하는 방향으로 구조 조정되면서, 냉전 시기에 적합한 한국적 자본주의의 방어적 시장경제로는 더 이상 대응할 수 없다는 점을 확인시켜준 사건이다. 또한 세계화 방식

이 컸던 1977년에는 232.4%로 이르게 되는데, 이는 한일협정 체결 이후 한국 경제의 대일 의존도가 더욱 심화됨을 보여준다.

의 후기 제국주의 경제 정책과 대결하기에는 너무 취약한 한국 자본주의의 전근대적인 토대는 결국 금융위기를 불러온 주요 원인이 된다. 이것은 곧 개발독재 시기 '초청된 산업화'의 근본적인 한국적 자본주의 종속성에서 비롯한 것이기도 하다. 물론 아시아의 금융위기가 단지 국가 내부의 자본주의 성격에서 비롯된 것만은 아니지만, 한국의 비자립적 경제 구조에는 그 피해가 더욱 클 수밖에 없다. 그러나 분명한 점은 미국에 의해 '초청된 산업화'의 기적을 이룬 개발독재기 한국 경제가 더 이상 '초청'의 대상이 아니라는 데 있다.

2) 한국적 자본주의의 성격

서구 자본주의 국가는 대내적으로 사회적 생산력을 억압한 봉건제적 제요소를 타파하고, 대외적으로 시장을 개척해 원료시장과 노동력을 확보하는 한편, 그 이후로도 지배 기술집단(technocracy)에 의해 끊임없는 기술개발과 체화된 독립(민족)자본의 축적을 통해 국제무역에서 공산품과 기술집약적 산업 중심의 비교 우위를 유지하며 성장을 지속한다. 그들 국가는 자율적 재생산 구조를 가지며 내포적(內包的)으로 발전(또는 成長, inward looking development or growth)하기 때문에, 세계 경제 상황의 변동으로 인한 경제적 충격은 한국의 경우와는 다르게 상대적으로 크게 위축되지 않으며, 충격을 받더라도 회복하는 기간이 한국 경제에 비해 훨씬 짧을 수밖에 없다.

한국적 자본주의 체제는 자생성과 독립성을 지니며 발전한 서구 자본주의 체제와는 다르다. 즉, 주로 외자도입과 수출주도에 의해 이루어진 한국적 자본주의의 구조는 국내 산업과 시장체제가 유기적인 분업 관련을 가질 수 없는 관계로 원료·시장·기술 등의 면에서 선진 경제 강대국과의 의존적 분업체제를 유지할 수밖에 없다. 이러한 한국적 자본주의의 성격에서 기인한 수출입을 통한 시장 확대, 원자재 조달과 노동력 고용의 상대적 가변성의 문제는 항상 한국 경제를 고통스럽게 한다. 한국적 자본주의의 성격상, 진화적 발전을 지향한 수출외자주도 형 개발기조는 현재의 양적 성장을 과시적으로 보여주지만 대외 의존도의 심화라는 측면에서 볼 때 사회경제의 주체적이고 자립적인 발전을 기대하기 어렵게 한다. 즉 과거 수출과 차관 의존의 군사정권 시기에 형성된 한국적 자본주의 성격 중 하나는, 주체적인 경기 조정 능력이 결여되어 항상 세계 경제의 흐름에 매우 민감하게 반응한다는 점이다. 이는 자본주의 구조상 자체 내에 내재된 주기적인 불황은 물론이고 의존도가 높은 외국의 경제 정책 결정의 변화에 따라 스트레스를 매우 심하게 받을 수밖에 없는, 한국 자본주의의 구조적 성격에서 비롯한 것이다.

한국적 자본주의의 반복되는 위기는 우선, 자본주의 생산구조가 태생적으로 안고 있는 주기적인 공황 이외에도 항상 정치적 민주화와 경제의 선진화가 정합적으로 통일되지 못한 데서 비롯한다. 태생적인 한국적 자본주의와 민주주의의 부조화 문제 곧, 한국적 자본주의의 성장 일변도와 대외 의존적 경제 구조의 취약성으로부터 야기된 경제문제는 항상 대내적인 사회정치적 측면의 민주주의와 인권문제의 촉발을 동반한다는 점에서 한국 사회의 발전을 저해하는 근본적인 문제이다. 이러한 한국의 대외 의존적인 자본주의 성격과 연계된 한국적 민주주의는 한국 사회가 정상적인 자본주의와 민주주의의 경로를 밟으며 근대사회로 나아가는 데 가장 큰 장애이자 뿌리 깊은 걸림돌로 현재까지 그 영향력을 한국 사회에 행사한다.

즉, 한국적 자본주의는, 이승만 정권의 '미국의 절대적인 원조에 의존한 경제의 한계'와 이에 동반된 '4·19의 사회정치적 민주화 요구', 그리고 '4·19 이후 사회정치적 민주와 통일의식의 성숙'과 '5·16군사 쿠데타로 인한 좌절', '1972년 국제적 분업체계의 재편 과정에서 맞는 경제위기와 이와 더불어 동반된 민주화 요구'와 '경제성장 논리로 이에 대응한 10월 독재유신체제에 의한 사전 차단', 1978년 8월 이후 '유신개발독재의 경제파국'과 '5·18의 민주화 요구의 동반', 그리고 '전두환 군사 쿠데타에 의한 민주화 요구의 좌절'이라는 반복의 역사에서, 민주주의에 토대한 한국의 자본주의로의 재편 가능성 곧 전근대에서 근대사회로 나아갈 수 있는 발전 가능성은 여러 차례 상실감을 체험한다.

이와 같이 한국적 자본주의만의 고유한 성격은 군사독재 권력의 경제적 파국과 이에 동반한 사회정치적 민주주의 요구를 통해 자립적 경제의 가능성을 타진하는 여러 차례의 계기를 마련하지만 항상 좌절되는 과정을 경유하며 형성된다. 냉전시대 정치군사적 종속에 의거해 경제적 이익을 담보하지 못하는 상황에서도 여전히 정치적으로 과거 개발독재 시대의 반공이데올로기가 국가의 정체성을 설명하는 중요한 잣대로 현재까지 작동하는 것은 한국적 자본주의의 전근대적인 후진성을 대표적으로 보여준다.[123]

세계 사회에서 냉전구도가 해체된 후, 세계의 경제 질서를 본격적으

---

123) 군사정권 시기에 형성된 한국적 자본주의 성격 중 하나는, 냉전체제 하의 종속적 권위주의 국가권력이 국민경제에 강하게(지도된 자본주의) 개입하며 경제발전을 주도했기 때문에 대내적으로는 한국적 자본주의 형성 과정에서 자본의 정치권력에 대한 종속성이 심화되고, 대외적으로는 미국에 의한 시장과 자본의 종속이 강화되어 한국적 자본주의는 이중적 측면에서 자율성을 상실할 뿐만 아니라, 정치적으로도 한국적 자본주의는 민주적 발전을 동반할 수 없는, 현재 한국 경제의 전근대적인 성격 형성의 원인을 제공한다.

로 재편하려는 강대국의 정치경제적 시도는 한국적 자본주의에 직접적으로 간섭함으로써 1997년 12월 한국은 IMF 위기를 맞는다. 이 과정에서도 현상적으로나마 한국 사회에서는 정권 교체를 통해 부패한 재벌을 정화하자는 정치와 경제의 통일된 개혁을 요구한다. 즉 한국 경제위기의 역사를 돌이켜볼 때 IMF 금융위기는, 한국 경제의 근대성과 더불어 사회 전반의 전근대적 의식과 질서를 개혁하는 데 전환의 계기를 부여했다고 평가할 수 있지만, 현재까지 한국적 자본주의의 뿌리 깊은 전근대적인 사회경제적 토양은 경제적 위기와 더불어 촉발된 전근대적인 가치의 청산 요구를 아직 의식적으로 수용할 상태에 이르지 못했다. 이뿐만 아니라 한국의 전근대적인 사회정치적 토양 또한 이를 전근대적인 냉전논리로 대처하는 양상마저 보인다. IMF 이후 한국적 자본주의는 미국 주도의 세계화에 발맞추어 신자유주의적인 경제 질서 속에서 소리 없는 주변화를 자처하며 회생을 기원했지만 그동안 누적된 한국의 정치와 경제의 전근대적 요소들은 현재에도 한국 사회의 양극화 현상을 날로 심화시키고 있다.

IMF 이후에도 한국 경제의 위기 원인을 제공한 대기업 위주의 국가 경제 전략은 현재의 한국적 자본주의의 전근대적인 성격을 결정하는 변함없는 한 요소이다. 이 외에도 과거 정경(政經)유착의 상호부조의 효율적 방식이나, 인물 주도의 수동적 경제성장 방식으로 경제위기를 극복하자는 개발독재적인 발상 등은 현재 한국적 자본주의 사회가 전근대적 상태에서 탈피하는 데 커다란 장애이다. IMF 이전 서구의 경영 자본주의나 일본의 법인 자본주의와는 달리 한국의 대기업은 혈연 중심의 폐쇄적 소유 형태로 소유와 경영이 미분화되어 있었다. 1980년까지 가족 위주의 폐쇄적 소유 형식을 취한 대기업 위주의 경제정책은, 한국 경제의 자본집중(centralization of capital)과 자본집적

(concentration of capital) 과정에 의한 독점 현상을 설명하는 지배적인 요인이다. 즉, 자본의 양적 확대(집적)는 집중이라는 질적 변화를 통해 사회적 축적으로 연계되는데, 한국적 자본주의는 대기업의 독점에 의한 중소기업의 합병촉진 정책을 방관한다. 이는 내포적 형태의 자율적인 재생산 구조를 추구하기보다는 외연적 형태의[124] 확대 기조를 중시하는 한국적 자본주의의 성격을 잘 보여준다.

부연하면, 대기업 위주의 차관 선점과 선진 공업의 이식이 확대됨으로써 중소기업은 영역이 축소되고 국민경제의 자립 기반으로 확고한 토대를 마련하지 못한다. 이 때문에 생산 관계에서 대기업과 중소기업의 상호 대립·경쟁적 관계가 지양되는데 그 결과, IMF 이전까지도 대기업(母會社)의 기업(子會社) 군집현상이 전근대적인 서구 자본주의 단계를 답습한 한국적 자본주의의 특징으로 설명되곤 했다. 그런데 서구 자본주의는 이미 이러한 현상을 극복하고 국민경제의 자기완결적인 재생산의 메커니즘을 정착시킨 반면, 한국적 자본주의는 아직 대내적 기업 간 종속 구조를 극복하지 못하는 전근대적인 상태에 놓여 있다. 또한, 한국적 자본주의의 전근대적인 의식 구조를 배경으로 한 한국적 자본주의에서는 현재에도 가족적 자본주의의 틀 속에서 소유 구조의 독점화 현상이나 기업 규모의 다각화와 확대에 필요한 혈연적 특

---

124) 자본의 확대 재생산 양식을 마르크스는 내포적(intensive) 형태와 외포적(extensive) 형태로 구분한다. 자본의 성장이 추가 자본을 기계투입과 시설의 확충에 투입해 외적으로 규모가 커지고 노동이 줄어드는 방식으로 벌어지면 '외연적' 성장이다. 반대로 시설과 영업 규모의 외연적 확대 없이 기존 시설의 효율화 또는 보다 효율적인 기계의 발명과 투입에 감가상각비와 추가 자본을 투자해 오히려 규모를 줄이는 방식의 성장은 '내포적' 성장이라 한다. 현재 산업 정보화에 대한 투자는 내포적 방식을 취한다. 황태연, 「자본주의란 무엇인가?」, 박정호 엮음, 『지식의 세계 1』, 동녘, 1998. pp. 91~100.

수주의가 작용한다.[125] 따라서 기업의 관리 방식은 서구의 비인격적인 (impersonal) 관료제적 규칙성과 공식성보다는 사적 내지 비공식적인 관행이나 인격적(personal) 관리 관행에 의존하며, 이 때문에 경제력의 전문적이고 효율적인 통제는 불가능하게 된다. 이것은 일단 경쟁원리가 작용하는 2차 집단을 대상으로 해야 하는 경영원리가 가족주의의 폐쇄적 분파 작용에 의해 경제력을 집중시키지 못하는 부정적인 효과를 양산한다. 기업의 가족주의에 입각한 사적인 경영 구조로 인한 세계 경제 환경에 대한 비탄력적 적응력과 가족주의적 조직 관행의 비효율성은 국가 경제력을 약화시키는 한국적 자본주의 성격의 또 다른 모순적 결과이다.

또한, 현재 노동시장(노사갈등)의 문제는 한국적 자본주의의 성격과 문제점을 종합적으로 반영한다. 과거 한국 경제의 고도성장은 냉전을 배경으로 수출과 외자주도형의 대외 의존적 성향이 매우 높은 경제 구조에서 비롯한 것이다.[126] 이러한 경제 구조의 뿌리와 경제기조

125) 과거 군사정권 시기에 전문경영인은 기업 목표인 이윤 확보를 위한 경제력 향상보다는 소유주들의 가산 관리인으로 전락하는 경향이 있다. 정경유착이 심화된 한국 기업의 특수성적 요인과 순수 경영 외적인 목적 등을 원인으로 하여 그들의 전문경영 능력은 인적관계의 차선에 놓이고 그들은 자본주의적 계약관계에 의해서가 아닌 소유주와의 인간적 관계를 바탕(혈연, 학연, 지연 관계 등)으로 기업을 경영하는 경향이 지배적이다. 또한, 그룹을 총괄하는 '통합관리기구' 역시 '가신적 기능'을 담당하며 가족주의적 기업 소유 경영을 위한 혈연적 연대망의 '기능적 등가물'이 된다. 이러한 형태 하에서 국가 경제력을 약화시키는 대기업의 불건전한 자산증식(자발적인 기업 이익의 사내 보유보다는 타 자본을 조달받는 형식을 중시하는 경향)과 투자 방향(잉여 자본의 고정자산에의 과다 투자나 투기 목적에 의한 부동산의 보유)이 자연스럽게 조성될 수밖에 없었다.

126) 전통적인 경제 이론은 임금과 물가가 신축적으로 움직이기만 한다면 완전 고용은 무난하게 달성될 것으로 보았다. 이러한 고용이론 내지 거시이론에 관한 한 고전학파(古典學派)와 신고전학파(新古典學派) 사이에 기본적인 관점의 차이가 없다. 특히, 1970년 세계 경제가 스태그플레이션에 빠지게 되자 Keynesian Revolution이라고 불릴 정도로 환영을 받았던 케인즈의 정책 적용은 어렵게 되며, 1980년대에 이르러 신자유주의적 경제이론에 근거하는 여러 가지 정책(예컨대, 감세, 정부규제완화, 정부지출감축 등)이 폭넓게 채택되나, 이러한 정책의 성

는 현재 한국 경제정책이 세계 경제의 변화에 항상 민감하게 대응할 것을 요구한다. 게다가 이러한 구조는 국내 경제의 불안 심리뿐만 아니라 노동 가치를 하향 조정하도록 강요하는 부정적인 경제 효과를 파급한다. 한국적 자본주의의 대외 의존적 경제 구조로 인한 노동시장의 취약성으로 인해[127] 기업경영의 불안 심리와 노동자에 대한 사용자 측의 우위는 항상 사회적 긴장관계를 형성할 수밖에 없다. 노동시장의 안정성은 세계 경제의 변화에 대해 자국의 경제가 얼마만큼 독립적으로 자율적인 자기 기능을 달성할 수 있는가의 여하에 있다. 따라서 이러한 자기 기능적 형태로 진행되지 못한 한국적 자본주의 구조의 취약성은 직업을 생존의 문제로 집약시키고 이를 노동시장에 최대한 활용할 수 있는 분위기를 효과적으로 창출한다. 이와 더불어 한국적 자본주의에 동반된 전근대적인 사회정치적 이념은[128] 기업의 노동자에

과는 아직까지 그 기대에 크게 미치지 못한다. 한국 경제는 1980년대 초까지 자본의 집적과 집중 경향으로 생산의 집적과 동시에 생산 규모의 대규모화를 수반한다. 이러한 과정에서 1980년대 말 사회적으로 자발적(voluntary) 실업의 경제 유형이 일시적으로나마 현상적으로 나타난 적이 있다. 그러나 1990년도에 들어서도 수출과 외자주도의 경제정책에 대한 본질적 재검토를 소홀히 함으로써 수출외자주도형의 경제 구조가 지니는 필연적 취약성인 세계 경기의 불황에 대한 부담(또는 국제수지 악화)과 단기 효과를 바라는 경영 외적인 정책의 실패 등으로 인하여 비자발적(cyclical, structural, technological) 실업 현상이 사회 전반에 나타나게 되어 노동시장을 위축시킨다.

127) 세계 경제의 불황과 저성장, 그리고 각국의 수입 규제와 자급자족적인 내포화 경향은 아직까지도 국제적 분업체계에 종속된 하나의 고리로서 외연적 성장 구조에서 벗어나지 못한 한국 경제에 결정적인 영향을 미칠 것이고, 이 파급 효과(수출과 성장의 둔화)는 국내 노동시장을 크게 위축시킬 것이다. 즉, 한국의 확대 재생산된 대외 의존적 경제 구조가 현재 국내 노동시장에 영향을 미치며 현실로 가시화된 현상으로는 실업률의 상승, 비정규직의 양산이나 수출 기업 간의 임금 격차 등을 예로 들 수 있다. 한국적 자본주의의 성격상 한국의 노동시장은 앞으로도 불안정할 수밖에 없다.

128) 대표적인 예는 대기업의 전근대적인 경영이념을 가족주의라는 명분으로 포장해 사회적으로 확산시키는 것이다. 군사정권 시기에 형성된 한국적 자본주의 성격 중 하나는, 경제가 불황 국면에 접어들면 자본주의 성격상 벌어지는 자본의 상호간 수탈에 의한 축적에서 문제를 바라보지 않고 민중의 희생 위에서 문제를 해결(1972년의 8·3조치와 그 후속 조치인

대한 상대적 우위를 지속적으로 보장할 수 있는 이데올로기적 기반을 조성한다.

현재 신자유주의 경제 공세는 즉, 초국가자본은 시장의 자유 확대를 위해 국가의 통제력을 걷어내고 자본의 직접적인 지배 요구를 강화한다. 세계경제체제의 대대적인 변화(세계화)는 국경을 불문하고 상품과 자본이 제한되지 않는 이동을 통해 경제적 목표를 달성하고자 국가의 역할을 최소화한다. 이러한 흐름은 결국 과거 비약적인 경제성장을 이룬 한국적 자본주의 성격과 정반대로 배치된다. 신자유주의는 자본주의 원칙에 충실하게 국가가 자본의 입장에 서서 활동할 것을 요구하고 노동에 대해서는 도리어 국가의 기능을 강화하게 한다. 단기적으로는 대내적으로 자본주의 시장 형성을 주도할 대자본 육성에 주력해 왔던 제3세계의 국가발전론은, 세계화라는 강제적 구조 재편성의 현실 아래 폐기될 수밖에 없다. 이뿐만 아니라 장기적으로는 그동안 한국적 자본주의 상황 하에서는 단시간 내에 자본축적을 경험한[129] 한국 재벌의 대자본은 - IMF 이후 국가로부터 받은 혜택을 자본의 논리 하에 - 현재 신자유주의의 국제금융의 공세에 부합해 잉여가치를 국외

1975년의 5·29조치는 국가권력의 강압적 개입에 따라 대재벌에게 엄청난 특혜를 준다)하려는 전근대적 성향을 강하게 표출한다.

129) 군사정권 시기에 형성된 한국적 자본주의 성격 중 하나는, 막대한 국가부채를 전제한 차관과, 무엇보다도 잉여노동뿐만 아니라 생계에 필요한 필요노동 시간마저도 잉여가치로 전환시키며 철저한 수탈의 형식을 통해 자본축적을 이룬다. 한국 경제의 고도성장을 설명하는 요인별 성장기여도의 분석을 보면 총 요소 투입의 성장기여도가 60~70%, 총 요소 생산성의 성장기여도가 30~40%로 한국 경제성장이 요소투입의 양적 팽창에 더 의존했음을 알 수 있다. 이 중에서 노동의 성장기여도가 30~35%, 자본의 성장기여도가 20~40% 정도여서 (차동세·김광석 편, 『한국 경제 반세기 역사적 평가와 21세기 비전』, 한국개발연구원, 1995. p. 161), 노동의 양적 투입이 성장에 지대한 역할을 했음을 알 수 있다. 신용옥의 앞의 논문, p. 324. 당시 한국 경제의 생산력 등을 염두에 둔다면 짧은 시간 내에 형성된 한국형 재벌의 대자본이 이 점을 반증한다.

로 유출할 양상마저 보인다. 따라서 한국적 자본주의 사회는 이중적 고통을 겪을 수밖에 없는데, 그것은 곧 초국적 자본의 힘에 밀려 국가 자신이 키운 대자본과도 이해가 대립하는 현실을 수용해야 될 뿐만 아니라, 오히려 국가 자신이 비정상적인 자본주의 구조 하에서 우월적으로 성장한 재벌의 독점체제의 영향 하에 놓일 수도 있다는 점이다.

이상과 같이 한국적 자본주의의 고유한 성격은 복지국가는 차치하고 현재 내부의 자체적인 자본과 노동이 우호적으로 결합할 수 있는 근거와 가능성을 대내외적으로 소멸시킬 가능성이 농후하다. 무엇보다도 간과할 수 없는 것은, 이에 반응해 여타 자본주의 국가에 비해 노동의 저항 강도가 갈수록 높아짐으로써 정치사회적 긴장 상태와 위기를 심화시킬 가능성이 한국적 자본주의 사회에 항상 잉태되어 있다는 점이다. 현실적으로 한국적 자본주의의 특수성은 경제의 양적 성장을 달성했지만 그 이면에는 현재 한국 사회의 빈부의 양극화를 야기한 주요 원인이기도 하다. 그러나 문제는 앞으로도 한국적 자본주의 성격상 근본적으로 민주적인 구조 개혁이 진행되지 않는 한 현재보다도 미래 한국 사회의 빈부의 양극화 현상은 더욱 심화될 수 있다는 데 있다. 한국적 자본주의의 문제는 한국 사회의 구조적 성격상 단순히 경제문제에 국한된 것이 아닌 정치를 비롯한 사회 제반 영역의 전근대적인 의식이 결합된 데서 비롯한다.

2. 한국적 자본주의 사회와 유교문화의 역할

1956년 해리 투르먼(Harry S. Truman)의 『시련과 희망의 세월』에서는, 루스벨트와 처칠 그리고 스탈린이 한반도 문제를 의논하는 자리에서 "스탈린은 카이로 선언을[130] 읽었으며 또한 한국이 독립되어야 한다는 것을 옳다고 말했다. 또한 그는 완전한 독립이 달성되기까지 한국인들에게는 일정한 기간, 아마도 40년 정도의 견습 기간이 필요할 것이라는 의견에 동의했다."라는 말을 인용하며 당시 한국의 상황에 대한 대외 각국의 인식을 전한다.[131] 한국은 독립과 함께 미·소에 의해 남·북 양국으로 분단되고 남한은 1948년 5월 10일 선거로 뼛속 깊이 친미주의를 지향한 이승만 정권의 단독정부가 들어서면서 남북한의 분단 체제는 고착화된다.

해방 후 한국 사회(이하 남한을 지칭함)는 친미와 친일 계급을 토대로 수립된 이승만 정권 이래로 독립국가가 수행해야 할 가장 기본적인 임무인 친일청산을 완수하지 못함으로써, 70여 년이 지난 현재에도 한국 사회에서 친일 세력은 일관되게 국론의 분열을 조장하고 건전한 민족주의 가치를 훼손하는 가운데 제반 영역에서 활발하게 활동한다. 특히 남한에서는 이승만 정권이 수립된 이래로 친일 세력은 친미와 반공주의의 깃발 아래 자신들의 친일행각을 숨기고 독재를 미화하는 왜곡된 반민주적 담론들을 양산하고, 이러한 과정에서 재생된 유교문화의 봉건적 윤리의식은 민족 고유의 전통적 가치라는 미명하에 독재의 정치적 목적을 위한 이데올로기 문화로 기능한다.

---

130) 1943년 미국, 영국, 중국이 카이로에 모여 전후 일본 점령지인 한국의 독립을 공동 선언함.

131) Harry S. Truman, Years of Trial and Hope, Doubleday and Co, Lnc, 1956, p. 316. 이광래 지음, 『한국의 서양사상 수용사』, 열린 책들, 2003. p. 303.

1) 이승만 정권 시기의 '독재를 위한 유교'와 '민족을 위한 유교'

(1) 이승만의 '독재를 위한 유교'

이승만(1875~1965)은 1898년 3월 독립협회가 개최한 만민공동회 연사로 정치활동에 입문한 후 박영효의 집권을 위한 정부전복을 도모하다 1899년 체포되어 5년 7개월의 옥살이를 마친 후 1904년 석방되어 그해 미국으로 떠난다.[132] 1919년 4월 중국 상해임시정부가 수립되었을 때 초대 국무총리로 선임된 후 워싱턴에 구미위원부를 설치하고 스스로 대통령 행세를 하다가, 1920년 상해에서 대통령에 취임하지만 한국의 위임통치를 윌슨 미대통령에게 청원한 대미위임통치 청원문제로 인해 1922년 6월 상해임시정부로부터 불신임을 받아서 면직된다. 해방 후 그는 1946년 6월 3일 전라북도 정읍에서 남한단독정부 수립계획을 발표하며 미국의 지지를 호소하고, 1948년 5월 10일 남한만의 단독정부가 들어서면서 초대 대통령으로 취임한다. 그는 대통령 취임 후 독재정치를 연장하기 위한 1960년 3·15부정선거를 자행함으로써 4·19혁명을[133] 촉발시킨다. 이로써 그는 상해임시정부에 이어 2번째로 대통령직을 그만두게 되는 초유의 사례를 기록한다.

1948년 5월 31일 이승만은 제헌국회 개원식에서 임시의장으로 추

---

132) 서중석, 「정치지도자의 의식과 유교문화 – 이승만을 중심으로」, 『大東文化研究』第 36輯, 성균관대학교 대동문화연구원, 2000. p. 197.

133) 4·19혁명은 3월 15일 마산 시위로부터 4월 26일 이승만 정권이 붕괴될 때까지 42일 간의 반정부 시위를 의미한다. 지병문 외, 『현대한국정치의 展開와 動學』, 전영사, 1997. p. 159.

대되어 최초의 국회개회식을 비롯한[134] 1948년 7월 24일 자신의 대통령 취임식 선서를 기독교식으로 진행한다. 그가 낭독한 취임사의 서두는 다음과 같다.

"여러 번 죽었던 이 몸이 하나님의 은혜와 동포의 애호로 지금까지 살아 있다가 오늘에 이와 같이 영광스러운 추대를 받는 나로는 일변 감격한 마음과 일변 감당키 어려운 책임을 지고 두려운 생각을 금하기 어렵습니다. ……오늘 대통령 선서하는 이 자리에 하나님과 동포 앞에서 나의 직책을 다하기로 한층 더 결심하며 맹세합니다."[135]

이와 같이 취임사를 통해서 그는 기독교를 나라의 기초로 삼아야 한다는 확신을 거듭 표명하고 이후에도 국가의식을 기독교식으로 진행하는 등 기독교를 옹호하는 대통령으로 각인시킴으로써 우익 기독교인의 절대적인 지지를 받는다.[136] 이승만 정권의 등장과 동시에 관

---

134) 1948년 5월 27일 소집된 '국회의원예비회의'에서 이승만이 임시의장으로 선출된 후 회의를 통해 통과시킨 국회의원 선서문의 내용은 "본 의원은 한국 재건과 자주독립을 완수하기 위하여 헌법을 제정하고 국민 정부를 수립하며 남북통일의 대업을 완성하여 국가만년의 기초를 확립하고 국리민복(國利民福)을 도모하여 국제친선과 세계평화에 최대의 충성과 노력을 다할 것을 이에 하나님과 순국선열과 3천만 동포 앞에 삼가 선서함"이다. 《조선일보》 1948년 5월 28일, 《동아일보》 1948년 5월 28일. 강인철, 「대한민국 초대정부의 기독교적 성격」, 『한국기독교와 역사』 제30호, 한국기독교역사연구소, 2009. p. 106.

135) 1948년 7월 25일자 《서울신문》, 《동아일보》, 《경향신문》, 《조선일보》, 앞의 강인철의 같은 논문, p. 8.

136) 기독교를 나라의 기초로 삼아야 한다는 이승만의 신념은 개신교로 개종 직후부터 나타나기 시작하는데, 1945년 11월 열린 '임시정부영수환영대회'에서도 "이제 우리는 신국가 (新國家) 건설을 할 터인데, '기초 없는 집을 세우지 말자' 곧 만세반석 되시는 그리스도 위에 이 나라를 세우자!"고 외쳤다. 김유연, "임시정부 영수들의 주신 말씀," 『활천』 229호 9(중간호), 1946년 1월. p. 4. 김홍수, 「해방후 한국전쟁과 이승만 치하의 한국교회」, 『기독교사상』, 2006년 2월, p. 209. 앞의 강인철의 같은 논문, pp. 106~108.

료의 30%가 넘는 기독교인 인적 구성(정부의 19개부 장관과 차관 242명 중 38%가 기독교인)을 비롯한 국회의원 취임선서, 국회개원식, 대통령 취임사 등 국가의례 등을 비롯한 한국 문화의 기독교화를 진행한다.[137] 국내 정치기반이 약했던 이승만은 친일 세력을 비롯한 극우 기독교인을 자신의 세력으로 편입시키면서 미국과의 우호적인 관계를 형성하고 1950년대 후반에 들어서는 자신의 독재 유지를 위한 기반 강화를 위해 '교회에 대한 정신적 물질적 도움'[138]을 더욱 강화한다.

이승만은 기독교를 통해, 한편으로 자신의 친미적 이미지를 부각시키는 가운데 미국과의 정치적 소통관계를 극대화하고, 다른 한편으로 자신의 기독교를 통한 친미적 이미지를 통해 당시 한국 사회의 전근대적인 모습을 극복할 수 있는 서구화 및 근대화의 상징으로 한국 사회에 각인시킨다. 그러나 이승만은 자신을 서구화한 기독교인 내지 근대화한 민주적 지도자로 자처하지만 그의 의식과 행동에 대한 대내외의 평가는 과거의 전근대적 사고방식에서 탈피하지 못한 군주의식에 사로잡힌 인물로 규정한다. 그가 통치기간 동안 보여준, 국무회의 운

---

137) 1945년 당시 10~15만 명 정도에 불과하던 남한지역 개신교 신자수가 1950년경에는 50만 명을 넘어섰고, 1955년에는 100만 명을 돌파한다. 강돈구, 「광복후 한국의 사회변동과 종교」, 『한국종교』 제22집, 원광대학교 종교문제연구소, 1997. pp. 211~212. 강인철의 같은 논문, p. 117.

138) 여기에는 교회인사에게 훈장이나 감사장 등을 수여하는 것과 같은 '정신적-상징적인' 도움과 '실질적-물질적인' 도움이 포함되는데 YMCA, YWCA, 배재대학, 감리교단 등이 주된 수혜자였다. 미국으로부터 달러화로 들어온 선교자금과 관련된 외환정책 그리고 귀속재산 혹은 적산(敵産)의 처리·배분 과정에서 교회가 받은 혜택 등이 이보다 상세히 밝혀져야 하고, 이는 한국 교회연구에서 여전히 풀어야 할 과제로 남아 있다. ……반민특위가 가동된 이후 예상보다 훨씬 많은 (다른 종교인보다 월등하게 많은 - 필자) 교회 인사들이 줄줄이 '반민(反民) 피의자'(657명)로 체포되거나 입건되었다. ……이승만은 1949년 4월 15일 반민특위는 조사 활동에만 전념하고 '특경대'를 해산하라고 요구하는 담화문을 발표하면서…… 이 담화는 반민특위가 해체되는 도화선이 되었다. 앞의 강인철의 같은 논문, pp. 114~116.

영방식, 정당 운영방식 등의 전근대적인 내용과 형식은[139] 한국 민주주의의 초석이자 기틀을 무력화하는 것으로 채원진다.

즉, 이승만의 군주의식에 비롯한 전근대적인 정치의식과 행태는 과연 그가 유학생활 기간 동안 서구의 민주주의를 제대로 학습하고 체득한 것인지에 대한 의문은 물론, 그 자신이 집권 초기에 자신을 서구의 민주주의 문화를 체현한 상징이자 한국의 기독교화 정책을 추진하겠다는 통치자의 면모와는 정면으로 배치된 것이다. 이는 사실상 국내 정치적 기반이 약한 이승만이 기독교를 발판 삼아 미군의 지지와 친일 및 우익 기독교 세력을 자신의 정치적 기반을 확장시키기 위한 정치적 고려에서 비롯된 것임을 보여준다.

이는 이승만의 군주의식에서 비롯한 독재를 향한 정치적 야욕의 분출 과정을 통해서도 확인된다. 당시 한국의 상황은 전근대적인 의식이나 문화가 뿌리 깊이 남아 있었으므로 그의 봉건적 군주의식에 의거한 전근대적이고 반민주적 정치 행위가 집권 초기에는 절대적으로 부정되지 않는다. 다른 한편으로 그가 집권 초기에 밝힌 한국의 기독교화 정책은 사실상 당시 한국인의 절대 다수가 유교적 의식과 문화에 벗어나지 못한 현실 상황과는 동떨어진 것이기도 했다. 따라서 그는 자신의 독재체제를 영구적으로 구축하기 위해서 사실상 당시의 이러

---

139) 그는 평소 군주나 왕족처럼 군림하려 했으며 미국에서 공부하고 오래 생활했음에도 불구하고 양녕대군(讓寧大君)의 후예로서의 지배의식과 양반의식이 강했는데 미군정에서 하지의 정치 에이전트로 근무한 버치는《시카고선》지 기자에게 이승만은 결코 파시스트가 아니며 파시스트보다 2세기 앞선 순수한 부르봉파라고 증언한다. 또한 이승만 정부에서 정책 결정 기관은 존재하지 않는데 당시 국무위원은 그의 신하였으며 자유당은 이승만의 개인화된 기관으로 비서가 그의 유시를 봉독(奉讀)하면 자유당은 그것을 봉행(奉行)하는 역할을 수행하는 권력기관이었을 뿐이다. 이승만의 군주의식을 다룬 자세한 내용과 자료는 앞의 서중석의 같은 논문, pp. 201~204.

한 한국의 현실적 상황을 무시할 수 없다는 판단 하에 그의 군주의식에도 부합하는 전통사회의 봉건적 유교 윤리문화를 정치적으로 활용한다.

이승만의 독재를 위한 유교 정략은,[140] 1953년을 기점으로 성균관 대성전에서 공자의 제사를 봉행하는 것을 시작으로 연이은 담화 발표를 통해 노골화된다. 이승만은 '유교의 교훈을 지켜 예의지국 백성이 되자'(1954년 10월 1일)라는 제목 하의 담화를 통해 기독교와 유교가 서로 모순되지 않음을 밝히는 한편, "부자(父子有親), 군신(君臣有義), 부부(夫婦有別), 장유(長幼有序), 붕우(朋友有信)의 도인 오륜을 엄정히 가르쳐서 이것이 문명한 나라 민족들의 교육하는 것으로 만들어야만 될 것"[141]이라고 주장한다.

> "그러므로 유교와 예수교에는 별로 모순이 없는 줄로 나는 판단하는 바이며…… 부자유친·군신유의·부부유별·장유유서·붕우유신의 오륜으로 인생이 금수와 같지 않은 그 대지로 예의지국에 이르는 것에 들어서는 오히려 유교가 더 세밀하고 또 이 도리에 벗어나고는 소위 문명정도에는 나가기가 충분한 정도에 이를 수 없는 것이다."[142]

위의 같이 이승만은 자신이 집권 초기부터 밝힌 자신의 한국의 기독교화 정책과 한국의 전통 유교문화 사이에는 상호 모순이 없다는

---

140) '이승만의 독재를 위한 유교 내용'에 관해서는, 앞 서중석의 논문, 「정치지도자의 의식과 유교문화 – 이승만을 중심으로」(pp. 189~228)를 주로 참조해 재구성함.

141) 우남전기편찬회, 『우남노선』, 명세당, 1958. pp. 241~242. 앞 서중석의 같은 논문, p. 223.

142) 공보처 편, 『대통령이승만담화집』 2, 1956. p. 244~247.

입장을 피력하고 더 나아가 유교가 기독교보다도 더 구체적인 도덕으로 오륜을 엄정히 지켜 문명세계에 나아가자고 역설한다.

그는 위의 담화에서, 공자의 큰 도에 힘입어 동양의 여러 나라가 예의와 문물이 개명 발전해 최고의 정도에 이르러 수천 년 이래로 태평안락을 누려온 것이며, 나아가 공자의 왕천하(王天下)하는 도를 본받아서 세계를 개조하면 비로소 오늘날 자상잔멸(自傷殘滅)해가는 전쟁까지 면하고 태평세계를 이루어볼 수가 있겠으나 아직 그 시기가 오지 않은 관계로 패도의 서양의 도를 믿어서 남과 경쟁할 만한 자리로 가야 한다고 피력한다.[143] 즉, 그는 위의 담화에서 "구라파 문명이라는 것은 먼저 난 것이 없어지고 새로 난 것은 개진해서 지금까지 행하는 것이므로 서양 역사를 보면 모두 전쟁으로 계속해 내려온 것이다. 그러므로 지금에 와서도 전쟁이 구라파만 계속할 뿐 아니라 동양에까지 미쳐 오는 것은 그 패제후하는 의도로 강식약육(强食弱肉)의 비천한 금수의 정도를 면치 못해서 서로 전쟁으로 흥망과 존폐를 결정하는 까닭으로 동양에까지 이 화가 미쳐 와서 우승열패(優勝劣敗)의 형세를 오랫동안 끌어나갈 것이므로 이 중에서 저의 세력을 발휘해 약한 자의 세력을 눌러 갈 수 있는 자만이 우등한 지위를 점령할 것이니 이것은 동양 유교에서 문명 정도로 나간다는 것과는 배치되는 것이다."라고 하며, 서구의 부강함이 문명성과 폭력성이라는 야만성을 동시에 가진 것이라고 규정한다. 이는 집권 초기에 자신을 한국의 근대화를 지도할 서구화와 근대화의 상징으로 부각시키는 것과는 전혀 다른 면모를 보인 것으로 심지어 한국이 나아가야 할 당위적인 길이 '동양 유교의 문

---

143) 앞 서중석의 같은 논문, p. 222.

명정도'라고 밝히기까지 한다.

다시 말해 1950년도 후반까지 개신교를 적극적으로 지원하는 한편 50년대 중반에 들어서면서 동양의 유교문화를 적극적으로 찬양하는 이승만의 양면성은, 궁극적으로 자신의 집권을 위해 친미와 친일 그리고 우익 기독교 세력을 끌어안기 위한 전략과 더불어, 자신의 독재 연장을 위해 한국 사회의 일반 정서인 유교문화를 포섭하고자 하는 기회주의적 정치의식으로부터[144] 연유한다. 이후 그가 취한 일련의 행동과 담화는 그가 의도한 유교문화 찬양과 유교 세력에 대한 포섭의 목적이 무엇인지에 대해 정확히 보여준다.

이승만의 독재를 위한 유교에 대한 본격적인 작업은 유교문화 찬양과 더불어 유림에 대한 지배력을 확장해 선거에 이용하는 방향으로 나아간다. 즉, 1956년 자유당 의원과 이승만을 지지한 과거 황국신민화운동에 앞장선 황도유학자들은 1956년 5월에 실시하는 정부통령 선거에 유도회를 이용하기 위해 당시 유도회 총본부 위원장이자 성균관장으로 있던 민족유학자 김창숙(金昌淑)의 반대에도 불구하고 '유도회선거추진위원회'라는 간판 아래 자유당 선거운동을 벌이는 것을 시작으로 노골화된다. 유도회 사건[145] 이후 김창숙을 몰아낸 황도유학자들은 일명 기독교 신자로 자처한 이승만이 유도회 총재로 또 다른 기

---

144) 이러한 그의 성격은 임정 초대대통령의 자리에서 면직된 과정이나 미국에서 성적이 좋지 않음에도 초고속으로 석·박사 학위를 취득하는 과정에서도 확인된다. 미국 활동 당시 성적이 좋지 않음에도 하버드 대학에서 1년 만에 석사, 프린스턴 대학에서 2년 만에 우격다짐으로 학위를 취득한 내용에 대해서는 주진오, 「청년기 이승만의 언론정치활동 해외활동」, 『역사비평』 1996년 여름호, pp. 189~190 참조.

145) 유도회 분쟁은 1956년부터 소송이 병행해서 있었는데 잇달아 김창숙 측이 승소했음에도 불구하고 자유당의 압력으로 김창숙은 복귀하지 못한다. 앞 서중석의 같은 논문, p. 222.

독교 신자인 이기붕을 유도회 최고고문으로 추대한다.

또한 이승만은 1957년 11월 18일 '동성동본 혼인에 대하여'라는 제목 하에 발표된 담화에서는 "우리나라는 옛적부터 개명한 민족으로 삼강오륜의 도리를 지켜서 예의지국으로 추앙을 받아온 것인데 우리가 아이 적부터 배워온 것은 천지지간 만물지중에 유인이 최귀하다는 것이며 이것은 우리 인간은 모든 짐승과 달라서 도덕을 아는 까닭인 것이다."라고 하며 '삼강오륜'과 '예의지국'을 강조하고, 연이어 같은 해 11월 30일에 '국민은 삼강오륜을 지켜라'라는 제목 하에 "예전부터 우리가 배워서 행해오던 삼강오륜은 고칠 수 없는 것"이라고 강조한다. 그는 여기서 "서양 사람들이 약육강식을 해서 서로 전멸하게 되는 방식을 배우지 말고 이전부터 동양 사람들이 서로 가르쳐주고 일러주어서 평화세계에서 다 같이 잘 살자는 목적으로 해가던 것을 해야만 제일 개명된 나라로 인정"을 받게 된다고 하면서, "모든 사람이 다 동등으로 살며 대통령이나 정부의 관리를 다 민중의 공복이 되어 행한다는 것을 오해해 가지고 이것이 아무렇게나 해서 혼돈 상태에 살게 되는 것으로 알게 된다면 그것은 대단히 잘못된 일인 것이다."[146]라는 담화를 발표한다. 즉 과거 위계의 질서논리가 평등의 민주주의 논리에 앞서 전제된 것임을 밝힌다. 이와 같이 과거 한국 사회의 봉건적 질서윤리를 지키는 것이 문명개화로 나아가는 길이라는 그의 주장은 봉건윤리가 민주주의에 앞선다는 그의 반민주적이고 전근대적 의식을 보여준다.

---

146) 이상의 담화 내용은 공보처 편, 『대통령이승만담화집』 2, 1956. p. 244~247. 유도회 총본부에서 발행한 『대통령이승만박사집』(p. 8)에서는 12월 30일자로 나옴. 앞 서중석의 같은 논문, p. 223.

더 나아가 그는 단군기자와 성군명왕의 교육과 교화를 받아서 삼강 오륜을 지켜온 덕택에 우리나라가 예의지방이 되었다고 설명하며 "우리는 옛적부터 위에 앉은 분을 존중하며 높은 대우로 해가던 우리의 좋은 습관을 버리지 말고 지켜나가야만 우리 사회를 파괴하지 않고 우리 민주제도를 더욱 공고하게 해서 예의와 도의에 손실이 없이 잘 발전되어 나아가게 될 것"[147]이라고 주장한다. 이는 위와 아래의 복종 관계를 강조한 과거 봉건윤리에 기초해서 한국의 민주제도를 더욱 공고히 해야 된다는 의미이다. 그는 이와 같이 전근대적인 봉건윤리와 근대적인 민주주의를 기계적으로 결합시켜 한국의 민주제도를 정착시켜야 한다는 비논리적인 주장을 전개하는데, 이것은 1954년의 '기독교와 유교가 상호 모순이 없다는' 담화의 의도에서 볼 수 있듯이 그의 군주의식과 독재체제의 수립을 위한 정치적 목적의 일환에서 주장된 것이다.

이는 1952년 부산정치파동[148] 이후 그의 담화나 행적을 통해서 일관적으로 나타나는데, 이승만은 그 스스로가 기독교 신자임을 자처했음에도 불구하고 1953년 공자의 제사를 봉행하고, 1956년 유도회사건에 개입하는 한편, 개헌을 앞둔 1954년 10월 담화, 1956년 5·15정부통령선거 투표일을 8일 앞둔 5월 7일 어머니날 기념담화, 극우반공체제 강화를 위한 국가보안법 개정 논의를 앞둔 1957년 11월 30일 삼강오륜을 엄정히 지키자는 등의 일련의 담화를 발표하는 등, 그의

---

147) 우남전기편찬회, 『우남노선』, 명세당, 1958. pp. 261~262. 앞 서중석의 같은 논문, pp. 223~224.

148) 부산정치파동은 이승만이 재선 가능성이 희박하자 국회의원을 강제로 버스에 태워 대통령직선제를 골자로 하는 발췌개헌안을 통과시킨 사건.

친유교적인 행보와 담화 발표는 항상 그가 중요한 정치적인 문제에 당면해 있을 시기에 일어난다.[149] 그런데 이러한 일들은 이미 그가 외국생활 당시 그 스스로가 왕족으로 자처하며 행세한 데서 알 수 있듯이 근본적으로 뿌리 깊이 내린 그의 권위주의적 군주의식으로부터 기인한다. 즉, 그는 1950년대에 남아 있던 한국 사회의 전근대적인 유교문화를[150] 독재에 부합하는 이데올로기 창출이나 권력 강화를 위한 정치적 목적에 이용한 것이다.

부연하면 이승만은 집권 초기에 극우 기독교 세력을 자신의 정치적 기반을 확충했던 방식을 그대로 다시 유교에 적용하는데, 그는 친일 황도유학 세력을 규합하고 과거 봉건 유교문화의 습속이 잔존한 당시 한국 사회의 전근대적인 문화기반을 정치적으로 활용하는 전략을 구사하며 자신의 독재를 위한 정치적 기반을 확보해 나간다. 이와 같이 이승만의 친유교 정략은 복고주의에 의거해서 전근대적인 수직적 지배규범체계를 확립함으로써 독재정치를 합리화하는 데 있다.

이상에서 살펴본 바와 같이 이승만 정권의 속성은 이승만 개인의 반근대적이고 독재적인 사고의 군주의식에 기초한 것이고 그 정권의 기반은 친미 세력, 친일의 극우 기독교, 반공 세력을 비롯한 황도유교 세력 등이 복합적으로 기능하는 가운데 구축된다.

---

149) 이승만의 담화가 정치적 목적으로 기획된 것임을 주장한 내용은, 앞 서중석의 같은 논문, pp. 224~225.

150) 당시 대내외적으로 한국 사회가 여러 면에서 아직 봉건성을 벗어나지 못한 상태라고 지적하고 있는 점에 비추어볼 때, 이승만이 전근대적 성격이 강한 유교문화를 자신의 권력을 강화하기 위해 활용하고자 했던 것도 이와 같은 배경에서 기인한 것이다.

(2) 김창숙의 '민족을 위한 유교'

1952년을 기점으로 해서 이승만의 독재를 위해 집권 후반기로 갈수록 한층 더 강화되는 친유교 정략에 맞서 일제강점기 항일독립을 전개한 김창숙(金昌淑)[151]은 반독재의 민권쟁취 투쟁을 전개한다.[152] 김창숙은 1945년 해방 후 유도회(儒道會)를 조직하고 1951년에 이승만에게 하야경고문(下野警告文)을 보내고, 1952년에 이승만의 독재를 규탄하는 '반독재호헌구국선언문'을 발표하고 1959년에는 1951년에 이어 재차 이승만에게 사퇴권고서한을 발송하는 등,[153] 이승만의 독재체

---

151) 김창숙(1879~1962)의 한말, 일제강점기 독립활동을 살펴보면, 그는 1905년 을사조약이 체결되자 을사오적의 처형을 요구하는 '청참오적소(請斬五賊疏)'라는 상소를 올리며 한말 구국운동에 뛰어든다. 그는 친일단체인 일진회(一進會)에 대한 성토건의서를 보낸 후 재차 투옥되고, 1907년 국채보상운동에 적극 참여하고, 1909년 일진회가 '한일합병론'을 주장하자 중추원에 규탄성명을 보낸다. 1910년 경술국치가 발생한 후 중국으로 건너가 독립운동을 하던 중 일본 경찰에 검거되어 14년 징역형을 언도받는다. 1919년 3·1운동이 일어나자 한국 독립을 호소하는 전국 유림단 대표들의 진정서를 작성한 후(제1차 유림단사건) 국제사회에 한국의 독립을 호소하고자 중국 상해로 망명한다. 1920년 그는 박은식과 《사민일보(四民日報)》를 창간하고, 신채호와는 독립운동기관지인 《천고(天鼓)》를 발간하며 활발한 독립운동을 전개한다. 1921년에는 임시정부 초대대통령인 이승만이 국제연합에 위임통치를 청원하는 성명서를 제출하자, 신채호 등과 함께 1921년 4월 19일 이승만을 비판하는 성토문을 발표한다. 1925년 그는 대한민국임시정부 부의장, 서로군정서의 군사선전위원장 등을 역임하는 가운데, 쑨원(孫文)을 비롯한 중국 인사들과도 만나 '한국독립후원회', '중한호조회(中韓互助會)'의 결성을 위해 노력하고 그 결과 이들의 지원을 받아 만주와 몽골에 독립운동기지를 건설한다. 그는 부족한 기지의 개간자금을 마련하기 위해 국내로 직접 잠입해 모금활동을 한다(제2차 유림단사건). 또한 중국으로 돌아온 후 1926년 이동녕, 김구 등과 독립결사대를 구성해 의열단의 나석주가 1926년 12월 식산은행과 동양척식주식회사를 폭파하는 사건 등에 자금 지원과 계획을 주도한다. 그러나 1927년 5월 병원 입원 중에 일본 경찰에 체포되어 국내로 압송된 후 14년형을 선고받고 일본 경찰의 고문으로 두 다리가 마비되는 앉은뱅이가 된 후에야 형집행정지로 출옥한다. 출옥한 후에도 1940년 일제의 창씨개명에 대한 거부 투쟁을 벌이고, 1945년에는 여운형(呂運亨)이 조직한 '건국동맹(建國同盟)'의 남한 책임자로 추대된 후 8월 7일 체포되어(일설로는 반일 인사에 대한 예비 검속으로 체포된 것이라고 함) 옥중에서 광복을 맞이한다.

152) 이승만 정권의 붕괴 시기를 전후한 유교 계열의 지식인 동향에 대한 연구는, 이황직, 「4·19혁명 전후의 유교 계열의 지식인 동향」, 『동양사회사상』 제27집, 2013. p. 177~220.

153) 1945년 해방 후 김창숙은 유도회를 조직하고 유도회 회장과 성균관 관장을 역임하고,

제에 맞서 이승만의 집권 초기부터 말기까지 지속적으로 반독재 반부패 투쟁을 전개한다.

김창숙의 유학정신은 한국 사회의 현실적인 상황 변화에 따라 다양한 형식으로 발현되는데, 그 핵심은 '유학'과 '민족주의'이다. 즉, 그의 유학의 의리정신(東道意識)이 민족주의로 실체화되는 경로는, 항일독립운동 기간에는 조선조 유교문화에 대한 비판적 인식의 연장선상에서 발생한 '항일 민족주의 유학', 해방 이후 미군정 시기에는 좌익과 우익을 편향하지 않는 남북통일 국가를 지향한 '민족통일의 민족주의 유학', 이승만 정권 시기에는 '반독재의 민주·민족주의 유학'의 형식으로 전개된다. 이러한 경로는 그의 유학정신이 한국의 정치현실 상황의 변화에 대처하는 가운데 다양한 형식으로 발현되었음을 보여준다.

항일독립 투쟁과 반독재 투쟁 과정에서 불의(不義)와 맞서 투쟁한 김창숙의 유학정신은, 곧 도학적(道學) 실천정신과 선비정신, 의리(義理)와 실천(實踐)주의에 입각해 "인욕을 억제하고 이성적 가치를 중시한"[154]것이다. 이러한 그의 유학정신은,[155] 조선의 패망과 함께 철저하

한국전쟁이 발발하자 1951년에 이승만에게 하야경고문을 보냈다가 체포되어 부산형무소에 수감되고 1952년 부산국제부락부에서 이승만의 독재에 대항한 '반독재호헌구국선언문'을 발표하는 데 참여해 테러를 당한다. 그는 1953년 성균관대학교 초대 총장직을 맡으나 이승만 정권의 황도유학 세력과 자유당 의원들에 의해 1956년 총장직에서 강제로 물러나게 되고 1957년에는 성균관 관장, 유도회총본부장 등 공직 일체를 박탈당한다. 1951년 단독으로 '이대통령 하야경고문'을 제출한 이래, 1959년 1월 16일에는 반독재 민권쟁취 구국운동을 전개하는 가운데 1952년에 이어 다시 이승만에게 공동 사퇴권고 하야성명서를 발표한다.

154) "비로소 인욕을 막고 이성을 지킴이 학문하는 진수이며, 격물치지(格物致知)·성의정심(誠意正心)·수신제가(修身齊家)·치국평천하(治國平天下)의 도가 모두 여기서 벗어나 딴 데 구할 것이 아님을 믿게 되었다." 心山思想硏究會 編, 『金昌淑文存』, 成均館大學校 大東文化硏究院, 1986. pp. 190~191.

155) 김창숙의 도학적(道學) 실천정신에 대한 내용은, 崔一凡, 「심산 김창숙의 도학정신」, 『유교문화연구』 제16집, 성균관대학교 유교문화연구소, 2010. 선비정신에 대한 내용은, 변

게 '한국의 현실을 중시하는' 민족 유학사상으로 발현된 후 그의 인생 전반을 일관적으로 관통한다. 그는 "근본적인 경학의 중요성을 강조하고 충실하지만 실제로 그것을 실천하면서 또 때에 맞지 않는 것은 개척하고자 하는 매우 현실적인 사고의 소유자"[156]이다. 그는 향사당(鄕射堂)에 모인 대한협회(大韓協會) 지부 회원들에게 과거 유교문화의 문벌제도를 타파하는 것이 조국의 독립운동을 시작하는 길임을 밝힌다.

> "우리들이 이 회를 설치한 것은 장차 조국을 구원하려는 것이다. 조국을 구원하고자 한다면 옛 인습(因襲)을 개혁하는 것부터 시작함이 마땅하다. ……옛 인습을 개혁하고자 한다면 계급을 타파하는 것부터 시작함이 마땅하며 계급을 타파하고자 한다면 우리 회부터 시작함이 마땅하다."[157]

그의 현실 중시의 시중(時中)의 유학관(儒學觀)은 그가 당시 유학자들을 향해 "성인의 글을 읽고 성인들이 난세를 구하던 뜻을 해독하지 못한다면 곧 거짓 선비이다", "한갓 성리(性理)의 오지(奧旨)만을 고담할 뿐 구국의 위급을 강구하지 않음을 변통으로 여긴다."(「벽옹칠십삼년회상기(躄翁七十三年回想記)」)라고 한 언표를 통해서 알 수 있다. 그는 유학정

창구, 「심산 김창숙의 선비정신과 구국운동」, 『민족사상』 제7권 제4호, 한국민족사상학회, 2013. 행동주의의 유교적 의식에 대한 내용은, 이우성, 「심산의 유학사상과 행동주의」, 『심산 김창숙의 사상과 행동』, 심산사상연구회편, 성균관대학교 대동문화연구원, 1986과 최영성, 『한국유학사상사』 IV, 아세아문화사, 1995.

156) 이미림, 「心山 金昌淑의 儒學的 '民族'槪念」, 『東洋哲學研究』 第61輯, 東洋哲學研究會, 2010. p. 409.

157) 金昌淑, 「벽옹칠십삼년회상기(躄翁七十三年回想記)」, 『국역 심산유고』, 심산유고 간행위원회, 1977. pp. 684~685.

신의 실천에 대해 곧 "고상한 것을 담론하고 먼 것을 설명하는(談高說遠) 데 있지 않고 반드시 절실한 것을 묻고 가까운 것을 생각하는 것(切問近思)부터 먼저 하는 것"(「답최운경봉곤(答崔雲卿鳳坤)」)이라고 말한다. 이러한 그의 현실 중시의 유학관은 조선이 패망하게 된 가장 근본적인 원인이 유교문화의 폐단에 있음을 적시하는 가운데[158] 한국 유교의 개혁을 역설하는 방향으로 나아간다.

> "한국은 유교의 나라이다. 진실로 나라가 망한 원인을 궁구한다면 바로 이 유교가 먼저 망하고 나라도 따라서 망한 것이다. 지금 광복운동을 인도하는 데에 오직 세 교파가 주장하고 소위 유교는 한 사람도 참여하지 않았다. 세상에 유교를 꾸짖는 자는 '쓸데없는 유사(儒士), 썩은 유사는 더불어 일하기에 부족하다' 할 것이다. 우리들이 이런 나쁜 명목을 덮어썼으니 무엇이 이보다 더 부끄럽겠는가?"[159]

이와 같이 그는 조선을 패망에 이르게 한 한국 유학의 개혁을 역설하면서 조국의 광복을 위해 유학자들에게 성찰과 참여를 강조한다. 즉 그는 항일독립운동 기간에는 조선조 유교문화에 대한 비판적 인식의 연장선상에서 독립운동 참여를 적극 독려하는 '항일 민족주의 유학'을 전개한다. 그의 '항일 민족주의 유학'은, 1905년 을사조약이 체결되자

---

158) 「당인탄(黨人歎)」이라는 시를 통해 그는 이씨 조선의 당파의 분열을 열거하고 "아비가 전하면 아들이 또 이어 대대로 보기를 원수처럼 하였으라. 가슴속 깊이 든 병 갈수록 더욱 악화해 마침내는 망국의 빌미가 되었다가 달갑게 왜놈의 노예가 되었음은 천추에 씻지 못할 한스러운 일"이라고 한탄한다. 위의 심산유고 간행위원회, 『국역 심산유고』(1979), p. 175.

159) 심산유고 간행위원회 편, 『국역 심산유고』, 성균관대학교 대동문화연구원, 1979. p. 698.

을사오적의 처형을 요구하는 '청참오적소(請斬五賊疏)'라는 상소를 올리는 것을 시발점으로, 1927년 일본경찰의 고문으로 앉은뱅이가 되고 1945년 체포되어 옥중에서 광복을 맞이하기까지 지속적으로 전개된다.

미군정 시기 그의 민족주의 유학은 해방 이후 한국 사회에 좌우익에 편향되지 않는 무정당주의(無政黨主義)와 통일된 민족국가의 이상(理想)을 견지한다. 따라서 그는 남북의 분단을 고착화시키려는 어떠한 행위에 대해서도 단연코 거부하는데 이는 '좌익과 우익에 편향되지 않는 민족주의 노선'으로 구체화된다.

> "아아 이 늙은이는 광복의 일에 종사하면서 그 운동을 할 때 당색
> 의 노소남북은 묻지 않고 다만 동지인가를 물었을 따름이다. 비록 동
> 지로서 백범(白凡, 김구, 1976~1949), 해공(海公, 신익희, 1894~1956) 같
> 은 이가 모두 그 당에 끌어들이려고 하였으나 늙은이는 끝내 거절하
> 였으니 지금 한국의 천하에서 우뚝 당이 없는 사람은 오직 이 늙은이
> 뿐이다."[160]

위의 인용문은, 과거 조선시대 사색당파에 찌든 한국 유교문화의 폐해에 대한 역사적 경험을 토대로[161] 형성된 그의 민족주의 유학정신의 특징을 잘 보여준다. 또한 "좌익, 우익의 구별을 타파하고 대한민국임

---

160) 앞의 『국역 심산유고』(1979), p. 201.

161) "그가 이렇게 정당에 참여하기를 거부하고 정당 자체를 적대시하기까지 한 것은 이조시대 사색당파의 폐해를 너무나 절감하였기 때문이었을 것이다." 이상 송재소, 「김창숙, 유교부흥운동과 교육활동에 앞장서다」, 『한국사 시민강좌』 제43집, 2008. p. 251.

시정부의 기치 아래 모두 모여야 한다."[162]라고 한 그의 언표를 통해서 그의 민족주의 유학의 무당파적인 성격은[163] 해방 이후 좌우익과 외세의 개입이 없는 순수한 민족통일국가를 지향했음을 보여준다. 즉 과거 한국 유교의 사색당파 문화의 폐해에 대한 그의 경험적 성찰에서 기원한 항일무장 시기의 그의 민족주의 유학정신은, 해방 이후에는 좌익과 우익을 초월한 민족주의 국가를 지향하는 이상적인 민족주의 유학정신으로 발현된다.

1946년 김구를 중심으로 한 임정 세력이 '비상국민회의'를 소집하자 정당 사회단체 가입을 적극 거부하던 그도 "정부를 수립하는 일이 극히 중대하니 마땅히 먼저 정부를 수립하기 위한 모체기관이 필요하다"[164]는 여론에 따라서 참가한다. 김창숙의 '한국의 현실을 중시하는' 민족 유학사상은 당시 남한의 현실에 대해서도 이상적인 관점만을 견지하지 않는다. 그는 미군에 대한 비판적 관점을 명확히 밝히고 있지 않으며 미군정의 존재 자체를 그대로 인정하고 현실적으로 수용한다.[165] 즉, 그는 미군정을 한국의 통일정부를 구성하기 위한 보조세력으로 생각한 것이다. 그러나 '비상국민회의 최고정무위원회'가 1946년 '남조선대한민국 대표민주의원'으로 개칭되어 주한미군사령관 하지 중장의 자문기관이 되자[166] 김창숙은 이에 강력히 반발해 김

162) 앞의 『국역 심산유고』(1979), p. 790.

163) "장을병은 이러한 김창숙을 '항구적 소수파permanent minority'라고 분류한 바 있다(『심산 김창숙의 사상과 행동』, 성균관대학교 대동문화연구원, 1986. p. 181)." 앞 송재소의 같은 논문, 「김창숙, 유교부흥운동과 교육활동에 앞장서다」(2008), p. 251.

164) 앞의 『국역 심산유고』(1979), p. 802.

165) 權奇勳, 「解放後 金昌淑의 政治活動」, 『한국민족운동사연구』 제26집, 2000. p. 330.

166) 김창숙은 2월 14일 민주위원 개원식 때 병상에 있었는데 "하지는 개회식사를 통해 '미

구를 찾아가 항의하고,[167] 반강제로 회의에 참석한 뒤에도 의장인 이 승만을 향해 "당신은 오늘에 있어서 이미 민족을 팔았으니 어찌 다른 날에 국가를 팔지 아니한다고 보장하겠는가?"[168]라고 힐난한다. 이와 같이 이승만은 자신의 권력 장악을 위해 미군정이 설정한 정치활동 범위를 벗어나지 않는 뼛속 깊은 친미행각으로 일관한 반면, 김창숙은 항일투쟁 당시 배양된 민족주의 유학정신에 의거한 투철한 자주독립 정신을 견지하며 외세의 개입 없이 한국 사회의 민족통일정부의 수립 을 지향한다.[169]

당시 김창숙은 유교의 부흥이 건국 대업에 매우 중요하다고 1946년 5월 유도회총본부 총회에서 다음과 같이 밝힌다.

주둔군의 사명은 한국이 정부를 수립함을 원조함에 있고, 특히 민주의원(民主議院)을 설치한 까닭은 본관의 자문기관을 갖추기 위함'이라 했고 뒤이어 등단한 이승만은 '한국의 현정세로 보아 정부를 세울 절차는 미군의 지휘를 전적으로 들어서 함이 당연함으로, 이 민주위원을 특히 설립한 까닭은 하지 중장군의 자문기관을 갖추기 위함이다.'라고 했다. 그러나 김구는 비상국민회의가 의결한 사항을 자세히 설명한 다음 '대회 결의의 중대한 위탁에 의하여 최고 정무 위원 28인을 선정하여 정부를 수립할 모체기관을 갖추게 된 것이다'라고 하여 하지 및 이승만과는 판이한 내용이었다." 앞의 權奇勳의 같은 논문, pp. 335~336.

167) 김창숙은 김구를 향해 "그대는 이승만과 더불어 우리 민족을 팔고자 하는가. 그대는 어찌하여 성명서를 발표하여 국민에게 사과하지 않는가. 나는 이승만 등과는 같이 자문기관 에 가지 않겠다는 것을 여러분도 모두 아는 바다. 오늘 여기 온 것은 결코 여러분과 같이 모 임에 가려 함이 아니오, 다만 백범과 한 번 만나 보고서, 첫째는 외국에 아첨하여 나라를 그 르치는 큰 과실을 밝히고, 둘째는 함께 정의로서 위국의 대사업을 붙잡자는 것이니, 민주의 원으로 있는 여러분도 모두 이 뜻을 알아야 한다."고 항의한다. 앞의 『국역 심산유고』(1979), p. 807.

168) 앞의 『국역 심산유고』(1979), pp. 820~821.

169) "그러나 이해 3월 3에 미소공동위원회가 설치되고 찬탁 반탁세력이 날카롭게 대립하 는 가운데 미군정은 우익 진영의 공위참여를 유도했다. 우여곡절 끝에 결국 민주의원들은 정 당사회단체대표로서 공위에 참가하게 되었다. 공위 참가 여부를 묻는 투표에서 23명 중 김창 숙만이 반대표를 던졌다." 앞 송재소의 같은 논문, 「김창숙, 유교부흥운동과 교육활동에 앞장 서다」(2008), p. 252. 앞의 權奇勳의 같은 논문, p. 338.

"성균관은 곧 우리나라의 유학을 높이 장려하던 곳이다. 유교가 쇠퇴하면 국가도 따라서 망하고 나라가 망하면 국학도 역시 폐한다. ……진실로 건국의 대업에 헌신하고자 한다면 마땅히 우리 유학문화의 확장에서 시작할 것이요 진실로 우리 유학문화를 확장하고자 하면 마땅히 성균관대학의 확립으로써 급무로 삼을 것이다. ……장차 성균관대학이 설립되느냐 못 되느냐는 건국 대업의 늦느냐 빠르냐를 점칠 것이다."[170]

그는 앞서 조선의 패망 당시 그 원인이 유교의 폐해에서 비롯한 것임을 밝혔는데, 해방 이후에는 유교문화의 부흥이 건국 대업의 연장선상에 있는 중요한 문제라고 밝힌다. 이는 그가 유교의 부흥과 쇠퇴가 국가의 흥망을 좌우하는 중요한 문제라고 인식한 철저한 유학자였음을 보여준다. 즉, 그는 유학교육을 담당한 전통교육기관인 성균관대학의 설립이 건국대업과 연장선상에 있음을 강조하는데, 그의 논지는 건국의 대업을 이루기 위해서 유학문화를 확장해야 하고 유학문화를 확장하기 위해서 성균관대학을 설립해야 한다는 데 있다. 이는 김창숙 개인의 의지이기도 하지만 또한 그 당시 전체 유림의 뜻을 밝힌 것으로,[171] 이를 위해 김창숙은 일제에 의해 격하된 경학원[172]을 성균관으로 환원시키고 성균관 내의 친일분자를 숙청하는 작업을 진행한다. 그

---

170) 앞의 심산사상연구회, 『김창숙문존』(1986). pp. 290~291. 앞의 『국역 심산유고』 (1979), p. 802.

171) 앞의 송재소, 「김창숙, 유교부흥운동과 교육활동에 앞장서다」(2008). p. 255.

172) 일본제국주의는 1930년 경학원(經學院)에 명륜학원(明倫學院)을 설립하며 그 교육 목적을 "황국정신(皇國精神)에 기초하여 유학을 연구하고 국민도덕의 본의를 천명하여 충성스런 황국신민(皇國臣民)을 양성한다."고 밝혔다.

러나 1957년에 이승만 정권에 의해 김창숙은 도리어 축출(유도회사건)
됨으로써 성균관은 다시 이승만의 독재체제 유지를 위한 자유당 의원
과 친일 황도유학 세력이 득세하는 기관으로 변질되고, 유학부흥을 통
해 새로운 독립 국가를 건설하고자 한 그의 꿈은 좌절된다.

그가 지향한 민족주의 유학의 가치는, 1948년에 접어들면서 유엔
(UN)의 결의에 의해 남한만의 단독선거가 시도되자 그 해 2월에 발표
한 다음과 같은 담화 내용을 통해서도 확인된다.

1. 유엔 한국위원단 내한(來韓)과 위원 제씨가 부하(負荷)한 사명은
내정간섭이 아니라 남북통일 총선거로 통일정부수립에 관하여 외력
(外力)의 부당한 간섭을 거절함에 있다고 믿는다.

2. 단선단정(單選單政)에 대하여 이것은 국토양단과 민족분열을 조
장함에 불과하니 북한지방을 소련에 허여하려는 것이다.

3. 외군의 주둔 밑에서 자유로운 선거가 있을 수 없고 이에서 연립
되는 정부는 괴뢰정부일 것이다.

4. 남북정치요인회담으로 통일정부를 수립하여야 한다.[173]

위의 담화 내용은 해방 후 그가 견지한 민주 민족주의 유학의 내용
을 명확하게 보여준다. 같은 해 3월 12일 김구(金九), 조소앙(趙素昻) 등
과 함께 남한만의 총선거에 불참한다는 '7인 성명'을 발표하며 통일독
립을 위해 여생을 바칠 것이라는 굳은 의지를 천명한다.

---

173) 심산기념사업 준비위원회, 『벽옹일대기(躄翁一代記)』, 태을출판사, 1965. p. 300. 앞 송
재소의 같은 논문, 「김창숙, 유교부흥운동과 교육활동에 앞장서다」(2008), p. 252~253.

"통일독립은 우리 전 민족(全民族)이 갈망하는 바이다. ……미·소 양국이 군사상 필요로 일시 발정(發定)한 소위 38선을 국경선으로 고정시키고 양 정부 또는 양 국가를 형성케 되면 남북의 우리 형제자매가 미소전쟁의 전초전을 개시하여 총검으로 서로 대하게 될 것이 명약관화한 일이니 우리 민족의 참화가 이에서 더할 것이 없다. ……반쪽이나마 먼저 수립하고 그 다음이 반쪽에서 통일한다는 말은 일리가 있는 듯하되 실상은 반쪽 독립과 나머지 반쪽 통일이다. 가능성이 없고 오직 동족상잔(同族相殘)의 참화를 격성(激成)할 뿐일 것이다. ……통일독립을 달성하기 위하여 여생을 바칠 것을 동포 앞에 굳게 맹서(盟誓)한다."[174]

이와 같이 '7인의 성명'에는 일관되게 분단 정부의 수립이 동족상잔의 참화를 '격성(激成)'시킬 것이라고 하며 한국 사회의 미래를 걱정하는 그의 생각이 엿보이며,[175] 또 한편으로 이 성명에는 마치 2년 뒤에 6·25라는 민족상잔의 불행한 미래를 예견한 듯이 한국 사회의 미래에 대한 냉철한 인식마저 보이고 있다. 이러한 그들의 민족의 장래에 대한 불안은 통일독립에 대한 확고한 의지로 발현되는데, 남한만의 단독정부가 수립되기 전까지 전개한 그의 통일독립운동은 그의 민족주의 유학정신을 확인시켜준다.

그는 분단정부의 수립을 저지하기 위해 활동한 남북협상 운동을 끝

---

174) 앞의 심산기념사업 준비위원회, 『벽옹일대기(躄翁一代記)』(1965), pp. 301~303.

175) 이로부터 김창숙은 한층 적극적인 태도로 남북협상 운동에 임하지만 이승만이 결국 협조하지 않아 끝내 목적을 달성하지 못할 것이라고 생각한다. 앞의 權奇勳의 같은 논문, pp. 345~346.

으로 정계에 은퇴하고 이후 성균관 일에 집중하다가 1·4후퇴로 부산으로 피란을 가게 되면서 다시 정치에 관여한다. 이를 기점으로 분단 정부 수립 전 전개한 김창숙의 남북통일 국가를 지향한 '민족통일의 민족주의'는 이승만 독재라는 한국 정치 집권층의 의롭지 못한 행위에 맞서는 '반독재 민족·민주주의 유학'의 시기를 맞는다.

김창숙이 견지한 민족유학의 핵심은, "성인의 글을 읽고도 난국을 구제하던 성인의 뜻을 깨우침이 없으면 거짓 유자(僞儒)이다."[176]라는 그의 말대로 "어떠한 위협과 무력에도 굴하지 않고 부귀에 흔들리지 않으며 의리를 당면한 현실에다 밝히고",[177] "살아서는 의(義)를 다하고 죽어야만 말겠다."[178]는 의리(義理) 실천주의이다. 이러한 그의 의리 실천주의는 이승만 정권 기간 12년 동안에 3차례의 이승만 하야 성명서를 발표하는 등 지속적으로 그의 독재를 맞서는 일관된 행동으로 나타난다.[179]

즉, 그는 이승만 집권 12년 기간 동안 3차례에 걸쳐 독재를 규탄하는 하야 성명서를 발표한 것을 비롯해 끊임없이 저항정신을 발휘하는데, 예를 들면 그는 1951년 단독으로 '이대통령 하야 경고문'을 제출해 부산형무소에 수감되고, 1952년에는 이승만이 자신의 재선 가능성

---

176) 「벽옹칠십삼년회상기(躄翁七十三年回想記)」, 金昌淑, 『心山遺稿』(韓國史料叢書 第18輯), 국사편찬위원회, 1973. p. 301.

177) 심산사상연구회, 『김창숙문존』, 성균관대학교 출판부, 1999. p. 151.

178) 「벽옹자명(躄翁自銘)」, 앞의 『心山遺稿』(1973), p. 388.

179) 김창숙은 이승만의 하와이 망명 소식을 병상에서 접하고 "이승만(李承晩)이와 싸워 온 사람도 많겠지만 나만큼 독하게 맞서 온 이도 드물 거요! 그가 12년간 집권하는 동안 내 세 차례에 걸쳐 공개로 대통령 하야(下野) 권고를 했지만, 그 스스로가 하야했더라면 지금쯤 하와이로 도망쳐 있지 않아도 되었을 거요!"라고 말한다. 「동아일보」, 1960. 10. 28일자. 앞의 權奇勳의 같은 논문, p. 351.

이 희박해지자 헌법을 바꾸려는 것에 대항해 60여 명과 함께 부산국
제부락부에서 '반독재호헌구국선언대회(反獨裁護憲救國宣言大會)'를 주재
하다가 정치깡패들로부터 폭행당한 후 또다시 수감된다. 1956년에는
사사오입(四捨五入) 개헌을[180] 비롯한 온갖 부정한 수단을 동원해 3선
에 당선된 이승만에게 '대통령 삼선(三選) 취임에 일언(一言)을 진(進)
함'이라는 제하의 성명을 발표해 부정선거를 일체 무효로 하고 재선
거를 실시할 것을 요구한다. 1958년 12월 24일 이승만의 독재를 연
장하기 위한 이른바 '2·4 보안법 파동'[181]이 일어나자 1959년에 그는
손자의 등에 업혀 상경해 1월 8일에 반독재 민권쟁취 구국운동을 위
한 전 국민 총궐기연합체를 구성해 3·1운동의 정신을 이어가자는 호
소문을 발표하고, 1월 16일에는 "보안법은 이 민족을 억압하는 망국법
(亡國法)이요, 이제 대한민국은 민주공화국이 아니라 경찰국(警察國)이
며, 따라서 이대통령은 국민 앞에 사과하고 하야하라"는 하야 성명서
를 발표한다.[182]

이상에서 살펴본 바와 같이 김창숙은 유학자로서 한국 사상사에서
보기 드물게 한말 이후부터 한국 사회의 변화에 능동적으로 대처하는
현실 인식을 토대로 유학의 의리정신을 발휘해 나간다. 그의 사상적

---

180) 자유당은 1954년 5월 20일 제3대 민의원 선거에서 개헌 정족수를 확보하는 데 실패
하자 초대 대통령에 한해서 중임 제한 철폐를 골자로 한 헌법 개정안을 9월 8일 국회에 제출,
11월 27일 국회 표결 결과 재적 203명 가운데 찬성 135, 반대 60, 기권 7표로 개헌 정족수에
1표가 미달되어 부결이 선언되지만, 자유당 정권은 이틀 후에 헌법에 위배되는 사사오입(四捨
五入) 논리를 적용시켜 개헌안의 가결을 선포한 사건.

181) 제4대 대통령 선거를 위해 공안 정국을 조성하려는 자유당이 야당 의원들의 출석을
막고 단독으로 대공 사찰과 언론 통제 강화를 위한 국가보안법과 지방자치법 개정안을 국회
에서 통과시킨 사건.

182) 앞의 權奇勳의 같은 논문, pp. 349~351.

토대는 유학의 대의명분과 의리관념으로 무장한 비판사상과 결합된 민족주의인데, 그의 민족주의는 보편주의와 대립하기보다는 한국 사회의 변화하는 사회정치적 상황과 현실적으로 반응하며 보편주의의 미래지향적 가치와 선택적으로 친화력을 지니면서 새로운 형식으로 발현된다. 즉, 그의 동도(東道)의식에 기초한 '보편적(순수한)'[183] 민족주의는 한국 현실 상황의 변화에 대처하며 항일민족주의, 통일민족주의, 민주민족주의의 경로를 통해 발현된다. 이를 부연하면 구한말·일제강점기에는 일본에 대항하는 항일 민족주의의식으로, 해방 후 미군정기에는 좌·우익을 초월한 이상적 통일 민족주의의식으로, 이승만 독재시대에는 반독재의 민주 민족의식으로 발현된다. 이와 같은 그의 삶에 대해 "심산이 없었다면 독립운동의 역사에 유교가 어떻게 족적을 남길 수 있었을까?"[184]라는 평가는 물론, 반드시 이와 함께 "심산이 없었다면 한국 민주주의 운동의 역사에 유교가 어떻게 족적을 남길 수 있었을까?"라는 평가를 더함이 마땅하다. 무엇보다 한국의 변화하는 상황에 대처하는 그의 동도의식의 발현은, 박정희 정권 시대에 들어서면서 권력친화적인 방향으로 선회한 보수적인 한국 유교문화와, IMF 직후 유교자본주의를 비롯한 자본주의의 옹호 기능을 자처한 한국 유교의 문제점이 무엇인지를 잘 보여주고 있을 뿐만 아니라, 현재 한국 유교가 나아갈 방향을 뚜렷하게 지시해준다.

---

183) 앞 장에서 밝힌 바와 같이 '보편적(순수한)'의 내용은, 주체성에 입각해 민주적 원리와 인류애의 보편적 이상실현에 벗어나지 않은 경계선상에서 배타적이지 않은 순수한 내용이 실체적인 형식을 갖추어 발현되는 유형의 민족주의를 지칭함.

184) 앞의 최일범의 같은 논문, p. 326.

2) 박정희 정권 시기의 재생된 전근대적인 충(忠)·효(孝)의 이데올로기

(1) 민족적 민주주의

4·19로 이승만 정권이 무너진 후 한국 사회에서는 과거 친일·극우 반공 세력에 의해 제약을 당하던 민족주의 세력이 급격히 고양함으로써 '반봉건', '반외세', '반매판'에 토대한 민족혁명론과 자주통일론이 확산된다. 그러나 1961년 5월 16일 박정희(朴正熙, 1917~1979)를 중심으로 한 군사 세력이 쿠데타를 통해 정권을 장악하면서 반공은 또다시 국시(國是)로 내걸리고 통일운동 세력은 탄압을 당한다. 그러나 군사정권은 당시 4·19 이후 한국 사회 전반에 고양된 민족주의의 자장 안에서 자유로울 수 없었으며, 이 때문에 5·16은 4·19의 계승이며 자신들 역시 민족주의자임을 끊임없이 강조한다.[185]

군사정권은 '조국근대화'의 과제로 '식민잔재의 청산', '빈곤으로부터의 해방', '건전한 민주주의 재건'을 제시하고 이를 위한 담당 주체로서 자신들의 등장을 합리화한다.[186] 박정희 정권은 근대화의 핵심이 경제개발에 있음을 강조하지만, 경제개발 시행 첫 해인 1962년 실질성장률은 목표치인 5.7%에 못 미치는 2.6%에 머물고 통화개혁[187] 또

---

185) 오제연, 「1960년대 초 박정희 정권과 학생들의 민족주의 분화-'민족적 민주주의'를 중심으로-」,『기억과 전망』 16권, 민주화운동기념사업회, 2007. p. 293.

186) 박정희,『우리 민족이 나아갈 길』, 1962, pp. 127~131.

187) 1961년 박정희는 화폐개혁을 통해 노출되는 음성자금을 경제 개발 투자재원으로 동원하기 위해 통화개혁을 추진하지만 국내 기업과 미국의 압력에 의해 동결된 자금이 풀리고 산업개발공사 또한 유야무야됨으로써 효과를 거두지 못한 채 화폐단위만 10분의 1로 절하하는 결과를 낳는다.

한 인플레이션과 사회적 혼란만을 양산하는 가운데 정치활동정화법 제정과[188] 4대 의혹사건[189] 등과 같은 구악(舊惡)을 능가하는 군부의 신악(新惡)이 분명하게 드러남으로써 1963년 민정 이양을 위한 대통령 선거를 앞둔 박정희에게 불리한 사회적 국면이 조성된다.[190]

이러한 국면을 타개하기 위한 방편으로 1963년 5대 대통령 선거에 임하면서, 박정희는 민족주의 의식이 팽배한 당시 한국의 사회적 상황을 고려한 '민족적 민주주의'[191]를 표방한다. 박정희가 표방한 민족적 민주주의는 1962년 『우리 민족의 나아갈 길』에서 밝힌 '건전한 민주주의',[192] '민주주의의 한국화'를 개량화한 것으로, 이승만의 독재와 친일 세력에 대한 반감이 강하게 확산된 4·19 이후 당시 한국 사회의 민족주의적 정서를 자극함으로써, 윤보선(尹潽善, 1897~1990)의 자유 민주주의와의 사상논쟁에서[193] 승리한다.

---

188) 정치활동정화법은 박정희 정권에 맞서는 정치인과 학생운동 세력의 정치활동을 막기 위한 법률로 5·16쿠데타 악법의 상징이었으며 제정 후 40년 지난 2008년에 폐지됨.

189) 4대 의혹사건은 증권파동, 워커힐 사건, 회전당구기 사건, 새나라자동차 사건을 일컫는데 모두 중앙정보부(당시 김종필이 중앙정보부장으로 있었음)가 불법적으로 공화당의 정치자금을 모으기 위해 벌인 사건임.

190) 앞의 오제연의 같은 논문, p. 295.

191) '민족적 민주주의'는 1970년대에 유신을 합리화하기 위한 '한국적 민주주의'로 바뀐다.

192) '건전한' 민족주의란 서구 민주주의와의 차별성을 부각시키기 위해 민족의식을 배타적으로 강조한다는 점에서 앞서 나온 '보편적(순수한)' 민족주의와는 엄격하게 구별된다.

193) "20세기 정치적 후진국의 가장 위험한 존재는 가식의 자유민주주의의 탈을 쓴 민족이념 결핍자들이다.", "민족적 주체의식을 먼저 확립하고 그 위에 자유민주주의를 재건한다.", "자유민주에 대한 한국적 특색, 고유의 전통적 양풍(良風), 양속(良俗)을 살려 나간다.", "배타적이 아닌 새로운 민족주의 이념을 강력히 부식시켜 자주와 자립을 성취한다."《조선일보》 1963년 9월 21일자. 9월 23일 라디오 연설에서 박정희는 "이번 선거는 개인과 개인의 대결이 아니며 민족적 이념을 망각한 가식의 자유민주주의 사상과 강력한 민족적 이념을 바탕으로 한 자유민주주의 사상과의 대결"이며 "자주와 자립이 제3공화국의 집약적 목표"라고 주장한다.《조선일보》 1963년 9월 24일자. '강력한 민족적 이념을 바탕으로 한 자유민주주의 사상'은 곧 '민족적 민주주의'로 불리기 시작한다. 앞의 오제연의 같은 논문, pp. 296~297.

조선조 내부의 주자학적 세계관에 대한 비판적 인식의 연장선상에서 비롯한 민족주의는,[194] 일제강점기에는 항일독립정신으로, 이승만 정권 시기에는 독재에 대항하는 민주 민족정신으로 표출되지만, 박정희 정권에 이르러 마침내 자유민주주의의 대항담론으로 기능하며 부정적인 진화를 거듭한다. 박정희 정권 내내 민족적(한국적, 토착적) 민주주의는 정권 유지의 적극적 이데올로기로 기능함으로써 궁극적으로 한국 사회의 민주주의를 퇴보시키는 결과를 낳는다. 즉, 박정희의 당선을 계기로 윤보선의 '자유민주주의'에 승리한 '민족적 민주주의'는 약 20여 년간의 박정희 집권기간 내내 개발독재 이데올로기의 정치적 문화적 배경을 담당하며 한국 사회문화 저변에 깊숙하게 뿌리내린다.

박정희 군사개발독재 시기에 내걸린 '조국의 근대화'는 '경제의 양적 팽창과 성장 일방의 경제지상주의'와 '냉전 이데올로기에 의거한 반공주의'라는 큰 두 축을 골간으로 진행되고, 군사정권의 제한된 정의에 기초한 민족주의 이념은 이를 강력하게 떠받치는 가장 큰 사회적 문화적 배경으로 작용한다.

우선, 군사정권이 주장한 '조국 근대화'의 내용은 결과론적으로 산업화와 동일한 맥락으로 이해됨으로써, 이후 한국 사회는 노동지상주의에 입각한 개발독재가 한국적 자본주의의 모델로 정착된다. 근대화란 경제뿐만 아니라 사회, 정치, 문화, 윤리 등 제반 분야에서 전근대와 차별화될 수 있는 구조적 변화가 동반되어야 한다. 그럼에도 불구하고 의도적으로 산업화와 근대화를 동일시한 박정희식의 '민족적' 내

---

194) 한국의 민족주의는 "국가 또는 민(民) 전체를 위한 정치적 경제적 가치를 추구하는 공리적 사고방법에 의한 조선조 내부 세계에 대한 비판적 인식의 연장선상에서 이루어진 것"이다. 김혜승, 『한국민족주의: 발생양식과 전개과정』, 비봉출판사, 2003, pp. 18~19.

지 '한국적' 근대화의 내용은 도리어 한국 사회의 근대화에 역행하는 아이러니한 상황을 역출한다.

또한 산업화와 더불어 조국근대화를 위한 '종족적 민족주의'[195]와 결합된 '반공주의'는 이승만 정권 시대보다 더욱 강화됨으로써 민주주의의 근대적 가치보다 민족보존과 민족중흥을 위한 가치가 그 상위의 가치로 강조된다. 조국과 민족의 번영과 발전은 경제성장에 달려 있으며 이는 반공을 통해 가능하다는 점에서, 그에 의해 반공은 민족을 중흥시키는 데 가장 필수적인 요소로 각인된다. 그는 반공주의가 민족의 보존과 통일을 저해하는 세력을 제거하고자 하는 민족주의의 연속선상에서 제기된 것으로 조국의 근대화와 미래를 위한 민족중흥의 근본정신과 일치하는 것임을 강조한다.[196] 이와 같은 박정희식의 반공에 기초한 종족적 민족주의는 단순한 담론의 기능을 넘어선 지배의 기제이자 통치의 정당성을 제공하는 디스커스(discourse)로써[197] 북한 공산

---

195) 종족적 민족주의란 언어적 문화적 단일성에 의거한 민족 고유성과 더불어 유전적 육체적 단일성을 강조하는 가운데 민족공동체를 초월적 유기체적 존재로 간주하는 관점을 말함. 반면 이와 대비되는 '시민적 민족주의'는 시민으로서 민족 구성원의 인격적 동등성 관념이 강조됨으로 민족자결과 함께 자유와 평등 등의 민주주의적인 권리가 강조됨.

196) 박정희는 1967년 7월 1일 제6대 대통령 취임사에서 "우리의 적은 빈곤과 부정, 부패와 공산주의입니다. 난 이것을 우리의 삼대 공적으로 생각합니다. ……정녕 이 삼대 공적이야말로 우리 민족의 중흥을 위한 투쟁에 있어서 근본적으로 배격해야 할 공적이라고 아니할 수 없습니다."라고 주장하고 1969년도 신년사에서 "국방이 즉 건설이요, 건설이 즉 국방인 것입니다. 우리가 북괴의 온갖 도발을 물리치고 대공투쟁에서 승리하는 것이나 통일하고 민족의 중흥을 이룩하자는 목적은 같은 것입니다."라고 주장한다.

197) 조흡은 담론(談論)의 의미에 대해 "지식과 말은 밀접한 관계가 있는데, 이 말이라는 것도 철저하게 힘의 관계에 의해 지배되는 것이다. ……이렇게 힘이 실린 말을 영어로 '디스커스(discourse)'라고 하고 한자어로는 '담론'(談論)이라고 주로 번역해 사용하는데, 담론이라는 단어에는 힘이란 개념이 내포되지 않아 부적절한 일본어식 번역이라고 생각된다. ……푸코는 디스커스, 즉 세상에 떠도는 모든 힘 있는 말들은 절대로 중립적이거나 객관적일 수 없다고 주장한다. 그리고 그 말의 생산(또는 억압)은 어느 특정한 사회조건에서 항상 정치적일 수밖에 없고, 따라서 디스커스는 항상 누구의 말이 옳은지를 겨루는 싸움터라는 얘기다."라고

주의를 비롯한 (같은 민족으로 구성된) 북한을 '타자화된 적'으로 간주하는 것으로 집약된다.[198]

결론적으로, 박정희의 민족적 민주주의는 민주주의의 의미를 퇴색시키는 가운데 민족주의의 '억압성'[199]만을 강조한 민족 지상주의로 수렴되고, 이는 다시 '한국적' 내지 '토착적' 민주주의로 재생됨으로써 자신의 독재를 위한 권력 이데올로기로서의 변모를 거듭한다. 당시 중·소 분쟁, 자본주의 세계 체제의 단일성 붕괴, 미·중 수교로 상징되는 냉전체제의 이완, '아시아의 안보를 더 이상 미국이 보장해줄 수 없다.'는 닉슨 독트린 등의 국제정세 변화와 아울러, 1960년대 개발독재로 인한 사회경제적 갈등의 심화, 1971년 선거에서 야당의 약진 등은, 박정희 정권에 심각한 위기의식을 불러옴으로써 이에 박정희는 1971년 12월 27일 국가비상사태를 선포하고 이듬해 10월 17일 대통령 특별선언 발표와 더불어 계엄령을 선포한다. 그는 이 직후 헌법 개정에 착수해 국민의 기본권을 대폭 제한하고 국회의 권한을 축소시키는 10월 유신헌법을 선포한다. 10월 유신의 구호였던 '한국적 민주주의'는 사실상 민주주의제도에 대한 부정이다.[200] 이 점은 취임식부터

정의한다. 조흡, 「힘, 몸, 그리고 성: 미셸 푸코를 어떻게 읽을 것인가?」, 『인물과 사상』, 개마고원, 1997. pp. 324~326. 강준만, 『대중문화의 겉과 속』II, 인물과 사상사, 2003. p. 53.

198) 박정희의 종족적 민주주의와 결합된 반공사상은 초등학교 교과서를 비롯한 전 국민적 교육 차원에서 강조되는 가운데 이는 '이분법적 타자화'의 논리를 넘어서 '타자화된 적(북한)의 악마화'를 한층 더 강화하는 방향으로 나아간다.

199) 민족은 공동체의 구성원이 자신들이 민족을 형성한다고 생각하거나, 그렇게 믿고 행동할 때 존재한다. 베네딕트 앤더슨, 윤형숙 옮김, 『상상의 공동체: 민족주의의 기원과 전파에 대한 성찰』, 나남출판, 2003. p. 25. 여기서 '억압성'이란 표현의 사용은 민족의 이념이 국민적 차원에서 심리적 순수함의 정체성을 확정하는 측면보다는 정치적으로 이용되어 권력관계에 의해 강제되었음을 의미한 것임.

200) 앞의 이종범 외 편의 같은 책, p. 440.

기독교 신자로 자임한 이승만이 자신의 독재 야욕을 위해 헌법을 거듭 개정함과 더불어 다른 한편으로 당시 한국 사회에 잔존한 과거 전근대 전통사회의 민족문화와 이데올로기를 적극 활용하는 방법과 유사하다.

그 결과, 박정희 정권 당시에 강력하게 주입된 민족지상주의와 반공주의는, 한국 노동자들에게는 민족중흥의 역사적 임무가 강조된 한국적 노동지상주의를 각인시키고, 더불어 한국 사회에는 데탕트 이후에도 자본주의 국가로는 유일하게 자본의 논리보다 냉전 이데올로기에 의한 정치적 이념이 우위를 점유하는 기형적 자본주의 국가의 모습을 잉태시킨다.

(2) 전통문화의 복원과 충효의 이데올로기[201]

집권 초 민족적 민주주의를 내세운 박정희 정권은 전통문화의 복원과 민족 주체성 교육을 강조하고 이 과정을 통해 민족지상주의는 국민정신을 가늠하는 절대적 잣대로까지 활용된다. 즉, 민족지상주의의 확산은 단순히 과거 전통문화를 복원하고 보존하는 과정을 넘어서 민족 고유의 정체성을 확인시키는 사상교육을 동반하고, 이 과정에서 민족 지상주의는 서구의 자유민주주의와 북한의 사회민주주의에 대한 대항담론으로써 충실히 기능하며 박정희 장기집권을 위한 이데올로기적 역할을 수행한다.

---

201) 이 장의 '충효의 이데올로기'에 대한 내용은 문화현상학의 해석학적 시각을 빌려 '경험적 증명'보다는 한국의 제1의 근대에 대한 성찰과 제2의 근대화를 위한 '이론적 담론'을 제공하는 데 비중을 두고 작성된 이문호, 「'비사회인': 충효가 남긴 근대적 한국인」, 『한국 사회학』 제40집(1호), 2006. pp. 59~92.를 주로 참조함. 단 여기서는 박정희 정권기간 동안에 재생된 충효 이데올로기 내용(pp. 65~70)만을 선택적으로 취해 재구성함.

"본인은…… 국민의 정신이 해이되고 무기력하게 되어가는 데 크게 관심하였다. 말하자면 '우리의 것', '한국적인 것', '한국인적인 것'은 점차 소멸하여가고, 대신 '미국적인 것', '서구적인 것' 그리고 '일본적인 것'이 등장하려는 데는 끝없는 분노를 누를 길이 없었다."[202]

즉, 박정희는 5·16군사 쿠데타의 명분에 대해, "한국적인 것"이 소멸해 가는 것에 분노를 느껴서 "집은 있어도 문패는 남의 것이었고, 족보는 있어도 사생아를 면치 못했던 지난날"[203]을 바로잡고 "민족의 고유성, 전통, 주체의식을 토대로…… 새로운 문화관을 창조하고, 새로운 사회풍조를 이룩하고 '우리의 것'을 형성 견지하게 하고 자랑할 수 있도록"[204] 하기 위한 것이라고 말한다. 박정희는 한국 민족의 정체성의 문제를 제기하며 한국적 근대화를 역설하지만 사실상 그가 취한 방법은 아이러니컬하게도 일본의 메이지유신을 벤치마킹한 것이다.[205] 따라서 현재 민족적 내지 한국적이라고 생각하는 많은 것이 사실상 일본적인 것이었음을 보여주는 사례가 빈번하게 발견된다.

그 결과 박정희는 민주주의에 대한 대항논리로 민족주의의 가치(東道)를 적극 고취시키며 한국 민족 고유의 당위적 가치로 충·효 정신을 미화하는 가운데 충·효가 서구 문화에 비해 우월한 민족주의 정신을

---

202) 박정희, 『국가와 혁명과 나』, 지구촌, 1997(1963). p. 83.

203) 앞의 박정희의 같은 책, p. 83.

204) 앞의 박정희의 같은 책(1977), p. 289.

205) "정체성의 문제를 제기하고 있는 것이다. 민족정체성이 사라지는 서구적 근대화를 막고 우리의 전통 위에서 '한국적' 근대화를 이룩하겠다는 의지가 강하게 드러난다. 여기서 박정희 정권은 한국적 근대화를 위해 '화혼양재'의 일본식 근대화 모델을 표본으로 삼는데 이로부터 '충효'가 한국 제1의 근대화를 이끄는 이데올로기로 등장한다." 앞 이문호의 같은 논문, pp. 66~67.

실현하는 주요 내용임을 거듭 강조한다. 이로써 이승만에 이어 박정희 정권에 의해 전근대 사회를 이념적으로 떠받친 충효 이데올로기는 해방 후 근대 한국 사회에서 다시 한번 재생되기에 이른다. 그러나 박정희 정권에 의해 재생된 충효 이데올로기는 이승만 시대에 비해 차원이 다르게 서구적 근대화의 대안으로써 한국 사회에 전반적인 이데올로기 기능을 담당한다. 박정희의 우리 고유의 정체성을 견지하며 근대화해야 한다는 한국적 근대화론은 외세에 끊임없이 시달려온 한국 사회의 정서상 한국인에게 문화적 긍지를 부여함으로써 그리 어렵지 않게 국민들로부터 사회적 정당성과 동의를 얻는 가운데 한국 대중사회 저변에 확산된다.[206]

박정희 정권은 일본의 「교육칙어」를 모방한 1968년 국민교육헌장 선포, 일본의 천황절대주의를 모방한 민족절대주의를 내세운 1973년 문교부의 '국적 있는 교육' 방침, 그리고 한국정신문화연구원의 창설 등을 통해, 한국의 정신문명이 서양의 물질문명보다 우월하다고 고취시키는 위로부터의 문화운동을 전개한다.[207] 그가 1978년 한국정신문화연구원의 개원식에서 연설한 "세계사를 보더라도 한때 물질적으로 크게 번영을 누린 민족이라도 정신문화의 뿌리가 없는 민족은 결국 쇠잔과 멸망의 길을 재촉한 사례를 우리는 많이 보아 왔습니다. …… 그동안 정부가 국적 있는 교육을 강조하고 호국 문화유적의 복원, 정

---

206) 충효는 한국인에게 매우 친근한 개념으로 한국 사회에 점차 익숙해진 문화적 전통 아래서 충효사상은 한국적 근대화를 이룩하기 위한 사회통합 이데올로기로서 헤게모니를 장악하는 데 큰 문제가 없었다. 앞 이문호의 같은 논문, p. 71.

207) 이것은 동양(정신)과 서양(물질)의 대비 속에서 동양의 정신이 서양의 물질보다 우선한다는 점을 강조하는 일종의 '문화운동'이었으며 이로부터 정신을 강조하는 '문화주의'가 정책적으로 지원되고 '한국적'이라는 말과 함께 충효는 근대화의 방향을 견인하는 이데올로기로서의 힘을 얻는다. 앞 이문호의 같은 논문, pp. 70~71.

화에 힘쓰며 충효사상을 고취하는 참뜻도 여기에 있는 것입니다."[208]
라는 내용은, 민족주의 교육과 전통문화의 복원, 충효사상이 서구적
근대화에 버금가는 한국적 근대화의 대안임을 밝히고 있다. 특히 충효
는 한국 사회의 정체성을 살리면서 근대화를 이룩한다는 한국적 근대
화와 국가 통치 이데올로기로서 다음과 같이 제시된다.

> "우리가 충효사상을 강조하는 것은 그것이 고대로부터 내려오는
> 미덕이기 때문만은 아니다. 그것은 오늘의 한국 사회가 절실히 필요
> 로 하는 시대적 요구인 까닭이다. 지금 우리나라는 극복해야 할 많
> 은 시련에 봉착해 있다. 밖으로는 북한 공산 세력의 도전을 받고 있으
> 며, 안으로는 서구 문화의 무비판적인 수용에 의하여 자아를 상실하
> 고 있는 형편이다. 이에 우리는 공산주의에 대처하여 국토를 방위하
> 고 자아를 확립할 수 있는 민족적 주체성이 필요한 것이다. 오늘의 청
> 소년에게 충효사상을 고취할 필요가 여기에 있다."[209]

> "한마디로 충효의 본질은 인간 본연의 모습을 되찾아 공동사회 속
> 에서 조화롭고 따뜻한 인간관계를 유지하는 데 있다. ……충효사상은
> 이처럼 자기가 속한 공동체에 대한 짙고 뜨거운 사랑에 바탕을 두고
> 있다. 나의 가정이 하나의 조그만 생활공동체라면, 국가나 민족은 하
> 나의 커다란 생활공동체이며, 이 두 공동체에 대한 애정은 그 본질에
> 있어서 조금도 다를 것이 없다."[210]

결국 민족주체성, 공동체주의에 입각한 일본의 '충효일본론(忠孝一本論)'을 모방한 박정희 충효 이데올로기의 궁극적 귀결점은 일본 천황제에 근간한 메이지유신의 경로를 답습하면서 유신체제라는 전체주의 국가를 탄생시키는 데 이르고, 9차례의 긴급조치로 유지되던 유신체제는 그의 사망과 함께 1979년 막을 내린다.

박정희 정권이 민족주체성을 강조한 충효사상과 민족 지상주의라는 한국적 근대화와 국가 통치 이데올로기는 사실상 한국 민족 고유의 문화와 거리가 먼 일본의 천황제를 근간으로 한 메이지유신을 모방한 것이다. 박정희의 친일 정서는 1965년 12월 8일 한일협정비준서 교환에 즈음한 담화문의 "과거 우리와 일본 간의 관계로 말한다면, 그것은 분명히 구적(仇敵)관계라고 말할 수 있다. 그러나 그것은 어디까지나 과거다. 그것은 우리의 현재가 아니다. 또 미래가 그럴 수 없다는 것은 다시 말할 필요조차 없는 것이다."라는 내용을 통해서 이미 확인할 수 있듯이, 박정희 정권이 내건 민족적 민주주의는 당시 국민 대다수의 정서에 반한 민족의 자존심과 민주주의의 훼손으로 평가받는 1965년 일본과의 국교 수립 및 한·일 협정으로 귀결된다.

또한 1968년 제정되어 한국 사회 전반에 보급된 「국민교육헌장」의 "우리는 민족중흥의 역사적 사명을 띠고 태어났다. 조상의 빛난 얼을 되살려……"라는 내용의 서두에 나오는 '우리', '민족중흥', '조상의 빛난 얼'이라는 단어는 박정희 정권 이데올로기의 성격을 압축적으로 보여준다. 즉, '우리', '민족중흥', '조상의 빛난 얼'은 일본 메이지유신 시기에 강조된 일본 민족의 공동체의식, 천황제에 내재한 민족의식과 전제주의 성격의 한국적 발현이다.

부연하자면, 일본의 '와(和)'사상은 오랫동안 일본 국민의 사고방식과 생활 태도를 결정한 중요한 요소로, 메이지 시기에 이르러 일본은 천황을 중심으로 한 하나의 집안이라는 가족적 공동체 의식을 강조하기 위한 정책의 일환에서 특히 이를 강조한다. 그리고 이것이 한국적으로 변용되어 「국민교육헌장」에서 '우리'라는 용어로 표현되고 한국 사회가 하나의 공동체임이 강조된다. 또한 이미 앞서 일본에서 살펴보았듯 1930년대 일본이 독일로부터 수용한 '공동체'라는[211] 용어는 박정희 정권에 의해 '우리'라는 공동체 의식을 강조하기 위해 재생되고 현재 한국 사회의 정치와 경제, 학문 분야를 비롯한 제반 분야에서 일반적으로 늘상 사용하는 용어가 된다. 이는 조국이라는 공동체의 이익을 위해 개인의 인권과 자유는 침해받을 수 있다는 것이 당시 박정희 정권 이데올로기의 당위적 명제임을 밝힌 것이다. '민족중흥' 또한 개인의 이익보다는 민족 공동체의 이익을 위해 헌신해야 한다는 것이며, '조상의 빛난 얼을 오늘에 되살려'는 과거의 전근대 이데올로기인 충효정신을 다시 되살려 이어받자는 의미이다. 즉, 가족 공동체 의식과 충효의 이데올로기 또한 앞서 일본을 다룬 장에서 살펴보았듯이 과거 일본 메이지유신 시기의 천황제를 유지하기 위한 대표적인 이데올로기인데, 이것은 다시 오랜 시간을 경과해 한국 사회에서 박정희 정권의 「국민교육헌장」을 통해서 재생된다. 이 점은 박정희 스스로가 "메

---

211) "'잃어버린 공동체'에 대한 추구는 단지 과거의 공동체의 있어서의 자연스럽고 당연한 관계들에 대한 낭만적인 이상화에 그치지 않았다. 급속히 산업화되는 세계에서 인위적인 공동체를 만들어 내고 이를 믿으려는 사람들의 자세와 열정은 종종 공동체를 '상상'해내기에 이르렀다. 「자유로부터의 도피」의 저자인 에리히 프롬에 의하면 전체주의적인 정권들은 이러한 공동체에 대한 허위 약속에 기초를 두고 있는 것이다. 동남아 연구가인 베네딕트 앤더슨에 의하면 근대의 민족주의는 바로 이러한 공동체에 대한 욕구의 결과로서의 민족, 즉 '상상 속의 공동체(imagined communities)'에 다름 아닌 것이다. 1930년대 후반 일본의 노사관계에 처음으로 소개되어 널리 보급되기 시작한 공동체라는 개념은 이러한 '공동체에 대한 여러 종류의 추구' 중에서도 나치스 독일판(版)이었다." 앞의 한경구, 「일본의 문화와 일본의 기업 – 문화론적 설명의 虛와 實 – 」, 『東方學志』, pp. 256~257.

이지유신은 그 사상적 기저를 천황 절대제도의 국수주의적인 애국에 두었다. 이리하여 이들은 밖에서 밀려오는 외국의 사상을 일본화 하는 데 성공하고, 또한 국내적으로 진통을 거듭하는 유신과업에의 외세 침입을 방어할 수 있었다",[212] "시대나 사람의 사고방식이 그 당시와 지금이 같을 수는 없지만, 일본의 명치 혁명인의 경우는 금후 우리의 혁명 수행에 많은 참고가 될 것은 부정할 수 없을 것이기 때문에, 본인은 이 방면에 앞으로도 관심을 계속하여 나갈 것이다."[213]라고 인정한 내용을 통해서도 확인할 수 있다.

이와 같이 박정희의 주요 관심사는 일본의 정체성과 사회통합의 요소였던 메이지유신 중반 이후에 등장한 화혼(和魂)의식의 한국적 발현에 있다. 그러나 거의 수십 년의 시공간적 차이는 물론 서구화에 대한 잘못된 인식에서 비롯한 그의 발상은 한국 사회에 동도(東道)에 대한 왜곡된 인식과 부정적인 영향만을 강하게 남긴 채 유신체제와 함께 막을 내린다.[214] 그러나 현재까지도 그의 화혼의식에 기초한 개발독재와 반민주적 민족지상주의 정신은 한국 사회 문화에 영향력을 지속적으로 행사하며 검은 그림자를 길게 드리우는데, 이는 한편으로 한국 사회가 정상적인 자본주의 궤도를 이탈한 '한국적' 자본주의의 전근대성을 옹호하는 동력으로 작용하거나 또 다른 한편에서는 한국 사회에 이념(색깔) 논쟁 등을 비롯한 이데올로기 갈등을 조장하는 주요 원인을 제공한다.

---

212) 앞의 박정희의 같은 책(1977), p. 176.

213) 앞의 박정희의 같은 책(1977), p. 177.

214) 유신체제는 9차례의 긴급조치로 유지된 체제인데 마지막 긴급조치 9호는 1975년 5월 13일 발동되어 1979년 유신체제 종말에 이르기까지 5년간 존속하면서 반유신 민주화운동을 탄압하는 도구 역할을 한다. 유신체제 마지막 '긴급조치 9호'의 경우 헌법 개폐 주장이나 긴급조치에 대한 비판 자체를 불법으로 규정하는 반민주적 성격의 내용을 지닌다.

4장 한국 유교담론 속의 유교자본주의 논쟁

1997년 11월 IMF 위기를 맞으면서 한국 사회는 과거 균형감을 잃고 양적인 팽창 위주의 경제발전 전략에 치중한 한국적 자본주의의 전근대성에 기인한 문제들로 인해 심각한 고통을 겪는다. 경제 구조를 비롯한 한국 사회 제반 분야에 내포된 전근대적이고 비민주주의적인 속성은 그동안 대내외적으로 한국 사회 발전의 가장 큰 장애물로 지적되곤 했는데 IMF 위기는 다시 한번 한국 사회의 문제점이 무엇인지를 적시해주는 계기가 된다. 금융위기 직후 한국 사회는 제반 제도에 내재된 전근대성을 개혁해 민주적이고 근대적인 제도의 확립과 이에 부합하는 의식의 전환을 다시 요구받는다. 어떤 측면에서 외세의 금융자본에 의해 한국에 강제된 IMF의 위기는 한국적 자본주의의 전근대적 성격 개혁에 필요한 충분한 이유뿐만 아니라 그것에 비례된 고통을 한국 사회에 안겨준 사건이다. 다시 말해, IMF 위기는 기존 한국 자본주의의 문제점을 반성적으로 검토하고 대안 마련을 주문한 자본주의적 발상에서 기인한다. 이에 따라 한국 사회 전반은 서로가 고통과 반성을 공유하며 자본주의 유지와 경제위기 극복에 필요한 대안 마련을 위해 절치부심한다.

그런데 이 와중에 한국의 학술계에 일본으로부터 유교자본주의라는 가설적 성격의 문화담론이 수입된 후 사회과학계를 거쳐 동양철학 학술계의 주요 주제로 부각되며 유교자본주의는 호황을 누린다. 즉, 박정희 정권 이래로 충효 이데올로기를 내세운 유신체제에 안주하면서 반공주의적 우익성향의 대만 신유학과의 친밀감을 쌓으며 발전한 한국 유교계의 동향은, 한국 사회가 민주화 열풍을 겪는 동안에도 이렇다 할 논쟁거리를 생산하지 못한 채 유교 고전의 발굴과 정리에 집중하다가 사회과학학술계에 의해 일본으로부터 수입된 유교자본주의가 제기되자 물고기가 새 물을 만난 것처럼 반색한다. 이러한 현상은 전통문화의 복원 정책을 추진하는 것과 병행하며 충효 이데올로기를 강조한 박정희 정권의 지원으로 더욱 활성화된 한국 유교 연구의 배경을 고려할 때 일견 이해가 간다. 또한 유교자본주의 문화담론이 박정희 정권의 발전국가론과 그 맥을 같이 하는 유교담론이라는 점에서 그리 낯설지 않은 느낌으로 한국 유교에 다가와 환영을 받는 하나의 요인으로도 작용한다. 그런데 이러한 현상은 당시 IMF 위기를 당한 한국이 고통의 원인을 제공한 발전국가론에 입각한 한국적 자본주의의 문제점을 통감하고 절치부심하던 한국의 제반 사회적 상황과는 완전히 대조적인 상황을 연출시킴으로써, 이는 다시 한번 당시 한국 사회 문화에 내재한 전근대적 성격을 확인시켜주는 계기를 제공한다.

　특히 유교자본주의 문화담론은 발전국가론과 더불어 경제지상주의에 사로잡혀 있던 한국적 자본주의가 낳은 현실보다는 과거의 경제성장에 대한 논공행상을 하거나, 과거에 대한 냉철한 분석보다는 미래를 향한 막연한 관념적 대안들을 쏟아낸다. 또한 유교자본주의를 주장한 대부분의 논의 내용은, 한국적 자본주의의 현실적 모순을 해결하기보다는 상상적 대안에 의거한 로망스와 판타지성의 결론만을 제시할 뿐,

한국적 자본주의 사회의 갈등과 고통을 해소하기에는 너무나 힘들어 보이는 전근대적인 내용과 형식으로 채워진다. 이로써 한국 유교가 논의 초기에 반색하며 반긴 유교자본주의 담론은 비현실적 공허한 결과만을 남긴 채 얼마 가지 못해서 그 생명력을 다한다.

유교자본주의의 지식담론에서 한국 사회의 모습은 과거 산업화시대를 거쳐 현재의 테크놀로지 시대까지 진입한 근대적 자본주의 사회로 포장된다. 이들 담론에서 한국 자본주의 사회는 이미 근대화된 형태로 포장됨으로써 전통과의 대비적 구조, 내지 미래와의 대안적 구조 속에서 풀어야 할 과제를 안고 있는 대상이다. 따라서 이 논의들은 과거 한국 사회가 근대화와 산업화의 경계를 모호하게 하며 지향한 근대화의 문제점을 적시하지 못한다는 점에서 근대성 논의에 대해 사실상 소극적인 자세를 취할 수밖에 없다. 특히 한국의 유교담론 속의 유교자본주의를 둘러싼 논쟁의 성격을 살펴보면, 한편으로 한국적 자본주의에 대한 긍정적 관점을 전제로 과거 경제성장에 대한 유교문화의 사상적 역할의 논공행상을 진행하는 것이 아니면, 또 다른 한편으로 한국 경제의 양적 성장에 대한 논공행상을 포기하고 유교가 미래 한국적 자본주의의 문제를 치유할 수 있다는 입장을 견지한다. 그런데 문제는 이들 논의에서 '근대성'이 무엇인지에 대한 기준이나 관점 자체에 대한 논의는 의도적으로 아예 생략되거나 무시된다는 점이다.

'근대성'이란 사회 전반의 제요소들이 전근대와 차별화된 경우에 비로소 적용 가능한 개념임을 고려할 때, 한국적 자본주의 사회의 성격은 진정한 의미의 근대성을 실현하는 과정이라기보다는 산업화 일방의 근대화 지향성에 매몰된 성격을 지닌다. 이는 현재 한국 사회가 경제나 학력 자본만이 불균형적으로 비대해진 문화의 기형적 구조를 통해서도 확인된다. 또한 한국 사회의 문화는 전통 내지 전근대와 근대의 불명확한 문화 경계뿐만 아니라 근대와 탈근대의 모호한 문화 요소가 혼재된 특이한 양상을 띠는데, 한국의 유교자본주의와 관련한 문화 논쟁을 통해서도 이러한 현상은 쉽게 확인된다. 즉 유교담론에서 유교자본주의에 나타난 유교적 가치는 서구의 동아시아 발전담론을 재빠르게 수용하는 근대적인 가치를 지니는 반면 이를 부정하는 유교담론에서는 전통적 유교의 가치를 선전하거나 또 한편으로는 신자유주의에 대항할 수 있는 미래 지향의 대안적 가치임을 역설한다. 그러나 이들의 논의는 동(東)·서(西) 문화의 상호 긍정적이고 합리적인 보완 및 결합 가능성을 추출함으로써 현대 한국 사회를 미래지향적으로 이끄는 담론(디스커스)의 기능을 수행하기보다는 자본주의적 유행을 뒤쫓는 하나의 지적 상품으로서의 담론으로 전락하는 경향이 있다.

이 장에서는 앞서 전근대성을 주제로 살펴본 한국적 자본주의의 성격을 배경으로 최근 유교자본주의를 둘러싸고 벌어진 논쟁의 내용과 문제들을 살펴본다. 유교문화는 과거 몇십 년 동안 전통과 현대의 한국 문화의 다양한 현상을 설명할 수 있는 중심 주제임에도 불구하고 유교담론은 현재 한국 사회의 지식담론에 특별한 논쟁거리를 제시하지 못한다. 그나마 한동안 유행한 유교자본주의 또한 유교의 골격인 도덕정신에서 이탈해 친자본주의적인 근대화 지향성에 매몰됨으로써 단지 현재 한국 유교문화에 대한 성찰의 계기만을 제공했다는 위안만을 남기고 사라진다. 그러나 이러한 성찰의 계기를 남긴 것 또한 현대 한국 문화의 정체성을 규명하는 데 필요한 작업의 일환이라는 점에서 그 자료로서의 가치는 충분하다.

1. 유교담론 속의 유교자본주의에 대한 논쟁

1) 유교담론 속의 유교자본주의

1997년 11월 IMF 위기 시기 한국 사회를 반성적으로 검토하고 대안을 찾는 과정에서 일부 지식인 사회에 새롭게 열풍을 일으킨 것은 다름 아닌 발전국가론과 그 맥을 같이 한 유교자본주의론이다. 한국에서는 1985년 『유교문화권의 질서와 경제』의 번역과 출간을 통해 유교자본주의론이 처음 소개되는데, 유교자본주의론은 그 이후 한국철학사상연구회(한철연)가 중국의 문화열(文化熱)을 연구하는 과정에서 다시 연구과제로 등장한다. 이때 화교 학자 진야오지(金耀基, Ambrose Y. K. King)의 「유가윤리와 경제발전」이 번역되어 소개되면서 미국이나 해외에서 활동하던 중국 학자들의 유교자본주의론이 논의되고, 문화열 연구의 연장선상에서 진행된 현대 신유학의 연구 과정에서 다시 유교자본주의론은 한 부분을 차지하고 그 연구 범위 또한 확대되어 본격적으로 시작되는데, 이 과정에서 유교자본주의론은 현대 신유학의 한 단계로 이해된다.[215]

유교자본주의론의 한국적 적용을 시도한 흐름은 1997년 창간된 『전통과 현대』의[216] 편집 그룹에 의해 형성되는데, 이 그룹을 구성한 인물들은 주로 사회학, 정치학, 경제학 등의 사회과학을 전공한 학자들이었고, 그들은 서구적 보편성을 거부하고 전통이라는 기치 아래 한

---

215) 한철연의 연구 성과는 『현대신유학연구』(동녘출판사, 1994)라는 제목으로 출판됨.

216) 이 계간지는 총 6년 동안 발행되었다가 2002년(겨울호)을 마지막으로 현재는 발행되지 않음.

국적 특수성에 기반한 가치를 창출할 것을 주장한다. 그들은 그 특수성을 유교문화에서 찾고 한국의 경제발전과 유교의 연관성에 초점을 맞추고 담론을 진행하는데 이 점에서 『전통과 현대』 편집 그룹은 한동안 한국의 유교자본주의 담론을 대표한다.[217]

이들은 유교자본주의의 정당성을 일관되게 옹호하는 가운데 그 원인을 중국이나 일본과는 다른 한국 특유의 사회적 배경에서 찾는다. 일본의 유교자본주의론은 일본 경제의 급격한 성장이 담론 형성의 계기가 되었고 중국의 유교자본주의론은 개혁개방을 통한 시장화 경향과 맞물려 있다는 점에서, 두 나라의 유교자본주의론은 모두 일종의 경제적 상승 국면을 배경으로 전개된다. 그런데 한국의 경우 유교자본주의 논의는 1997년 아시아 국가들이 경제적 위기를 겪는 시기에 제기되는 점에서 일본이나 중국의 사회경제적 배경과는 다른 배경을 지닌다. 그런데 이들은 IMF 구제 금융으로 상징되는 동아시아 경제의 위기가 유교자본주의의 실패가 아니라 그것의 결여나 퇴조에서 비롯했다고 주장한다.[218]

즉, 그들은 한국인의 의식과 관습을 유교적인 것으로 전제하고, 한국의 경제발전은 이 관습적인 유교문화에서 기인한다고 주장한다.[219] 이들은 '유교자본주의'라는 개념을 거론하면서 '유교와 자본주의의 조

---

217) 유학을 토대로 동아시아 문화의 담론을 진행한 "동아시아문화포럼" 그룹은 1999년 한 차례 유교자본주의에 대한 비판적 견해를 견지하며 '유교적 자본주의'라는 개념을 제시하기도 함.

218) 김동택, 「"동아시아 발전 모델론"과 "유교 자본주의론"의 상호 소원(疏遠)과 소통(疏通)」, 『한국정치외교사논총』, 2000. p. 184.

219) 윤원현, 「유교자본주의 담론에 대한 비판적 검토」, 『東洋哲學』 21, 2004. p. 214.

화'를 이미 존재하는 역사적 사실로 받아들인다.[220] 또한 유교자본주의에 대해서는 제도주의적 해석의 시각을 내놓으면서,[221] 유교자본주의 개념을 한국 등 동아시아의 유교문화권 국가가 서구의 '개신교자본주의'와 전혀 다른 모습으로 경제 성장을 일구어낸 사실을 설명하는 개념으로 간주하며 서구자본주의의 진행 양상과 동아시아 자본주의의 진행 양상을 비교한다.

즉, 먼저 정치·문화적 측면에서 서구는 중세의 지방분권적인 지배질서를 극복하는 과정에서 개신교와 자본주의의 결합이 가능했지만, 동아시아는 중세의 중앙집권적인 지배질서를 유지하는 과정에서 유교와 자본주의가 결합했으므로 서구의 자본주의는 '밑으로부터' 시작되었고 동아시아의 자본주의는 '위로부터' 시작되었다고 말한다. 다음으로, 사회체제 측면에서 서구에서는 귀족에 대항하면서 성장한 부르주아가 지배계급으로 성장하면서 자본주의 국가를 건설하고 노동자계급을 체제내화 했지만, 동아시아에서는 자생력이 없는 부르주아를 국가가 경제적으로 육성하는 동시에 정치적 문화적으로 지도하면서 자본주의국가를 운영하고 노동자계급 역시 국가의 직접적인 관리 아래에 두고 통제와 보호를 하고 있다고 말한다. 그리고 자본축적에 있어서는 서구에서는 부르주아 집단의 독립적인 '경제적 경쟁력'이 가장 중요한 자본의 축적 수단이지만, 동아시아의 '유교자본주의'에서는 지배 세력과의 '정치적 유착'이 가장 중요한 자본의 축적 수단임을 지적한다. 경제윤리의 측면에서는 '개신교자본주의'는 모든 경제적 거래에

---

220) 유석춘, 「'유교 자본주의'의 가능성과 한계」, 『전통과 현대』 창간호, 1997, pp. 74~75.
221) 유석춘, 「동아시아 '유교 자본주의' 재해석 – 제도주의적 시각」, 『전통과현대』 3, 1997.

서 '배타적 재산권'의 확립을 경제활동의 예측 가능성을 보장하는 전제조건으로 설정하지만, '유교자본주의'에서는 배타적이고 사적인 소유권보다 공공의 질서와 이해를 공식적으로 대변하는 정치집단 즉 집권관료의 개입과 보증이 모든 경제적 거래의 궁극적 기준이 되는 것이라고 설명한다.[222]

그 외에도 유교를 자본주의와 연관 짓는 과정에서 그것을 민주주의와도 연관시켜 유교자본주의 이외에 유교민주주의라는 개념을 제시한다.[223] 아시아 국가들의 정부가 시장주의자들의 우려에도 불구하고, 경제발전에 순기능을 할 수 있었던 이유로 유교의 위민(爲民) 사상에 기초한 정부의 강력한 책임의식과 관료와 지식인들의 철저한 민본주의가 국민과 기업인들의 민족주의와 합치할 수 있었기 때문이라고 보고, 유교와 근대성 및 '유교자본주의'와 '유교민주주의'의 가능성을 타진해야 한다고 생각한다.[224] 또한 강력한 국가가 자국의 산업을 보호하면서 급속한 경제성장을 성취한 한국의 경험에서 동아시아의 특유의 유교문화가 유효하게 개입했다고 설명한다. 이를 근거로 한국의 근대화를 가장 잘 설명해주고 그 논리와 지향점을 가장 설득력 있게 보여주는 것은 사회주의도, 자유주의도, 자본주의도 아닌 유교론, 아시아적 가치론과 동아시아 경제발전론, 그리고 유교자본주의론이라고 주장한다.[225]

---

222) 유석춘, 「'유교 자본주의'와 IMF 개입」, 『동아시아의 성공과 좌절』, 전통과 현대, 1998. pp. 165~166.

223) 함재봉, 「유교와 세계화」, 『전통과 현대』 창간호, 1997, p. 49.

224) 함재봉, 『유교 자본주의 민주주의』, 전통과 현대, 2000. p. 86.

225) 앞의 김동택의 같은 논문, pp. 186~187.

물론 중국의 유교자본주의론자들의 경우 경제발전으로 인해 고무된 자신감과 외국 학자들의 주목 속에서 주장을 펴나간 반면, 한국의 경우에는 경제적 상황이 반대였다는 점에서 차별적인 성격을 지닌 것이며, 한국의 경우 담론 생산자들이 유교를 전공하지 않은 사회과학 전공자이어서 사회적 현상에 대한 설명에 초점이 맞추어졌기에 유교와의 거리가 있는 듯 보인다. 그러나 이들의 유교자본주의 담론은 중국의 유교자본주의론들이 지향한 목적과 유사한 양상을 취하는데, 즉 담론을 전개하는 전략의 차원에서 본다면, 해외 중국 학자들의 경우 유교를 세계적 차원에서의 문화적 지분 찾기의 근거로 설정해 그것의 부흥과 더불어 민족의 부흥을 꾀하고, 한국의 유교자본주의 옹호론자들의 경우 역시 유교라는 코드를 통해 전통과 현대의 관계 설정을 줄기차게 주장하며 향후 한국 사회의 진로의 방향성에 대해 말한다는 점이다.

한국의 유교자본주의 옹호론자들은 더 나아가 유교자본주의론을 한편으로 발전지향에 매몰된 지식권력 담론이라고 규정하는 가운데 다른 한편으로 유교를 동아시아의 발전 모델로 설정하며 유교자본주의의 진화된 형식을 제시한다.[226] 이 견해는 유교자본주의론뿐만 아니라 1997년 이후에 제기된 '동아시아 발전 모델론'을 통해 둘 간의 차이점과 유사성을 분석하며 유교에 대한 부정적 시각의 교정을 요구한다.[227]

---

226) 앞의 김동택의 같은 논문(2000년)의 논지.

227) 여기서는 일단 동아시아의 경제성장을 설명한 이론들은 근대 자본주의 세계체제를 인정하고 그 속에서 자리잡기를 시도한 이론이라 규정한다. 그리고 근대란 불균등한 발전을 구조화시키는 체제라는 월러스틴의 이론을 인용하며 사고의 방향이 근대적 억압구조와 그것을 정당화시키는 발전 이데올로기를 폐기하고 근대 자체를 문제 삼는 접근방법이 요구된다고 강변한다.

이 관점에 나타난 유교자본주의론에 대한 시각은 다음 여섯 가지로 정리된다.

첫째, 유교자본주의론은 국가의 효과적인 시장 개입 혹은 국가의 시장에 대한 통치를 강조하는데 이것은 하나의 국가물신주의이다.[228]

둘째, 유교자본주의론은 공동체론을 강조한다는 특성을 가지고 있는데 이 공동체론의 속을 들여다보면 그 내용은 매우 공허하며,[229] 또한 유교적 전통이 동아시아의 전통에서 근대로의 이행 과정에서 한 역할에 대한 의문에도 답할 필요성이 있다는 점에서 사회의 제도화 방식에 대한 일관된 설명구조를 가져야 한다고[230] 지적한다.

셋째, 유교자본주의론은 유교자본주의가 제대로 작동했다면 경제위기는 방지될 수 있다고 판단하는데[231] 이에 대한 판단 기준이 모호하

---

228) 국가물신주의에서는 국가의 경제성장에서 국가를 살아서 움직이는 것처럼 전제하고 국가가 자율적 존재로서 자본주의 발전에 긍정적이고 능동적인 역할을 한다고 간주한다고 추가 설명한다. 유교자본주의론에서 발견되는 국가물신주의는 국가가 자국의 국부를 늘리기 위해 외국자본으로부터 자국의 기업을 보호하는 전략을 취하는 동시에 수출에 대한 지원 정책을 행함으로써 단기 내에 경제성장을 성취할 수 있었음을 긍정하는 점이다. 아울러 유교적 전통을 계승한 엘리트 관의 국가관리능력이 발전지향적 국가를 낳았다고 하는 주장과 국가 관료가 자본주의의 도입을 스스로 결정했다는 주장에서 국가물신주의가 발견된다고 한다. 또한, 국가물신주의에 근거한 발전국가론은 국가 자율성의 이론적 문제점, 국가절대화론적 경향, 국가가 계급관계에 속해 있는 모순적 실체를 간과한 점, 동아시아 국가를 서구와 다른 별종으로 취급한 오류, 발전 국가의 자율적 역할이 계급적 조건에 종속되어 있다는 점을 지적한다.

229) 유교적 연고주의는 거래 비용의 감소, 효과적인 자본축적 방법으로서의 지대 추구, 신뢰관계를 제공하며 이때 정격유착은 유교자본주의 발전에서 나타나는 구조적 필연이라고 주장하여 이에 유교자본주의는 긍정적 평가를 부여한다. 동아시아 자본주의 발전에 대해서 한국은 정격유착(위계적 가산제적), 일본은 협조적 동반자(공생적 공동체적), 대만은 자유방임형(군생적 가족 연결망적) 관계가 성립되었다고 하지만 이러한 설명은 문화론의 기능주의적 문제점을 해결하지 못하고 있다.

230) '식민화되는 동아시아적 상황의 원인이 유교인가?', '일본이나 중국의 발전에서 유교가 과연 1차적 요인인가?' 등의 질문에 대한 답이 필요하다는 것이다.

231) 유교자본주의론에서는 IMF체제가 기존의 좋은 정격유착에서 잘못된 정경유착으로 변

고 사건의 결과에 대한 주장은 가능할지 몰라도 어떻게 통제할 수 없었는지에 대한 대안 모색은 없다고 지적한다.[232]

넷째, 유교자본주의론에서는 현실적으로 국가권력의 자의성, 천민지배연합, 정경유착의 부패화 경향을 끊임없이 지적한 한국 현대사의 흐름을 일방적으로 무시한 박정희식 독재정치에 대한 향수가 드러나며, 그들이 말하는 효율성이나 실용성은 서구 모델의 발전 지상주의나 도구적 합리성과 크게 다르지 않다고 지적한다.[233]

다섯째, 유교자본주의론에서 제대로 된 정경유착의 회복을 주장해 일국적 논리를 내세우고 있는데, 이러한 논리는 신자유주의적 세계화와 충돌하거나 같은 논리를 가진 다른 국가들과 충돌하게 될 가능성을 가질 수 있다고 지적한다.

마지막으로, 유교자본주의론자들은 유교자본주의의 보편성을 주장하는 동시에 서구와의 차이를 강조하지만 이론적으로, 유교자본주의론과 맥을 같이하는 민족주의 경제이론은 결코 새로운 모델이 될 수 없고, 지식권력의 문제에서도 이는 위계화된 자본주의 세계체제 내에서의 발전을 지향하며 유교라는 수식어를 동원한 민족주의적 경쟁 논리를 깔고 있으므로 서구의 근대화론처럼 우월성을 옹호하고 불평등

질된 국가-재벌 관계에서 초래되었다고 지적하고, 경제위기의 근원을 정부 부문의 도덕적 해이와 경제에 대한 통제력 상실, 무책임한 방임에 있으며 금융자유화는 동아시아 경제발전 모델의 핵심적 부분의 하나를 포기하는 것이라 지적한다.

232) 유교 전통을 계승한 지식인이나 언론이 제도의 견제 역할을 수행해야 할 것을 주장하지만 제도의 일부인 이들의 능력은 제한적이다. 또한 정부의 도덕적 해이와 무책임을 지적하면서 제기한 강력하고 책임 있으며 효율적인 정부라는 대안을 내놓은 점은 결과론적이며 자의적인 설명이다.

233) 결국 효율적인 것이 선하다는 그들의 주장은 유교적인 것이 아니고 서구적 발전 모델의 핵심이다.

을 조장할 가능성을 내포한다고 말하며, 유교자본주의론에 보이는 보편성과 특수성 사이의 이론적 애매함을 지적한다.

이 여섯 가지 비판의 귀결점은 유교자본주의란 궁극적으로 억압과 불평등을 인정하고 이를 따라가려는 민족주의적(그러면서도 서구적 모델과는 차별성이 거의 없는) 발전 모델이라는 점이다. 그리고 문제 설정의 전환을 촉구하는데 지리에 따른 차별과 위계를 조장해 온 근대 자본주의 자체를 먼저 문제 삼아야 하는 시각의 전환이 필요하며 이를 위해 발전 개념을 재정의하는 가운데 근대 자체를 문제 삼는 접근 방식이 필요하다고 주장한다.

2) 유교담론 속의 유교자본주의 비판

유교자본주의 논쟁과정에서 유교문화의 순기능보다 역기능의 문제점이 더욱 노출되자 유교학계 일각에서는 유교자본주의론에서 말하는 유교문화가 과연 유교의 속성과 부합하는가에 대한 비판의 시각이 제기된다. 유교자본주의에 대한 유교 지식인의 비판적 시각은 유교자본주의에서 언급하는 유교문화의 여러 속성들이 유교의 본래적 원리에 비추어보면 사실상 유교적인 것과는 거리가 멀거나 심지어 반대방향에 서 있다고 지적한다.

즉, 동아시아 사회의 경제성장을 설명할 때 유교자본주의 옹호론자들이 언급하는 유교문화의 내용들은 자신들이 생각하는 유교와는 다르다고 반발하며 과거 한국의 경제성장에 대한 논공행상을 사실상 포기하는 가운데 진정한 유교는 그들이 아닌 자신들이 생각하는 유교라고 주장한다. 그러나 유교자본주의를 비판하는 대부분의 입장은 유교자본주의와 마찬가지로 일종의 '진정한 유교'를 내세우면서 유교와 자본주의의 새로운 결합을 논의한다. 이 견해에는 유교를 재조명하는 작업에 동참하는 일환으로 유교적 사유의 본질에 대한 고찰사례를 통해 유교적인 것을 사유한 입장이 있고,[234] 다른 하나는 유교와 자본주의의 새로운 결합을 말하는 입장[235] 등이 있으며, 이에 반해 유교의 순수성을 보존한다는 친유교적 차원에서 유교와 자본주의가 결합될 수 없음을 주장하는 입장이[236] 있다.

우선, '유교의 정체성 회복'에 대한 관점에서 유교자본주의에 대한 입장을 살펴보면, 이 입장은 1990년대 후반 한국 학계에서 진행된 유교재조명 경향에서 학문의 주체성에 대한 반성의 일환으로 제기된다.

그들은 유교를 재조명하는 유교자본주의 옹호론자들이 과연 유교를 제대로 이해하고 있는가 하는 문제를 제기하는데, 그들이 지닌 문제의식의 핵심은 '유교를 비롯한 전통사상에 대한 관심이 그(유교자본주의 이론들)에 대한 무비판적인 '투항주의'이거나, 그 관심 자체가 서양에서 수입되고 있지는 않은가?'라는 데 있다. 그들은 우선 유교가 지닌 다의성(多義性)을 지적하며 2000년간의 역사를 지닌 유교를 한마디로 정의할 수 없는 것이라고 주장함과 아울러, 베버의 '유교문화로 인해 중국 사회에서 자본주의가 발달할 수 없다고 한' 유교 인식 또한 지식의 빈곤에서 비롯한 지적 폭력이라고 주장한다.

그들은 우선 유교의 다의성을 지적하며, 유교는 단순하고 일상적

---

234) 김석근, 「'유교적 사유'와 그 구성 원리, 최근의 '유교 재조명' 작업에 대한 비판적 덧붙임」, 『亞細亞硏究』 99, 1998.

235) 이승환, 「반유교적 자본주의에서 유교적 자본주의로」, 『동아시아문화와 사상』 제2집, 1999. 윤원현, 「유교자본주의 담론에 대한 비판적 검토」, 『東洋哲學』 제21집, 2004.

236) 이철승, 「유교자본주의론의 논리구조 문제」, 『"화혼양재와 한국근대" 최종발표회』, 2005.

인 예법에서부터 고도의 철학성을 지닌 형이상학, 종교의 영역까지 다양한 층차를 지니고 있다고 말하며 선진(先秦)시대부터 현재에 이르기까지 2500여 년 동안 다양한 모습으로 드리워진 역사적 경험을 확인한다. 또한 같은 '유교문화권'에 속하는 지역이라도 한국, 중국, 일본, 베트남 등이 각기 다른 유교의 모습을 지닌 특성을 '유교의 단절성'이라 규정하고 막연하고 단순하게 '유교'라는 개념을 사용하는 것이 위험하다고 그들은 주장한다. 이와 더불어 계속해서 유교의 '연속성'에 대한 규명을 진행하며 유교가 비록 다의성을 가진다 할지라도 몇몇 기본원리들에 의해 그 '연속성'은 담보된다고 주장하는데, 이 연속성을 담보하는 유교적 사유의 핵심 개념이자 기본 원리가 바로 '관계(relationship)', '미덕(virtue)', '가족(family)', '민본(民本)'임을 주장한다.

그들이 파악한 유교의 핵심 개념인 '관계'의 내용은 인간이 다층적인 관계 속에서 살아가는 모습에 대한 인식의 결과라 하고,[237] '미덕'에 관해서는 '관계'에 부합하는 윤리라고 그 성격을 부여한다.[238] '가족'에 관해서는 오륜에서 부자유친, 부부유별, 장유유서의 세 가지가 가족 내적 윤리라는 점에 주목하며[239] 가족은 여러 관계들 중 나와 가장

---

237) 그 예로, 『역경(易經)』의 "하늘과 땅이 있은 후 만물이 있고 만물이 있은 후 남녀가 있고 남녀가 있은 후 부부가 있고 부부가 있은 후 부자가 있고 부자가 있은 후 군신이 있고 군신이 있은 후 상하가 있고 상하가 있은 후 예가 성립될 수 있다."라는 구절과 더불어, 『중용(中庸)』의 '군신, 부자, 부부, 형제, 붕우' 다섯 가지가 천하에 두루 통하는 도리라고 한 내용, 공자의 인(仁) 개념 또한 인간관계를 토대로 한 것이다.

238) 그 예로 『논어』의 "임금은 임금다워야 하고 신하는 신하다워야 하고 아버지는 아버지다워야 하고 자식은 자식다워야 한다(君君臣臣父父子子)."는 구절과 맹자에서 오륜의 덕목을 제시한다. 그리고 이러한 미덕들에서는 '자유', '권리'가 아닌 일종의 도덕적 의무감이 발견된다고 한다. 그리고 이 도덕적 의무감을 『대학장구』 서문에서 주희가 말한 '수기치인'(修己治人)이라는 수양론과 연관 지으며 미덕은 수양을 통해 구현된다고 하는 것이 유교적 사유라 말한다.

239) 그 예로 『대학』의 8조목(格物·致知·誠意·正心·修身·齊家·治國·平天下)과 『논어(論語)』 「학이(學而)」에 등장하는 공자의 효제(孝悌)사상을 제시한다. 이들 문헌에서 그 자체의 의미만 가

가까운 사람들의 피로 맺어진 관계이고 유교에서는 이 가족이 중요한 단위로 설정되며, '민본'에 관해서는, 민주라는 개념 전부는 유교에서 찾을 수 없고 "of the people, by the people, for the people" 중 세 번째의 것을 확인할 수 있다고 하며 이것이 민본(民本)이라 한다. 유교적 정치는 패도(覇道)나 법치주의가 아닌 인정(仁政)으로 구현되는 왕도 정치인데 이러한 정치는 백성을 중시하는 속성을 지닌다고 말한다.[240]

이와 같은 방식으로 '유교의 정체성 회복'의 관점에서 유교자본주의를 비판하는 시각은, 유교자본주의론에는 유교의 내용에 대한 구체적 검토가 결여되었음을 다시 한번 지적하고 유교적 개념에 대한 재정립을 요구한다.

다음으로 '새로운 진보로서의 유교, 그리고 유교적 자본주의'의 관점에서 유교자본주의를 비판하는 시각은, '유교자본주의'가 아닌 '유교적 자본주의'가 미래에 실현해야 할 이상적 체제라고 주장한다.

1998년 12월에 '유교적 자본주의론'이라는 주제로 열린 포럼에서는 '유교적 자본주의'라는 개념이 새롭게 등장하는데, '유교적 자본주의'라는 용어는 유교자본주의와 거의 차이가 없어 보이지만 발표의 요지에 따르면 양자의 성격은 정반대이다. 기존의 유교자본주의론은 유교적이지 않고 도리어 반유교적이라는 것이다. 또한 한국 자본주의를 유교라는 문화적 요인으로 설명하는 방식은 잘못되었고 그 대신 '개발

지고 존재하는 것이 아니라 더 확장해 국가의 윤리가 되는 것을 특징으로 한다고 말한다.

240) 그 단서를 『서경(書經)』의 구절 "백성은 오직 나라의 근본이니 근본이 튼튼해야 나라 가 평안하다.", 『논어』의 "백성에게 믿음이 없으면 나라가 서지 못한다.", 『맹자(孟子)』의 "백성 이 가장 귀하고 사직은 다음이고 군주는 가벼운 존재", 『예기(禮記)』의 "하늘과 백성은 통하는 것이니, 땅을 다스리는 사람은 백성을 공경해야 한다. 백성은 나라의 운명을 좌우할 수 있다." 등의 구절에서 민본사상의 단서를 찾는다.

독재 자본주의'나 '관료독재 자본주의' 등과 같은 사회학적 용어로 설명하는 것이 타당하다고 한다. 그리고 유교자본주의론에서 말하는 이런 '개발독재 자본주의'는 오히려 유교적 특징보다 반유교적 특징이 더 많이 발견된다고 지적하는 가운데 유교자본주의론뿐만 아니라 과거 한국 자본주의에 대한 강력한 부정의 입장을 보여준다.

우선 한국 자본주의의 부정성을 나열하고 그것을 반유교적이라 규정한다. 먼저 탈법과 부정을 자행하는 등 부당한 방법으로 부를 축적한 한국의 기업가의 성취욕은 "의를 위주로 생각하고 이를 부차적으로 생각한다(義主利從)", "이익을 보면 의를 생각하라(見利思義)", "군자는 의로움에 밝고, 소인은 이로움에 밝다"[241] 등 도의와 원칙을 앞세우는 유교적 덕목에 위배된다고 지적한다. 또한 유교자본주의의 특징으로 말해지는 '강한 정부'도 반유교 정치라 한다. 왜냐하면 유교정치는 견제 시스템이 존재했고 '무위정치(無爲政治)'가 이상으로서 인정(仁政)을 베풀고 왕도(王道) 정치를 지향했는데 개발독재 시대의 정부는 인정이기보다는 폭정(暴政), 왕도이기보다는 패도(覇道)이기 때문이라고 한다. 유교자본주의론에서 말하는 우수한 관료집단에 대해서도 부정적인 입장이다. 전통적 유교 관료는 여민동락(與民同樂)을 이상으로 여기고 엄격한 윤리원칙을 가지고 있었는데 한국의 관료는 부패와 기회주의를 실현했을 뿐이어서 반유교적이라고 한다. 한국의 가족주의와 공동체주의도 유교적인 것은 아니라고 한다. 연고주의, 정실주의, 재벌의 족벌경영, 폐쇄적 유사가족주의가 그 실체인데 이는 폐쇄성을 지양하고 사랑을 확장시킨다는 유교의 '서'(恕)의 원리나 '공선사후'(公先

---

241) 『論語』「里仁」: 君子喩於義, 小人喩於利.

死後)의 원리에 어긋난다고 역설한다. 또한 박정희 시대의 충효사상도 실은 가족주의가 아니고 반유교적인 유사가족주의라고 지적한다. 아울러 근면과 검약은 유교의 고유한 특성이 아니고 노동자들의 빈궁과 근면을 자본축적의 수단으로 삼던 개발독재 시절의 경향이었을 뿐이라고 강하게 말한다. 그리고 유교자본주의론은 서구를 추종해 졸속적으로 성장한 한국의 군사독재와 재벌체제를 암묵적으로 승인하는 효력을 지닌다고 주장한다.

유교자본주의의 비판에 뒤이어 IMF 구제금융체제의 배후에 있는 신자유주의의 힘을 인식하고 이를 극복해야 할 대상으로 규정한 후 새로운 대안으로 '유교적 자본주의'를 제안한다. 이들에 의하면 역사적으로 진행되어 온 사회주의는 이미 실패했고 시장의 질서를 한국에서만 외면할 수는 없다고 하며 이 시장 즉, 자본주의를 인간에게 이롭게 진행되도록 하는 것이 가능한 대안이라고 판단한다.[242] 또한 유교는 실질적 민주주의 성취에 기여할 수 있는 가능성이 있으며, 그것은 맹자(孟子)의 민본(民本)사상과 유교의 대동(大同)사회의 이상이라고 설명한다.

다음으로 국가와 시장 영역이 서로 배타적 관계가 아닌 '조정된 상호의존성'을 유지하게 해주는 가능성에 대해 말하며, 유교정신 또한 국가는 국민의 이익을 염두에 둔 조정의 역할을 할 수 있다고 보기 때문에 현실적으로 시장의 무한질주를 초계급적이고 도덕적인 국가가 제어할 수 있다는 정신을 제공할 수 있다고 말한다. 의(義)를 중시하는

---

242) 그들은 Arif Dilik이나 Anthony Giddens의 의견에 주목해 대안 모색에 '새로운 진보' 로서의 '전통'에 중점을 둔 관점을 중시해 다시 한국의 전통에 눈을 돌린다. 또한 전통의 발견을 복고로 간주하는 견해를 일축하고 새로운 진보를 위한 대안으로 '유교정신'을 제기하는데, 이것이 '유교적 자본주의'론을 제기하게 되는 사고의 경로이다.

유교정신의 도덕지향의 특징 또한 공익을 해치는 자본주의를 교정할 수 있다고 판단한다.[243)

이 논의는 다시 유교를 새로운 진보를 위한 대안적 자원으로 설명하고 이를 현대사회에서 긍정적으로 활용할 수 있는 가치체계로 재생산해 활용할 것을 요청한다. 그리고 반유교적 자본주의 시절에 체제수호와 노동통제를 위한 이데올로기적 장치로 활용되었던 모습이 아니라 '새로운 진보'로서 유교정신을 만들어가야 한다고 주장한다.

셋째로 유교자본주의가 '성리학적 자본주의'라는 새로운 틀을 가져야 한다는 주장이다. 여기서는 2002년에 대통령자문 정책기획위원회에서 제출된 "국가경쟁력의 문화적 기반"이라는 보고서에서 유교자본주의가 언급되었다는 점을 근거로 21세기의 국가정책 수립에도 유교가 중요한 영향력을 지니고 있다고 규정하며 논의를 진행한다. 이러한 중요성에도 불구하고 학계에서는 1997년 이래의 유교자본주의 논의가 냄비처럼 일시에 끓어올랐다가 시들었다는 안타까운 시선을 보내면서 주체적인 국가 발전의 지침으로 유교가 활용될 수 있다는 관점에서 유교자본주의 논의를 일종의 시대적 사명으로 간주하며 유교자본주의가 다시 활발하게 논의될 수 있기를 희망한다.[244)

---

243) 의(義)를 중시하게 되면 윤리적이지 못한 각종 상행위를 삼가게 되어 유교정신에 가까운 자본주의, '인간의 얼굴을 한 자본주의'는 도래할 수 있을 것이라 확신한다. 또한 유교에서 말하는 '욕망의 절제'와 '자기수양'이 자본주의를 잘 길들일 수 있다고 한다. 여기서는 인간의 탐욕을 추진력으로 삼는 자본주의에 이러한 덕목이 도입된다면 결국 인간은 욕망의 노예에서 주인이 될 수 있을 것이라고 전망한다.

244) 이 관점에서 제기하는 기존의 유교자본주의론이 갖고 있는 문제점을 간략히 소개하자면 다음과 같다. 먼저 유교자본주의를 적극적으로 옹호한 유교자본주의론자들이 말하는 유교자본주의에서는 '유교'라는 것의 구체적 실체가 없다고 지적한다. 두 번째로 그들이 제시하는 유교문화적 요소 자체인 강한 국가와 가족주의에 문제가 있다고 한다. 강한 국가는 법가의 이상이며 가족주의는 협동, 조화, 헌신, 관용 근검절약이 관계가 있지 그것에서 연고주

성리학적 자본주의는 실체가 없는 뭉뚱그린 '유교'가 아닌 구체적인 유교가 자본주의와 결합해야 한다는 당위적 문제의식에서 비롯하는데, 이러한 주장의 근거는 '유교문화권'이라는 용어에서 '유교'의 정체성은 주자학적 성리학에 있다는 인식이다. 유학에는 선진(先秦)유학이나 한대(漢代)유학도 있지만 14세기 이후 한국 사회의 주도적 이념은 주자학적 성리학이며, 역사 속에서 성리학과 자본주의의 접목을 시도한 경험 곧 동도서기(東道西器)나 중체서용(中體西用)의 예를 통해 성리학적 자본주의 논의의 성립 가능성을 확신하고 새로운 연구과제로 제시한다.

마지막으로, 앞의 경우처럼 여기서는 유교와 자본주의의 새로운 만남을 지향하지 않고 유교와 자본주의가 조화될 수 없다는 결론을 내놓는 견해가 있는데,[245] 이 경우는 주로 유교와 자본주의의 부조화성을 강변하고 유교자본주의론의 맹점을 지적한다.

이 논의는 기존의 유교자본주의 담론에서는 유교와 자본주의가 결합한 적이 없다고 지적하면서 출발하는데, 실제로 존재한 것은 유교문화와 자본주의 문화의 공통적인 '문화'의 일면적인 결합이었을 뿐 이러한 결합은 '요소주의'에 입각한 것이라는 점에서 유교자본주의론은 논리적 정합성을 결여하고 있다고 말한다. 자본주의와 유교는 개인의 이기심에 대한 관점에서 차이가 드러나는데, 이를테면 자본주의 자체의 핵심 논리를 개인의 이기심 확대를 통한 이익의 실현으로 유교

의, 연공서열, 집단주의를 유추할 수 없다는 것이다. 세 번째로 문화와 제도의 관계 설정이 틀렸다고 지적한다. 문화가 제도를 결정할 수 있다는 식의 문화결정론적 주장이 타당하지 않다고 한다. 그 대안으로 일관된 유교윤리문화와 유교문화적 요소들이 제도에 어떻게 영향을 끼쳤는지 설명할 것을 강변한다.

245) 이철승, 「유교자본주의론의 논리구조 문제」, 『"화혼양재와 한국근대" 최종발표회』, 2005.

자체의 핵심 논리를 개인의 이기심 극복을 통한 개인과 사회의 조화로운 질서 확립으로 설정하고 둘의 결합가능성 문제를 진단한다.

우선 '문화적 요소의 결합'이라는 관점에서 보면, 유교라는 문화적 요인이 자본주의와 결합할 수 있다는 유교자본주의론의 주장은 논리적 정합성을 결여한다고 지적한다.[246] 왜냐하면 동아시아의 자본주의에서 나타는 문화적 특성은 다양한 틀로 해석할 수 있지 유교라는 하나의 용어(잣대)만을 가지고 해석할 때는[247] 무리가 있기 때문이다.

다음으로 '경제와 윤리 문제'라는 관점에서 보면, 전통 유교의 경제윤리는 근대 자본주의와 무매개적으로 결합할 수 없다는 점에서 유교자본주의론의 주장은 문제가 있다. 즉, 자본주의 경제학에서는 경제와 윤리의 문제를 긴밀하게 연결시키지 않았지만[248] 유교에서는 경제와

---

246) 클레그와 히긴스와 스파이비는 '유교자본주의론'에서 주장하는 문화의 단일성과 일관성은 증명하기 어렵고 역사적 증거도 없을 뿐 아니라 그것으로는 국가의 안팎으로 일어나는 다양한 문제를 문화적 속성만으로 설명하기 어렵다는 주장을 한다. 따라서 유교자본주의론에서 유교적이라고 말하는 한국의 가족 중심적 재벌 운영과 세습, 일본에서의 기업 간의 공동체적 상호 투자와 협력, 대만에서의 소가족 중심의 부계적 원칙 등은 유교적이라기보다는 장기적 전망 속에서 생존을 모색한 제조업의 안정된 제도적 특성과 관련 있는 것으로 보는 쪽이 옳다. 소르망은 NICs 국가의 경제발전에 유교가 강력한 역할을 했다는 것에 정면으로 반박한다. 그는 화교의 종교적 성향을 실증적 예로 들면서 기독교나 도교적 경향이 그들에게서 적지 않게 발견된다고 지적한다. 그리고 유교가 권력과 결탁할 때는 자본주의 발전에 장애가 되고 다른 종교와 경쟁할 때 자본주의가 발전한다고 분석한다. 더 나아가 아시아 경제성장의 원인은 유교적 문화유산의 결과라기보다는 서구와 마찬가지로 개인주의를 생산하는 자본주의 경제원칙에 충실했던 것에 있다. 결국 소르망에 의하면 동아시아의 자본주의 발전은 전통을 계승했기 때문이 아니라 그것을 포기했기 때문에 가능했다는 결론이 나오게 된다.

247) 예를 들어 싱가포르와 홍콩의 경우는 동아시아적 특성보다는 오랜 기간 영국의 식민지였던 역사적 경험 때문에 영국식 자본주의의 영향을 받았다는 판단도 가능하고, 더구나 홍콩은 정실주의나 강력한 정부가 없고 타이완, 싱가포르, 홍콩은 정경유착이나 관료 부패로부터 자유롭기에 한국과 차이가 있다. 결국 유교라는 일면적 요인에 의해 동아시아 자본주의를 설명하는 것이 부당하다.

248) Adam Smith, David Ricardo, Thomas Robert Malthus, John Stuart Mill 등의 고전 경제학자들의 견해는 경제적 자유주의의 경향을 띤 것으로 개인의 이익을 중심적으로 옹호하고 자본가의 효율적인 경제활동을 통한 이윤 증가에 중점을 두었기 때문에 사회의 양극화

윤리의 문제를 이익과 의리의 관계 문제로 설명하면서[249] 양자 간의
관계를 설정한다.

이상의 결론으로 인욕의 억제를 통한 도덕질서 확립을 주장한 정주
학(程朱學)은 생산수단의 사유화 폐기를 주장한 사회주의 이념과 친화
력을 가지며, 선진(先秦)유학이나 명(明)·청(淸)실학의 개인의 이익을
인정하면서도 이익의 사회적 승화를 주장한 부분은 사회민주주의와
친화력이 있다고 주장한다.

2. 한국 사회의 유교자본주의 논쟁에 대한 성찰[250]

1980년대를 전후한 국외 학자들의 동아시아 발전담론은 IMF 이후
한국에 본격적으로 소개된다. 국외의 동아시아 발전담론은 주로 동아
시아 자본주의 발전의 장애 요인으로 유교를 지목한 베버의 이론을[251]

현상을 합리화시키고 민중생존권 문제를 소홀히 했다는 점에서 자본주의 경제학에서는 경제
와 윤리의 문제를 긴밀하게 연결시키지 않는다.

249) 선진시대의 공자, 맹자, 순자, 한대의 동중서(董仲舒)가 정리한 유학, 송대의 정주학, 명
청대의 실학 등에서 공통적으로 의를 중시하고 개인의 무제한적 이익을 억제하는 사유가 있
으며 민중을 어려움에서 구제한다는 사상이 나타난다. 이들은 부분적으로 차별성을 가지기
도 하지만 기본적으로 개개인의 이익만을 추구하는 애덤 스미스의 자본주의 논리와 크게 다
르다.

250) 이 장은 앞의 김예호의 논문(pp. 385~399)을 수정 재구성함.

251) 베버는 중국이 자본주의를 발전시킬 수 있는 좋은 조건을 가지고 있는데도 유교와 도
교로 인해 그 가능성을 실현하지 못한다고 본다(전태국, 「막스 베버의 유교 테제와 한국 사회」, 『사
회와 이론』 3, p. 53) 베버는 첫째, '중국인의 영리 충동의 비상한 발달과 강렬함, 그리고 주저하
지 않는다.' 둘째, '중국인의 근면과 노동 능력은 언제나 비길 데 없다.' 셋째, '상업의 이해관
계자들의 길드 조직은 지구상 어느 나라보다 강력한 것이었고 그들의 자율은 실제로 거의 무
제한적이다.' 넷째, 18세기 초 이후 중국의 인구가 엄청나게 증가하는 등 전통 중국은 자본주
의를 발전시킬 수 있는 좋은 조건을 가지고 있다. 그렇지만 "중국에는 경제의 합리적 사물화

비판하는 형식으로 시작되는데[252] 한국의 사회과학계에서 논의한 발전담론은 이러한 큰 틀을 벗어나지 않는다. 그리고 사회과학계로부터 논의를 이어받아 진행한 동양철학계의 동아시아 발전담론은 사회과학계에 비해 유교에 대한 더욱 구체적인 지식을 동원하지만 이 역시 유교 친화적 입장에서 전통 유교문화에 대한 비판적 검증보다는 유교의 순수한 입장을 부각시키며 서구 문화와의 선택적 결합관계에 대한 기계적인 고찰에 관심을 집중할 뿐이다. 그 결과 유교자본주의를 둘러싼 한국의 유교담론은 유교문화와 자본주의에 대한 근본적 성찰이나 균형 잡힌 분석 능력을 결여함으로써 한 단계 더 상승된 철학담론으로 발전되지 못한다. 즉, 유교자본주의를 둘러싼 한국의 유교담론이 비록 철학적 논쟁 형식을 빌려 진행되었다고 하지만 궁극적으로는 담론의 철학적 부재라는 한계로 인해 그 생명력은 오래 유지될 수 없었다.

를 가진 자본주의 경영의 사회학적 기초와 법 형태가 결여되었다."고 판단한 베버는 '주술의 동산, 실천적 합리주의, 문학적 교육주의, 가족주의적 효성'이라는 근대자본주의 발전을 저해한 요인의 유교 테제를 제시한다. 이상 '중국편' 참조.

252) 국외에서 베버의 이론 비판은 두 가지 방향에서 진행되는데 '칼뱅의 프로테스탄티즘의 현세적 금욕주의와 자본주의 정신의 친화성' 문제, 다른 하나는 동아시아 자본주의 발전의 장애 요인으로 유교를 지목한 점이다. 전자의 경우, 1. 프로테스탄티즘에 대한 베버의 규정은 잘못이다. 2. 베버는 가톨릭 교리를 잘못 해석했다. 3. 청교도주의와 근대 자본주의 간의 연관성에 대한 베버의 진술은 만족스럽지 못한 경험적 자료에 근거하고 있다. 4. 베버가 근대 혹은 '합리적' 자본주의와 그에 선행하는 유형의 자본주의적 활동 간에 보여주려 했던 날카로운 대비는 정당화될 수 없다는 주장이 있다. 5. 베버는 청교도주의와 근대 자본주의 간의 인과관계의 성격을 잘못 파악했다는 주장이다(Max Weber 저, 박성수 역, 『프로테스탄티즘의 윤리와 자본주의 정신』, 문예출판사, 1996, pp. 297~300). 후자의 경우, 1979년 Kahn은 동아시아 자본주의 발전 배경으로 유교문화를 강조하고, Berger는 기독교와 유교를 서구와 동아시아 근대화의 문화적 요인으로 파악하고, MacFarquhar는 유교의 집산주의(collectivism)가 대량 산업화시대에 적합하다고 말한다. Vogel은 산업적 신유교주의를 제시하고, Tai는 동아시아의 경제성장의 배경으로 가족관계를 중시하고, Levy는 국가와 가족주의에서 유래하는 집단주의 의식과 현세 지향적 종교적 금욕주의와 결합하는 과정에서의 유교의 역할을 강조한다.

1) 발전국가론에 조응한 유교자본주의의 철학적 빈곤성에 대한 성찰

유교문화를 중심으로 동아시아의 경제성장을 분석한 서양학자들의 문화적 해석은 동아시아 학자들이 유교자본주의론을 본격화하는 계기가 되고,[253] 한국의 경우 주로 개발독재기의 압축성장[254]과 유교 문화의 역할에 관한 논의를 주제로 활성화된다.

서구의 동아시아의 발전담론에 관한 논의는 주로 한국을 비롯한 아시아의 몇몇 국가들을 모델로 진행되는데, 이들 논의는 주로 한국적 자본주의에 의한 과거 경제성장 결과에만 주목하고 동반 성장한 제반 사회정치적 문제를 소홀히 다룬다. 이러한 현상은 이들 논의를 수입한 초기 한국의 문화담론에서도 재생되는데, 특히 유교자본주의를 둘러싼 초기 한국의 유교담론들은 한국적 자본주의 성격과 구조에 대한 정확한 분석을 결여한 채 지적 담론으로서는 보기 드문 경제성과주의

---

253) '유교자본주의'라는 개념을 사용한 최초의 사람은 일본의 모리시마 미치오이다. 그는 일본 자본주의를 충(忠)·효(孝)·신(信)·경(敬) 등의 유교윤리에 기초한 '유교자본주의'라 칭한다. 1988년 시마다 겐지는 유교자본주의를 NICs 현상을 설명하는 적절한 개념으로 인정한다. 또한 스즈키 마사유키는 일본의 경우 유교윤리가 구미의 프로테스탄티즘을 대신해 자본주의의 정신적 기반으로 작용한 것이 사실이지만 일본 유교는 신도나 불교, 일본인 특유의 실리주의, 에도시대에 형성된 무사도 정신과도 연결된다고 말한다. 반면에 미소구치 유조는 일본의 자본주의는 유교가 아니라 일본의 전근대사회와 연관 지어 설명하는 편이 더 적절하며, 유교는 중국 사회주의와 더 잘 결합할 수 있다며 '유교사회주의'라는 용어를 제시하기도 한다. 이상 '일본편' 참조.

254) 유교자본주의 옹호론자들의 표현을 이하 그대로 사용함. 그러나 박정희 정권 시대에 1965년 한일협정에 의한 일본 보상금과 베트남전 인력 제공에 상응한 미국의 지불금을 빼면 박정희 정권 20년간 사실상 한국 경제가 압축성장을 달성한 것인가에 대한 더 많은 논의가 요구된다. 예컨대 통계청 자료를 참조할 때 5·16쿠데타부터 박정희 정권이 막을 내리는 10·26사태까지 한국 국민 1인당 GDP 증가폭은 다른 정권 시대에 비해 완만한 곡선을 나타낸다.

내지 경제만능주의의 입장을 피력한다. 과거 개발독재기의 경제성과에 대한 이들의 편향된 시각은 한국적 자본주의의 특수성에서 기인한 압축성장의 성격과 비례해 동반된 많은 사회적 문제점을 사장시킴으로써 비판적 담론으로서의 역할을 포기한다. 유교자본주의 옹호론자들의 호의적인 평가에도 불구하고 현재 한국 사회는 과거의 압축성장에서 기인한 빈부의 불균형, 양극화 문제 등을 비롯한 셀 수 없는 많은 문제로 인해 몸살을 앓는다.

과거 개발독재 시기의 경제성장에 치중한 결과론적 분석 방법에 의거한 대표적인 문화담론은 발전국가론과 유교자본주의론이다. 사실상 이 두 이론은 시장중심론의 자본주의체제 옹호론을 경제에 대한 국가의 개입이나 유교라는 문화적 요소로 재해석해 보완한 것에 불과하다. 이 두 이론은 한국 자본주의 성격을 둘러싼 '우파'의 종별 규정이라 정의할 수 있다.[255]

발전국가론의 경우 국가의 '선택적인 간섭 능력'을 강조하는데, 이는 산업 변화를 유도할 수 있을 정도의 경제 환경을 창출하는 데 정부의 역할을 한정하고 자유무역과 작은 공공 부문을 핵심으로 하는 중립적인 정부 정책을 주장하는 시장중심론을 반대한다. 발전국가론은 경제에 대한 국가의 개입이 가능할 수 있는 사회적 배경 하에 경제에

---

255) 시장중심론은 한국 경제 분석의 근대경제학의 이름으로 주류를 형성한다. 시장경제론에 대해 지역적, 문화적 특수성을 강조하며 자율적 국가의 시장 개입을 강조하는 논리가 국가발전론이다. 반면 시장경제에 대비되는 비판적 경제학은 1970년대까지 민족경제론을 중심으로 전개되고 1980년대 이후 종속이론이나 마르크스주의 정치경제학을 수용하며 분화된다. ……발전국가론 및 '유교자본주의'론은 주로 박정희 정권기의 경제성장을 해명하기 위한 결과론적 이론이지만 그것을 기초로 이후 한국 경제의 방향성까지 제시한다는 점에서 단순히 하나의 분석 방법으로만 취급될 수 없는 이데올로기성을 내포하고 있다. 신용옥의 앞의 논문, p. 312.

대한 국가의 상대적 자율성과 권위주의적 정치구조에 근거를 둔 관료의 독립성을 강조하면서, 강력한 정치기구와 국가조직 및 경제제도들을 연계해 제도화한다.[256)]

결국 발전국가론은 권위주의와 자본주의의 연계가 갖는 근본적인 합리성을 규명하기 위한 결과론적 해석이며, 기존의 유교자본주의론은 이에 대한 보론 형식의 이론이다. 또한 유교자본주의론의 연장선상에 이루어지는 '탈서구중심주의' 내지 '아시아적 가치'는 동아시아적 자본주의 발전 유형을 서구의 발전 양식과 차별화시킨 것에 불과하다. 왜냐하면 자본주의란 무엇인가에 대한 근본적 물음에 대한 정의 없이 단순

---

256) 신용옥은 개발독재 시기 국가의 개입과 그것을 가능하게 한 국가의 자율성과 관료의 독립성을 성장의 주요 동인으로 간주하는 발전국가론을 네 가지 점에서 비판한다. 첫째, 군사정부의 이해에 의한 정경유착은 자본의 이해를 관철시키기 충분하다. 당시 국가는 사회의 각종 이해집단으로부터 자율적이면서 동시에 강력한 사회집단과 단단한 유대관계를 형성 이에 매몰되었다(이행, 「콜과 라이만의 한국 현대자본주의 발전사 연구 – 경제성장과 민주주의」, 『해외학자 한국현대사 연구분석 2』, 백산서당, 1999. p. 105). 박정희 정권의 자율성은 자본과의 암묵적 연합이라는 한계 내에서 가능했다. 둘째, 발전국가론은 국가와 사적 자본의 관계는 민간 부문에 대한 국가의 유인과 명령이 주된 것이면서 중앙 집중화된 국가와 민간 부문 사이에는 높은 공사협조가 이루어진다고 하지만, IMF 경제 상황을 거치면서 공사협조는 정부의 자원 배분에 사활을 거는 경쟁력 없는 '연고자본주의'에 다름 아니며 특히, 정부의 '축적적 간섭'은 부패한 특혜에 불과한 것이라는 점이 드러났다. 결국 발전국가론은 공사협조 속에 정부의 선택적 간섭과 부패를 가르는 기준, 연고주의·정경유착의 효율성을 마련하는 기준이 관료의 독립성을 근거로 하는 '관료의 도덕성'이라는 추상적 수준으로 설명할 수밖에 없는 한계를 가진다. 그러나 박정희 정권과 그 이후 5·6공 군사정권의 도덕성을 신뢰하는 국민들은 많지 않으며, 관료의 자율성은 보장되지 않고 초권력의 결정을 집행하는 기구에 지나지 않았다. 독선적이고 부패한 정부가 국가발전론자들이 말하는 합리적이고 효율적인 '선택적 금융제공'을 했으리라 믿을 근거는 전혀 없다. 셋째, 국가발전론은 1970·80년대 한국 경제가 고도로 성장하는 과정에서 노동자들의 노동기여도를 그들의 시각에 넣지 못하고 있다. 1970년대 초반부터 노조를 결성하고 점차 조직화하기 시작한 노동운동의 활성화와 계급적 자각이 축적 구조에 위기를 초래했지만 그들은 이러한 점을 포착하지 못한 채, 보다 평등한 분배에 의한 노동의 포섭이라는 이상적인 담론과 권력기제를 통한 노동운동의 약화에 관심을 가질 뿐이다. 넷째, 발전국가론은 국제적 요인들을 평가하는 것과는 달리 냉전체제를 기초로 미국의 이해에 정치군사적으로 종속된 박정희 정권이 주도한 고도성장은 '초청된 산업화'라는 성격이 크다.

히 서구와 차별화된 아시아적 가치를 특화시키는 논의는 자본주의에 대한 보론 기능만을 수행할 수 있기 때문이다. 따라서 이러한 논의들을 통해 자본주의 모순을 극복하기 위한 대안적 요소를 찾는다는 것은 불가능하다. 이 이론은 필연적으로 한국적 자본주의가 이루어낸 경제성장을 결과론적으로 추인하고 이론화하는 과정에서 권위주의 정권을 합리화하고 민주주의를 그 범주 내로 한정시키는[257] 문제를 낳는다.

발전국가론과 유교자본주의론이 과거 개발독재기 경제성장 내지 '압축성장'의 동력으로 평가한 긍정적인 요인들이, 사실상 현재 경제위기의 주요 원인이 되고 있음은 그동안 다양한 각도에서 제기되고 이에 대한 비판적 논의 또한 충분할 만큼 진행되었다. 여기에서는 주로 앞서 서술한 한국적 자본주의 특징을[258] 전제한 제한적인 범주에서 최근 유교담론의 전근대적인 사유의식의 문제점을 살펴본다.

유교자본주의 입장에서 정리하자면 대체로, 한국적 자본주의의 경제적 종속성을 문제 삼지 않고 종속이론적 시각의 퇴각에서 유교자본주의론의 등장 요인을 설명하는 입장,[259] 유교 덕목들이 자본주의 체

---

257) 류상영, 「박정희와 그 시대를 넘기 위하여 - 연구쟁점과 평가」, 『박정희를 넘어서』, 푸른숲, 1998. p. 34.

258) IMF 초래 원인이자 이후 신자유주의적인 경제 질서 속에서 소리 없는 주변화를 수행하며 국내의 부익부빈익빈 현상을 심화한 요인과 연계선상에서 앞서 살펴본 한국적 자본주의의 특징은, 수출과 차관에 의존하며 주체적인 경기 조정 능력의 결여, 권위주의 국가권력과 관료를 중시하는 전근대적인 제도화 방식, 냉전시대 정치군사적 종속에 따른 반공 이데올로기적 전근대적인 경제이념, 경제 주체인 기업과 노동자에 대한 전근대적인 시각, 가족주의에 입각한 대기업의 혈연 위주의 폐쇄적이고도 전근대적인 경영 방식, 정경유착의 전근대적인 상호부조 방식, 개발독재와 인물 주도의 전근대적인 수동적 경제 성장 방식 등이 있다.

259) 김석근, 「유교자본주의, 아시아적 가치, 그리고 IMF」, 『전통과 현대』 7호, 1999. p. 154.

제에 잘 적응하며 순기능을 한다는 주장,[260] IMF 구제 금융으로 상징되는 동아시아 경제의 위기는 유교자본주의의 실패가 아니라 그것의 결여나 퇴조에서 비롯한다는 주장,[261] 한국인의 의식과 관습을 유교적인 것으로 전제하며 한국의 경제 발전은 이 관습적인 유교 문화에서 기인한다는 전근대적인 의식을 배경으로 한 주장,[262] 유교자본주의에 대해서는 제도주의적 시각과 더불어 지배 세력과의 '정치적 유착'이 가장 중요한 자본의 축적 수단임을 지적하는 주장,[263] 유교를 자본주의와 연관 짓고 그 과정에서 유교민주주의의 개념을 제시하는 입장,[264] 유교의 위민(爲民) 사상에 기초한 정부의 강력한 책임의식과 더불어 관료와 지식인들의 철저한 민본주의가 국민과 기업인들의 민족주의와 합치할 수 있었기 때문에 경제 발전에 순기능했다고 분석하고 유교와 근대성 및 '유교자본주의'와 '유교민주주의'의 가능성을 타진

---

260) 김석근의 앞의 논문, p. 154.

261) 김동택, 「'동아시아 발전 모델론'과 '유교 자본주의론'의 상호 소원(疏遠)과 소통(疏通)」, 『한국정치외교사논총』, 2000. p. 184.

262) 윤원현, 「유교자본주의 담론에 대한 비판적 검토」, 『東洋哲學』 21, 2004. p. 214, /유석춘, 「'유교 자본주의'의 가능성과 한계」, 『전통과 현대』 창간호, 1997. pp. 74~75.

263) 유석춘, 「동아시아 '유교자본주의' 재해석 – 제도주의적 시각」, 『전통과현대』 3, 1997. 동아시아는 중세의 중앙집권적인 지배 질서를 유지하는 과정에서 유교와 자본주의가 결합했으므로 동아시아의 자본주의는 '위로부터' 시작되었고, 동아시아에서는 자생력이 없는 부르주아를 국가가 경제적으로 육성하는 동시에 정치적·문화적으로 지도하면서 자본주의 국가를 운영하고 노동자 계급 역시 국가의 직접적인 관리 아래에 두고 통제와 보호를 하며, 동아시아의 '유교자본주의'에서는 지배 세력과의 '정치적 유착'이 가장 중요한 자본의 축적 수단임을 지적하고, '유교자본주의'에서는 배타적이고 사적인 소유권보다 공공의 질서와 이해를 공식적으로 대변하는 정치 집단 즉 집권 관료의 개입과 보증이 모든 경제적 거래의 궁극적 기준이 된다는 것이, 그의 요지이다. 유석춘, 「'유교 자본주의'와 IMF 개입」, 『동아시아의 성공과 좌절』, 전통과현대, 1998. pp. 165~166.

264) 함재봉, 「유교와 세계화」, 『전통과 현대』 창간호, 1997. p. 49.

하는 주장,[265] 또한 강력한 국가가 자국의 산업을 보호하면서 급속한 경제 성장을 성취한 한국의 경험에서 동아시아의 특유의 유교문화가 유효하게 개입한다고 설명하고 한국의 근대화를 가장 잘 설명해주고 그 논리와 지향점을 가장 설득력 있게 보여주는 것이 유교자본주의론 이라는 주장[266] 등이 있다. 또한, 최근에는 기존의 논의들을 비판하며 실체가 없는 뭉뚱그린 '유교'가 아닌 구체적인 유교가 자본주의와 결 합해야 한다는 당위적 문제의식을 강조하며 성리학적 자본주의를 제 시하는 주장도 있다.[267]

이상의 논의들의 공통점은 철저하게 논공행상 식으로 유교와 한국 의 경제적 압축성장을 연계시키는 경제지상주의를 관점을 견지하는 가운데 탈정치적[268] 성향을 보인다는 점이다. 그리고 이들의 논의에서

---

265) 함재봉, 『유교 자본주의 민주주의』, 전통과 현대, 2000. p. 86.

266) 김동택, 「'동아시아 발전 모델론'과 '유교 자본주의론'의 상호 소원(疏遠)과 소통(疏通)」, 『한국정치외교사논총』, 2000, pp. 186~187,

267) 김일곤, 함재봉, 유석춘의 유교자본주의에서는 '유교'라는 것의 구체적 실체가 없고, 그들이 제시하는 유교문화적 요소 자체인 강한 국가와 가족주의에 문제가 있으며, 문화가 제도를 결정할 수 있다는 식의 문화결정론적 주장이 타당하지 않다고 그는 지적한다. 그가 성리학적 자본주의를 주장하는 근거는 '유교문화권'이라는 용어에서 '유교'의 정체성이 주자학적 성리학에 있다는 것이다. 유학에는 선진(先秦)유학이나 한대(漢代)유학도 있지만, 14세기 이후 한국 사회의 주도적 이념은 주자학적 성리학이고, 역사 속에서 성리학과 자본주의의 접목을 시도한 경험이 있다고 한다. 그는 동도서기나 중체서용을 그 예로 들며 논의의 성립 가능성을 확신하고 새로운 연구과제로 제시한다. 윤원현의 앞의 논문, pp. 220~232. 이러한 그의 주장은 한국의 유교자본주의론의 연장선상에서 제시된 것 같다. 그러나 이 논문만으로는 그가 어떠한 형식의 성리학적 자본주의론을 제시했는가에 대한 정확한 의미를 알 수 없다. 또한 일제 시기와 개발독재 시기에 각각 변형된 유교와 '한국적' 내지 '토착적'으로 변화된 동도서기의 역사에 대한 구체적인 분석도 결여한다. 그는 동양에서 강한 국가와 가족주의, 즉 법가의 이상과 유가의 이상은 동전의 양면과 같이 전근대 사회를 구성한 요인이고, 제도와 문화 또한 상호 결정적 관계로 연계되지 않지만 상보적 관계를 형성했다는 점을 분명하게 인식하지 못한다.

268) '무정치적 철학'의 정치화는 계산된 철학 종사자의 가치관에서 비롯된 일종의 권력화 과정이다. 박상환, 『라이프니츠와 동양사상 – 비교철학을 통한 공존의 길』, 미크로, 2005. p. 263.

경제의 산업화와 사회의 근대화는 항상 동일시되기 때문에 한국의 압축성장에 기여한 유교자본주의는 당연히 근대성이 이미 확보된 담론임을 전제한다. 따라서 이들 논의에서 한국적 자본주의의 성격과 문제의식, 한국의 경제위기와 동반된 근대적 민주의식의 결여 여부는 주요관심의 대상이 아니다.

그러나 한국의 압축성장 과정은 서구의 근대적 자본주의 형성 이전, 노동력을 기반으로 한 초기 산업화 단계의 전근대적 양상을 답습한 것일 뿐만 아니라 서구와는 달리 정치적으로는 산업화와 민주화를 균형 있게 실현하지 못한 전근대성을 노정한다.

아시아적 가치나 유교자본주의 논의를 지양하길 요구하는 다음과 같은 주장은 전근대적이고 비민주적인 한국의 유교자본주의 담론문화의 현실을 충분히 보여준다.

"1960~80년대에 이룩한 한국의 외형적인 성장에 고무된 일군의 한국 지식인들이 이러한 외국의 '유교적' 자본주의 주장에 편승하여 서구와는 다른 한국의 '천민'자본주의를 '유교 자본주의' 또는 '유교적 민주주의' 등으로 미화하고 찬미하는 일에 관여하기 시작하였다. 그러나 이들의 주장은 사회적 현실을 심각하게 왜곡하고 있을 뿐만 아니라 과학의 이름으로 권위주의적이고 억압적인 지배집단을 공공연히 옹호하는 결과를 가져왔다. 이는 반드시 수정되어야 한다. …… 외형적으로 관찰 가능한 경제성장률이란 명목적인 지표에만 매달림으로써 같은 기간에 한국의 자본가와 정부 관료집단이 자행한 권위주의적인 독재, 각종의 인권유린 행위, 성과 인간집단 사이의 비인간적 차별, 부정, 부패 등의 반사회적인 행위를 더 이상 분명하게 인식할 수 없도록 하면서 정당화시켰다. 이와 아울러 심각한 구조적 결함을 내포하고 있는 한국 산업 사회 자체를 통째로 미화하고 있다. ……
아울러 이들은 군부 정권과 개발독재 정권이 유교적 이상을 실현하
고 있다고 전제해버린다. ……이들의 연구는 막스 베버가 그토록 경
계해 마지않았던 '가치평가'에 과학적 권위의 이름으로 개입하고 있
는 것이다."[269]

서구 사회가 근대 사회가 될 수 있었던 것은 절대주의 국가 시대의
인격적 권위주의를 분명하게 배제시켰기 때문이다. 인간의 권위를 비
인격적인 목적, 원리 또는 법의 권위로 획기적으로 전환시킴으로써 인
간에 의한 인간의 지배를 원리적으로 종속시켰고, 이를 민주사회라고
부른다.[270] 유교자본주의론은 발전지향에 매몰된 신자유주의적인 지
식담론이라기보다는 경제 만능과 산업화에 매몰된 전근대적인 지적
논의이다. 그리고 자본주의적 서구문명이 지니는 경쟁력과 효율성과,
동양이 지니는 순도 높은 정의적 인간관계를 부양하는 훌륭한 전통을
연계시켜 배움으로써 각자의 시대적 과제를 훨씬 용이하게 극복할 수
있는 가능성을 높인다.[271]

위의 인용에서 유교자본주의가 경제 만능과 산업화에 매몰된 전근
대적인 지적 논의임을 지적한 것은 타당하지만 그 결론으로 제시한
동·서양의 문화를 기계적으로 결합시켜 각자의 시대적 과제를 훨씬
용이하게 극복할 수 있다는 도덕적 주장은 한국 사회의 현실을 충분

---

269) 차성환, 「한국 유교 자본주의의 허상과 현실」, 『담론201』, 한국 사회역사학회, 2000.
p. 14.

270) 차성환의 위의 논문, p. 29.

271) 차성환의 위의 논문, p. 32.

히 반영하지 못한 관념적 선언이다. 왜냐하면 동·서양의 이러한 유기적 거래가 성사되려면 적어도 한국의 유교자본주의를 둘러싼 논쟁 수준이 한국 사회의 전근대적인 문제들을 합리적이고 보편적으로 해결할 수 있는 철학적 의식을 담보한 상태여야만 가능하기 때문이다.

2) 유교자본주의를 부정한 유교담론의 탈현실성에 대한 성찰

유교자본주의론과 개발독재기 유교의 역할을 부정하는 유교담론의 유형은, 대체로 현실을 직시하지 않고 과거 유교의 본원적 측면과 미래의 진보적 대안으로써의 진정한 유교를 제시한다는 점에서 기존의 유교자본주의 담론에 비해 더욱 추상성을 띤다. 즉, 유교자본주의를 부정하는 유교담론의 비현실적인 대응 논리에는 과거의 전통에 대한 향수와 미래 지향성이 공존한다. 그러나 이들 논의에서는 과거의 원시 유교의 현실 지향성(이성)은[272] 이미 그 의미를 잃고 과거 유교의 정체성을 회고하거나 새로운 진보적 대안이라는 관념만이 무성하다. 또 어떤 측면에서는, 이들 논의는 기존의 유교자본주의를 부정하는 입장에 서서 개발독재기의 정치화된 유교의 역할에 대한 철저한 검증보다는 책임을 회피하려는 의도도 엿보인다.

우선, 논의할 문제는 유교자본주의에 대한 비판적 시각에서 제기된

---

272) 베버에 의하면 예언의 결여가 가져온 내세와의 긴장의 결여는 '현세적 지향'이라는 태도를 낳았으며, 유교적인 관점에서는 현세의 장수, 건강, 부, 사후의 명예라는 덕목만이 삶의 목표가 되었다. 그리고 여기서 개인과 가족의 이해가 결합해 효(孝)가 궁극적인 가치로 자리 잡는다고 본다. 그는 이런 의식 속에서 원죄와 구원이라는 기독교적 윤리는 찾아볼 수 없고 오직 생활에서의 의식적 의례적 예절만이 자리하며, 중국에서 유일하게 종교로 간주될 수 있는 것은 제사이고 그 또한 자신의 현세적 운명을 위한 것이라고 지적한다.

유교자본주의론에서 말하는 유교, 혹은 유교자본주의의 유교적 속성 부합 여부에 대한 문제이다. 즉, 기존 유교자본주의에서 제시한 유교적 속성들은 본래의 유교원리와는 거리가 멀거나 오히려 그 반대라는 지적이다. 그러나 이러한 이론들의 경향은 일종의 '진정한 유교'를 내세우면서 유교와 자본주의의 새로운 결합을 공통적으로 지향한다.[273]

'진정한 유교'를 내세우면서 유교와 자본주의의 새로운 결합을 지향하는 논의는 유교가 지니는 다의성(多義性)을 분석하며 그 정체성을 찾고자 한 시도에서 비롯된다.[274]

이 주장은 베버의 유교 인식이 지식의 빈곤에서 비롯한 지적 폭력이라고 지적함과 더불어 유교의 다의성을 근거로 유교는 과거 오랜 역사를 지녔기 때문에 한마디로 말할 수 없다고 지적한다. 여기서는 물론 유교와 자본주의의 결합을 전제로 베버 비판을 진행하고, 유교의 다의성을 과거 통치의 이념인 유교의 가치를 재조명하는 형식으로 고찰한다. 이 논의의 주제는 유교는 다의성과 더불어 고전을 근거로 '관계'·'미덕'·'가족'·'민본'의 기본원리들로 유교의 '연속성' 또한 담보해왔다는 것인데, 이 또한 근대적 의미의 '민주주의'에 대응할 만한 어떠한 개념도 제시하지 못하고 있다.

다음으로, 기존의 유교자본주의론은 유교적이지 않고 도리어 반유교적이라는 주장과 함께 한국의 압축성장에 대한 유교의 공을 포기하

---

273) 김석근, 「'유교적 사유'와 그 구성원리 최근의 '유교 재조명' 작업에 대한 비판적 덧붙임」, 『亞細亞研究』 제99집, 1998. /이승환, 「반유교적 자본주의에서 유교적 자본주의로」, 『동아시아문화와 사상』 2, 1999. /윤원현, 「유교자본주의 담론에 대한 비판적 검토」, 『東洋哲學』 제21집, 2004.

274) 김석근, 「'유교적 사유'와 그 구성원리 최근의 '유교 재조명' 작업에 대한 비판적 덧붙임」, 『亞細亞研究』 제99집, 1998.

는 대신에, 다시 유교를 새로운 진보를 위한 대안적 자원으로 설명하는 입장이다.

이 주장 또한 한국의 미래를 전제로 유교를 긍정적으로 활용할 수 있는 가치체계로 재생산한다는 입장에 서 있다.[275] 이 주장은 유교자본주의론에서 말하는 '개발독재 자본주의 시기'에는 반유교적 특징이 더 강하게 나타난다고 지적하고 유교자본주의론뿐만 아니라 과거 한국 자본주의에 대해서도 총체적으로 부정한다. IMF 구제금융체제의 배후에 있는 신자유주의의 힘을 극복해야 할 대상이라고 전제한 후, 아리프 딜릭(Arif Dilik)이나 앤서니 기든스(Anthony Giddens)의 의견에 근거해 전통의 발견을 복고로 간주하는 견해를 일축하고 새로운 진보를 위한 대안으로 전통에 근거한 '유교정신'을 제기한다. 여기서 박정희 개발독재기 시대의 유교는[276] 유사유교이기 때문에 본원적 의미의 유교는 책임을 면할 수 있게 된다. 그러나 이 논의에 따른다면 해방 후 한국의 유교 내지 현재의 한국 유교는 설자리를 잃고 다시 과거 유교의 대동사상과 민본사상의 전통에 자리를 내어줌으로써 과거의 유교와 미래의 유교가 현실 유교의 매개 없이 관념적으로 결합한다. 즉, 반

---

275) 이승환,「반유교적 자본주의에서 유교적 자본주의로」,『동아시아문화와 사상』 2, 1999./ 이 내용은 2004년에 출간된『유교담론의 지형학』(푸른숲)의 제7장에도 실려 있다.

276) 박정희 정권은 '화혼양재'의 일본식 근대화 모델을 표본으로 삼으면서, '충효'는 한국적 제1의 근대화를 이끄는 이데올로기로 등장하게 된다. 친일 유교 지식인으로부터 개발독재기의 이데올로기를 재생산하는 유교 지식인의 활동 상황과, 문화의 계승 내지 소비 위치에 있던 군자는 생산력 발전의 지도자로 변형되는 유교 개념 등등에 대해서 여기서는 일일이 거론하지 않는다. 이문호,「비사회인: 충효가 남긴 근대적 한국인」· 이하배,「박종홍의 우리철학 모색 – 유교철학의 현실적 재구성?」『화혼양재와 한국근대』학술발표 자료집, 성대 유교문화연구소 비교사상연구실, 2005. / 김원열·문성원,「유교 윤리의 근대적 변형에 대한 비판적 고찰 – 박종홍의 유교윤리를 중심으로 – 」,『동서양 윤리관의 만남, 갈등, 그리고 변용』학술발표 자료집, 한국철학사상연구회, 2005. 6. 24. 참고.

유교적 자본주의 시절에 체제 수호와 노동 통제를 위한 이데올로기적 장치로 활용되던 유교는 유사유교라고 규정하기 때문에 현재의 유교는 무엇인가라는 문제를 남기게 되고, IMF 구제금융체제의 배후에 있는 신자유주의의 힘을 인식하고 이를 극복해야 할 수 있는 '새로운 진보'로서의 대동(大同)과 민본(民本)의 유교정신을 미래지향적 가치만으로 규정함으로써 이 또한 현재 유교의 정체성은 무엇인가라는 문제를 남긴다.

마지막으로, 이보다 더 나아가 아예 최근 개발독재기의 한국적 자본주의의 성격과 이를 뒷받침한 유교 이데올로기의 한국적 현실의 문맥을 고려하지 않은 채 유교와 자본주의가 결합할 수 없다는 주장이 있다.[277]

이 주장은 유교와 자본주의의 새로운 만남을 지향하지 않고 유교와 자본주의가 조화될 수 없음을 역설하며 유교자본주의론을 비판한다. 이 논의는 기존의 유교자본주의 담론에서 유교와 자본주의가 결합한 적이 없다고 지적하고, 실제로 존재한 것은 유교 문화와 자본주의 문화의 공통적인 '문화'의 일면적인 결합이며,[278] 이러한 결합을 유교 내부의 이론 편차에 대해 주의하지 않는 '요소주의'라 정의한다. 그러나

277) 이철승, 「유교자본주의론의 논리구조 문제」, 『화혼양재와 한국근대』 학술발표 자료집, 성대 유교문화연구소 비교사상연구실, 2005.

278) 이 논문에서는 '유교자본주의론'자들에 의해 주장되는 문화의 단일성과 일관성에 대해 증명되기도 어렵고 역사적인 증거도 없을 뿐만 아니라 국가 간이나 국가 내에서 제기되는 다양한 변형들을 설명하기도 어렵다는 Steward R. Clegg, Winton Higgins, Tony Spybey의 주장, 유교 내부의 다양한 학파를 분석하지 않은 점을 비판하며 동아시아가 급속한 경제 성장을 한 것은 유교의 영향이라기보다 동아시아가 서구 자본주의 도입으로 일원론적 사고와 전제적인 지배 체제를 포기하고 다원 사회에서의 경쟁을 지향했기 때문이라는 Guy Sorman의 주장, '문화 결정론'에 근거한 문화적 설명 방식이기에 유교와 자본주의를 결합시키는 적절한 설명 방식이 될 수 없다는 국민호와 이승환 등의 주장을 예로 들었다.

이 논의는 기존의 유교자본주의 담론에서는 유교와 자본주의 사이에 나타날 수밖에 없는 정체성의 차이를 근원적으로 해소하지 못하고 있다고 말함으로써, 최근 유교와 자본주의가 결합한 현실적 상황 자체를 외면한다. 또한 역사적 내지 현실적 상황을 고려하지 않고 관념적으로 한국의 유교와 자본주의의 부조화성을 주장하고, 유교가 사회주의와 보다 문화적으로 친화력을 지닌다고 주장함으로써 이 이론이 비판 대상으로 전제한 '요소주의'의 덫에 빠지는 우를 다시 범한다.[279] 이 주장은 궁극적으로 개발독재기의 지배 이데올로기 재생산의 한 부분을 담당한 정치화된 유교의 현실에 대한 면밀한 검토를 아예 생략함으로써 한국적 자본주의의 성격에 조응한 정치화된 한국 유교에 대한 현실적 분석 능력을 결여한다. 결론적으로 이 주장대로라면 앞서 이 장에서 논의한 내용들과 더불어 과거 4, 50년간의 한국적 전통은 유교가 아닌 반(反)유교에 가깝다고 할 수 있다.

이상과 같이 살펴본 바대로 한국의 유교 지식담론은 전통과 현대의 다양한 한국적 문화 현상을 설명할 수 있는 중심 주제임에도 불구하고 근대화 지향성에 매몰되어 과거와 미래를 향한 유학적 가치를 조명한다. 즉, 한국의 유교담론은 한국의 사회정치적 현실에 대한 객관적 인식 태도를 담보하지 못함은 물론 발전적 관점에서 유학의 가치를 성찰하지 않는다.

---

279) 이 논의는 유교의 근본적인 철학적 세계관보다도 이론의 편차에 주목해서 유교와 자본주의의 부조화성에 대해 설명한다고 한다. 그러나 선진 유학과 성리학이 인간의 사적 이익에 대해 갖는 입장이 다르다 할지라도 그들이 도덕 정치란 점에서 결국 동일하다고 전제해 유학 이론 내부의 편차를 부정하고, 명말청초의 실학은 정주학자들과 다르게 개인의 사사로운 이익 추구를 긍정하기 때문에 근대 자본주의의 관점과 공통점이 있다고도 하고, 문화적 요소만으로 유교와 자본주의와의 결합의 부적절함을 지적하면서도 문화적 요소만으로 사회주의의 이념과 부분적으로 친화력이 있다고 말한다.

현재 한국 사회는 산업화와 근대화를 동일시한 한국적(형) 자본주의의 근대화 지향성에 입각한 경제 지상주의로 인해 정치, 경제, 문화적 후유증을 겪고 있다. 한국적 자본주의 사회는 비약적인 경제 성장과 더불어 얼마간 해결될 것 같지 않은 빈부의 골 깊은 양극화를 동반함은 물론 현재 복지국가란 문턱을 넘어보지도 못하고 사실상 선진국형 노령화사회로 접어들고 있다는 점에서 문제의 심각성은 더하다. 현재 한국 사회는 국가 채무와 빈부 양극화의 사회적 문제를 해소하기 위해서 압축성장의 결과보다 더 많은 고통을 생산 주체에게 요구할지도 모르는 상황에 처해 있다. 이는 한국적 자본주의에 의해 주도된 근대화의 성격이 사실상 서구와 같이 근대성을 담보하는 내용과 형식으로 진행되었다기보다는 산업화라는 근대화 지향성에 매몰된 결과에서 비롯된 것이다.

　　한 사회의 근대성을 가늠하는 지표는 경제일 수만은 없다. 그 사회의 근대성은 전근대적 사회와 차별될 수 있는 정치, 경제, 문화 등 사회 제반 영역에서 근대적 내용과 형식을 갖추어야만 비로소 실현된다. 또한 한국적 자본주의 성격에서 기인한 종속성으로 인해 현재 한국 사회는 강대국에 의해 자본주의에 내재된 본래의 속성보다도 더욱더 강한 자본과 권력의 위계질서를 강요당하고 국민 개개인의 실존 조건이나 생존에 필요한 긴장의 강도가 높아가고 있다. 한국 사회는 해방 후 짧은 역사에서 4차례의 큰 경제적 위기를 맞이하지만 이에 상응한 사회의 제도나 의식의 개혁을 균형 있게 진행하지 못한 결과, 현재에도 정치, 경제, 문화, 사상에서 전근대와 근대가 착종하는 기형적 현상들이 흔히 목격된다.

　　유교자본주의를 둘러싼 유교담론 문화에서는 본원적 유교문화 전통에서 접할 수 있는 조화롭고 현실적인 문화적 균형 감각은 찾아볼 수 없고 문화적 헤게모니에 대한 적응과 경제적 효율성만이 중심 주제이다. 여타의 종교문화 지식인들의 지식담론이 현 사회의 소외된 계층을 돌아보며 현실과 이상의 조화로운 균형 감각을 유지하고 있는데 반해, 유교자본주의와 관련된 최근의 유교담론에서는 현재 유교문화에 대한 정체성 논의보다는 고전의 회상이나 미래에 대한 선언적 대안들만을 가득하게 남긴 채 사라진다.

흔히 서세동점(西勢東漸)으로 표현되는 동북아시아 사회의 근대화 과정은 동아시아 사회구성원들에게 현재까지도 지속적으로 자신들의 정체성을 되묻는 과제를 남긴다. 그리고 이 물음에 대한 답은 이제까지 동아시아 문화담론 속에서 줄곧 과거와의 연속성 속에서 자신을 위치시키려는 방향으로 진행된다. 그런데 동아시아 문화담론이 이보다 한 걸음 더 나아가 과거뿐만 아니라 현재와 미래의 연속성 속에서 자신의 위치를 궁구하기 위해 노력한다면 향후 더욱 풍부한 모티브와 내용을 확보하며 긍정적인 방향으로 발전할 것이다.

최근 동아시아의 정체성과 관련한 문화담론의 대부분은, 각자의 실재하는 현재의 모습을 부정의 대상이 되는 과거의 틀 속에 가두어놓고 이를 회상한다거나, 즉 기존의 정형화된 서양적인 것과 동양적인 것, 오리엔탈리즘과 역오리엔탈리즘, 지배와 피지배의 도식에 스스로를 구속시켜놓고 선택을 강요받는 각자의 방황하는 모습을 확인하는 가운데 그 답을 찾는 경향이 있다.

자기를 인식하는 정체성의 문제가 미래와의 역사적 연속성을 전제하지 않고 기존의 서양적인 것과 한국적인 것, 중국적인 것, 일본적인 것 등의 동양적인 것에 제한되거나 구속되었을 때, 이미 그 물음은 묻고자 하는 본래의 의미를 상실한다. 그리고 이는 현재의 자기 모습을 해석하는 방식에 따라 전혀 상이한 결과를 도출하기도 한다. 무엇보다 자신의 정체성을 추구하기 위한 모습이, 인류가 추구해야 할 보편적 이상과 그것에 부합할 수 있는 것인가, 그리고 이를 방해하는 제한된 상황을 극복할 수 있는가의 여부에 대한, 관점의 정립과 그에 필요한 실천으로 이어진다면 가장 보편적이고도 긍정할 수 있는 결과를 낳을 것이다.

최근의 문화담론에서 과거 전통사회의 유교문화는 정체성 확인에 필요한 중심적 주제로 동원되는데, 이 과정에서 유교는, 현재가 아닌 과거의 동아시아 모습만을 확인시켜주거나, 애써 그 본의를 왜곡하면서까지 미래지향적 가치를 부여한다거나, 이도 아니면 현실의 정형화된 틀 속에 억지로 꿰어맞추어 넣는 방식에 의해 해석되곤 한다. 우리는 앞서 김창숙(金昌淑)의 경우를 살펴보면서 그가 유교 본연의 보수적 본의를 지키면서도 시대의 변화하는 상황에 훌륭하게 대처하는 모습을 살펴보았다. 그러나 최근 유행한 가설적 성격의 문화담론인 유교자본주의를 둘러싼 논쟁을 통해서 우리가 확인할 수 있는 한국 유교의 현재 모습은, 경제성장의 논공행상에 급급해서 매달린다거나 현실에서 벗어나려거나 이도 아니면 대충 서구 문화와 절충주의적인 타협을 모색하는 것이었다. 유교는 탄생된 과거로부터 최근까지 동아시아 사회에서 부침을 계속하며 생명력을 유지해 왔는데, 최근 유교담론에 비추어진 내용과 모습들은 과연 유교가 앞으로도 이전과 같이 재생할 수 있는 동력을 확보할 수 있을지에 대한 의문을 들게 한다.

앞서 서문에서 제기했듯이 한국 유교는 이 시점에서 과거 누렸던 문화, 지금 누리고 있는 문화의 일부, 그리고 미래지향적 가치 사이에 존재하는 간극을 메우는 작업이 필요하다. 이 작업의 성공 여부는 현재 생산되는 전통문화의 내용에 달려 있다는 점에서 현재 한국 유교의 정체성 그리고 관점과 위상의 정립은 이 시점에서 필수적으로 요구된다. 다시 말해 만약 현재의 유교가 서구 민주주의에 내포된 미래지향적 가치를 뛰어넘을 수 있는 내용을 제공할 수 있다면 이 문제는 더 이상 거론할 필요가 없을 것이다. 그러나 그렇지 못하고 유교전통이란 가치의 차원에서 논의될 수밖에 없는 문제라고 한다면 마땅히 그 가치가 현재 한국 사회에 어떻게 긍정적으로 기능하는지에 대한 관점의 정립은 반드시 필요한 것이며, 이 문제가 해결될 때 비로소 한국 유교문화의 위상은 자연스럽게 설정된다.

그동안 유교의 생명력은, 서구의 일부 제국주의적 성격의 문화와의 이항대립적 관계에서 동아시아 정체성을 찾는 작업이나 자본주의 사회의 대자본의 논리를 옹호하는 보수론자들에 의해 제공받는 경향이 있었다. 예컨대 천주교나 불교가 과거의 종교적 전통 속에서 현재 한국 사회의 소외된 곳을 어루만지며 사회적 불균형의 조절 기능을 담당하는 모습을 한국의 보수 유교문화에서 찾기란 쉽지 않은 일이다. 그리고 부도덕한 정치 행태를 일갈(一喝)하며 위정자들에게 도덕적 각성을 촉구하며 균형 감각을 유지하는 본원적 유교의 모습 또한 찾아볼 수 없었다. 이뿐만 아니라 해방 후 한국 유교는 친일문화를 옹호한 학문, 동족을 타자화시키는 반공주의와 민족주의, 오직 배부름만을 옹호하는 대자본의 논리, 민주주의 가치를 무력화하는 전근대적 아시아적 가치 등의 문제에서 자유롭지 못한 모습으로 비추어지곤 했다.

즉, 해방 후 수십 년이 흘러가고 한국 사회를 유교의 나라이니 동방예의지국이니 군자의 나라라고 떠받들며 스스로를 유학자로 자칭하는 인물들은 많았지만, 한국의 굴곡진 사회정치 상황에 헌신한 유학자 김창숙을 제외하면 유학자들 중 해방 후 사회운동에 헌신한 인물을 찾기란 힘든 일이다. 그렇다고 여기서 김창숙과 같은 영웅적인 유학자를 기대한다고 말하고자 하는 것은 더욱 아니며, 한국 유교나 유교 지식인이 전반적으로 여타 종교나 종교인만큼 한국 사회 발전의 순기능적 역할을 담당할 수 있을 것인가의 물음이다.

근대 이래로 동아시아 사회에서 유교전통문화가 본의에서 벗어나 상층의 권력층을 위해 이용당한 것은 하루 이틀의 일이 아니고 그러한 현상들은 최근의 담론을 통해서도 흔하게 확인할 수 있는 것이다. 그리고 그 후유증 또한 매우 심각한 흔적을 남기며 동아시아 사회문화 전반에 길게 드리워져 있다. 예컨대 일본 사회의 경우 현재 경제 침체기를 맞아 메이지와 전후의 경제성장을 그리워하는 극우와 보수의 이데올로기라는 그림자를 통해, 일본과 유사하게 한국 또한 경제지상주의에 사로잡힌 개발독재기의 통치를 그리워하는 극우와 보수 문화라는 그림자를 통해, 중국의 경우 과거의 중화주의를 그리워하는 중국 공산당의 문화 패권주의라는 그림자를 통해, 그 흔적은 최근까지 동아시아 사회에 길게 드리워지고 있음을 확인할 수 있다. 현재의 지점에서 그 검은 그림자를 벗어나고자 하는 노력을 기울이지 않는 한 한국 유교문화는 권력층과 대자본을 위해 끊임없이 이용당할 가능성이 있고, 그것이 남길 사회문화적 후유증은 또한 과거가 남긴 것처럼 심각할 수 있다.

그러나 이는 관점을 달리해 그 반대의 지점에 서서 바라보면 아직도 동아시아 사회에서 유교문화가 어떤 측면으로든 기능할 수 있을 만한 생명력을 지니고 있음을 보여준다. 다시 말해 이는 향후 동아시아 국가들의 유교를 대하는 관점과 자세에 따라서 그 사회 제반 분야에서 유교문화는 미래에 전혀 상이한 결과를 낳을 수 있음을 의미한다. 이는 다시 말해 유교가 본연의 모습을 지키면서 현실적으로 현 사회에 긍정적으로 기능하길 바란다면, 이를 위한 작업은 최소한 과거의 어두운 그림자로부터 벗어나서 같은 경험을 다시 반복하지 않는 것에서부터 출발해야 한다.

우선, 과거의 경험으로부터 얻은 첫 번째 교훈은 한국 유교가 이제, 허구적인 통치이념이나 성장지상주의의 이데올로기적 기능을 보조하는 것으로부터 자유로워져야 한다는 점이다. 즉, 현재 천주교나 불교는 과거 계급사회의 통치 이데올로기였던 기억을 잊고 정치나 경제로부터 일정한 거리감을 유지하면서 현대 사회의 도덕과 문화적 결핍을 메워가며 현재에도 사회의 균형유지 기능을 담당하는데, 이는 궁극적으로 현재 한국 사회 전반에서 천주교나 불교문화가 폭넓게 그 영향력을 행사하는 결과를 낳았다. 유교 또한 본연의 고유한 의미를 유지하면서도 여타의 종교와 마찬가지로 현재 정치와 경제에 대한 경계자로 기능할 수 있는 내용은 충분히 갖추고 있다.

시대는 변하고 과거를 극복하고 현재에 이르렀듯이 과거는 현재 극복되어야 하는 대상이 된다는 점에서, 유교가 과거와 같이 일부의 이익을 대변하는 정형화된 틀에 밀착한다면 향후 유교의 생명력은 지속되지 못할 것이다. 이는 곧 오래지 않아 유교가 극복되거나 부정되어야 할 대상이 되는 것임을 의미하기 때문이다. 따라서 상고주의에 입각한 유교를 비롯한 여타 보수 학문 및 종교일지라도 자체 내적인 측면에서 항상 미래지향적 사고를 갖추어야 하며 또한 갖출 수밖에 없는 것이다. 과거의 어떠한 학문이나 종교라도 현재의 지점뿐만 아니라 미래의 가치를 항상 함께 할 때 비로소 역사 속에서 그 생명력을 유지해왔다. 그리고 이 또한 본연의 고유한 의미를 유지하면서도 이론 보완을 통해 생명력을 유지한 유교문화의 역사를 통해서도 확인할 수 있다.

다음으로 과거의 경험으로부터 얻은 중요한 두 번째 교훈으로는 한국 유교가 이제 개인의 의지와 이익을 반영하지 못하는 공동체 의식의 울타리로부터 자유로워져야 한다는 점이다. 즉, '우리', '공동체', '민족중흥', '조상의 빛난 얼(충·효)' 등의 문화가 과연 전통적인 한국의 유교문화인가에 대해 생각해볼 때 이는 한국의 것이라기보다는 개발독재 시대에 한국적이라고 선전된 일본 문화에 다름 아니다.

한국의 전통 유교문화는 지독한 사변과 수양을 통해 우주만물의 보편적 원리를 수행하기 위한 개체와 자아의 완성(存天理去人欲)을 목적으로 한 문화였다. 한국 유교문화의 공동체 의식이라야 사림의 붕당문화에서나 볼 수 있는 학연을 중시하는 정도였지, 일본 사무라이의 공동거주 문화나 충·효 일본(一本)에 입각한 일본 유교문화처럼 공동체 의식을 주입한 문화가 아니었다. 한국 유교전통의 공동체 문화라는 것은 일본이 서구로부터 수입한 것을 개발독재 시대에 한국의 것으로 옷을 갈아입힌 것일 뿐이다.

예컨대 개인주의로 선전된 서양의 기부문화와 공동체로 인식된 한국의 기부문화의 대조되는 모습을 화면에 떠올릴 필요도 없이, 사회의 소외된 곳을 돌보지 않으면서 공동체 정신을 외친 과거 정치와 대자본의 모습은 한국 공동체 문화의 허상을 그대로 보여준다. 따라서 향후 한국의 유교담론은 기존에 개체가 전제되지 않은 공동체라는 정형화된 의식과 틀에서 벗어나 한국 자본주의 공동체 속에서의 불완전한 개인의 모습을 인식하는 데서부터 새롭게 출발할 필요가 있다. 즉, 한국 유교문화는 유교 지식인들이 느낄 수 있는 자기만족 곧 자쾌(自快)의 학문 영역을 확장함과 아울러 유교만이 지니는 극기(克己)의 도덕철학적 색채를 더욱 짙게 하는 가운데 한국 사회에서 자신들만의 고유한 문화적 영역을 구축해 나갈 필요가 있다. 한국 유교문화가 이러한 작업과 더불어 여타 문화와 대화하고 소통해 나가는 통로를 구축한다면 이는 자연스럽게 한국 사회의 다양하고 건강한 문화 형성에 필요한 것으로 인식될 것이며, 이로써 한국 유교도 천주교나 불교의 위상에 못지않게 한국의 구성원들 스스로가 자발적으로 누리고 싶은 문화로 인식될 것이다.

무엇보다도 최근 유교자본주의를 위시한 유교담론이 보여준 경험을 통해 한국 유교가 얻은 세 번째 교훈은, 유교가 노동지상주의를 지향한 개발독재나 성장 일변도를 지향한 대자본을 대변하는 배부름의 철학에서 벗어나 유교 본연의 배고픔의 안빈낙도(安貧樂道)의 철학 내지 종교로 돌아갈 필요가 있다는 점이다. 배고픈 소크라테스를 알게 되어 더욱 행복감을 느끼는 배부른 서구 사회의 문화처럼, 이제 한국 유교도 배고픈 한국인들에게 한번쯤은 여유 있게 성인들의 말씀만이라도 배부르게 누릴 수 있게 하는 사회적 의무에 충실할 필요가 있다.

즉, 한국 사회 일부의 건강한 여타 종교처럼 유교문화 또한 도덕철학으로써 본연의 목적을 수행하는 가운데 한국 사회의 문화적 도덕적 불균형 해소, 민주주의 본연의 정신 회복 등에 필요한 사회문제에 관심을 기울이는 방향으로 나아가야 한다. 즉, 이윤의 논리만을 적용하는 자본주의가 줄곧 망각해온 공생(共生)의 도덕원칙을 회복하고, 한국 자본주의 사회가 경제만이 아닌 진정한 윤리국가 문화국가로 거듭날 수 있게 하기 위해서는 기존의 한국 유교가 가끔 망각하고 있는 한국 사회 하부의 소외된 계급에 관심을 가져야 한다. 사회 하부 구성원에게까지 관심의 영역을 넓힘으로써 한국 유교는 경제지상주의와 노동지상주의에 빠진 한국 사회의 단편적 문화로 말미암은 피폐해진 사회의 면모를 성찰하는 분위기를 조성할 것이다. 이는 곧 한국 유교가 한국 사회 구성원에게 한번쯤은 고전과 도덕문화의 가치를 누릴 수 있는 사회적 여건 조성에 기울인 노력 이상의 결과를 얻게 할 것이다.

부연하면, 고전과 문화를 중시한 유교문화는 한국 자본주의 사회에서 피폐해진 지적 문화적 수준을 고양시키는 데 필수적인 역할을 할 수 있다. 즉 한국 유교는 자본주의로부터 발생할 수 있는 물질문명의 비대함에 대응하는 정신문명의 보수적 가치(殺身成仁)를 균형적으로 유지시킴으로써, 이윤 추구의 목적에 의해 발생할 수밖에 없는 한국 사회의 제반 문제를 도덕적으로 조절하는 사회적 기능(憂道不憂貧)을 수행할 수 있다. 즉, 유교의 수기(修己), 계약과 정의(見利思義), 공정과 공평(不患貧而患不安) 등의 유교 본연의 전통적이고 보수적인 가치관(思無邪)을 견지하면서도 현실사회의 사회, 정치, 경제, 문화의 불균형과 소외로부터 발생하는 문제에 대해 문제의식을 지니고 지속적으로 이에 의연히 대처해 나가는 모습을[1] 보인다면, 미래 유교문화는 사회문화의 한 고유한 영역을 담당하며 한국 사회 구성원들이 스스럼없이 누리는 문화로써 자리매김할 것이다.

마지막으로 과거의 경험으로부터 얻은 교훈은 한국 유교가 동족을 타자화(他者化)시키는 반공주의와 민족주의에 경도되는 사고의 경직성에서 벗어나야 한다는 점이다. 시간은 흐르고 시대는 바뀌는 것으로 반성과 회의를 경험하지 않은 철학과 철학자는 없다. 따라서 철학적 상위의 가치는 최대한 시공간적 의미를 확보하는 차원에서 모색되고 이것을 통해 하위의 가치들이 규정되어야 함에도 불구하고, 과거 한국 사회는 하위의 가치가 상위의 가치를 위협하고 조건지우는 현상이 다

---

1) 『論語』「子罕」: 歲寒然後, 知松栢之後彫也.

반사로 발생한다.

　예컨대 한국 사회는 종교의 나라답게 인류애와 박애주의는 물론이고, 권력과 이윤을 목적으로 하는 자본주의, 동족을 타자화시키는 반공주의, 다른 민족과의 차별성을 강조한 민족주의 등등, 해방 후 한국 사회는 수많은 '주의'가 난립한다. 물론 많은 '주의'의 난립과 공존은 한 사회의 문화적 다양성을 보여준다는 점에서 민주주의의 사회의 건강함을 대변해주는 것이다. 또한 이와 같은 문화의 다양한 공존이 한 사회의 보편적 현상으로 자리할 때 그 사회의 미래는 더욱 균형감을 확보할 수 있다.

　그러나 서로가 가능할 수 없는 '주의'가 상부의 하나의 통치 채널을 통해 끊임없이 강요된 과거 한국의 사회적 상황은 단지 그 사회를 유지하는 이념의 부조리함만을 반영했을 뿐이다. 뿐만 아니라 권력의 유지와 자본주의의 이윤창출의 목적 하에서 상부로부터 하위의 가치가 상위의 가치를 조건지우는 역전 현상들은 제반 분야에서 절대적으로 한국 사회문화의 건강성을 해치는 기능을 했다. 유교문화 또한 시대 정치적 상황의 제약으로 인해 상위의 가치가 하위의 가치에 의해 규정됨으로써 그 본연의 임무와 역할을 수행하지 못한 경험에서 자유로울 수 없다. 따라서 이 시점에서 한국 유교는 유교 본연의 상위의 가치와 부합되지 않는 하위의 가치들을 책임지고 교정 내지 폐기해야 한다. 예컨대 이에 대한 모범적 사례로는 해방 직후 좌·우익을 포용하고자 한 김창숙의 민족유학을 들 수 있는데, 한국 유교가 좌·우익을 포용하고자 한 그의 유학정신을 발전시킨다면 현재 한국 사회의 발전에 큰 장애로 남아 있는 일부 편향된 냉전문화를 극복하는 데 긍정적인 역할을 수행할 것이다. 그리고 이것은 곧 향후 한국 유교가 곧 더욱더 보편적 가치와 의미를 지닌 확장된 형태의 사회문화적 면모를 갖추는 계기가 될 것이다.

한국의 유교문화는 의로움을 추구하는 정욕과 수양에 입각한 도덕 철학 본연의 임무를 책임지면서 현재 한국의 정치나 자본주의의 부정적 요소로 인해 피폐해진 한국 구성원의 삶을 돌아볼 필요가 있다. 이러한 과정을 통해 유교는 자연스럽게 현 한국 사회의 고유한 문화적 영역을 담당할 것이다. 즉, 최근 천주교를 비롯한 서구의 종교문화가 본연의 고유한 정신을 유지하면서도 시공간적 배경이 다른 한국 사회에서 한국화에 성공했고 현재에도 한국 사회의 제 분야에서 막강한 영향력을 행사한다. 이러한 이유에 대해 한국 유교는 심각하게 고민할 필요가 있고 향후 방향성 설정에도 적극 참고해야 한다.

이상 과거 한국 사회에서 겪은 유교의 부정적 경험들만을 반추하며 향후 한국 유교에 덧씌워진 부정적 시선을 극복하고 새롭게 나아갈 수 있는 방향에 대해 생각해보았다. 이 외에도 그 범위를 대외적으로 확대시켜볼 때, 한국을 비롯한 동아시아 경제성장을 주도한 유교문화권 국가들은 서구 근대문명이 낳은 폭력성의 대표적 피해자이면서도, 최근 경제적 성장의 경험으로부터 얻은 자신감이 정상적인 근대화나 민주주의의 궤도를 유지하지 못하고 부정적인 방향으로 이탈하는 경향마저 보인다. 예컨대 아시아 사회에 내재된 또 다른 오리엔탈리즘의[2] 시각이 최근 동북아시아 국가 중 한·중일 3국에서 공통적으로 발견된다는 점이다. 즉, 이러한 시각에서 비롯한 대표적인 현상의 예로는 3국의, 아시아 약소국에 대한 고압적인 태도, 주변 강대국의 패권경쟁

---

[2] 과거 서구 문화의 시각에서 동·서 문화를 이항 대립적 관계에서 파악하는 관점을 아시아 사회가 받아들여 내적으로 의식화함으로써 아시아 사회 내의 국가들을 다시 이분법적 구도에서 파악하는 것을 말함. 이에 대한 선두 주자는 탈아론(脫亞論)을 주장하며 중국과 한국 문화를 천시한 일본의 후쿠자와 유키치라고 할 수 있다.

추수, 국가주의의 추구 등을 들 수 있다. 유교문화가 현재에도 동아시아 사회의 정체성, 국가의 이익, 문화적 만족도를 의론하는 중요한 논거라는 점에서 한국 유교는 현시점에서 그것에 걸맞는 역할과 위상 정립이 필요하다. 즉, 한국의 유교가 대외적으로 현재 금융자본주의의 타락할 가능성을 경계하고 아시아의 도덕적, 문화적 가치를 선도하는 역할을 자임한다면 향후 한국 유교는 대내적 위상뿐만 아니라 대외적 위상 또한 고양될 것이다.